新兴产业创新网络治理研究

戚 湧 高 扬 著

国家社会科学基金重点项目（23AZD038）
国家社会科学基金哲学社会科学领军人才项目（22VRC064）　研究成果
国家自然科学基金面上项目（71974096）

科学出版社

北 京

内 容 简 介

本书紧紧围绕党的二十大报告对建设现代化产业体系做出的全面部署，贯彻落实习近平总书记关于加快形成新质生产力和推进新型工业化的重要指示，系统研究我国新兴产业创新网络治理的理论、模式、机制和路径，为我国新兴产业创新发展提供全景式的治理框架。

本书适合各级政府科技、产业、经济、管理等部门相关人员，高校、科研院所、企业和服务机构等单位相关人员，以及在校大学生、研究生和社会大众等阅读与参考。

图书在版编目（CIP）数据

新兴产业创新网络治理研究 / 戚湧，高扬著. —北京：科学出版社，2023.12

ISBN 978-7-03-077310-4

Ⅰ.①新… Ⅱ.①戚… ②高… Ⅲ.①新兴产业－产业发展－研究－中国 Ⅳ.①F269.24

中国国家版本馆 CIP 数据核字（2023）第 251992 号

责任编辑：王丹妮 / 责任校对：姜丽策
责任印制：张　伟 / 封面设计：有道设计

科学出版社出版
北京东黄城根北街 16 号
邮政编码：100717
http://www.sciencep.com
中煤（北京）印务有限公司印刷
科学出版社发行　各地新华书店经销
*
2023 年 12 月第　一　版　开本：720×1000　1/16
2023 年 12 月第一次印刷　印张：16 3/4
字数：350 000
定价：168.00 元
（如有印装质量问题，我社负责调换）

前　言

党的二十大报告对建设现代化产业体系做出了全面部署，提出"推动战略性新兴产业融合集群发展，构建新一代信息技术、人工智能、生物技术、新能源、新材料、高端装备、绿色环保等一批新的增长引擎"[①]的高质量发展目标。《中华人民共和国国民经济和社会发展第十四个五年规划和 2035 年远景目标纲要》（以下简称"十四五"规划）指出，要"着眼于抢占未来产业发展先机，培育先导性和支柱性产业，推动战略性新兴产业融合化、集群化、生态化发展"。从战略性新兴产业到未来产业的发展，体现了全球科技前沿的发展趋势，更是建设我国现代化产业体系的新需要。战略性新兴产业和未来产业发展已经成为我国加快形成新质生产力和推进新型工业化的主阵地。近年来，我国战略性新兴产业的丰硕创新成果为经济高质量发展注入了新动能，未来产业发展方兴未艾。与此同时，关键核心技术受制于人、产业发展趋同性严重、人才结构与行业发展需求不完全匹配、外部环境致使高水平对外开放合作难度加大等问题仍然存在。我国新兴产业的高质量发展迫切需要以更加高效的治理模式和机制赋能技术创新和产业创新。

本书聚焦现代化产业体系建设的时代命题，贯彻落实习近平总书记关于加快形成新质生产力和推进新型工业化的重要指示，系统研究新兴产业发展过程中创新网络治理的理论、模式、机制和路径，为新兴产业创新发展提供全景式的治理框架。本书主要内容包括七章。第 1 章是导论，介绍新兴产业创新网络治理的背景意义、内涵特征、国内外研究现状和本书的研究内容；第 2 章是新兴产业创新网络治理的发展现状，分析我国新兴产业创新网络治理的现状以及典型案例；第 3 章是新兴产业创新网络治理的理论研究，构建新兴产业创新网络治理的理论框架；第 4 章是新兴产业创新网络治理的模式研究，分别从技术治理、产业链治理和跨区域治理的视角研究新兴产业创新网络治理的模式；第 5 章是新兴产业创新网络治理的机制研究，分别从新兴产业集群创新、跨区域创新、未来产业创新三个方面研究新兴产业创新网络治理的机制；第 6 章是新兴产业创新网络治理的路径研究，基于新兴产业融合发展的特点和趋势分析新兴产业创新网络治理的路径；第 7 章是新兴产业创新网络治理的对策研究，包括新兴产业创新网络治理的目标定位、基本思路以及关键举措。

---

① 习近平：高举中国特色社会主义伟大旗帜 为全面建设社会主义现代化国家而团结奋斗——在中国共产党第二十次全国代表大会上的报告. http://www.qstheory.cn/yaowen/2022-10/25/c_1129079926.htm[2024-01-30].

参与本书编撰工作的人员还有李星、陈倩、胡剑、樊赛尔、郭青、李鹏飞、杨夕冉、张汉波、刘婷婷、李烨辉、毛一卜、李绍飞等博士研究生和孙嘉烨、王先娟、邵叶豪、樊世纪、程驭、王心鑫、任恬恬、程静文、黄蓉、薄鹏宇、张立涵等硕士研究生。感谢以上同学付出的辛勤劳动！

由于时间匆促，本书如有不足之处敬请批评指正。

作　者

2023 年 6 月

目　　录

第1章 导　论

本章介绍新兴产业创新网络治理的背景意义、内涵特征以及国内外研究现状。首先结合新兴产业创新网络治理的时代背景提出新兴产业创新网络治理在促进创新资源共享、推动创新主体互动与合作、形成市场导向的创新生态等方面具有重要意义;其次深入阐述新兴产业创新网络治理的内涵和特征;最后对新兴产业创新网络治理相关文献进行述评。

1.1　新兴产业创新网络治理的背景和意义

1.1.1　新兴产业在国家发展中的作用

新兴产业指应用新技术发展壮大的战略性新兴产业和未来产业,具有创新活跃、技术密集、发展前景广阔等特征,是促进经济高质量发展与推动经济结构转型的重要力量。2010 年我国开始布局战略性新兴产业发展,《国务院关于加快培育和发展战略性新兴产业的决定》中确定了节能环保、新一代信息技术、生物、高端装备制造、新能源、新材料、新能源汽车等七大产业作为战略性新兴产业。"十三五"期间国家高度重视战略性新兴产业在经济发展中的重要地位。"十四五"规划指出,要"着眼于抢占未来产业发展先机,培育先导性和支柱性产业,推动战略性新兴产业融合化、集群化、生态化发展"。2023 年,习近平总书记主持召开新时代推动东北全面振兴座谈会强调,积极培育新能源、新材料、先进制造、电子信息等战略性新兴产业,积极培育未来产业,加快形成新质生产力,增强发展新动能①。战略性新兴产业和未来产业是形成新质生产力的主阵地。近年来,战略性新兴产业增加值增速明显高于规模以上工业增加值增速,是培育壮大新增长点、加快新旧动能转换、构建新发展格局的重要动力。在世界各国纷纷布局未来产业、抢占世界科技竞争制高点的态势下,我国正在前瞻布局一批未来产业,打造科技与经济发展的新引擎。从战略性新兴产业到未来产业的发展,体现了全球科技前沿的发展趋势,更是建设我国现代化产业体系的新需要。

---

① 习近平主持召开新时代推动东北全面振兴座谈会强调 牢牢把握东北的重要使命 奋力谱写东北全面振兴新篇章. http://m.news.cn/2023-09/09/c_1129854063.htm[2023-09-09].

新兴产业对于现代化产业体系建设和国际关系发展具有重要作用。首先，新兴产业是经济结构转型升级的关键驱动力。新兴产业通常在技术创新和市场需求的推动下迅速崛起，具备较高的发展前景和竞争优势。一方面，新兴产业的快速发展可以推动传统产业向高附加值、高技术含量的方向转型升级，对于传统产业的改造和优化具有一定的倒逼作用，推动整个经济结构的优化和转型。另一方面，新兴产业的发展有助于培育新的竞争优势，通过技术创新和产业升级，能够实现产业结构的优化调整，提高经济的创新能力、竞争力和可持续发展能力。其次，新兴产业对科技创新和知识经济的发展起到了重要的推动作用。新兴产业往往代表着前沿的科技和创新成果，引领世界经济的发展方向。国家通过建立创新体系、支持科研机构和鼓励科技企业，推动新兴产业的技术研发和应用创新，从而提高国家的科技实力和核心竞争力。新兴产业的发展也带动了知识经济的崛起，促进了知识产权保护和知识产业的繁荣。此外，新兴产业在国际合作、国际竞争格局和全球治理等方面都具有积极影响。新兴产业的发展需要国际的合作与交流。国际合作可以促进技术创新、资源共享，加强国际的互利合作关系。各国在协调与合作中共同制定相应的政策和规则来适应新兴产业发展带来的变化。通过对新兴产业的投资和发展，国家能够改善自身的经济结构和产业布局，树立起创新、有活力和领导力的形象，在国际舞台上赢得更多的话语权和竞争优势。

1.1.2　新兴产业创新网络治理的背景

新兴产业的快速发展和复杂性对网络治理提出了新要求。新兴产业以其独特的特点在经济发展中扮演着重要的角色。首先，新兴产业具有新颖性，它们通常涉及前沿的科学技术和创新模式，能够带来全新的商业模式和产品服务。其次，新兴产业具有高速增长性，它们处于发展初期，市场潜力和增长空间较大。这种增长也伴随着不确定性，因为新兴产业的成功与失败都很难预测。最后，新兴产业还带来创造性毁灭，即它们可能会对传统行业产生冲击和变革，推动产业结构的重塑。在新兴产业的演进发展过程中，组合和非线性进化是关键因素。新兴技术通过与其他组织进行创新资源的交换，促进了技术整合的普遍性，使得技术边界变得模糊，这就导致了更频繁的知识交流和不同技术链之间的交叉融合。正是这种现象催生了突破性的新技术和更多的新技术链，从而改变了现有的创新网络结构特征。为了建立高质量的创新网络，需要明确市场、政府和知识创新主体之间的互动关系，并深入研究其发展与演化过程。基于知识创新主体、环境和政府之间的交互规则，充分利用各主体的资源优势，构建特色突出、优势互补和结构合理的创新网络，以有效市场和有为政府助力新兴产业发展。

新兴产业的发展高度依赖创新生态系统。随着科技的不断进步，新兴产业的关键技术创新复杂性增强,单一主体的技术创新已经难以支撑和推动关键技术革新与产业转型,需要多种技术和资源的有机组合。新兴产业还注重技术的快速迭代和应用,需要不断地进行创新和尝试,因此需要一个灵活、便捷的网络治理机制来协调各方资源和协同创新。此外,新兴产业发展涉及的诸多问题如知识产权保护、市场准入、数据安全等,需要在政府、企业、社会组织等多个治理主体之间进行有效沟通和协调。为了保障新兴产业的可持续发展,需要建立一种灵活、多方参与的网络治理机制来协调各方资源和协同创新。这样的机制可以更好地协调各方利益、解决相关问题,提高新兴产业在市场上的竞争力和影响力。

1.1.3　新兴产业创新网络治理的意义

　　新兴产业能够融合经济发展的前瞻性需求与战略性需求,既满足现有市场需求,又引领未来发展趋势。因此,新兴产业创新网络治理对于我国经济社会发展具有重要意义。首先,新兴产业是现代产业体系的核心组成部分,其发展以重大技术突破和市场需求为基础,以创新为主要动力,并与国家经济战略和产业发展密切融合,对于我国产业转型升级和实现创新驱动发展至关重要。因此,加强新兴产业创新网络治理是建设现代化产业体系的重要内容。其次,与传统产业相比,新兴产业能源消耗较低,更具环境友好性。在全球关注可持续发展的背景下,发展新兴产业有助于降低能源消耗和环境污染,推动经济社会可持续发展。同时新兴产业具有显著的带动效应,能促进产业链上下游协同发展。发展新兴产业将带动相关产业成长,形成产业集群效应,提高整体经济效益。因此,加强新兴产业创新网络治理有助于推进新型工业化迈上新台阶。最后,新兴产业是新质生产力的重要产业载体,新兴产业的发展将催生新技术、新业态、新模式的不断涌现和成长,加强新兴产业创新网络治理有助于推动生产方式、产业组织和商业模式的变革,促进新质生产力的形成。

　　新兴产业创新网络治理对于促进创新资源共享、推动创新主体互动与合作、形成市场导向的创新生态具有重要意义。首先,通过建立合作机制、知识共享平台和技术交流渠道,各主体可以分享专业知识、技术经验和创新资源,提高创新效率和质量。这样的合作与协同能够加速创新过程,推动技术突破和创新成果的转化。其次,创新网络治理可以促进创新主体之间的互动与合作。在创新网络中,不同的创新主体如企业、研究机构、高校等可以形成紧密的联系,共同参与创新活动。他们可以共同开展研发项目、联合攻关,实现资源优势的互补和创新能力的提升。这种互动与合作有利于培养创新生态系统,打造集聚创新要素和优势产业链条的创新集群。最后,新兴产业创新网络治理有助于形成市场导向的创新生态。充分了解市场需求,建立与需求相匹配的创新网络,可以确保创新活动更加贴近市场、有效满足用户需求。在创新网络中，市场反馈可以迅速传递给各创新主体，引导其调整和优化创新方向，提高创新成果的商业化成功率。新兴产业融合集群发展已经成为全球产业发展的重要趋势，是促进经济高质量发展的引领力量。强化顶层设计、优化空间布局、提升集群间协同能力、增强产业链和供应链的韧性等有效的创新网络治理，可以加快推动新兴产业融合集群发展，为我国经济的可持续发展注入新的动力。

1.2　新兴产业创新网络治理的内涵和特征

1.2.1　新兴产业的概念和特征

1. 新兴产业的概念

新兴产业包括战略性新兴产业和未来产业。战略性新兴产业是在国家战略层面上确定的具有重要战略地位的产业。战略性新兴产业的确定通常考虑到产业的关键性、战略性和前瞻性，并且与国家的发展方向和目标紧密相关。发展战略性新兴产业对于保障国家经济安全、促进产业升级和提高国际竞争力具有重要作用。未来产业是指在未来一段时间内有望成为经济增长的主导力量，具备较高发展潜力和前景的产业。未来产业的确定通常是基于对技术、市场和社会趋势的预测，其产业类型会涵盖各个领域中的创新方向和发展机遇。未来产业的发展会受到科技进步、消费需求、政策引导等因素的影响。

战略性新兴产业涉及节能环保产业、新能源产业、新一代信息技术产业、生物产业、高端装备制造业、新材料产业和新能源产业等，对经济社会发展起到重要的推动作用。这些产业以科技为引领，率先应用新技术，实现创新链和产业链的深度融合和互促共进。其核心特征是创新驱动，基于新技术应用，并以技术迭代为主要动力进行调整和升级。其发展逻辑是通过技术创新带来内生优势和内生增长模式，历经从科学发现到技术发明、产品创新再到市场推广的迁移转化过程。战略性新兴产业是大国竞争和战略博弈中的必争领域和前沿高地，在塑造竞争优势、掌握发展主动和赢得先机方面具有举足轻重的战略作用，对经济发展、社会进步、国计民生和国家安全有着重要影响。

未来产业涉及元宇宙、脑机接口、量子信息、人形机器人、生成式人工智能、生物制造、未来显示、未来网络、新型储能等，具有极其重要的战略地位。从全球看，未来产业正成为当前及今后较长时期全球经济产业竞争最激烈的战略必争之地，发展未来产业是打造全球竞争新优势、抢占国际竞争制高点的战略先手棋。面对新一轮技术产业变革，我国与发达国家处于未来产业发展的同一起跑线，前瞻布局未来产业是打造非对称技术产业优势不容错过的战略机遇。从国内看，未来产业正在成为从中央到地方加快培育新支柱产业的关键领域，发展未来产业是打造经济增长新引擎、建设现代化产业体系的关键"胜负手"。未来产业的发展不仅有望培育形成一批千亿级甚至万亿级新支柱产业与产业集群，而且可以通过广泛赋能推动传统优势产业向绿色化、智能化、低碳化转型，在强链补链延链上发挥更大作用。

战略性新兴产业与未来产业存在联系和区别。它们都属于新兴产业范畴，但处于不同的发展阶段。具体而言，战略性新兴产业的发展依托的是已经实现产业化和市场化的新技术，具备较大的发展潜力；而未来产业则更加具有前瞻性和先进性，涉及的底层技术发展相对明确，但尚未大规模进入产业化阶段。未来产业虽然目前产业规模较小，但随着技术的迭代和应用的探索，有望实现增长势能跃迁，并成为战略性新兴产业的先导。未来产业具有更大的不可预见性和发展不确定性，相比之下，战略性新兴产业的发展路径和潜力更为明显。从内涵和外延特征看，未来产业更侧重于技术特性，而战略性新兴产业更侧重于产业特征。从所处的链条角度看，未来产业处于创新链的位置，而战略性新兴产业处于产业链中。在发展重点上，未来产业注重技术效益，而战略性新兴产业注重经济效益。在价值体系上，未来产业注重长远影响，而战略性新兴产业注重当期价值。

2. 新兴产业的特征

总体上来说，新兴产业具备全局性、导向性、创新性、正外部性、不确定性和动态性等特征，如图 1.1 所示。

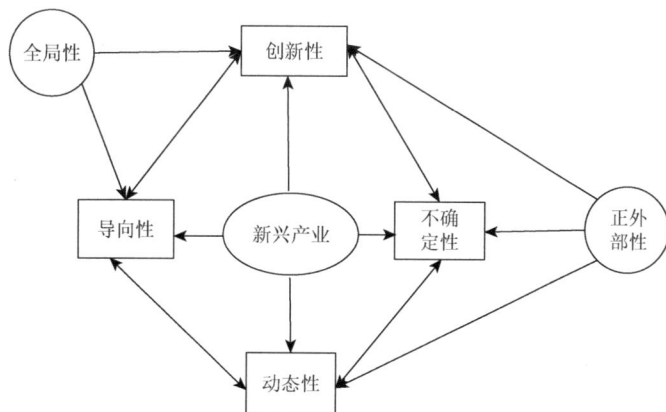

图 1.1　新兴产业的特征

第一，新兴产业具有全局性特征。一方面，新兴产业集聚和应用了最先进的技术和科研成果,快速发展新兴产业是抢占国际技术制高点的有效手段,对未来经济格局具有重要影响。另一方面,新兴产业与其他产业的关联性强,能够有效带动其他产业协同发展,从而促使整个国民经济水平持续稳定提高。第二,新兴产业作为国家重点支持的产业,为我国新技术的发展指明了方向,具有导向性特征。我国新兴产业整体上处于产业生命周期的初始阶段,需要大量资金、高素质人才和政策支持。第三,新兴产业的核心特征是创新性。新兴产业中的企业大都属于技术密集型企业,而技术密集型企业之间的竞争主要依靠技术创新。新兴产业中的企业非常重视创新,将创新视为赢得激烈的国际竞争的关键。第四,新兴产业具有正外部性特征。创新成果在一定程度上具有正的外部性,新兴产业的创新成果可以成功应用于其他产业,从而有效提高其他产业的生产效率。例如,信息技术产业的技术扩散成功推动了传统产业生产效率的大幅提升,互联网技术与其他产业的深度融合更是为传统产业的发展带来了新的活力。同时,战略性新兴产业中培养的人才在流向其他行业的过程中,知识溢出的效果也十分明显,有效地促进了其他行业创新水平的提高。第五,新兴产业具有不确定性。一方面是技术的不确定性。新兴产业的技术创新是为了挑战国际上的技术制高点,进而引领行业技术发展方向,但在技术前沿进行创新很有可能会面临未知领域带来的风险,随时有可能遇到投入大量科研经费而无创新产出的情况。另一方面是市场的不确定性。新兴产业的技术发展迅速,产品更新换代速率对市场的接受力度有一定的冲击力,导致市场对新产品的接受程度存在一定不确定性。第六,新兴产业具有动态性。新兴产业是处于产业生命周期初始阶段的产业,会逐渐发展和成熟,当经过一段时间的高速成长之后,其创新水平会逐渐下降,而市场也趋于成熟。

1.2.2 创新网络治理的内涵

网络治理机制是一种旨在确保网络中各组织之间规范合作、高效有序的非正式或正式的手段或制度集合。这些机制的目的是建立良好的网络生态系统,协调、规范和限制企业或组织在网络中的行为,使网络组织能够有效运转。网络治理机制涉及的领域广泛,包括政策制定、技术标准、安全保障、数据隐私、知识产权等方面。创新网络治理则是基于非正式或正式的治理机制,对创新网络参与者的合作行为进行激励,并对机会主义行为进行约束、监督或惩罚,以确保创新网络的稳定性。创新网络通常是由企业、学术界和政府部门等多个组织参与构建的合作平台,旨在共同解决创新问题、推动技术创新和促进产业发展。创新网络治理的核心是构建合作关系,鼓励知识共享、资源共享和风险共担,以实现创新的快速迭代和持续发展。在寻找创新合作者时,企业会考虑多个因素,如合作效率、交易成本、专业知识和资源等。企业会根据自身需求和目标来确定采用何种治理机制。常见的治理机制包括市场机制、协商机制、契约机制和制度机制等。选择适当的治理机制，可以降低合作交易的不确定性和风险，减少创新网络中的退出行为，从而维持创新网络的稳定。然而，在一个复杂的创新网络中，各参与主体之间存在着不同的权益和发展诉求。因此，在治理过程中需要将企业、高校、科研院所、金融机构和中介机构等各主体纳入治理主体范畴，形成一个松散耦合的复杂治理网络。这个网络包含了多个层次和利益相关方，各主体之间需要相互协调、合作共赢，才能更好地发挥协同治理的效果。同时，为了平衡不同异质治理主体的诉求，需要在治理过程中进行协商、妥协和平衡，以确保在治理绩效最佳的前提下实现各主体收益的最优化。在创新网络治理过程中，还需要注重建立良好的沟通机制和信息共享平台，以提高信息透明度和合作效率。同时，要加强监督和评估机制，对网络参与者的行为进行监督，并根据实际情况采取相应的激励措施或惩罚措施，以确保治理的有效性和创新网络的稳定性。

创新网络中最关键的要素是知识和技术。网络参与者以其自身的技术与知识作为流通资源，通过技术转移与知识交流，融合重组产生新的知识，促进创新发展。创新网络结构与知识的类别有一定关联性：共性知识组成的网络流通性更强，异质性知识对网络同质化、脆弱性和分裂有一定的抑制作用。然而，从总体上看，知识流通是创新网络形成的前置条件，但知识共享也必然带来资源外泄的风险。因此，创新网络治理不仅要解决知识外泄带来的问题，如搭便车行为，还要促进知识的流通速率，提高共享资源使用效率。创新网络的出现打破了创新资源的约束瓶颈，以致组织内外部资源能够得到有效流通与高效配置，提高组织的创新绩效。创新网络涉及多个要素，包括组织、资源、信息、技术等，这些要素相互作用，对创新网络的发展和创新能力产生重要影响。组织要素包括组织结构、管理体制等，它们的合理配置和优化能够提高创新网络的运行效率。郑刚等（2022）指出，不同组织间交互式的作用构成了创新网络的基础。在创新网络中，组织之间的关系是平等的、开放的，需要建立相互信任和合作的关系，以便共同推动创新的实现。资源是创新网络中的另一个重要因素，资源的共享和整合是创新网络形成和发展的基础。倪鹏飞等（2011）认为，面对外部冲击，创新系统需确保自身拥有足够抵抗力进行应对，这必然促进企业创新元素和创新资源集聚，从而提升企业创新能力和产品竞争能力，最终显著提高创新产出。此外，技术创新是创新网络中的核心要素，能够提高产品质量和生产效率，增强企业的竞争力。环境要素包括法律法规、市场环境等，良好的环境条件可以为创新网络的发展提供有力保障。创新网络的要素关系是相互交织、互为支撑的。只有在组织、资源、信息、技术等要素之间形成紧密的联系和协调配合，才能构建具有创新能力和竞争力的创新网络。从创新网络要素关系来看，创新网络的要素关系包括技术要素、组织要素和环境要素三个方面。技术要素是创新网络中最为重要的要素之一，包括技术创新、技术转移等。另外，创新网络的要素之间存在着复杂的关系和互动作用。郑江淮等（2020）指出创新网络治理所具有的系统性和复杂性的特点，国家与地区政府机构所采用的创新网络治理方式背后都体现着其独特的经济、政治及文化背景等因素。丁冬汉（2010）认为，治理所体现的更多是多主体共同介入下人与人、制度与制度、组织与组织间的博弈与协作，而非单纯依赖市场的自主引导或政府的强制权威。创新网络中各个要素之间相互依存、相互作用，彼此之间的关系是动态演变的。李丹（2022）指出创新网络治理具有多中心、多主体的特点，其过程应提升市场和社会的参与度，实现政府、市场与社会三方协同配合。例如，技术创新与组织创新之间具有互动作用，技术创新能够促进组织创新的发展，而组织创新则可以为技术创新提供有力的组织保障。创新网络的要素关系的构建需要制定合理的政策和机制，加强沟通和协作。总之，创新网络的要素关系是一个复杂的系统，要素之间相互作用、相互制约，需要在技术要素、组织要素和环境要素三个方面不断优化和调整，才能促进创新网络的发展和创新能力的提升。

本书认为，创新网络治理是指在创新网络中，通过规则、机制和行为的协调与引导，以实现创新网络的有效运作、合作创新和竞争优势的过程。它涉及多个参与者之间的互动、资源配置和知识共享等方面的管理与协调。创新网络治理需要建立适应创新环境的规则和机制，以促进网络成员之间的合作和交流。这些规则和机制可以包括知识产权保护制度、合同约束、信息共享平台等，旨在激励和规范创新活动，确保各方公平参与并分享创新成果。创新网络的核心是知识的交流与共享。创新网络治理需要提供良好的知识共享机制，鼓励网络成员分享自身的专业知识和经验，促进合作创新。这可以通过建立共享平台、组织交流会议和研讨会等方式来实现，以便迅速传播最新的科研成果和技术动态。创新网络的成功离不开各参与者之间的合作与协同。创新网络治理需要建立合适的协作机制，以促进网络成员之间的互动与合作。例如，可以通过共同研发项目、交叉团队组织等方式，激发创新网络成员之间的合作意愿，提高创新效率和质量。创新网络中存在着一定的风险，包括技术风险、知识共享的不对称性和机会主义行为等。创新网络治理需要建立相应的风险管理机制，以减少风险对创新活动的影响。这可以通过加强知识产权保护、完善契约机制、加强监管等手段来实现。创新网络涉及不同领域、不同层次的参与者。创新网络治理需要协调各参与者的利益和期望，形成多层次的合作关系，在多方利益间进行平衡和妥协。创新网络处于不断变化和发展之中，创新网络治理需要具备灵活性和适应性。治理机制和规则需要能够随着创新环境的变化而及时调整和更新，以适应新的技术、市场和政策等变化。创新网络治理需要保持开放的态度，吸纳更多的参与者，并尊重不同参与者之间的差异，这有助于促进不同领域、不同背景参与者之间的知识交流和合作，提升创新网络的创造力和创新能力。

1.2.3　新兴产业创新网络治理的特征

新兴产业创新网络治理是指在新兴产业领域中，通过规则、机制和行为的协调与引导，以实现创新网络的有效运作、合作创新和竞争优势的过程。它涉及多个参与者之间的互动、资源配置和知识共享等方面的管理与协调。

新兴产业创新网络治理具有集群发展、网络治理、"四链融合"的特征。新兴产业通常会形成集聚效应，吸引相关行业的企业、科研机构和创业者聚集在一起。这种集群发展有助于促进参与者之间的交流与合作，形成共享资源、协同创新的良好环境。创新网络治理需要通过加强集群内部的沟通和协调，鼓励集群内各参与者分享知识、经验和资源，推动集群的协同发展。新兴产业创新网络涉及多个参与者之间的互动和合作，常常涵盖不同地域、组织和利益相关方。传统的中心化治理模式难以适应这种复杂的网络结构。因此，新兴产业创新网络治理倡导网络治理的理念和方法。网络治理侧重于建立自治、协作和共享的机制，通过信息技术的支持，实现各参与者之间的互动、协作和决策。网络治理能够提供灵活性和适应性，使得创新网络能够更好地适应变化的环境和需求。新兴产业创新网络涉及供应链、价值链、知识链和创新链等多个环节和参与者，这些链条相互关联、相互依存，共同构成了创新网络的核心。在治理过程中，需要将这四个链条进行融合与协调，促进各环节之间的有效衔接和协同作用。例如，通过建立供应链合作机制，优化资源配置和流通；加强价值链中不同环节的协同创新，提高产品和服务的附加值；推动知识链上不同参与者之间的共享和交流，促进知识的创新和传播；加强创新链中的创新活动和创新环境建设，推动新兴产业的技术创新和商业模式创新。根据新兴产业创新网络治理的特征，在实践中，需要灵活运用不同的治理方法和工具，充分发挥集群效应、借助网络治理的优势、推进"四链融合"，以促进新兴产业创新网络的协同发展和持续创新。

当前，人类已经进入数字经济新时代，我们需要在深刻理解和准确把握新发展阶段新兴产业特征的基础上，探索出在数字经济背景下新兴产业高质量发展的实现路径。在数字经济背景下，创新和实现共创价值是推动网络发展的核心目标，数字经济为创新提供了更广阔的空间，并促进了网络生态系统的繁荣发展。随着新兴产业主体之间合作创新的加深，其网络化特征也变得更加突出。在数字化情境下，一方面，产业合作创新越来越依赖数字驱动，数字技术的进步为合作创新提供了必要的技术支持，使得创新主体能够以更简单高效的方式实现跨时空的合作，加强彼此的互动关系，扩大产业创新网络的合作广度与深度，实现价值共赢。另一方面，数字化情境也带来了不确定性和风险，使得新兴产业创新网络中的弱连接状态更加明显，各个主体之间的合作强度被削弱，合作关系的稳定性增强。因此，在数字经济背景下，新兴产业创新网络治理的研究显得尤为重要。

1.3　新兴产业创新网络治理的国内外研究现状

1.3.1　技术创新网络相关研究

创新网络研究为理解和分析创新实践的协作性质提供了新的视角和方法。按照创新网络的覆盖范围，可以将其分为区域性创新网络和跨区域创新网络。区域性创新网络局限于特定地域，参与主体主要来自本地区，而跨区域创新网络可以跨越地域，连接不同地区的创新要素和资源。在全球化经济形势下，任何国家和地区都难以完全依靠自身的力量来完成整个创新链条。有效利用全球创新资源进行深度衔接，已成为新兴产业创新的必然选择，这也使得跨区域创新网络的重要性日益凸显。创新网络本身也具有开放性，不可能完全自我封闭，因此，区域创新网络需要与跨区域创新主体开展协作，这已成为一种必然趋势。创新网络治理实际上是一种多主体、多层次、多中心、网络化和参与式的治理模式。参与治理的主体包括企业、高校、研究机构、政府部门、社会组织等，既保持相对独立，又相互依存、互相制约。治理内容涉及基础研究、技术创新、产业升级、政策支持等多个层面。治理方式强调协调协作，而非指令控制。对创新网络治理的研究主要从非正式治理和正式治理两个角度开展。非正式治理主要关注行为主体之间的声誉、信任和文化等软性机制，这方面借鉴了公司治理理论中的经验。正式治理则依靠政府等公共部门的组织、法规、政策等硬性安排。自20世纪90年代起，公共治理理论开始应用到网络治理，强调多方组织共同参与公共服务以减弱政府主导作用，实现新型公共管理。网络化治理与传统管理最大不同是政府角色发生变化，管理更加扁平、参与部门更多元化。网络治理强调通过对话协作整合资源从而实现共同目标，这需要政府与其他主体平等协商共同推动创新网络良性运行。

技术创新网络的构想最初是由 Freeman（1987）在探讨日本经济快速增长的原因时首次提出的。后续研究中，如 Dosi 等（1988）、Lundvall（1992）、Nelson（1993）等对这一理论进行了深入研究，认为技术差距不仅与发明和科学活动的增加及技术创新有关，还与体制和组织管理创新相关。Imai 和 Baba（1991）首次阐述了技术创新网络的概念，并指出创新主体间联系与相互作用的表现形式即技术创新网络。随后，Freeman（1991）进一步丰富了技术创新网络的内涵，将其视为适应制度创新的基本制度安排。企业间的创新合作被视为网络架构的主要连接机制。技术创新网络可分为不同类型，包括企业与研究机构之间的研发合作协议、技术交流、直接投资、许可协议，以及分包、生产部门和供应商网络、研究机构和政府机构合作的研究项目等。Mukherjee（2014）、Stummer 等（2015）、van Rijnsoever 等（2015）认为创新网络的本质是技术创新成果在企业、高校、科研院所、政府和中介机构等网络主体间扩散的载体。该网络具有较高集聚水平和较短平均路径的小世界特征，这有助于新技术的创意信息、技术知识与操作规范在网络主体间的传播与普及，从而提高新技术的扩散效率。方炜和王莉丽（2018）对协同创新网络的概念进行了界定，认为该网络是以核心企业、高校、研究机构、中介机构、金融机构、供应商、客户等为主体，以创新主体间正式和非正式的协同创新关系为网络联结，基于长期稳定的交互和协同关系而形成的具有集聚优势、知识溢出优势和技术转移优势的开放式创新网络。这一概念强调了各创新主体间的长期稳定关系，以及开放式创新网络在知识溢出和技术转移方面的优势。

国内外学者对于技术创新网络的形成原因提出了多种观点，包括 Sampson（2007）的交易成本说、Su 等（2009）的资源互补说、梅亮等（2014）的知识创造说等。张路蓬等（2018）指出，战略性新兴产业作为知识技术密集型产业，知识、技术等资源分布的随机性、隐含性、积累性等特征，使该产业具有了高度复杂性、融合性和不确定性。因此，企业无法仅依靠自身资源高效地完成创新活动，需要通过形成以资源共享、技术互补为目的的产业互联网络来实现创新。曹兴和马慧（2019）则认为，由于新兴技术的高度模糊性和不确定性，不同领域的新兴技术企业需要建立合作关系，进行多主体知识协同，以实现新兴技术的创新。Lavie（2004）通过研究以优利系统公司为核心的合作网络，发现其网络演化分为四个阶段。在刻画演化网络的结构时，采用了网络地位、合作者讨价还价能力、双边适应度和双边及多边竞争等维度。Gozubuyuk（2007）通过对美国生物科技产业组织非正式科学网络和真实合作网络的研究，发现了四种共同演化模式：独立演化、不对称的共同演化、正向反馈循环和破坏性共同演化。吕国庆等（2014）的研究表明，整个创新网络的形成可分为四个阶段：初始期、裂变期、集聚期和重组期。彭华涛和 Sadowski（2014）将园区开放式创新网络的形成及演化概括为三种形式："1＋0""1＋N""N＋N"。叶琴和曾刚（2018）将产业创新网络分为解析型和合成型两类。前者主要基于科学导向，产业合作创新伙伴数量较少，合作较为集中；后者则基于应用型（问题解决）、技术型的知识，以应用研究为主。

影响技术创新网络演化的因素包括连接机制、网络结构、知识流动以及内外部环境等，这些因素相互作用共同推动网络的发展和演化。Bekhet 和 Latif（2018）揭示了政府质量、技术创新网络间的相互影响及其与可持续发展的关系，进一步深入探究了政府政策对技术创新网络演化的影响。Venkatraman 和 Tanriverdi（2004）研究发现网络结构和技术特征会影响组织的优先连接机制，进而会影响网络演化。在网络演化过程中，组织的连接机制不仅受到网络结构和技术的制约，同时也受到网络内外部环境的影响。随着参与者增多，多重连接机制的作用日益显著，导致具有多样、广泛连接的组织在网络中占据重要地位并影响网络的进化。创新网络的演化过程中，组织的学习与知识创新扮演着重要角色。Gay 和 Dousset（2005）研究发现"适者更富"的优先连接机制推动了创新网络的成长和演化。这种机制可能受到组织学习能力和知识创新的影响，因为只有具备这些能力的组织才能够在网络中占据优势地位。Schilling 和 Phelps（2007）的研究表明，网络位置会影响创新网络中组织学习的吸收能力或复制能力，从而影响网络创新绩效与速度。这意味着组织在创新网络中的学习与知识创新可以推动网络演化的进程。Moldoveanu 等（2003）认为，网络信息特性决定了网络成员的信息战略，进而影响组织间网络的拓扑结构和演化。苏伟东和杨晔（2015）进一步探究了校企合作模式的技术创新网络结构和运作机制，并发现组织学习在吸收能力和加速创新网络中知识流动方面的中介作用。林明等（2015）研究发现，组织内部学习与网络位置可以增强网络内竞争优势，是企业间提升合作关系的重要途径。刘晓燕和单晓红（2015）从知识的角度研究技术创新网络伙伴的选择方式，并发现不同的合作伙伴选择方式会对网络内部知识的获取和扩散，甚至是网络结构造成深刻的影响。这些研究表明，组织学习、网络结构、知识流动和合作伙伴选择方式等要素在技术创新网络演化过程中具有重要作用。Koka 等（2006）认为外部环境的不确定性和资源丰富度影响组织间的合作行为和组织可获取的资源，并受到组织战略导向的调节，最终影响网络变化模式。Rosenkopf 和 Padula（2008）结合小世界的网络理论，提出网络演化的内生因素，即作用于簇内的内聚性和作用于簇间的显著性。杨艳平（2015）从传播动力学理论的角度研究了集群创新网络与区域文化的嵌入机理，揭示了文化嵌入对集群创新网络受外在环境影响的机理。

技术创新网络通常从网络强度、网络密度等方面进行测度。Lin 和 Li（2010）与 Choi 等（2013）引入了描述复杂网络异质性节点的连接机制和扩张机制，并借鉴了 Watts 和 Strogatz（1998）提出的小世界网络与 Barabasi 和 Albert（1999）提出的无标度网络理论，对产学研合作创新网络的结构特征予以分析。研究结果显示，产学研合作创新网络具有无标度特征，并且计算得出无标度网络最有利于知识的增长和扩散，能够产生最佳的知识转移绩效。Chandrashekar 和 Bala Subrahmanya（2019）探讨了技术创新网络的关联结构和运行绩效。刘彤等（2014）运用北京纳米技术领域专利数据，构建了纳米技术领域专利合作网络，并通过动态网络测度指标对网络中的节点展开多角度分析，以识别网络中的关键节点及关系。Alita 等（2014）运用文献计量学手段，研究了中美两国医药产业技术创新网络的演化，结果表明我国医药产业创新网络处于初始阶段，相较美国略显滞后。李登杰等（2015）基于动态网络分析方法构建了技术创新网络演化测度模型，并以中药制剂技术领域专利为例进行实证研究，进一步探讨了网络中关键节点的演化过程。

1.3.2　创新网络治理相关研究

1. 创新治理与网络治理研究

治理是自 20 世纪八九十年代以来人类社会的普遍发展趋势，其目的是在各种不同的制度关系中运用权力去引导、控制和规范公民的各种活动，以最大限度地增进公共利益。这一过程旨在创造一个更加公正、平等和繁荣的社会环境。创新治理是一个多主体民主协商的过程，它强调各利益相关方的平等参与和共同决策。这种参与式的治理模式能够提高决策的透明度和公正性，同时激发各方的创新活力，实现共赢。陈套（2015）将治理的主体归纳为政府管理部门、高校、科研院所和企业等创新主体，以及科技社团、中介组织、金融机构等第三方社会组织。Kim 和 Lee（2009）、Dodescu 和 Chirilă（2012）与 Sharif（2012）分别研究了这些主体在创新治理中发挥的独特作用，形成了一个多元化的治理体系。Gu 等（2018）指出政府在创新治理过程中扮演着重要的角色，它们通过制定政策、提供资金支持、搭建平台等方式，为创新活动提供有力的引导和支持。同时，政府还通过与高校、科研院所、企业等合作，推动科技创新和产业升级，促进经济社会的发展。

企业网络被视为与市场和科层制并行的资源配置方式，这一观点源于制度经济理论。该理论强调，协同效应是企业网络构建的根本原因，而网络治理则是发挥企业网络资源配置优势的关键。有效的网络治理有助于企业间建立信任机制、防范机会主义行为、提升网络运行质量和效率、实现协同效应以及挖掘网络潜在价值。企业网络治理包括治理过程和目标，如建立信任机制和抑制机会主义行为，也涵盖治理结果目标，如实现协同效应、创造共享价值以及优化网络资源等。早期的研究主要关注网络治理的结构和模式。林润辉等（2013）提出，网络治理结构包括节点属性、节点间连接关系以及整体网络三个方面。节点属性涉及企业开放性、活性、异质性以及网络位置等；节点间连接关系关注连接广度、连接强度及互动频率等二元关系结构；整体网络则涉及网络密度、网络稳定性和网络动态性等研究方面。网络治理模式包括正式的契约模式和非正式的企业间合作。Gulati 等（2006）以网络嵌入为视角探讨了战略联盟的形成和治理，强调伙伴间正式契约关系是网络治理的重要模式。然而，Rubinstein（2001）认为企业网络构建是由无序到有序的演化过程，网络治理模式更多是以组织间信任为基础的心理契约和隐性契约，而非正式的契约关系。近期研究更关注网络治理机制。罗茜等（2018）

提出，网络治理机制包括网络文化、网络声誉、限制性进入和联合制裁等。李维安等（2014）则认为，网络治理机制包括网络构建和维护机制、成员互动机制和资源共享机制。孙姝羽等（2017）认为技术创新网络治理存在网络惯例，需根据不同情境选择合适的治理模式。Gao（2019）研究发现中小企业通过参与技术创新网络，获得技术资源和发展机会，提高自身的竞争力和创新能力。中小企业在技术创新网络治理体系中发挥着越来越重要的作用。它们通过与政府、大型企业和其他第三方组织的合作，积极参与创新活动，推动产业升级和经济发展。同时，中小企业还通过提供就业机会、促进地区发展等方式，为社会发展做出了重要贡献。

2. 创新网络治理机制研究

创新网络治理机制的诞生，源于经济学和创新管理的深度交融，揭示了知识经济时代的内在规律。随着知识经济在全球范围内的普及，对该机制的研究首先在西方发达国家的学术界展开，并很快引起了中国学者的广泛关注。创新网络治理机制最早由创新系统中相互分工、相互关联的生产企业、科研机构和高校等组织构成。这些组织构成了一个复杂的生态系统，通过密切的互动与合作，共同推动创新的产生和应用。在这个体系内，各主体相互支持、相互推动，形成了一种复杂而富有活力的创新生态。在这个生态系统中，创新制度和创新基础设施发挥着重要的作用。创新制度为创新网络治理机制提供了规范的框架和规则，引导并促进创新的产生和发展，而创新基础设施则为创新的实践提供了必要的物质、信息和人力资源支持，为创新网络的运行提供了坚实的保障。同时，政治、经济、社会和公共管理等多个因素也对创新网络治理机制产生着深远的影响。这些因素相互作用、相互影响，共同塑造着创新网络治理机制的形成和发展。

虽然国际上对创新网络治理机制的定义尚未形成共识，但我们可以将其理解为在特定的制度安排和关系安排下，公共部门与非公共部门以及正式机构与非正式机构之间进行密切相关的与创新有关的活动并建立联系，形成有利于知识的产生、应用和传播的治理机制。因此，可以将创新网络治理机制定义为由各种组成元素、相互关系和特性构成的综合系统。其中，组成元素包括企业等创新的实体部分以及规则等非物质部分，这些元素在特定的制度安排和关系安排下相互作用、相互影响，共同推动创新的产生和应用。

国内创新网络治理机制的概念起源于20世纪末至21世纪初，当时研究者开始大量借鉴国际经验，并结合中国特有的经济发展需求和国家创新体系建设需要，对这一机制进行了适应中国环境的丰富阐述。创新网络治理机制是一种独特的网络系统，旨在推动创新成果的创造、储存和转移。在这个系统中，企业、高校和研究机构是核心的技术传播和开放参与者，中介机构广泛参与其中，而政府则发挥着适当的干预作用。中国科技发展战略研究小组对区域创新网络治理机制给出了更具体的定义。他们认为，这是一种与地区资源紧密关联的治理方式，具有显著的地域特征，其目标是推动该区域内的技术和知识创新的产生、流动、更新和转化。从复杂科学的视角来看，创新网络治理机制是一种随时间不断变化和演进的复杂制度，其发展路径可以分为政府主导的自上而下模式和市场主导的自下而上模式。从网络的角度看，创新网络治理机制实际上是一种超级网络的形式。这个网络由不同类型的网络及它们之间的互动流组成，涉及合作创新层面和标准化协同层面等方面。在创新网络治理机制中，技术创新已经从单一主体创新向开放式网络创新转变。

回顾创新网络治理机制概念的产生与发展历程，我们可以发现以下几个方面的改进：首先，这一概念在不同层面逐步完善，从个人层面逐渐发展到制度层面，并进一步扩展到环境层面，最后拓展到网络和复杂系统层面。这种不断拓展和完善的过程反映了人类对创新现象的深入理解和认识。其次，近年来我国在该概念的研究方向上取得了显著的进展。研究不仅关注单一的个体或组织，还从系统角度出发，探讨了各个组成部分之间的相互作用和影响。同时，研究也更加关注创新网络的动态性和复杂性，以及不同因素对创新过程的影响。此外，我国在创新网络治理机制的研究方法上也取得了很大进展。除了传统的案例研究、调查问卷和统计分析等方法外，近年来也出现了很多定性和定量相结合的研究方法，如社会网络分析、复杂网络分析等，这些新方法的应用使得研究更加深入和精确。最后，我国在创新网络治理机制的应用方面也取得了很大的进展。不仅在企业和区域层面进行了实践探索，还在国家层面进行了战略规划和政策制定。同时，也有很多学者开始探讨如何将创新网络治理机制应用于其他领域，如城市规划、环境保护等。这些应用不仅拓宽了创新网络治理机制的研究领域，也为其提供了更加广阔的发展前景。

1.3.3 新兴产业创新治理相关研究

1. 战略性新兴产业创新发展模式研究

从我国战略性新兴产业创新发展的整体视角出发，相关学者对创新发展模式进行了深入探索和典型分类。李捷和霍国庆（2017）分析了战略性新兴产业技术创新特征与共性技术特点，强调了产业共性技术对于创新能力的关键作用。在此基础上，他们从供给和需求视角出发，识别出"引领模式""定制模式""外溢模式""联盟模式"四种新兴产业创新发展模式。霍国庆等（2017）在归纳战略性新兴产业技术创新发展特征的基础上，抽象出创新策略与模式选择两大变量，并指出我国新兴产业创新发展的四种模式：外溢模式、联盟模式、供应模式和大规模定制模式。此外，学者还从产业创新资源视角展开了战略性新兴产业创新发展模式研究。郭天娇和邹国庆（2020）分析了我国战略性新兴产业创新模式所处阶段与现存问题，指出开放式创新可以整合内外部技术资源，加速新兴产业机构变革，并细分出内向型、外向型和整合型三种开放式创新模式。潘冬（2022）研究指出，数字经济可以通过提高生产要素的价值创造效率、助力产业整体向价值链高端攀升、创新企业管理模式等方式赋能新兴产业创新发展，并详细提出了数字经济促进战略性新兴产业创新发展的各方面实施建议。胡吉亚（2020）基于产业发展异质性，根据上市公司面板数据对我国战略性新兴产业创新发展融资模式进行分类，将七大战略性新兴产业分为三大梯队，针对性地提出了财政金融相关措施。王碗等（2021）根据人才供需关系、教育资源有限性等现状及新兴产业人才协调发展要求，构建了具有"迭代思维、多元立体化需求、虚实资源交叉、错层式成长"等特点的战略性新兴产业人才职业教育培训模式。

学者还针对不同产业区域与产业分类进行了研究。王晓鸿和吕璇（2018）通过梳理甘肃省战略性新兴产业发展的困境，选择传统产业技术改造、技术创新企业联盟、政产学研用协同创新、技术跟随与二次创新四大模式以适应新常态下甘肃省新兴产业创新发展需求。张志华等（2015）认为协同创新是物联网产业发展的必然选择，立足江苏省物联网产业发展提出了"五主体要素"链式协同创新模式。毕颖（2017）针对纽约州纳米技术产业中的大学跨学科研究组织，分析了纳米科学与工程学院协同创新模式，为我国相似产业与研究组织的协同创新提供经验借鉴。刘洪昌和刘洪（2018）在分析海洋战略性新兴产业内涵及特征后，基于创新双螺旋视角构建了区域战略性海洋新兴产业双螺旋培育模式，为区域战略性海洋新兴产业实现跨越式发展提供借鉴。毛炜圣等（2020）聚焦长江经济带，基于产业创新指数运用空间计量模型分析了战略性新兴产业创新时空演化的格局，研究发现新兴产业各细分产业创新发展模式不同，高端装备制造产业、新材料产业、新能源汽车产业呈多核心轴带模式演化趋势，新一代信息技术产业呈单中心极化模式演化趋势，节能环保产业、生物产业、新能源产业呈多核心组团模式演化趋势。中国工程科技发展战略研究院（2022）的研究报告中提出，鉴于创新的不确定性和相应的创新来源与扩散模式的差异性，将新兴产业集群的发展模式分成了巨头引进型、创新升级型、创新融合型、创新引进型、自主创新型。选择合适的创新治理路径将有助于新兴产业集群更好地应对不同情境下的挑战，并推动其高质量发展。

2. 未来产业创新网络治理研究

余东华（2020）认为，未来产业是基于先进的科技创新和技术产业化而产生的。它是一个具有前瞻性和战略性的新兴产业，决定了行业的基本竞争力和经济实力。它是一个可以影响未来的主导产业。同时，它也是能够维持未来经济繁荣的主导产业。李晓华和王怡帆（2021）认为，未来产业在探索期一般由科学和先进技术驱动，代表了未来一段时间产业技术发展的方向。在未来，它可以成熟并有效地实现产业转型，最终对建筑经济的发展形成强大的支持和强大的推动力。然而，新兴产业仍处于孵化阶段。沈华等（2021）认为，未来产业的主要目标是满足人类和社会发展的新需求，由新兴产业技术创新推动，旨在拓展人类认知空间，提高公共能力，促进产业经济和社会的协调可持续发展。陈劲等（2021）认为，未来产业是科技创新通过产业化的过程之后形成的，与战略性新兴产业不同，这种产业更符合未来科技和产业发展的新方向，对经济社会发展起着关键性、支撑性和引领性作用。李研（2021）认为，在颠覆性技术的基础上，未来产业取决于技术与技术、技术与产业的融合，通过新的报价创造新的需求，引导人们彻底改变生产和生活方式，从而对经济和社会发展做出巨大贡献。目前为止，"未来产业"的相关概念还未达成基本共识。本书认为，未来产业主要指在重大科技创新和高新技术产业化基础上孕育而生的，在某种程度上，具有一定的前瞻性的战略性新兴产业，它决定着未来产业竞争力和经济实力，是支撑未来经济发展的主导产业。总之，未来产业是能对未来产生深刻影响的，是前沿科学技术产业化后形成的未来主导产业，是决定未来区域竞争力的重点支柱产业。

未来产业创新的网络治理模式具有多方合作的特征，旨在通过政府、行业组织、企业、学术机构和社会各界的协同努力，共同制定政策和标准，以促进创新网络的高效运作（史萍萍，2023）。梁正和吴培熠（2021）分析了数据治理中的多元主体问题，认为需要重新审视数据相关知识产权和法律法规，构建完善的数据治理体系。金永生等（2022）从目标协同、多元协同、标准协同、方法协同以及利益协同等方面提出了人工智能伦理与法律协同治理框架。胡拥军（2023）提出要加强未来产业发展的治理创新，加快探索服务于未来产业发展的治理模式。毛昊和柏杨（2024）从技术竞争的视角提出，未来产业的发展需要构建涵盖"原则-规则-机制"的技术标准的国家公共治理框架。徐敬宏和胡世明（2022）提出互联网平台治理既需要多部门联合调查、协同指导平台企业的短期行业治理手段，又要与时俱进，通过制定相应法律法规推进良好的平台生态建设。

全球未来产业创新网络的风险研究着重关注各种风险类型、它们的发生原因以及如何进行风险管理。谢科范等（2022）认为由于未来产业具有不确定性、投入巨大、投资建设周期长等特点，因此会出现技术风险、需求风险、竞争风险、社会风险等诸多风险。孙丽文和李少帅（2021）基于伦理嵌入视角构建了人工智能风险治理体系。张凌寒和于琳（2023）提出生成式人工智能的治理范式需要建立包容审慎的监管体系，在全面划分已知与未知风险基础之上，建立起事前预防和事后应对相结合的治理机制。戚学祥（2020）分析了区块链应用的技术风险、社会风险以及治理之策。

综上所述，随着全球新兴产业的快速发展，以推动技术创新为目标的新兴产业创新治理研究逐渐丰富。对已有研究总结如下：①从研究视角来看，已有研究主要聚焦企业层面研究技术网络创新的影响因素以及测度问题；从产业和区域层面研究新兴产业发展模式的研究正在逐步丰富。②从研究内容来看，对于技术创新网络的研究比较充分；对于网络治理中的主体行为与作用、网络结构特征、网络形成机制、网络关系等的研究比较丰富；对于创新治理机制的研究正在逐步深入，从复杂科学的视角研究创新网络治理机制的演化等问题；对于未来产业创新网络治理的特征以及风险进行了初步探索。③从研究方法来看，已有研究使用统计分析方法研究技术创新网络的结构特征；使用实证研究方法研究网络治理中的合作伙伴选择问题；使用动态网络分析方法研究创新网络治理模式的演化问题；使用文献计量学方法研究创新网络治理机制的问题；使用案例研究方法研究新兴产业创新发展模式。虽然已有文献对于创新网络治理模式和机制的研究比较充分，但是结合新兴产业发展特征和趋势，关于新兴产业创新网络治理的系统性研究尚不多见；缺乏从技术、产业、区域等多视角对新兴产业创新网络治理的深度研究。本书以理论为指导，深入研究我国新兴产业创新网络治理的理论、模式、机制和路径，为我国新兴产业创新发展提供全景式的治理框架。

1.4　研　究　内　容

本书的研究思路和主要研究内容包括六个部分，如图1.2所示。

第一部分是新兴产业创新网络治理的发展现状。首先，分析我国新兴产业整体发展现状；其次，选取新能源汽车产业、新一代信息技术产业、生物医药产业集群的创新网络治理案例，分析和总结战略性新兴产业创新网络治理的有效经验；最后，选取南京图灵人工智能研究院、招商银行区块链技术应用的创新网络治理案例，分析和总结未来产业创新网络治理的有效经验。

第二部分是新兴产业创新网络治理的理论研究。首先，分析新兴产业创新网络治理的主体和要素；其次，分析新兴产业创新网络治理的结构特征及其影响因素；最后，在此基础之上构建新兴产业创新网络治理的理论基础和治理框架。

第三部分是新兴产业创新网络治理的模式研究。首先，从微观视角分析新兴产业技术创新网络治理模式；其次，从中观视角分析新兴产业链创新网络治理模式；最后，从宏观视角分析新兴产业跨区域创新网络治理模式。

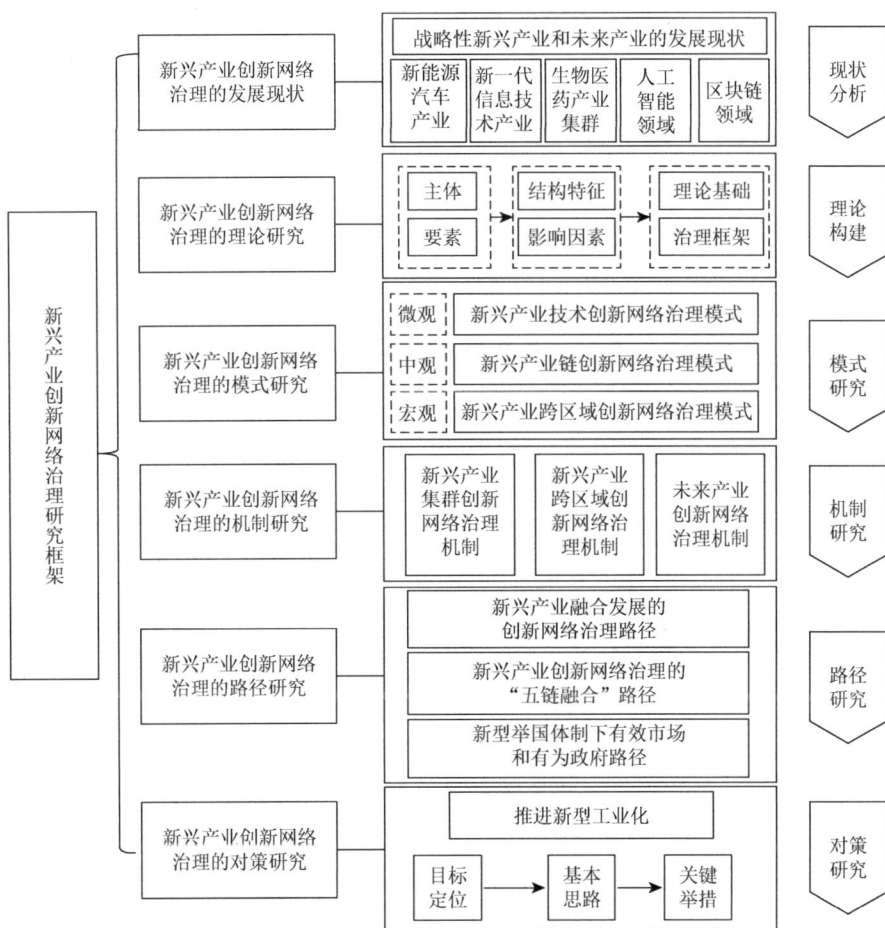

图 1.2　新兴产业创新网络治理研究框架图

第四部分是新兴产业创新网络治理的机制研究。首先，介绍新兴产业集群创新网络治理的内涵特征、行为主体以及机制设计；其次，分析新兴产业跨区域创新网络治理机制；最后，分析未来产业创新网络治理机制。

第五部分是新兴产业创新网络治理的路径研究。首先，基于新兴产业融合发展的特点和趋势，从整体上分析新兴产业创新网络治理路径。其次，提出"五链融合"推动新兴产业创新网络治理的路径；最后，提出新型举国体制下新兴产业创新网络治理的有效市场和有为政府路径。

第六部分是新兴产业创新网络治理的对策研究。其包括我国新兴产业创新网络治理的目标定位、基本思路和关键举措。

第 2 章　新兴产业创新网络治理的发展现状

本章分析我国新兴产业创新网络治理的现状。首先，分析我国新兴产业整体发展现状；其次，选取新能源汽车产业、新一代信息技术产业、生物医药产业集群的创新网络治理案例，分析和总结战略性新兴产业创新网络治理的有效经验；最后，选取南京图灵人工智能研究院、招商银行区块链技术应用的创新网络治理案例，分析和总结未来产业创新网络治理的有效经验。

2.1　新兴产业整体发展现状

2.1.1　我国战略性新兴产业的发展状况

1. 战略性新兴产业的发展成效

2010 年，《国务院关于加快培育和发展战略性新兴产业的决定》发布，强调了战略性新兴产业在引导未来经济社会发展中的关键作用。发展战略性新兴产业已被确立为各国竞相角逐新一轮经济和科技制高点的重要战略举措。《国务院关于加快培育和发展战略性新兴产业的决定》明确界定了战略性新兴产业的特性：以重大技术突破和重大发展需求为基础，对经济社会全局和长远发展具有重大引领带动作用。这些产业具备知识密集、技术驱动、资源高效利用、增长潜力大、综合效益显著等特质。国务院将节能环保、新一代信息技术、生物、高端装备制造、新能源、新材料和新能源汽车等七大战略性新兴产业明确定位为重点领域，为国家经济的发展指明了方向和主要任务。"十四五"规划则提出了更为明确的目标："着眼于抢占未来产业发展先机，培育先导性和支柱性产业，推动战略性新兴产业融合化、集群化、生态化发展，战略性新兴产业增加值占GDP 比重超过 17%""构筑产业体系新支柱""前瞻谋划未来产业"。①党的二十大报告也明确提出了推动战略性新兴产业融合集群发展，构建新一代信息技术、人工智能、生物技术、新能源、新材料、高端装备、绿色环保等一批新的增长

① 中华人民共和国国民经济和社会发展第十四个五年规划和 2035 年远景目标纲要. https://www.gov.cn/xinwen/2021-03/13/content_5592681.htm[2024-01-30].

引擎。[①]这些目标将引导中国产业走向创新与可持续发展的未来。

当前，我国战略性新兴产业发展成效显著。

1）战略性新兴产业成为经济高质量发展的重要支撑

我国的战略性新兴产业在"十三五"规划期和应对后疫情时代的经济下行压力下表现出强劲增长的态势，为国民经济的发展注入了新动力。根据最新数据，2022 年高技术制造业和装备制造业的增加值增速分别达到 7.4%和 5.6%，明显高于整体工业增速（3.4%）和规模以上工业增加值增速（3.6%）。[②]战略性新兴产业不仅在工业领域推动了增长，也在服务业中展现了引领力。同年全国服务业生产指数同比增长了 2.7%，信息传输、软件和信息技术服务业的增加值同比增长 9.1%，这远远超过了传统的服务行业。在规模以上的服务业中，该领域企业的营业收入同比增长了 4.8%，这些数据凸显了我国经济结构转型升级和创新驱动发展战略初期成果。我国的战略性新兴产业发展成就显著，不断涌现的创新成果为经济高质量发展提供了新动力，也促使产业结构升级。根据国家统计局的测算，2018 年至 2022 年，我国的经济发展新动能指数呈现明显的上升趋势，其中与战略性新兴产业有着密切联系。如表 2.1 所示，2022 年该指数达到 766.8，同比增长 28.4%。战略性新兴产业保持着高速增长，同时新产品响应市场需求的年均产量也大幅增长。这些数据反映了我国战略性新兴产业的积极势头以及对经济的支撑作用，这一快速发展不仅推动了产业结构的升级，还促进了科技创新和技术进步，提升了经济增长的质量和效益，推动了产业升级和转型发展。

表 2.1　2018～2022 年经济发展新动能指数

指数	2018 年		2019 年		2020 年		2021 年		2022 年	
	指数	增速	指数	增速	指数	增速	指数	增速	指数	增速
经济活力	233.8	17.6%	275.7	17.9%	330.8	20%	388.8	17.5%	402.6	3.5%
创新驱动	174.8	21.6%	202.4	15.8%	243.7	20.4%	291.2	19.5%	336.3	15.5%
网络经济	601.6	66%	854.9	42.1%	1323.6	54.8%	1962.7	48.3%	2739	39.6%
转型升级	144.1	18%	145.6	1%	150.4	3.3%	160.9	7%	162.8	1.2%
知识能力	135.9	5.8%	148.8	9.5%	163.7	10%	182.7	11.6%	193.4	5.9%
整体	258	35%	325.5	26.2%	442.4	35.9%	597.3	35%	766.8	28.4%

资料来源：https://www.stats.gov.cn/xxgk/sjfb/zxfb2020/202308/t20230822_1942174.html

---

① 习近平：高举中国特色社会主义伟大旗帜　为全面建设社会主义现代化国家而团结奋斗——在中国共产党第二十次全国代表大会上的报告. http://www.qstheory.cn/yaowen/2022-10/25/c_1129079926.htm[2024-01-30].

② 2022 年国民经济顶住压力再上新台阶. https://www.stats.gov.cn/sj/zxfb/202302/t20230203_1901709.html [2024-05-24].

在经济拉动方面，投资、消费、出口一直被视为"三驾马车"，战略性新兴产业的新动能也在这三个领域得到了充分体现。以 2022 年为例，我国高技术产业投资同比增速高达 18.9%。在消费领域，新能源汽车产量达到 700.3 万辆，同比增长90.5%；太阳能电池（光伏电池）产量达到 3.4 亿千瓦，同比增长 46.8%。此外，全年电子商务交易额 438 299 亿元，按可比口径计算，增速为 3.5%。关于外资的使用，高技术产业全年实际使用外资 4449 亿元，增长 28.3%，折合 683 亿美元，增长 30.9%[①]，呈现出相当明显的快速增长趋势，这些数据充分说明了战略性新兴产业新动能对经济的积极影响。

2）战略性新兴产业有力推动产业结构的转型升级

从 2020 年开始，中国相继出台了旨在促进战略性新兴产业的政策措施。这些政策着眼于解决关键核心技术领域的难题，积极育成集成电路和软件产业，深入推动工业互联网创新，加大对新能源汽车产业的支持力度。不仅如此，还致力于推动人工智能的应用场景，推动产业结构的升级和转型。自"十三五"以来，集成电路产业呈现出强劲增长的趋势，数据显示，2021 年，集成电路的总产量达到了 3594.3 亿块，同比增长 33.3%。在碳达峰、碳中和政策的推动下，新能源汽车市场规模进一步扩大，发展质量也有了提升，产销量总体呈现较快增长，尤其是在 2021 年，新能源汽车的产销量分别达到了 354.5 万辆和 352.1 万辆，同比均增长 1.6 倍，国内市场占有率达到了 13.4%，高于上年 8 个百分点。此外，装备制造业、高技术制造业和战略性新兴服务业也呈现出较为可观的增长势头，展现出集群化、信息化和高端化的发展趋势。根据国家统计局的数据，2022 年，我国的产业转型升级指数为 162.8，同比增长 1.2%。这些数据展示了中国战略性新兴产业在集成电路、新能源汽车，以及装备制造业、高技术制造业和战略性新兴服务业等领域的积极发展。这些成就得益于政府的政策支持和产业升级的推动，为经济的高质量发展注入了新的动力。

3）战略性新兴产业创新能力不断提高

2022 年，我国全社会研究与试验发展（research and development，R&D）经费支出同比增长 10.1%，继续保持增长趋势，研发经费支出占 GDP 的比例达到2.54%。根据世界知识产权组织发布的《2022 年全球创新指数报告》，2022 年我国创新指数在全球排名第 11 位，领先于中等收入经济体。为持续创新发展打下坚实基础，我国着力积累人力资本，建设大型创新平台。据统计，2022 年，我国的知识能力指数达到 193.4，较上年增长 5.9%，我国的高学历和高技能人才比例也呈现出稳步增长趋势。根据国家统计局数据，截至 2022 年底，全国运营的国家重点

---

① 中华人民共和国 2022 年国民经济和社会发展统计公报. https://www.stats.gov.cn/sj/zxfb/202302/t20230228_1919011.html[2024-05-24].

实验室达到 533 个，纳入新序列管理的国家工程研究中心超过 190 个，国家企业技术中心超过 1600 家。另外，国家科技成果转化引导基金的总资金达到 624 亿元。国家级科技企业孵化器有 1425 家，国家备案众创空间 2441 家，全国各地涌现了众多科技创新创业平台。这些数据清晰反映出我国在科技创新和创业领域的迅猛发展。

2. 战略性新兴产业面临的挑战

1）新兴产业的关键核心技术"卡脖子"问题仍然存在

随着全球贸易保护主义的盛行，发达国家，包括美国、日本等，为加强对产业链和供应链关键环节的控制，开始重新审视自身在全球价值链中的地位以及重要产业链的完整性，积极推动产业链的关键环节回归本国。这一制造业回流策略旨在利用先进技术，如人工智能，以替代过去对低端要素的依赖，将其融入产业价值链的底层，同时让高端制造业的投资和生产能力重新回到国内，以确保其在产业价值链中的领先地位。这一趋势对我国当前的产业价值链独立性和控制权构成了新的挑战和威胁。同时，发达国家，尤其是欧美国家，不断采取出口管制措施，限制关键核心技术的全球传播，从而制约我国战略性新兴产业的高端发展。

2）产业自主创新能力仍显不足

战略性新兴产业由模仿创新为主向自主创新为主发展是客观必然规律，但由于我国的基础科学研究较弱、新型基础设施供给不足、创新公共服务平台基础支撑能力缺乏等因素，在当前难以更好地支撑形成以自主创新为引领的产业发展格局。基础研究是科技创新的源头。2021 年，我国基础研究经费为 1817.0 亿元，占 R&D 经费比重为 6.50%，虽然经费投入规模及占比呈现持续上升态势，但与同期发达国家普遍 15%以上的水平相比差距仍然较大。

3）高端人才供给难以满足产业发展需求

战略性新兴产业发展的核心问题是创新，而人才是创新的根本。当前战略性新兴产业存在较为明显的人才结构性短缺问题，过去面向低端制造业培养的人才难以满足中高端技能人才的需求，现有教育与培训体系更新速度赶不上产业发展速度。战略性新兴产业发展加速了产业边界的模糊化，复合型人才需求量急速增加，传统的专业人才培育模式难以适应当前产业发展需要，日渐成为产业发展的瓶颈。僵化的人力资源开发机制直接导致了人力资源供给与产业需求之间的结构性矛盾。

3. 战略性新兴产业的发展趋势

战略性新兴产业具备知识技术密集、成长潜力巨大、综合效益显著、跨产业深度融合、技术复杂性高、价值链延伸长、市场规模巨大等特点，因此其发展呈现融合、集群和生态化的趋势，需要各创新主体合作网络的共同建设和知识产权的有效治理。通过合理配置技术创新资源、充分公开专利信息，以及有效推动技术成果的转移和转化，可以加速关键核心技术的突破。战略性新兴产业的发展具备前瞻性和全局性特点，同时也在技术方面具备突破性和引领性。这些产业的技术含量高、政策性强、投入产出比较大，但不确定性也较突出。随着科学技术的进步和战略性新兴产业的发展，新兴产业技术交叉融合和产业边界的模糊性越来越显著。当前，战略性新兴产业正在不断演进，开辟新的方向和领域，承担着孵化未来产业的使命。这一过程为我们带来了新问题，对原始创新、要素市场和产业生态提出了新要求。新的国际和国内形势也带来了挑战，国际竞争激烈，逆全球化趋势加强，产业链中的"断链"和"脱钩"风险逐渐增多。我国面临未知领域的产业发展和创新，需要不断提升原始创新能力，加强开放合作。同时，现有体制机制中的问题需要不断改进，以促进原始创新和创新生态体系的建设。

2.1.2 未来产业的发展态势

1. 国外未来产业的发展战略

未来产业是大国竞争的新赛道领域，世界主要经济体为了抢占在前沿科技领域的话语权，赢得国家持续竞争力，正在加强对未来产业的战略部署。

1）美国的未来产业发展战略部署

如表 2.2 所示，2019 年，美国发布《美国将主导未来产业》的报告，明确表示将未来产业作为国家未来发展的战略支撑。2020 年，美国印发《2022 财年研发预算优先事项和全局行动备忘录》，指出财政支出将优先流向人工智能、量子信息科学与技术和自动驾驶等关乎未来产业发展的领域。2021 年，美国通过了关于未来产业建设的提案，明确指出未来产业发展的重点领域是半导体、先进通信技术、生物技术等。同年，美国通过了《无尽前沿法案》，提出其将着重在人工智能与机器学习、量子计算科学技术、先进通信技术与沉浸技术、基因组学与合成生物学等领域进行部署。为了推动制造业的发展，美国国家科学基金会（National Science Foundation，NSF）在 2021 年制定了未来制造业发展的三个重点领域：未来网络制造、未来生态制造以及未来生物制造。

表 2.2　美国未来产业战略部署

发布时间	报告/法案	部署领域
2019 年	《美国将主导未来产业》	人工智能、量子信息科学与技术、5G、先进制造业
2020 年	《2022 财年研发预算优先事项和全局行动备忘录》	人工智能、先进通信网络技术、量子信息科学与技术、先进制造业、与未来产业相关的计算生态系统、与未来产业相关的自动驾驶和远程驾驶技术

续表

发布时间	报告/法案	部署领域
2021 年	《美国就业计划》	半导体、先进计算、先进通信技术、先进能源技术、清洁能源技术和生物技术等领域
2021 年	《无尽前沿法案》	人工智能与机器学习，高性能计算、半导体技术、先进计算机软件及硬件；量子计算科学技术，机器人、自动化与先进制造技术，自然灾害及人为灾害防灾与减灾，先进通信技术与沉浸技术，生物技术、医学诊疗、基因组学与合成生物学，数据存储技术、数据管理、区块链/分布式账本技术与网络安全，先进能源技术、电池与工业能耗，先进材料
2021 年	NSF 未来制造业研究项目	未来网络制造、未来生态制造、未来生物制造

注：5G 代表第五代移动通信技术

美国发展未来产业的主要措施：①加大对未来产业发展的资金支持力度；②构建多部门协同机制，推动政府、企业以及学校建立伙伴关系，协同创新；③以未来产业发展为导向，设立目标明确的新型研究机构；④加强人力资本投入，针对未来发展需要，设立培训机构，向社会各群体提供培训。

2）英国的未来产业发展战略部署

如表 2.3 所示，英国通过对全球形势的审视，确定了当前面临的四大挑战：人工智能对社会生活的影响、可持续发展、人口老龄化和未来交通。为了应对这些挑战，确保英国民众从未来产业的变革中受益，英国于 2017 年发布了《产业战略：建设适应未来的英国》白皮书，明确了四大关键发展领域：人工智能与数据经济、未来交通、先进医疗和清洁智能能源。2019 年，英国为推动未来制造业的发展，成立了 13 个专注于医疗、化合物半导体等领域的未来制造业研究中心。

表 2.3　英国产业战略挑战基金中部署的未来产业

未来产业方向	部署领域
人工智能与数据经济	未来受众、量子技术商业应用、创新创意产业集群、数字安全、新一代服务
未来交通	电力电能革命、未来飞行技术、法拉第电池革命、国家卫星测试设施、机器人技术、无人驾驶汽车
先进医疗	先进诊疗技术、老龄化应对、早期诊断和精准医疗、先进医疗保健
清洁智能能源	低碳产业、低费用核能、敏捷制造、能源革命、智能及可持续塑料包装、建筑制造业改造和施工、粮食生产改革、基础工业革新

英国推动未来产业发展的措施主要有：①提高教育投入资金的比例。在计算机相关课程及领域投资 8400 万英镑，与此同时投资 5 亿英镑在未来产业发展的方方面面，搭建了 15 条个性化的高端人才培养与成长路线，以匹配未来产业的发展；②加快数字基础设施建设，为数字基础设施建设投入了大量资金，从而为未来数

字经济的发展提供保障；③加强公共部门与私人部门的合作，通过共建研究机构，联合培养人才。

3）日本的未来产业发展战略部署

如表 2.4 所示，2016 年，日本政府引入了"社会 5.0"理念，旨在构建一个智能社会，通过现代通信技术的有效整合，更快速地解决社会问题，实现虚拟与现实的良好融合。为实现这一愿景，日本采取了一系列行动。2016 年和 2017 年，日本相继发布了《科学技术创新综合战略 2016》和《科学技术创新综合战略 2017》，提出了构建与新兴技术应用相关的 16 个系统和数据库，以促进新兴技术与产业的融合。2017 年，发布了《未来投资战略 2017：实现"社会 5.0"的改革》，明确关注的领域包括生命科学、交通与运输、智能机器人、生物材料等。同时，发布了《新产业结构蓝图》，规划未来的产业和服务。2020 年，日本在《科学技术创新综合战略 2020》中详细阐述了实现"社会 5.0"的路线，特别关注了公共卫生、人工智能、超级计算机等领域的研发。

表 2.4　日本未来产业战略部署

发布时间	报告/法案	部署领域
2016 年和 2017 年	《科学技术创新综合战略 2016》和《科学技术创新综合战略 2017》	16 个系统和数据库（最优化能源价值链系统、地球环境信息集成平台系统、基础设施维护更新管理系统、抗灾减灾社会稳固系统、智能交通系统、新一代制造技术系统等），以及新兴技术（物联网、智能机器人、人工智能等）
2017 年	《未来投资战略 2017：实现"社会 5.0"的改革》	生命科学、交通出行、全球精尖的智能供应链、基础设施与城市建设，金融创新及技术应用，环境与能源，机器人与生物材料革命，新型居住生活服务业
2017 年	《新产业结构蓝图》	自动驾驶车辆、智能化保险与评级，创新型药物、功能保健食品、先进制造、生物能源，个性化医药、关怀护理计划、保养维护服务，智能化授信增信、财产管理及咨询服务等
2020 年	《科学技术创新综合战略 2020》	公共卫生、人工智能、超级计算机、大数据分析、国家卫星、远程商务、低能耗及绿色技术、清洁能源、生物科技等

日本发展未来产业的主要措施：①实施知识产权强国战略，加强知识产权保护，推动科技创新，推动专利标准化工作，构建统一标准；②构建智能服务平台，加强基础技术研究，推动通信技术攻关；③推动体制机制改革，简化行政审批程序，营造良好的创新环境；④加强人才培养，面向"社会 5.0"愿景培育配套的高质量复合型人才；⑤加强政企协作，以产业需求推动"社会 5.0"愿景实现。

2. 我国未来产业的发展战略

我国"十四五"规划中提出要前瞻谋划未来产业。当前，围绕量子信息、类脑智能、未来网络、基因技术、氢能与储能等前沿领域，各地区正在积极推动未来产业的布局落地。

1）北京市的未来产业发展战略部署

为抢占未来发展的制高点，北京市先后制定了《北京市"十四五"时期高精尖产业发展规划》《北京市"十四五"时期国际科技创新中心建设规划》《北京市国民经济和社会发展第十四个五年规划和二〇三五年远景目标纲要》等一系列政策文件，在生物技术与生命科学、碳达峰与碳中和、前沿新材料以及量子信息等七大产业进行布局，为高精尖产业持续发展培育后备梯队，如表 2.5 所示。其中，各区在产业发展的方向侧重上各有不同。昌平区的重点是发展生物技术与生命科学、前沿新材料和量子信息等产业；朝阳区重点发展新型材料、量子信息和脑科学等产业；怀柔区重点发展生物技术与生命科学、前沿新材料和脑科学等产业。

表 2.5 北京市未来产业细分领域布局重点

未来产业	部署领域
生物技术与生命科学	新型生物大分子鉴定和序列读取技术，在核酸与蛋白质检测和测序的核心领域研究发展全球先进的合成生物学和蛋白设计技术等
碳达峰与碳中和	发展推广碳追踪、碳捕捉等相关技术及产品、推进开发碳排放监测和碳排放信息管理系统，培育建设碳追踪、碳减排领域数据分析和综合服务机构等
前沿新材料	前沿新材料领域重点突破以石墨烯为代表的纳米材料、生物材料、3D 打印材料（增材制造材料）、超导材料、液态金属材料、智能仿生材料等研发方向
量子信息	量子信息领域完善量子信息科学的生态体系，强化量子领域材料工艺、核心器件和测控系统等关键核心技术攻关等
光电子	光电子领域积极开展高数据容量的光通信技术布局，攻坚光传感、大功率激光器等方向的材料制备、器件研发等关键技术
新型存储器	新型存储器领域开展先进动态随机存储器（dynamic random access memory，DRAM）技术研发，推进 17nm/15nm DRAM 研发与量产，突破 10nmDRAM 部分关键核心技术
脑科学与脑机接口	聚焦认知科学与脑科学、生机交互、神经工程、类脑智能理论与医学应用等，加快无创伤脑机接口领域的高水平创新成果在航空航天、智慧生活、临床医学领域的应用转化

北京市正在采取多项关键举措来促进未来产业发展。主要做法有：①构建坚实的创新基础，采用"揭榜挂帅"机制来激励企业进行技术攻关，同时建立产学研协作的创新平台，以畅通创新成果产业化路径；②支持具有专业特长的新兴企业，并积极吸引高技术企业，以集聚创新资源；③加强数字基础设施建设，致力于构建坚实的新型网络生态系统，并针对未来产业的需求建立起相应的人才培养体系；④提升产业层级，培育竞争力强的产业集群，借助监测与预警机制来协同保障关键产业的发展；⑤推进智能制造创新中心的建设，以促进智能生产的实施，包括推动制造业与服务业的互补性发展，以提高高端制造业的服务水平；⑥构建绿色制造体系，确保生产过程更加环保，并制定"北京标准"以提高产品和服务的质量。上述措施旨在为未来产业发展提供更多机遇和支持。

2）上海市的未来产业发展战略部署

为推动未来产业发展，上海市 2021 年制定了《上海市战略性新兴产业和先导产业发展"十四五"规划》，明确了上海市未来产业的发展方向：光子芯片与器件、基因与细胞技术和类脑智能等六大产业，如表 2.6 所示。其中各区在各大未来产业发展上各有偏重，如崇明区依靠自身的地理优势和资源优势，优先发展新型海洋经济产业；上海市区则重点发展低污染的高新技术产业如光子芯片与器件、类脑智能和氢能与储能；浦东新区则依靠自身的科创优势和区位优势，着重发展基因与细胞技术、类脑智能和新型海洋经济。

表 2.6　上海市未来产业细分领域布局重点

未来产业	部署领域
光子芯片与器件	重点针对硅光子、光子芯片、光通信器件等新一代光子器件研发与应用进行突破，在基于互补金属氧化物半导体（complementary metal oxide semiconductors，CMOS）等方面的研究开展重点攻关等
基因与细胞技术	着力推动基因编辑、拼装、重组等基因技术发展，推动合成生物学技术的工业应用，深入推进体细胞重编程、人工组织器官构建等领域的技术研发等
类脑智能	提升脑科学、认知科学基础研究在类脑智能产业的支撑能级，重点突破类脑芯片技术与脑机融合技术的研发与应用等
新型海洋经济	重点开展深海资源勘探开发、深潜器、水下机器人、海水淡化等深远海装备技术与应用领域研发突破。加大对海洋风能发电、海洋能发电机组等技术及应用的研发制造，推进海洋可再生能源利用等
氢能与储能	聚焦氢能产业链的核心技术和关键环节，强化工业制氢提纯、电解氢等技术的研发应用。加强氢气储存、氢气运输相关技术、材料以及设备研究开发等
第六代移动通信	重点突破新一代信道编码及调制技术、新一代天线与射频技术、空天海地一体化通信技术、太赫兹无线通信技术与系统、基于人工智能的无线通信技术等 6G[①]关键技术

上海市未来产业发展的主要措施有：①深化市场机制创新突破。突破现有的创新政策框架，基于浦东制度优势制定相应的政策，推动技术攻关体制机制的创新。围绕集成电路产业和生物医药产业设立一批项目，以推动相关产业的技术创新。②注重人才的引进。对人才引进给予政策支持，尤其是对未来产业的重点领域，实行梯度化人才引进政策。同时加大海外人才的引进，对海外人才提供精准帮助，以便利其出入境以及居留。③加大金融保障力度。通过优化天使基金的运作模式，引导天使基金流向处于战略性新兴产业孵化期的企业。同时，开展"浦江之光"行动，帮助更多的战略性新兴产业企业上市进行业务性资金融资。同时通过差异化信贷政策，对高新技术企业进行一定程度上的政策倾斜，提高战略性新兴产业企业的融资效率。④为市场主体增加创新性活力。通过完善企业创新考核激励政策，释放企业的创新活力。⑤提高服务创新的能级。加快科技中介服务

---

① 6G，第六代移动通信技术，一个概念性无线网络移动通信技术，可促进产业互联网、物联网的发展。

机构以及各类创新创业孵化器以及上海市众创空间的建设，提升科技中介服务机构在科技企业创新和成果转化运用工作中的服务能力。

3）湖南省的未来产业发展战略部署

如表 2.7 所示，为了在未来产业竞争中占据优势，湖南省 2021 年印发了《湖南省"十四五"战略性新兴产业发展规划》，在新材料、新一代信息技术、新能源及智能网联汽车产业等领域进行了部署。同时，为响应"双碳"号召，推动经济低碳化转型，湖南省在碳捕集、利用与封存技术研发领域也进行了布局。围绕未来产业的发展，2022 年，湖南省制定了《大力推进产业发展"万千百"工程实施方案》，即建设一批百亿级项目，培育一批千亿级企业和一批万亿级产业。

表 2.7　湖南省未来产业细分领域部署重点

未来产业	部署领域
新一代信息技术	重点面向下一代人工智能计算结构，实现脉冲学习算法、量子机器学习等基础理论与算法突破。推进神经芯片、类脑传感器等技术突破，加强类脑芯片、石墨烯存储等新型原理组件研发
新材料	开发压电材料、记忆材料、磁致伸缩、智能高分子等智能基材及新型传感器等光电元器件等
新能源及智能网联汽车产业	强化新能源汽车整车及关键零部件研发及产业化，加强动力电池和燃料电池技术攻关及产业化，加快充电基础设施建设，支持协作开发智能网联汽车，构建整车与关键产品技术验证环境与测试认证体系，推进以需求为导向的重点环节培育和场景化应用示范
……	……

湖南省发展未来产业的主要措施如下：①深化"放管服"改革。简化审批手续，提速战略性新兴产业项目的审批流程，审批过程向线上转移。构建包容审慎的监管环境，为战略性新兴产业的发展留出试错空间。②多元化资金支持。通过"揭榜挂帅""中期评估式"等方式在战略性新兴产业设立项目，引导企业在战略性新兴产业领域进行"赛马"。设立投资基金，引导社会资金流向战略性新兴产业重大工程项目。加强财政与金融的互动，完善财政信贷风险补偿机制，提高战略性新兴产业企业融资的可能性。构建全方位的科技金融服务体系。③完善奖惩机制。通过第三方评估对战略性新兴产业发展进行评估，根据评估结果对其进行奖励或者惩罚。同时，利用信息技术对战略性新兴产业进行实时跟踪，以动态调整政策，确保政策的有效性，推动战略性新兴产业健康发展。

从以上国内省市的未来产业发展现状可看出，各地区未来产业的部署领域和主要举措存在共同的经验值得借鉴。①注重完善顶层设计。制定未来产业细分领域的相关产业政策，支持关键核心技术的研发、重点项目的应用推广以及重大项目的投融资，实施了优惠的税收政策。②注重应用场景牵引。聚焦未来产业的重点发展领域，通过发放城市机会清单，实施"十百千"场景示范工程，供给多元化的应用场景。③充分利用梯度化和特殊人才引进政策，对未来产业的重点领域高水平人才给予政策支持，并提高对海外创新团队以及高水平、高层次领军人才提供的财政补贴。④注重产业链与创新链的融合发展。完善全过程的创新生态链，促进产业链、创新链、供应链、人才链等融合发展，培育一批渐具规模体量和行业核心竞争力的产业集群，保障产业链与供应链协同发展，推进未来产业集群化建设与发展。⑤加强未来产业创新环境建设。为未来产业领域企业提供诸如技术园区、技术转让、知识产权注册和加速器等方面的支持。

3. 未来产业的发展趋势

未来产业与战略性新兴产业一样，都有着战略性的特征，尽管现在的技术还不够成熟、产业规模比较小，但如果前沿关键技术较为成熟且与市场的需求相匹配，就会展示出强大的增长势能（李晓华和王怡帆，2021）。未来产业作为一个整体，其自身有着广袤的发展空间，在将来可以形成较大的产业规模，成为国民经济发展的重要支柱。未来产业的发展潜力直接影响到将来世界其他主要国家在成长力较强的产业中的国际地位，以及这些国家的经济增速和国民福利。未来产业本质上属于复杂的产品系统。它的产品的架构、生产系统或应用系统的复杂程度是非常高的，因此，可以看出未来产业本身自带十分强的增长潜力，可以产生一定的产业关联度，进而促进上下游产业的协同发展。首先，先进技术的产业化和高效化需要相关技术的共同演进，未来产业发展将促进相关技术和产业的发展；其次，高科技产业极有可能将产生大量的原材料、零部件、生产设备、科学检测仪器等投资需求，形成相关的产业链，促进未来产业等其他产业的飞速发展，带动整个经济的起飞。以美国星球大战计划为例，太空探索需要融合跨学科和多学科的尖端科学技术，这不仅推动了当时美国早期集成电路和无线通信技术的迅速发展，形成了世界领先地位，而且支持月球探索和载人登月，使便携式医疗设备、水和空气净化设备等大量新产品进入人们的日常生活。

考虑到技术属性、应用场景、市场分布和发展趋势，未来产业已经或正在向以下几个方向发展，如图2.1所示。一是数字经济相关领域，如人工智能、物联网、区块链、数字货币、非同质化代币（non-fungible token，NFT）等；二是物理世界和虚拟世界连接技术。典型领域包括元宇宙，虚拟现实（virtual reality，VR），增强现实（augmented reality，AR），混合现实（mixed reality，MR），扩展现实（extended reality，XR），佩戴设备，视觉、触觉和听觉集成产品等；三是智能制造，包括机器人与自动化、数字孪生、未来工厂等；四是新一代通信技术和下一代互联网，包括量子信息、5G/6G、云计算＋、Web3.0 等；五是清洁、高效、可再生能源技术和工业，包括氢能源、高效储能技术和设备、新能源汽车、碳减排和无碳工艺技术产品和设备等；

六是高端硬件和先进材料,如辐射支撑未来产业所需的关键材料、硬件和集成系统;七是生命科学与一般健康,包括合成生物学、脑科学、再生医学、新药疫苗设备、智能保健等大口径生物科学领域,药物医学,保健和老年护理等一般健康领域;八是航空航天、太空、海洋和极地地区工业化(杨丹辉,2022)。上述八条"赛道"不仅是加快建设国民经济的战略性、核心产业,也是解决人类认知和相关发展问题的人文产业。可以很容易地看出,数字化以及绿色化将会是新工业革命时期的主要发展方向,而未来产业的发展也会顺着这两条路线发展下去,数字化和绿色化在这个过程中将有效融合。然而,我们需要注意到,这些"赛道"不一定就是未来产业最终的发展模式,创新、不确定性等特征将促进未来产业的网络化和系统化扩展。

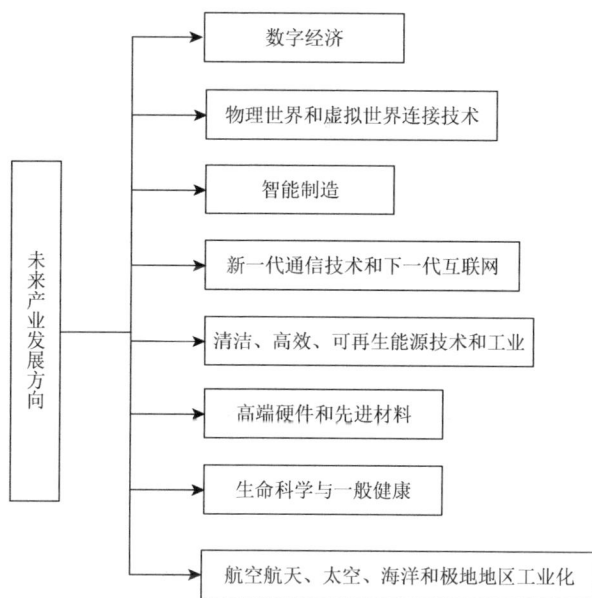

图 2.1　未来产业发展方向

2.2　战略性新兴产业创新网络治理的典型案例分析

2.2.1　新能源汽车产业创新网络治理的案例分析

1. 新能源汽车产业的发展现状

1) 全球新能源汽车产业的发展现状

全球新能源汽车市场正处于长期持续增长的阶段,未来将进入新的发展阶段。由于全球面临能源危机和环境污染等挑战,新能源汽车发展在国家宏观调控和战略定位下呈现出相对稳定的发展格局。近年来,以特斯拉和比亚迪等公司产品为代表的新能源汽车产品备受市场欢迎，2021 年和 2022 年，比亚迪和特斯拉新能源汽车的销量稳居全球前两位。其中，2022 年比亚迪以 186 万辆的销量成为全球新能源汽车销量第一的企业，远远超过了第二名的特斯拉和第三名的大众集团。新能源汽车从以电动化为核心的技术竞争，转变为电动化、网联化、智能化三者融合发展的竞争，智能电动汽车顺应市场需求，有望迎来快速发展阶段。

如图 2.2 所示，2021 年和 2022 年新能源汽车实现了爆发式增长。在此之前的 2020 年及以前，新能源汽车处于导入期，属于新兴产品阶段，需要实现从零到一的突破，其市场占有率增长速度较慢，从 0.1%增长到 4.2%花费了 10 年的时间。在这个阶段，新能源汽车面临着前景不明确、竞争格局模糊、市场存在分歧等一系列问题，企业的发展具有一定的不确定性。然而，从 2021 年开始，新能源汽车的发展速度显著加快，进入了高速发展期，新能源汽车市场完全开放，市场占有率迅速提升，到 2022 年全球新能源汽车市场占有率达到了 14%，销量首次突破千万门槛，达到 1009.1 万辆。在高速发展期间，涌现出了一系列经典企业（如比亚迪和特斯拉）和车型（如比亚迪宋、Model Y 等）。

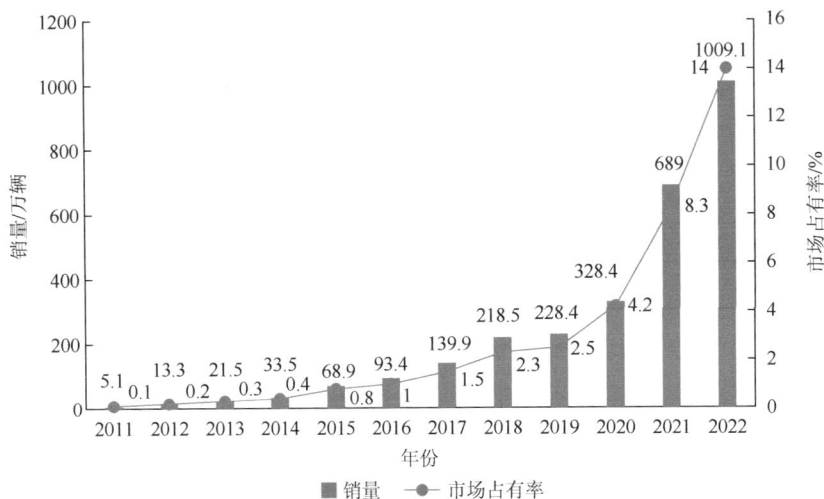

图 2.2　全球新能源汽车销量及市场占有率

资料来源：国际能源署

全球新能源汽车市场主要包括纯电动汽车、插电式混合动力汽车和少数燃料电池汽车，其中纯电动汽车一直是市场的核心。2020 年由于国内比亚迪秦 Plus DM-i、宋 Plus DM-i 等经典混合动力车型的量产，以及部分欧洲企业加大插电式混合动力汽车布局，全球插电式混合动力汽车销量占比开始回升。然而之后两年纯电动汽车表现强势崛起，导致插电式混合动力汽车份额有所下降。截至 2023 年，纯电动汽车仍然是全球新能源汽车的主力军，而燃料电池汽车处于起步阶段，对市场贡献较小，但未来有望进一步提高市场份额。

如图 2.3 所示，在全球新能源汽车市场中，中国、美国以及欧盟等是推动全球新能源汽车发展的核心动力，产销量仍然保持着快速增长。这些主要国家将发展新能源汽车作为实现气候目标的重要途径，并不断强化新能源汽车发展的战略定位。截止到 2023 年，中国已连续 9 年成为全球新能源汽车产销量第一的国家，在新能源汽车领域具备较好的产业基础和先发优势。加之政策支持体系的不断完善，中国的新能源汽车未来有广阔的发展前景。美国提出了一系列协议和计划以推动新能源汽车市场增长；欧盟国家提出了全面电动化目标，并且德国、法国、意大利等国家加大了对新能源汽车的支持力度，预计欧洲地区的新能源汽车销量将继续快速增长。

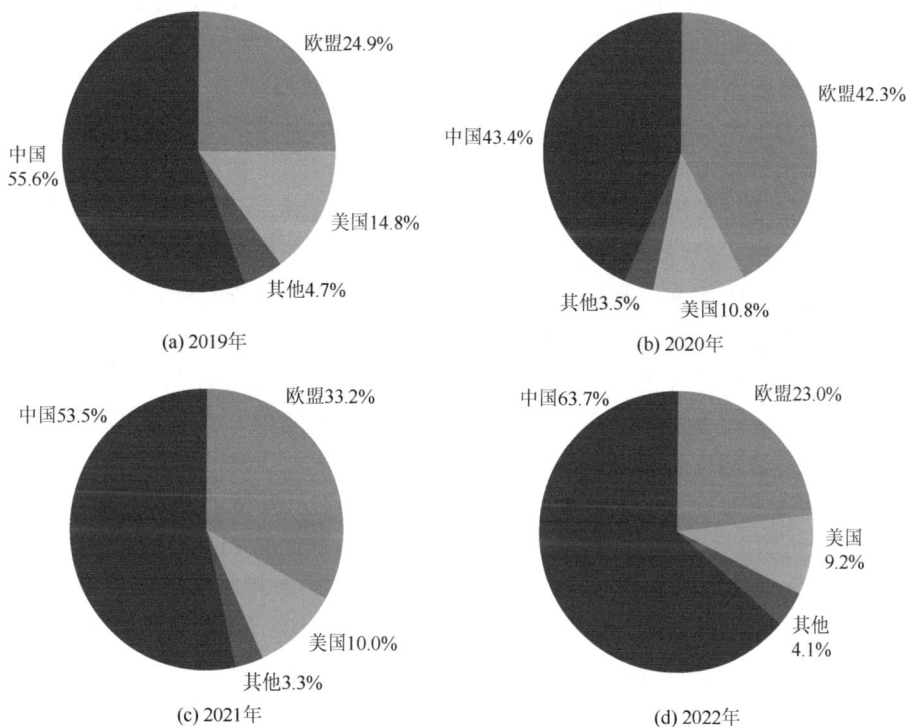

(a) 2019年　(b) 2020年

(c) 2021年　(d) 2022年

图 2.3　全球主要经济体新能源汽车销量比例

资料来源：国际能源署

2）中国新能源汽车产业的发展现状

2022 年，我国新能源汽车销售量达到 688.7 万辆，同比增长 93.4%，全国新能源汽车产量增长高达 96.9%，突破 700 万达到 705.8 万辆。在"双碳"目标的推动以及产业各界的努力下，我国新能源汽车发展速度超过预期，自主品牌企业和新势力企业不断强势崛起，在新能源市场上表现活跃。我国新能源汽车的发展领先于全球新能源汽车发展水平，在政策的大力支持以及在电池、电机、电控等核心技术领域的不断突破下，我国新能源汽车发展进入快速发展阶段。

可以看到，我国的新能源汽车产业正在以基数大、增速猛的态势蓬勃发展。同时消费者对新能源汽车的接受程度逐渐增加，预计未来十年内中国新能源汽车产业还将不断持续高速扩展。另外，国内自主品牌的新能源汽车已经逐步扭转了市场份额的劣势。但是，我们也必须意识到，目前我国新能源汽车产业还是面临着某些问题。

中国汽车流通协会的一份研究报告表明，目前消费者放弃购买新能源汽车的三个主要原因是车辆续航问题、电池安全问题、电池回收问题，这些都与动力电池有关。无论是纯电动汽车、插混式电动汽车，还是氢能源燃料电池汽车，动力电池都是不可或缺的关键组件。目前，动力电池技术作为新能源汽车产业技术的核心，正朝着能量密度更高、充电速度更快的模式演进。

除了动力电池技术的发展之外，新能源汽车市场上将同时存在多种动力驱动方案。目前市场主流的新能源汽车动力方案包括纯电动、插混式和氢能源。插混方案由于政策支持等因素，在市场上也占有较大的份额，尤其在政府采购和商用车领域表现突出。然而，氢能源燃料电池系统由于存在加氢设施建设相对滞后及安全性问题、制氢成本较高需要消耗大量能源且依赖于传统的化石燃料等原因，目前主要应用于固定路线的客车和公交车等领域。尽管插混式和氢能源燃料电池汽车在一些特定场景和需求下具备一定的竞争力，但目前纯电动汽车在市场上占据了主导地位。总体而言，市场上同时存在多种动力驱动方案，并且其各自具备不同的优劣势和适用领域。

在新能源汽车政策方面，中国政府逐渐缩减了对该领域的财政支持。2020年4月，国家的四个主要部委［包括财政部、工业和信息化部（以下简称工信部）、科技部以及国家发展和改革委员会］发布了《关于完善新能源汽车推广应用财政补贴政策的通知》，旨在完善新能源汽车财政补贴政策。根据《关于完善新能源汽车推广应用财政补贴政策的通知》，自2020年到2022年，新能源汽车的补贴标准将逐年降低，分别下调10%、20%和30%，从2022年开始，新能源汽车的补贴标准将在2021年的基础上退坡30%。这一政策调整加速了中国新能源汽车产业由政府政策导向向市场驱动的过渡，这一转变既科学又合理，也是产业健康发展的必然结果。

国务院办公厅不仅进行了补贴政策的修订，还发布了《新能源汽车产业发展规划（2021—2035年）》，其中提出了一系列深化措施，旨在加强对纯电动汽车、插电式混合动力汽车和燃料电池汽车的关键领域的支持。这一计划包含了"三纵三横"的关键举措，涵盖新能源汽车的核心技术和基础平台。在"三纵"方面，特别关注模块化整车平台和零部件总成标准化，以提高生产效率和削减成本。同步攻克氢燃料电池汽车的应用技术难题，通过一体化底盘设计和多能源集成技术，将底盘与电池相融合，从而实现更高的续航里程和更宽敞的乘坐空间，以满足不同车型需求。在"三横"方面，特别突出动力电池与管理系统、驱动电机与电力电子、网联化与智能化技术的重要性，这些构成了新能源汽车的核心技术要素。鉴于中国在新能源汽车核心技术创新方面的薄弱之处，《新能源汽车产业发展规划（2021—2035 年）》将着力发展三电技术（电池、电机和电控）和智能网联技术，以提升技术和工艺的研发能力。同时，"三横"也发挥了支持"三纵"发展的保障作用。

我国新能源汽车产业的发展基础相对较薄弱，在技术、市场和产业链等方面都有所体现。首先，为了实现新能源汽车产业的健康发展，新能源汽车企业需要深刻认识到技术创新的重要性。技术创新是新能源汽车产业取得突破的关键。新能源汽车涉及许多前沿技术领域，如电池技术、充电技术、电机技术等。企业应该加大对技术研发的投入，不断提升自主创新能力，推动技术的进步和应用。其次，新能源汽车企业需要注重长远规划，制定明确的发展战略和目标。在技术研发和资源配置方面，企业应该根据市场需求和竞争态势，合理分配研发资源，建立完善的技术创新体系，提高技术产出效率和质量。另外，政府在推动新能源汽车产业发展方面也发挥着重要的作用。政府应该完善扶持政策，鼓励企业增加技术研发投入，并提供相关的财政和税收支持。同时，政府还应加强与企业之间的合作与沟通，制定关键核心技术激励政策，推动企业在关键技术上进行创新，进一步提升新能源汽车产业的竞争力。新能源汽车产业的健康发展需各方共同努力。除了企业和政府的合作外，还需要行业协会、研究机构等各方力量的积极参与和支持。各方通过共同努力，推动技术创新、市场培育和人才培养等方面的合作，为新能源汽车产业的健康发展注入新的动力。

2. 比亚迪新能源汽车的创新网络治理分析

1）比亚迪的创新发展历程

A. 自主创新阶段：1995—2009 年

比亚迪公司在起步阶段主要专注于电池的生产与销售，然而，CEO 王传福始终坚信，电池技术将成为未来汽车产业的发展方向。通过成功拿下摩托罗拉、诺基亚、索尼和飞利浦等全球知名企业的电池生产订单，比亚迪跃居为全球第二大充电电池制造商。2003 年，比亚迪通过收购西安秦川汽车有限责任公司，正式进军汽车制造领域，迈出了实现梦想的关键一步。

发展初期，比亚迪借助其在电池技术领域的专长，采用"模仿创新"的发展策略，不断吸收借鉴国际汽车制造先进技术。随着新能源汽车市场的逐步升温，比亚迪逐渐找到了属于自己的发展道路。21 世纪初，比亚迪在电池技术领域取得了重大突破，研发出具有自主知识产权的铁电池，为新能源汽车的发展提供了强有力的支撑。2006 年，比亚迪自主研发的 F3e 纯电动汽车的问世，标志着比亚迪正式进入新能源汽车行业。2008 年，比亚迪又通过收购宁波中纬半导体晶圆厂，提高了其锂电池的生产和设计能力。同一年，比亚迪推出了全球首款不依赖充电站的双模电动车——F3DM，引领了中国新能源汽车市场的潮流。

在早期发展过程中，比亚迪通过收购西安秦川汽车有限责任公司、宁波中纬半导体晶圆厂、美的三湘客车厂等企业，获取了新的技术和资源，通过并购整合创新资源，将外部创新资源转化为内部资源。比亚迪依赖内部创新，其汽车及零部件主要是自主生产。虽然这种自主创新模式在短期内为比亚迪带来了巨大的经济利润，但是其封闭的体系却阻碍了比亚迪的进一步发展，资产沉重、创新困难等问题逐渐显现。此时，比亚迪急需找到一条新的路径，以突破创新的瓶颈。

B. 合作创新阶段：2010—2017 年

2010 年 3 月，比亚迪与德国戴姆勒公司宣布将联手展开电池技术研发，合资成立了深圳比亚迪戴姆勒新技术有限公司，计划推出新能源汽车品牌"腾势"，从此时起，比亚迪从封闭的自主创新走上了开放的跨国合作创新之路。同年，《国务院关于加快培育和发展战略性新兴产业的决定》发布，将新能源汽车归入战略性新兴产业，提出要加大财政支持力度，完善税收激励政策，帮助新能源汽车企业构建创新生态系统。

2012 年，比亚迪与保加利亚 Bulmineral 公司合资建厂，共同完成电动大巴的设计和生产工作。2013 年，北京理工大学与比亚迪在汽车智能化领域展开合作，为比亚迪突破技术瓶颈提供支持。2014 年比亚迪与广汽集团成立合资公司，专注于生产与研发新能源客车产品。同年，比亚迪与新加坡科技研究局信息通信研究院建立联合实验室，在无人驾驶领域展开合作。2015 年比亚迪与百度建立合作关系，共同推进无人驾驶技术研发。

国家和地方政府积极支持比亚迪新能源汽车的发展，不仅鼓励比亚迪与企业和高校合作，还通过政策引导来提升该领域的创新。举例来说，国务院前总理李克强曾提出免征新能源汽车车辆购置税的政策，从而促进新能源汽车的创新和发展。比如，安徽省制定了《安徽省电动汽车充电基础设施建设规划（2017—2020 年）》，各地级市鼓励社会资本进入充电设施建设领域，并计划形成覆盖全省、功能完善的城际高速快充网络。此外，大连政府和南京公交系统纷纷采购了比亚迪 K9 型号纯电动商用车，而郑州市公安局则将比亚迪"秦"系列电动车纳入警务用车。在政府采购的推动下，比亚迪的市场份额得到了迅速扩张。

在这一阶段，比亚迪跨出自身组织边界，开始吸收外部创新资源，在政府政策支持下通过与伙伴企业、高校合作研发或创立合资公司的方式不断取得技术进步。此时比亚迪与伙伴企业的关系从竞争转为合作，汇集多方创新资源共同攻克新能源汽车技术难关。比亚迪从封闭逐渐走向开放，形成了以比亚迪为中心，以合作伙伴、高校、政府为辅助的合作创新网络，为进一步构建新能源汽车企业跨国创新生态系统奠定基础。

C. 开放创新阶段：2018 年至今

比亚迪于 2018 年正式推出 e 平台，将"三电"（电池、电机、电控）关键技术平台化，这表明比亚迪已经进军新能源汽车零部件整套集成化解决方案领域。除此之外，还成功打造了 DiLink 智能共享软硬件平台，将汽车 341 个传感器和 66 项控制权限向开发者开放，标志比亚迪进入"开放创新"这一新阶段。

在推出 e 平台与 DiLink 智能共享软硬件平台之后，比亚迪继续以开放合作的态度实现从"吸收整合"到"开放创新"的转变。2018 年，比亚迪与百度 Apollo、大道用车合作，在新能源汽车领域的无人驾驶等相关技术方面进行了探索。2019 年，比亚迪与华为签署全面战略合作协议，将在智能网联、智能驾驶等领域进行合作，助力新能源汽车数字化转型；与西南交通大学、长安大学签署合作协议，共同进行人才培养与知识创新。2020 年，比亚迪与正泰集团股份有限公司达成战略合作，双方集中优势资源共同开拓全球新能源发电及配套储能项目；与中国汽车工程研究院股份有限公司重庆本部签署战略合作协议，双方将在电池检测、NVH（noise、vibration、harshness，噪声、振动、声振粗糙度）开发等技术研发方面展开合作。2021 年，比亚迪迎来了品牌发展的里程碑时刻。这一年，比亚迪实现了第 100 万辆新能源汽车的下线。2022 年比亚迪与 UzAuto 签署战略合作谅解备忘录，双方将共同开发并生产更具竞争力的新能源汽车产品。

总结比亚迪的创新发展历程，如图 2.4 所示，比亚迪经历了自主创新、合作创新，后进入开放创新阶段，通过战略协同、组织协同和资源协同的方式初步构建了以比亚迪为中心，以伙伴企业、政府机构、高校、研究所为创新主体的跨国创新生态系统。

图 2.4　比亚迪创新发展历程

如今，比亚迪已经成为全球新能源汽车领域的佼佼者，其电池技术、新能源汽车技术及充电设施建设等方面的综合实力在国际上具备较强竞争力。

电动汽车已经成为全球汽车市场最受瞩目的新兴品类，在比亚迪的带动之下，2022 年迎来了新的销售高峰期。Counterpoint 的报告指出，2022 年全球电动汽车共计销量超 1020 万辆，纯电动车占据了电动汽车市场 72%的销量，市场需求暴增。比亚迪、特斯拉和大众集团位列畅销榜前三，其中比亚迪拿下了 19.8%的销量占比，而特斯拉分得 12.1%。

比亚迪汽车公布的 2022 年销售业绩，全年销售 1 868 543 辆，同比增长 152.5%。其中采用比亚迪 DM-i 与 DM-p 技术的插电混动车型 2022 年累计销量达到 946 239 辆，而采用纯电动技术的车型全年累计销售 911 140 辆，比亚迪旗下的新能源汽车累计销量已经超过了 337 万辆，远远超过在新能源汽车的领域曾经风头更盛的"蔚小理"，与全球电动车的开拓者——特斯拉相比也不遑多让。

2）比亚迪的创新网络治理分析

A. 协同创新机制

协同创新即各创新主体为推动技术进步而形成具有整体性和动态性特征的创新组织模式，强调各创新主体在战略、组织、资源、人才等方面的深度协作。比亚迪与国内外伙伴企业、高校、研究院、政府等创新主体达成协同关系，并在此基础上构建起跨国创新生态系统。新能源汽车企业协同创新机制包含战略协同、组织协同、资源协同，在构建创新网络过程中，协同创新机制发挥着纽带作用，将独立的创新主体联结成有机整体。

首先，在战略协同方面，比亚迪与具有相似价值观的企业达成战略协同。比亚迪将"用技术创新，满足人们对美好生活的向往"作为品牌使命，而与比亚迪形成战略协同伙伴关系的德国企业戴姆勒将"领先技术"作为公司战略之一，双方重视技术创新对企业发展的推动作用，在汽车领域就汽车电动化、智能化达成共识，签署战略合作协议，并进一步建立合资公司，共同推出新品牌"腾势"。与此同时，比亚迪还与预期达成战略协同的创新主体之间设立了统一的创新目标。比亚迪与英国最大的大巴制造商亚历山大·丹尼斯有限公司（Alexander Dennis Limited）以建立"伦敦首个大规模、零排放电动公交车队"为合作目标开展创新活动，为双方进一步深化战略合作奠定基础，有利于发挥各自创新潜力实现创新目标，共同促进新能源汽车企业在新能源汽车领域的健康发展。此外，比亚迪还与战略协同伙伴成立战略联盟，以此提高自身的创新能力与创新绩效。在新能源汽车智能化方面，比亚迪先后与百度、华为、大道用车等签署战略合作协议，也与壳牌签署全球战略合作协议，共同推进能源转型，携手提升比亚迪新能源汽车产品用户的充电体验。

其次，在组织协同方面，在构建新能源汽车企业跨国创新生态系统的关键时期,搭建创新平台成为组织协同的重要路径之一。比亚迪在建设 DiLink 平台过程中与伙伴企业、产学研机构等积极沟通,协调彼此的目标和利益,以此加深彼此间信任,将其升级为以汽车智能化和自动驾驶为主的"D++开放生态",吸引大批合作厂商、科研组织加入其中。比亚迪"D++开放生态"已经在 2018 年完成构架,为参与开发的合作者提供开放的接口和控制权限以及车辆数据,也为比亚迪提供良好的技术支持和新型智能化产品,提高了比亚迪在智能化电动汽车市场中的竞争力。除搭建创新平台外,形成组织协同的路径还有创建合资公司、建立合作创新基地等。比亚迪先后分别与德国戴姆勒公司、保加利亚 Bulmineral 公司、广汽集团等成立合资公司,联手开展电池技术、新能源客车等领域的设计与研发项目;比亚迪还与法国佛吉亚集团建立合资公司,专注于新能源汽车座椅业务的研发与生产;与丰田共同成立比亚迪丰田电动车科技有限公司,共同提升新能源汽车智慧出行领域技术水平。比亚迪及其创新合作伙伴通过组织协同实现知识、技术、人才、市场渠道等资源要素的集聚,在创新主体间形成更持久、稳固的合作关系,将松散的创新主体联结成紧密合作的创新伙伴,这有利于创新主体发挥各自的创新优势,为进一步构建跨国创新生态系统提供组织保障。

最后,关于资源协同,在政府机构为新能源汽车企业创新发展提供政策及相关法规支持,二者形成政策资源协同的基础之上,比亚迪以包容性和开放性的创新态度,与其他组织共同培养和吸纳创新人才,共同创造新知识,与北京理工大学、西南交通大学、山东大学深圳研究院、新加坡科技研究局信息通信研究院等在能源储存、汽车智能化、无人驾驶和电动汽车技术领域开展合作,以此推动自身发展进步。同时,比亚迪与合作企业共享技术资源,形成技术资源协同,比亚迪经过长期的"三电"技术研发积累,具有快速推出新款新能源汽车和降低动力电池成本的能力;丰田作为全球汽车行业巨头,在生产、品牌、渠道等方面拥有雄厚资源,但在新能源汽车领域急需先进的动力电池来降低生产成本,在此条件下,比亚迪与丰田的合作实现了技术互补,有效降低研发和制造成本,以此发挥新能源汽车核心部件及其整车解决方案的规模效益效应,缩小新能源汽车与燃油车的成本和价差,增强双方在新能源汽车市场的竞争力。

B. 企业核心型创新网络模式

比亚迪将自身置于系统中心,在研发系统、环境系统、科研系统、辅助系统这四大子系统的帮助下构建起企业核心型创新网络模式,促进创新资源的交换与融合,不断提升创新价值。在该模式下,比亚迪是核心系统的主要创新主体,伙伴企业是研发系统的主要创新主体,政府部门是环境系统的主要创新主体,高校与研究院是科研系统的主要创新主体,投资机构、信息咨询机构等第三方服务机构是辅助系统的主要创新主体。

在企业核心型跨国创新生态系统中，核心系统、研发系统、环境系统、科研系统、辅助系统资源相通、互惠共生，为比亚迪开展创新活动提供源源不断的政策、技术、人才、资金等创新资源。

关于核心系统，比亚迪掌握电池动力系统关键核心技术，以自身为中心建立核心系统，主导企业创新活动，并以核心系统为中心进一步建立创新网络模式来推进技术研发和创新成果应用。比亚迪是我国新能源汽车行业的领头羊，也是全球最大的新能源汽车生产加工商，在动力电池技术、配套充电桩等领域掌握多项核心技术。比亚迪新能源汽车相较于其他汽车品牌最大的区别在于其运用了"刀片电池"这一自主研发的电池组产品。相比传统的三元锂电池，"刀片电池"整体刚性更高，具有更强的抗变形、抗挤压、抗穿刺性能以及更高的续航性，使得比亚迪在众多新能源汽车企业中脱颖而出。

关于研发系统，比亚迪与伙伴企业合力进行技术研发，进而形成以伙伴企业为代表的研发系统，为核心系统开展创新活动提供技术支持。以技术研发为核心的创新活动是高效整合创新资源、推动企业创新发展的重要支撑力量，比亚迪虽掌握大量关键技术，但受自身资源限制与技术创新复杂性影响，需与伙伴企业进行合作研发，进而降低创新成本、提高创新产出。比亚迪与百度、戴姆勒、丰田、UzAuto 等伙伴企业开展合作，在整车制造、动力系统、智能驾驶等领域取得关键性技术突破，使得比亚迪新能源汽车产品更具市场竞争力。

关于环境系统，环境系统的核心主体是政府部门，以政府部门提供的产业政策为中坚力量有力地支持了包括比亚迪在内的新能源汽车企业开展创新活动。新能源汽车产业正处于快速成长期，有利的创新政策对新能源汽车企业健康发展起到重要作用，如政府部门根据新能源汽车产业电动化及智能化领域发展趋势，强调要以主导型企业为龙头推动新能源汽车与能源、信息通信等伙伴企业全面深度融合，形成具有全球竞争力的开放创新生态。在政府政策指导下，新能源汽车企业依靠人才引进与研发激励政策营造了良好的创新氛围，使得创新效率不断提高、创新成果不断涌现。

关于科研系统，以高校与研究院为主的科研系统承担着基础实验与人才培养功能，带动科研人才规模化聚集，为包括比亚迪在内的新能源汽车企业开展创新活动提供知识与人才支持。一方面，合作高校与研究院为比亚迪的发展提供知识支持，通过构建数理模型、进行演化仿真等基础性实验推动新能源技术创新、专利发明及运用。另一方面，合作高校与研究院为高端人才提供良好的成长环境，利用自身优势为比亚迪的创新发展输送高技术、高素质的创新人才。

关于辅助系统，新能源汽车企业依托丰富的服务资源形成辅助系统，依靠信息咨询机构、产业技术联盟、投资机构等第三方服务平台形成牢固的创新支撑。以比亚迪为中心构建的创新网络模式中，投资机构是辅助系统最重要的主体。

1995 年，融捷集团资助王传福成立比亚迪；2008 年，巴菲特以每股 8 港元的价格认购了 2.25 亿股比亚迪股份，带动更多投资资金流向比亚迪，帮助比亚迪渡过难关；2020 年，中央汇金资产管理有限责任公司新进为比亚迪十大股东之一，助力比亚迪创新发展。由此可见，在比亚迪的创新发展历程中投资机构发挥着重要作用，为比亚迪整合创新资源、开展创新活动提供强有力的资金支持。

比亚迪构建的企业核心型创新网络模式实现了政策资源、技术资源、人才资源等创新要素的流动、吸收以及再创造，大幅提升创新价值和市场竞争力。掌握核心技术的比亚迪是创新生态系统的核心，主导着创新活动，并由研发系统提供技术支持、环境系统提供政策支持、科研系统提供知识与人才支持、辅助系统提供资金支持，以此构成多位一体的跨国创新生态系统，成功扩展已有组织边界，实现资源共享、责任共担、价值共创。

3. 长安新能源汽车的创新网络治理分析

1）长安汽车的创新发展历程

A. 合作创新阶段：2017 年之前

对于长安汽车来说，其发展过程及国有企业性质奠定了长安汽车在整车制造上的优势地位，但在一定程度上制约了其在电池技术、智能创新等领域的技术发展。新能源汽车是促进经济发展的支柱产业之一，国有企业在这一产业领域中不能没有存在感，长安汽车很早也意识到了这一点，选择以合作创新的方式补齐自身技术短板。

长安汽车首先与高校展开合作，开启产学研创新模式进程，并在之后十多年里不断深化与高校间的合作创新。2011 年，长安汽车与清华大学汽车工程系正式签约，合作进行"智能交通与主动安全"项目；2012 年，长安汽车与重庆大学签署《协同创新战略合作框架协议》，在发电机、智能化、车身轻量化等众多热门领域开展合作近 30 个项目；2013 年，长安汽车与重庆邮电大学合作的"面向新能源汽车的动力电池系统关键技术"项目获得了重庆市政府授予的年度技术发明奖一等奖。

2010 年，在国务院国有资产监督管理委员会带领下成立了以长安汽车、国家电网、中石油等 16 家中央企业为核心的"新能源汽车央企大联盟"，改变了国有企业在新能源汽车领域独自发展的状况，整合了新能源汽车研发、生产和配套服务的优势资源，这有利于提升长安汽车在新能源汽车市场中的竞争力。

2015 年，长安汽车与有充分研发经验的中自环保科技股份有限公司旗下的子公司"成都光明田中环保技术有限公司"在尾气排放后处理以及在氢燃料电池领域开展合作。2016 年，长安汽车与吉利集团、湖南科力远新能源股份有限公司、昆明云内动力股份有限公司共同签署了合作协议，以投资科力远混合动力技术有限公司（简称 CHS①公司）。根据协议，CHS 公司将为深度混动汽车和插电混动汽车提供总成系统，极大地提高了长安新能源汽车混动车型产品的市场竞争力。

在此过程中，长安汽车充分认识到了自身发展可能存在的问题，积极与在电池技术、智能创新领域占据优势的伙伴企业、高校等合作，实现长安汽车与其他创新主体的技术资源互补和共享，弥补自身在电池技术与智能创新领域的不足，将长安汽车的技术水平推向一个新的高度。

B. 打造创新生态：2017 年之后

2017 年起，长安汽车发布"第三次创业——创新创业计划"以及深入推进的三大计划，即新能源"香格里拉计划"、智能化"北斗天枢"计划和全球化"海纳百川"计划，正式大规模进军新能源汽车领域，并开始打造多方聚力的跨国创新生态系统。2017 年，长安汽车与科大讯飞签署合作协议，双方将在智能语音、人工智能领域展开合作；与蔚来汽车确定了合作关系，并签署战略合作协议，专注于深耕智能网联领域，共同推动我国汽车智能化网联发展；同年，与中国一汽和东风汽车签署了战略合作协议，在新商业模式、前瞻共性技术创新、联合出海"走出去"以及汽车全价值链运营四大领域展开全方位合作。此外，长安汽车还与华为、中国移动、中移物联签署了战略合作协议，全面开展 LTE-V（LTE Vehicle-to-Everything，车联网通信技术）及 5G 车联网联合开发研究；与百度公司签署合作协议，在智能汽车功能以及信息安全、自动驾驶全技术链流程、营销等领域联合推动关键技术应用；与河北大学签署校企合作协议，在电池、电驱、电控、智能互联等方面开展技术合作。

华为与宁德时代是长安汽车在新能源汽车领域最重要的合作伙伴。华为的优势产业在于新能源汽车控制系统方面，目前已围绕智能网联、车云服务、5G 网络、三电部件等技术领域进行了多项布局，为长安新能源汽车智能化发展提供技术支持。宁德时代的优势产业在于电池技术、电动系统与储能系统，可为长安新能源汽车设计电池组和管理系统，弥补长安汽车在电池技术上的短板。2021 年，长安汽车、华为和宁德时代共同研发的"阿维塔"高端新能源汽车品牌在上海全球首发。该品牌将长安汽车、华为和宁德时代在整车研发制造、智能汽车解决方案和智慧能源生态领域的优势进行了集合。造车平台由长安提供，生态链来自华为，而宁德时代提供智能电动汽车动力电池。三方资源深度整合，共同打造全球领先的智能电动汽车技术平台（CHN②），致力于打造高端智能电动汽车的全球品牌。

截至 2022 年，长安汽车向新能源汽车转型成果初显，其创新发展历程如图 2.5 所示。长安汽车已完成了 EPA0、EPA1、EPA2 三大全新专用电动车平台研发，具备了"三电"系统开发能力，掌握了突破创新性技术 200 余项，并借助 EPA1

① CHS，corun hybrid system，科力远混合动力系统。
② CHN 是长安、华为、宁德时代首字母组成的缩写。

全电动平台推出了新品牌"长安深蓝",其核心产品深蓝 SL03 推出了纯电版、增程版、氢燃料电池版三种不同动力版车型,并联合产业链伙伴,共同布局氢能、充电、换电、电池回收等领域,共同打造创新立体绿色新生态。长安汽车建立跨国创新生态系统需持续打造顶级朋友圈,以不同创新主体间共同利益为基础,以资源共享、技术互补为前提,继续与华为、腾讯、宁德时代、一汽、东风、科大讯飞、中国移动、韩国 LG 集团等伙伴企业开展技术合作,通过汲取政府、高校的优势资源使得长安新能源汽车迈上新台阶。

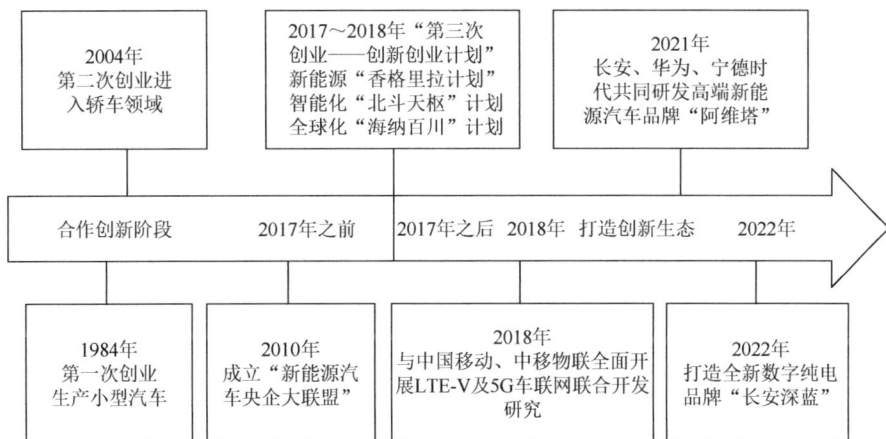

图 2.5　长安汽车创新发展历程

2）长安汽车的创新网络治理分析

A. 协同创新

同比亚迪一样,长安汽车也与国内外伙伴企业、高校、研究院、政府等创新主体通力合作,并以此为基础构建起了自己的创新网络模式。

首先,在战略协同方面,比亚迪主要通过选择价值观相似的组织作为创新主体、与创新主体设立统一的创新目标、与创新主体组成战略联盟这三种方式达成战略协同。长安汽车将"引领汽车文明,造福人类生活"作为企业使命,而与长安汽车形成战略协同的伙伴企业华为将"把数字世界带入每个人、每个家庭、每个组织,构建万物互联的智能世界"作为企业愿景与使命,双方均以服务客户、满足客户期望为宗旨,致力于提高客户体验感与舒适感。长安汽车选择与自身有相似价值观的伙伴企业作为协同创新对象,增强了新能源汽车企业与伙伴企业之间的认同感与归属感,弥补了不同创新主体在自身发展过程中由定位、资源、能力等方面的不同而造成行为准则或组织背景方面的差异,使得彼此间的合作关系更持久、坚固。长安汽车、华为、宁德时代以"打造高端智能电动汽车"为目标共同推出新品牌"阿维塔",三方在这一创新目标下推出集合各自在整车研发制造、智能汽车解决方案和智慧能源生态领域优势资源的"阿维塔 11",该车型首批锁单规模高达 5000 辆,市场反应良好。此外,长安汽车还与韩国最大化工企业 LG 集团以"开发世界上最先进的汽车用锂离子电池系统"为创新目标开展合作,不断提升自身研发水平,生产出具有市场竞争力的汽车产品。长安汽车还与华为、中国移动、科大讯飞等形成战略联盟,在智能网联、智能驾驶等领域进行研发合作,提高驾驶安全性与用户舒适感;长安汽车与战略联盟伙伴共同承担创新风险,共享技术创新收益,帮助新能源汽车企业获得新能源汽车及相关配套技术支持,提高了新能源汽车企业的产品竞争力。

其次,在组织协同方面,长安汽车与比亚迪一样,采取收购、创建合资公司、建立合作创新基地、搭建创新平台等多种方式与其他创新主体实现组织协同,在分散的创新主体间建立固定的持续合作关系,以此提高创新效率。长安汽车搭建起以长安、华为、宁德时代为核心的全新智能电动汽车技术创新平台"CHN",该平台具备"新架构、强计算、高压充电"三大特征,是基于整车主机厂、智能技术解决方案供应商、电动技术供应商的跨领域合作品牌与技术平台,为长安旗下品牌阿维塔提供坚实的技术支持。除此之外,2019 年,长安汽车还与华为共同建立联合创新中心,双方围绕汽车智能化、电动化、网联化共同开展技术研究。

最后,在资源协同方面,在政府政策为新能源汽车企业提供便利,并带动其他创新主体加入其中,让新能源汽车企业保持创新活力的基础上,长安汽车与清华大学、重庆大学、北京理工大学、重庆邮电大学等合力开展电力技术及智能技术领域基础性研究,利用高校在人才培养、科研创新等方面优势,推动新能源汽车科技进步。此外,长安汽车还与纵目科技签署战略合作协议,充分发挥各自在整车制造领域与智能驾驶领域优势,共享技术资源,共同提高新能源汽车产品价值。

B. 领域互补型创新网络模式

长安汽车利用自身在整车制造领域的优势降低新能源汽车生产成本,并与在动力研发领域、智能创新领域拥有领先技术的创新主体合作,协同构建领域互补型跨国创新生态系统,助力传统燃油汽车企业向新能源汽车领域转型升级。

领域互补型创新网络模式由整车制造系统、动力研发系统、智能创新系统构成。长安汽车是整车制造系统的主要创新主体,宁德时代、韩国 LG 集团等伙伴企业与高校、研究院等同为动力研发系统的主要创新主体,华为、中国移动等伙伴企业是智能创新系统的主要创新主体。在领域互补型创新网络模式中,整车制造系统、动力研发系统、智能创新系统分工合作、环环相扣,充分发挥各自领域的技术与资源优势来为长安汽车开展创新活动提供必要的创新资源。

(1)整车制造系统。由长安汽车、其他整车制造企业与零部件配套企业组合而成的整车制造系统起着聚合整车技术、降低生产成本的作用,为传统汽车企业向新能源汽车转型升级提供坚实的制造基础。长安汽车依托上百年的制造业底蕴,通过技术沉淀、品牌积累掌握了大量先进、具有市场竞争力的汽车制造技术。除倚靠自身制造经验与技术外,长安汽车与成都桐林铸造实业有限公司、长春云顶汽车部件有限公司等众多零部件配套企业合作生产,与中国一汽、东风汽车、福特等汽车企业共同进行整车设计与制造,逐步提高整车技术,加强传统整车平台协同。特别是通过"六国九地"全球协同研发格局提升研发水平,利用全球具有竞争力的技术资源与人才资源进一步提升整车制造实力。

(2)动力研发系统。受自身技术水平与创新资源限制,以长安汽车为代表的传统车企难以独立进行电池动力系统研发,于是由宁德时代、韩国 LG 集团、高校与研究院等重要合作伙伴组建而成的动力研发系统为长安新能源汽车产品提供技术支持。当前市场中新能源汽车产品以电动汽车为主,具有复杂性与多元性特征的"三电"技术成为新能源汽车产品核心,新能源汽车企业需要与具备"三电"技术资源优势的创新主体达成合作。一方面,清华大学、重庆大学、湖南大学科学技术研究院等高校与研究院基于自身知识与人才资源优势承接有关"三电"技术的模型构建、演化仿真等基础实验,为动力系统迭代升级奠定基础;另一方面,宁德时代、韩国 LG 集团等伙伴企业充分发挥动力电池研发、生产、后市场服务等全链条的创新能力与技术优势,助力长安汽车打造高性价比的新能源汽车产品。

(3)智能创新系统。经过多年的技术探索,新能源汽车续航性与安全性得以大幅提升,智能化成为新能源汽车发展新方向,由华为、中国移动、科大讯飞、中移物联等伙伴企业组建而成的智能创新系统在云计算及大数据、自动驾驶、车联网等领域为长安汽车提供技术支持,共建开放的智能电动汽车平台。在智能创新系统的支持下,智能驾驶、5G 车联网等前瞻技术不断取得进展,长安新能源汽车智能化水平也随之提升,为用户提供自动驾驶、语音控制、智能泊车等全新体验,不断提高用户舒适度与驾乘满意度。

长安汽车的领域互补型创新网络模式,整合了新能源汽车产业链,集合整车制造、动力研发、智能创新领域头部企业共助新能源汽车产业发展。长安汽车是整车制造系统的重要组成部分,联合其他整车制造企业与零部件配套企业共同提高整车技术,为新能源汽车产业发展奠定基础。由宁德时代、韩国 LG 集团、高校与研究院等创新主体组建而成的动力研发系统与由华为、中国移动、科大讯飞等伙伴企业组建而成的智能创新系统分别起着提高电池动力系统性能与用户驾乘满意度的作用。整车制造系统、动力研发系统、智能创新系统三足鼎立,协同构建起新能源汽车企业领域互补型跨国创新生态系统,合力打造世界一流的新能源汽车品牌。

2.2.2　新一代信息技术产业创新网络治理的案例分析

1. 新一代信息技术产业的发展现状

党的十八大以来，我国新一代信息技术产业规模迈上新台阶、质量效益提升，为经济社会发展提供了重要保障。新一代信息技术产业包括下一代信息网络产业、电子核心产业、新兴软件和新型信息技术服务、互联网与云计算大数据服务等行业，应用横跨农业、工业和服务业等三大产业，涉及材料、能源、交通、信息、自动化等多个产业领域。促进新一代信息技术产业与优势传统产业深度融合，将有助于我国实现产业链上下游协同联动，以点带面锻长板、补短板，推动形成全要素、多领域、高效益的产业竞合格局。

当前，我国的新一代信息技术产业具备四大发展特征。其一，产业规模稳步增长，电子信息制造业增加值年均增速在工业中的营业收入占比自 2012 年至 2021 年连续十年位居第一；其二，技术能力日益增强，5G 领域和基础软件领域的产品迭代加速，诸多创新产品实现全球首发；其三，融合发展催生新业态，面向教育、金融、能源、医疗、交通等典型应用场景的智能化变革不断涌现；其四，融合创新持续深化，新一代信息技术与制造业融合发展试点持续增长。

在全国范围内，新一代信息技术企业呈现出明显的区域集聚现象。数据显示，超过 50% 的这类企业分布在仅 5% 的城市中，主要集中在京津冀、长三角、粤港澳，以及成渝四大都市圈中的城市，包括北京、上海、深圳、广州、重庆、成都等。根据国家发展和改革委员会公布的第一批 66 个国家战略性新兴产业集群，新一代信息技术产业集群主要分布在北部沿海经济区、东部沿海经济区、长江中游经济区和黄河中游经济区。此外，高端电子科技产业集群，如集成电路产业集群，主要集中在北京、上海、合肥、武汉、西安等地，而信息技术服务产业集群则涉及各经济区，网络信息安全产品和服务产业集群则位于天津。

在逆全球化思潮上扬的当下，新一代信息技术产业对于我国传统行业转型升级起到强大的促进效应和赋能作用，新兴经济体更需要积极利用新一轮科技革命和产业变革带来的"弯道超车"机遇，寻求单项突破带动整体提升，摆脱全球价值链的"低端锁定"和"高端钳制"，为国家统筹发展、前瞻布局提供科学性、战略性支撑。

2. 亿嘉和智能机器人产品的创新网络治理分析

1）亿嘉和的发展历程

亿嘉和是机器人智能应用服务商，致力于机器人的研发、生产和推广应用。

亿嘉和成立于 1999 年，并于 2018 年登陆 A 股主板，现已在我国南京、深圳、松山湖、香港，以及新加坡、美国等地建立研发中心/分支机构，逐步构建全球化布局，其发展历程如图 2.6 所示。作为国家制造业单项冠军、国家专精特新"小巨人"企业，亿嘉和坚持自主研发及创新，加速布局智慧电力、工业交通、智慧能源、智能清洁、智慧工厂等多行业赛道，优化机器人核心平台，沉淀关键技术能力，逐步实现多行业产品布局。

图 2.6　亿嘉和发展历程

IPO，initial public offering，首次公开发行

　　亿嘉和在市场化的过程中，面临着外部客户和内部发展双重问题。就企业内部而言，如果仅提供机器人产品，那么收入是一次性的，如果转为提供租赁服务的话，亿嘉和可以获得更多的经济价值；此外机器人本身的一个关键资源，是机器人在场中获得的数据，当机器人在场景中运行时，机器人能够捕捉实际场景中的海量数据，这些数据能够反哺人工智能算法，推动机器人的迭代，这些数据对于机器人行业来说是非常重要的，未来机器人竞争的核心将来自算法，如果亿嘉和缺少这些数据，将不利于以后的发展。就外部客户而言，客户门槛较高、客户群体小，投资风险高、回报周期长等使得客户望而却步。具体而言有以下几个方面的问题：①智能机器人的造价昂贵，这使得其销售价格较高，超过了大多客户的心理预期，客户群体较少；②亿嘉和的竞争对手体量大，使得亿嘉和在整个机

器人领域没有大的竞争优势、市场占有率不是很高；③智能机器人的研发项目不确定性高、回报周期长；④机器人研发需要专业人才，而市场很难雇佣到合适的人才。

为了解决上述问题，亿嘉和推出了一系列方案，降低了客户门槛、解决了人力问题，还能为客户提供供应链增值服务，更好地满足了客户需求。首先，公司通过不断加大研发投入，增加上游核心零部件的自制率，同时增加中游产品的丰富程度，逐步构建行业特有的平台型公司的竞争优势，以降低机器人的生产成本，进而降低销售价格，使得客户进入门槛降低。其次，亿嘉和专精于电力机器人领域，避开与对手的竞争，抢占了电力机器人市场。再次，亿嘉和高度重视人才的引进和培养，持续引进人工智能、机器人相关的各类高端软硬件研发人才，并通过知识管理体系、技能培训体系、管理能力培养机制、考核激励政策不断培养提升人员的综合能力和凝聚力。最后，亿嘉和通过机器人租赁方式帮客户更好地应对业务变化，减少固定成本的投入。通过这些措施，亿嘉和解决了自身市场化过程中的大部分难题，为自身的发展及创新网络体系的构建提供了强有力的支撑。

2）亿嘉和的创新网络系统

A. 搭建全方位的标准化平台系统

亿嘉和依托以南京研发中心、深圳研究院为核心的技术研究与产品开发相互协作、相互驱动的研发体系，进一步深入开展机器人算法平台、机器人中央控制系统、定位与规划控制系统等基础性平台与系统的开发建设工作，并进行硬件平台的开发验证，以逐步搭建公司软硬件及算法等全方位的标准化平台系统，统一设计基础，提升产品开发效率和产品能力。

B. 推出新产品，搭建系统解决方案能力，推动多元化发展

除了对操作类机器人、巡检类机器人、消防类机器人等量产产品进行了持续优化升级，亿嘉和还发布多款新产品，进一步拓宽了公司产品应用领域。例如，亿嘉和正式推出国内首款智慧共享充电桩系统，并在苏州地区成功试点应用，该系统将机器人控制技术、人工智能技术、智能调度算法等应用于新能源汽车充电领域，能有效提升充电桩使用效率，降低建设成本，提高配电网有序充电管理能力；公司发布的设备健康度管理系统，首创性地将声纹监测数据与其他监测数据相结合，搭建了故障"萌芽—发展—形成"的全过程、全阶段监测与预警体系，并且该技术具备高可扩展性，便于快速拓展至轨道交通、石油石化、电厂、公共事业等不同行业；公司新推出的立体巡视系统，搭建了多维度、全面立体的联合巡检平台，可应用于变电、输电、配电等多种场景领域，进一步提升巡检效率，降低运维人员工作量，实现自动化、智能化及全方位的巡检工作。

另外，亿嘉和成立产品中心，统筹管理市场战略分析、产品规划、项目管

理等各个职能，实现从市场洞察到产品交付的全生命周期管理。在此基础上，公司推进资源整合工作，打破机器人产品单一形态、功能等方面的约束，拓展基于不同客户的应用场景和需求，搭建平台化、系统化的综合智能解决方案，并向轨道交通、发电、石油石化等行业领域进行拓展，推动公司多领域、多元化战略布局。

C. 组建产业联盟

通过企业的联合，产业联盟可以在特定领域产生显著的影响力。这种联盟不仅有助于成员企业获取新客户、市场以及各种相关信息，还支持企业将精力集中在核心业务的拓展上。相对于企业并购等模式，产业联盟能够轻松实现资源的调配，无须承受较大的风险，有效规避了漫长的并购过程，该过程可能需要数月甚至数年。因此，产业联盟对于企业来说，是实现资源互补、扩大市场份额、提升竞争实力，进而实现飞速发展的重要工具。

虽然国内企业在工业机器人的设计制造技术方面取得了显著进展，也在工业机器人精密传动技术、高性能控制与驱动技术、传感技术等领域取得研究突破，但仍存在一些不足，尤其是在工业机器人所需的精密减速器、伺服电动机和驱动器等关键部件方面，依然存在依赖进口的情况。这些核心技术攻关和关键零部件研发任务难以由单一企业完成，因此亿嘉和选择通过建立产业联盟来应对这些挑战。产业联盟是解决共性和核心技术问题的常见组织形式，通过降低研发成本、分散风险、实现资源互补和协同合作，以及缩短研发周期等方式，有效应对产业挑战。对亿嘉和来说，不断增加的技术研发投入和不确定性的上升，使得单独承担成本和风险变得困难。此外，技术融合和企业专业化趋势也促进了产学研合作的需求，以共同完成创新。在全球竞争加剧的背景下，缩短研发周期，抢占市场机会成为关键，通过建立研发联盟，亿嘉和能够更快地进入市场，满足全球市场的需求。综上所述，亿嘉和正在积极探索学习，以组建产业联盟，强化创新能力，实现快速发展，迎接市场竞争的挑战。

2.2.3　生物医药产业集群创新网络治理的案例分析

1. 生物医药产业特点及行业发展特殊性

1）生物医药产业的特点

（1）技术水平较高。生物医药产业具有技术密集、知识丰富、跨学科交叉融合的特点。它融合了微生物学、生物学、医学和生物化学等学科，运用这些学科的原理和方法来预防、诊断和治疗疾病。转基因药物开发是生物医药产业中的一个例子，需要涉及基因合成、纯化和测序，以及基因克隆、导入和细菌培养与筛选等复杂的技术过程。同时,生物医药产业人才需要具备创新的理念和严格按照程序进行精确工作的技能,这样才能推动该产业不断发展。因此,生物医药产业因其高度技术性而需要强大的人才和技术储备。

(2)资金投入高。生物医药产业的新产品研发需要投入大量的资金和技术设备,并且实施难度很高,需要遵循一定的标准和周期。同时,随着时代的变迁和生物技术的快速发展,新药研发的难度和要求也越来越高,涉及更多的人员、制药设备和相应的技术装备的投入。高投入和高标准的要求,使得小型生物技术公司在独立完成新药研发从研究开发到产品上市的全过程中面临巨大的挑战。因此,雄厚的资金基础是生物制药研发成功的必要保障之一。

(3)风险系数较高。生物医药产业的新产品研发是一项高风险的业务,主要体现在产品研发风险和市场竞争风险两个方面。新药研发需要经历从临床前研究到人体临床试验、市场注册、规模化生产、产品质量保证、售后监控等一系列阶段,任何一个环节出现问题都可能导致研发失败。同时,生物药品的研发还面临着高度的不确定性和复杂性,药物研发是一个封闭的过程,每个环节都至关重要,失败一环就可能导致整个项目失败。此外,由于药效、代谢和不良反应等因素的影响,大部分新药研发最终以失败告终。在市场竞争方面,成功将技术研发转化为产品并推向市场也面临激烈的竞争,抢注新药证书和抢占市场份额是关键因素。如果竞争对手在关键时刻优先获得新药证书或抢占市场份额,那么前期的研发投入就可能彻底失败。因此,生物医药产业的新产品研发具有高风险性,需要全面评估各种风险并采取相应的风险管理措施,以提高成功的概率和降低风险的影响。

(4)高盈利性。生物医药产业的新产品研发是一项高风险高投入的业务,但同时也具有高盈利性。新药研发需要经历一系列复杂的阶段,任何环节出现问题都可能导致研发失败。生物药品的研发面临不确定性和复杂性,且大部分新药最终以失败告终。此外,市场竞争也是一个重要的风险因素。然而,一旦成功研发并推向市场,生物医药产品的利润潜力非常大,新生物药品上市,利润回报能高达10倍以上。知识产权保护和专利技术带来的技术垄断优势,以及垄断市场需求的排他性,使生物医药产业具有高盈利能力。因此,在投资和经营决策时,公司需要全面评估风险和回报,并制定相应的策略来降低风险并提高利润。

(5)产业化周期长。生物技术药物从研发到产品转化需要经过较长的时间和严格的审批程序,这个周期比普通产品要长得多。一般来说,生物技术药物上市前要经历理论研究、中试和全面生产三个阶段,以及一系列严格的临床试验和审批程序。过去,开发一种新药一般需要10年到12年,现在所需时间虽然有所减少,但仍然需要8年到10年。长产业化周期导致企业需要耗费大量资金和人力资源来支持产品研发和生产,这增加了投资难度并延长了投资回报周期。因此,在生物医药产业中，企业需要充分评估投资风险和回报率，并采取相应的策略来降低风险并提高回报（李雪，2022）。

（6）较强的正外部性。生物医药产业的发展可以带动整个产业链的技术进步和创新，推动相关领域的科学进步和技术创新。同时，生物医药产品的使用可以显著提高人们的健康水平和生活质量，减少疾病的发生和降低死亡率，给个体、家庭和整个社会都带来积极的影响。此外，生物医药产业的发展还可以刺激就业增长和经济活动，为社会创造就业机会，并促进相关产业的需求。鉴于生物医药产业的正外部性特征，政府在该领域的支持和促进非常重要。政府可以制定支持政策，协调各方资源，推动产业创新和市场发展，提高整个社会的福利水平。因此，生物医药产业应该是政府大力参与或主导的产业之一，以实现经济增长、技术进步，增进人民福祉。

2）生物医药产业发展特殊性

生物医药产业与其他产业相比存在以下几个特殊性。

第一，产业进入壁垒较高，包括技术壁垒、要素壁垒、资本壁垒、政府管制、专利权限制等。技术壁垒体现在生物医药技术的专业性和信息高度不对称，使得沟通和获取行业外信息相对困难。要素壁垒涉及稀缺的人力、资金和技术支持。此外，资本壁垒主要体现在研发周期长、回报周期存在不确定性等方面，因此对投资者要求较高。政府管制和专利权限制也是重要的行业进入壁垒，需要满足质量监管、批准流程和知识产权的要求。综上所述，生物医药产业的进入壁垒相对较高，新进入者需克服多个挑战才能取得成功（梅红建，2010）。

第二，技术依赖程度高。生物医药产业的发展与其他产业有所不同，高水平的技术是其发展的关键。在这个领域，高层次人才和生物医药专利产品是具体的载体。相对于传统制造业或其他战略性新兴产业，生物医药产业的核心专利的价值转化率更高。全球知名制药企业通过科研团队的突破，申请多项基础专利，长期垄断相应的医药市场，并获得高额利润。因此，生物医药行业的专利规模虽小，但专利强度较高，并且具有明显的技术纵深特征。即使与全球知名制药企业的核心产品相关的专利进行比较，生物医药领域相关的专利在技术广度和数量规模上并无优势。

第三，资本依赖程度高。生物医药产业面临着产品开发阶段的不确定性、技术要求较高和资本依赖性等挑战，这增加了投入的风险和交易成本。为了降低风险和提高成功率，企业需要具备高水平的技术实力、充足的资金支持，并采取有效的风险管理措施。政府需要加强政策引导和支持，提供相应的财政和税收优惠政策，鼓励创新和研发投入。因此，生物医药产业需要全方位地考虑，综合应对各个层面的挑战，以促进其健康发展。

第四，行业集群化特色明显。产业集聚和集群发展对于生物医药产业的发展至关重要。同类产业集聚可以形成规模效应和协同效应，有助于知识共享、人才流动和技术交流，提高研发和生产效率。相关产业的集聚可以促进产业链的形成，提高生产效率、优化资源配置，同时也促进了技术创新和市场竞争力的提升。产业集聚和集群发展可以形成协同效应，提高整个产业的竞争力和创新能力，吸引更多的投资和人才，进一步推动生物医药产业的发展。

第五，横纵联动效应明显。生物医药产业的持续发展不仅推动了传统产业的转型和现代化，还通过纵向和横向联系提高了生产效率和创新发展的效率。生物医药产业与传统治疗手段相结合，充分发挥各自优势，实现"1＋1＞2"的效果，帮助患者更快康复。同时，生物医药产业与互联网产业的结合也带来了便利，通过在线咨询、诊断和治疗等方式消除地理距离，实现足不出户就医，并借助生物医学与互联网技术结合监测个人身体状况和降低重大疾病发病率。综合而言，生物医药产业通过与传统产业和互联网产业融合，为人们带来更多的健康福祉和便利。

第六，以需求为主要导向。市场需求对于生物医药产业的发展起到了重要推动作用。针对临床上的治疗难题，如尿毒症，通过人体器官细胞培养的生物医药技术的创新，可以为患者提供更有效的治疗选择，从而提高生活质量和延长寿命。这种技术创新不仅为生物医药公司创造获得巨额利润的机会，也促使其持续进行技术研发，以满足市场需求和提高竞争力。市场需求的激发还推动了科技研发活动，带来更多创新成果，推动整个生物医药产业的进步和发展。总之，市场需求在推动生物医药产业发展、促进科技创新和满足患者需求方面具有重要意义。

2. 苏州市生物医药产业集群的发展现状

研究生物医药产业集群创新网络的治理是当前重要的现实方向。这需要建立良好的合作机制、知识共享和产学研结合的平台，加强政府与企业、科研机构之间的合作与协调。同时，还应加强知识产权保护，鼓励创新投资，提供支持和激励措施，以推动生物医药产业的可持续发展。

自 1994 年以来，苏州工业园区大致经历了"起步阶段—加速阶段—跨越式转型阶段—国际化提升阶段"。如图 2.7 所示，1994～2000 年属于起步阶段，此时主要实行先规划后建设、先地下后地上、先环境后开发的理念；2001～2005 年属于加速阶段，产业集聚园区体系初步形成；2006～2015 年为跨越式转型阶段，生物医药产业进入了快速发展时期；2015 年至今属于国际化提升阶段，通过大力发展生物医药、人工智能、纳米技术等战略性新兴产业，实现从传统工业园到高科技产业新城区的华丽蜕变。

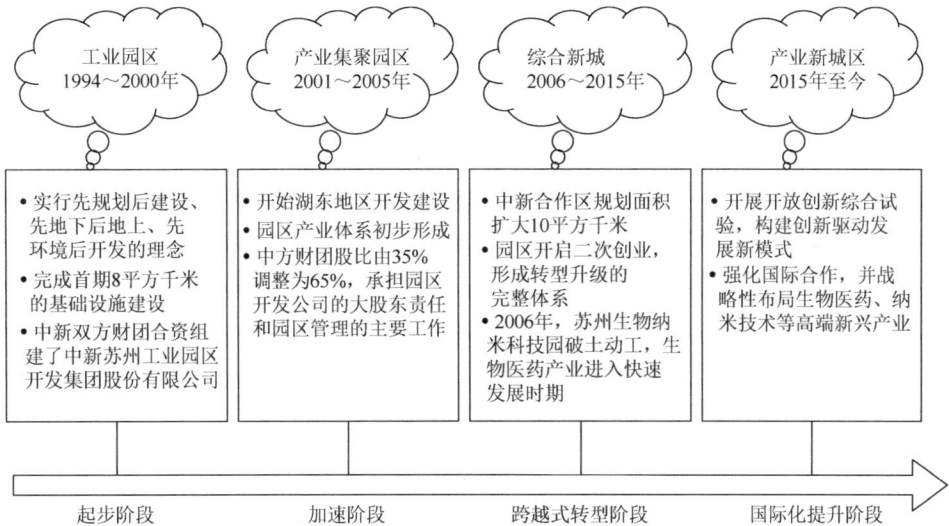

图 2.7　苏州工业园区发展历程

1) 政策文件陆续发布

针对生物医药产业创新集群建设，苏州市政府陆续发布了《苏州市推进数字经济时代产业创新集群发展的指导意见》《苏州市推进数字经济时代产业创新集群建设 2025 行动计划》，加快推进《苏州市生物医药及健康产业强链补链三年行动计划（2021—2023）》《苏州市生物医药产业创新集群建设实施方案》等。例如，在《苏州市生物医药产业创新集群建设实施方案》中，提出了八大重点领域，如创新医药、高端医疗器械、合同研发生产组织、生物技术＋信息技术融合、产业链配套、商贸供应链、医疗健康服务、其他专业服务等。

《关于支持建设苏州生物医药及高端医疗器械国家先进制造业集群的政策措施》提出了"苏州生物医药十二条"的扶持政策，其中包括专门为苏州生物医药企业设计的"金融工具箱"。这一工具箱重点关注基金、债券、信贷、融资、利率等方面。设立总规模 100 亿元专项基金。发挥国有资本引导作用，设立苏州生物医药产业创新集群基金，由苏创投集团牵头设立，聚焦抗体药物、抗体偶联药物、基因及细胞治疗、核酸药物、疫苗、诊断检验仪器、植介入器械、高端治疗设备等重点领域，重点关注初期研发、项目落地和股权投资，支持技术先进或市场前景较好的项目。这些政策将为苏州生物医药企业的发展提供强有力的资金支持和保障。江苏自由贸易试验区（苏州片区）推出了 24 项制度创新举措，以促进服务贸易的创新发展，其中包括研易达、研易购、长三角一体化特殊物品风评结果互认等。此外，研易达、知识产权证券化、国际职业资格比照认定三项创新举措获评国务院深化服务贸易创新发展试点最佳实践案例，在全国示范借鉴。通过这些制度创新举措，江苏自由贸易试验区（苏州片区）致力于构建更便利、高效的服务贸易环境，推动科技创新和跨区域合作，提升区域的综合竞争力。

2）产业进入加速增长期

苏州市科学技术局公布的数据显示，2022 年，苏州生物医药产业规上工业产值达 2188 亿元，集聚生物医药企业超 3800 家，拥有规上企业 569 家。①这一行业的显著成就，使得苏州在生物医药产业方面与北京、上海、深圳在全国范围内并肩处于领先地位。苏州的生物医药产业园区竞争力也处于全国领先地位。根据中国生物技术发展中心公布的《2022 中国生物医药产业园区竞争力评价及分析报告》，苏州工业园区的生物医药产业综合竞争力以及产业、技术和人才竞争力仅次于中关村国家自主创新示范区。此外，全球医药行业十大企业和医疗器械行业十大企业中，各有 5 家选择在苏州落户。2022 年，工信部公布了 45 个国家先进制造业集群名单，苏州的生物医药及高端医疗器械集群也成功入选。这些成就表明，苏州在生物医药领域取得了巨大的发展，并且在创新能力、产业实力以及吸引力方面处于国内领先地位，这将为苏州带来更广阔的发展空间，推动该地区的经济增长和科技创新。

3）龙头企业影响力持续提升

根据胡润研究院发布的《2023 全球独角兽榜》，苏州有 10 家企业入选，其中 4 家是生物医药企业，这显示了苏州在创新型企业发展方面的强劲实力。此外，根据 2023 年米思会发布的 2022 年度中国医药工业百强系列榜单，苏州有 4 家企业上榜，进一步证明了苏州在医药工业领域的卓越表现。在 2023 年未来医疗 100 强系列榜单中，苏州有 37 家企业入围主榜，并且还有 16 家企业和 5 人入选细分榜单，这再次凸显了苏州在未来医疗领域的领先地位。苏州还孕育出了一批行业领军企业，如信达生物、康宁杰瑞、奕瑞影像等。其中，艾博生物获得了 7 亿美元的 C 轮融资，成为 2021 年全球生物医药领域的十大事件之一，也是国内单笔融资金额最大的案例。上述数据和成就表明苏州市在生物医药领域的创新实力和发展潜力，将为该地区带来更多的投资、科技创新和产业发展机会。

4）创新能力持续提升

创新药物方面，我国 9 款国产 PD-1/PD-L1 抗癌药中，6 款出自苏州。高端医疗器械方面，同心医疗获批我国首个拥有完备自主知识产权的国产人工心脏，迈胜医疗是国内唯一的质子治疗设备生产商，其产品全球体积最小，已列入工信部《首台（套）重大技术装备推广应用指导目录》。苏州市科学技术局公布数据显示，截至 2023 年上半年，国家药品监督管理局已批准 202 个创新医疗器械产品，其中

---

① 苏州市部署药品安全工作重点任务. http://www.suzhou.gov.cn/szsrmzf/szyw/202308/cc68e2ba649c450987dc46045f6acd1f.shtml[2024-05-28].

所在地为江苏的创新医疗器械共有 27 个，占比 13.36%；所在地为苏州的创新医疗器械共有 20 个，占江苏全省创新产品 74.07%，占全国 9.90%。

5）重点前沿技术方向上布局加快

中国医学科学院系统医学研究院/苏州系统医学研究所、中科苏州药物研究院在生物和信息融合方向上加快布局。国家生物药技术创新中心是生物医药领域首个获批的国家技术创新中心，在细胞和基因技术-细胞和基因疗法、细胞和基因技术-生殖遗传基因诊疗、细胞和基因技术-核酸药物研发等方向进行布局。同时，该市引进詹启敏院士团队、卢宏韬博士团队、英博团队、龚霄雁团队、邹昀团队等一批顶尖人才团队，加快生物医药前沿技术布局。例如，汇聚中国科学院苏州生物医学工程技术研究所、中国科学院上海药物研究所等国家科研院所 16 家，国家级重点平台 20 家。国家级重点平台 20 家，国家级人才 87 名，带动各类创新创业人才超 6 万人。拥有 21 家临床试验机构 163 个专业，6 所专业高等院校。引入富达、软银、礼来等世界顶级机构，集群相关基金 70 余只，融资规模超 1000 亿元[①]。

3. 苏州市生物医药产业集群发展存在的问题

1）政策体系不够完善，针对性、操作性有待增强

在金融扶持政策上，整个江苏省的产业基金数量较少，管理规模较小，医药企业并购重组缺乏资金支持，截至 2022 年，江苏省仅有 24 家大型企业在沪深 A 股上市，江苏省甚至苏州市的中小药企普遍缺乏融资渠道。在高新技术企业认定标准上，以销售规模或增长率作为审核标准，而医药企业由于将产品推向市场所需时间较长，无法体现成熟技术，无法享受相关政策优惠。因此，江苏省政府可以加大支持力度，优化政策环境，为企业提供更多融资渠道和便利条件，特别是医药企业的发展（金世斌等，2023）。

2）高端人才较为匮乏，人才精准服务需要加强

（1）高端人才稀缺。在人才链的顶端，高端的技术创新等研发人才在生物医药产业中处于核心地位。从《苏州市 2021 年度重点产业紧缺专业人才需求目录》披露的信息来看，生物医药产业的紧缺岗位和专业数量在相关产业中最多，分别达到 336 个和 37 个。尤其值得注意的是，五级和四级专业的紧缺程度最高，其中以生物医药产业和新型医疗器械产业为首。举例来说，首席医疗官（chief medical officer，CMO）的年薪在苏州的许多医药企业中规定为 100 万元，并额外提供 2% 至 5% 的公司股份/期权，但与需求相比仍存在巨大缺口。

（2）生产管理型人才存在缺口。2022 年，全市近一半的企业处于研发阶段，

---

① 苏州吹响生物医药产业"集结号". https://www.suzhou.gov.cn/szsrmzf/szyw/202309/8790b93e051e4dd1950721ca0ab5add5.shtml[2024-05-28].

随着研发成果逐步转化，预计未来 3～5 年，生物医药企业将进入产业化、批量化生产阶段。除了对科研高端人才的需求旺盛之外，对生产管理、质量控制、市场营销、资本运作、注册报表等中端人才的需求也将逐步增加。然而，现有人才与本土生物医药企业实际需求之间存在不匹配的情况，人才供给与需求匹配不足，企业之间相互挖墙脚的现象较为普遍。

（3）中试实验人才紧缺。中试是新药从实验室到批量生产的关键衔接阶段，也是药物研发科技成果转化的必经之路，中试实验人才作为人才链的终端，对于生物医药产业的发展至关重要。2022 年，苏州 50%以上的生物医药企业处于研发起步阶段，对中试实验人才的需求空间巨大。考虑到药物研发的渐进性和周期性，对于许多中小型生物医药企业来说，中试实验人才不可或缺，但其又无法单独承担培养和使用的成本，因此，精准的人才服务也亟须加强。在国内人才竞争激烈的背景下，苏州生物医药产业的人才政策还不具备强大的竞争力，奖励补贴、租房保障、薪酬待遇等福利尚不明显，精准服务和附加保障措施仍需增强。此外，目前的人才政策更加注重引进人才，缺乏鼓励本土人才发展的制度和机制。针对生物医药领域激烈的人才竞争现状，我们应该将培养和教育紧密结合起来，更加重视本土人才的培养工作，有效挖掘人才潜力，留住优秀人才，并吸引更多人才留在苏州。

3）科技资源规划分散，原始创新能力不足

当前，江苏省甚至苏州的生物医药产业资源呈分散状态，其各类创新资源尚未形成协同合力。此外，尚未建立专门的知识产权交流平台和定价机构，也缺乏国家级重大科技创新平台的支持。在关键的药物临床试验研发领域，苏州的医疗机构和专家相对匮乏。2022 年，江苏省仅有 2 家跻身全国 50 家国家临床医学研究中心名单的机构。此外，江苏省的国家级医药研究机构数量较少，原创新药研发相对有限，大多数是化学仿制药。这些问题严重制约了苏州生物医药产业的进一步发展。为了解决这些问题，有必要强化创新资源整合，建立知识产权交流平台和定价机构，积极争取国家级重大科技创新平台在苏州的设立。同时，需要加强医疗机构和专家的培养和引进工作，提高我省在重要药物临床试验研发领域的承载能力和水平。此外，还需加强国家级医药研究机构的建设，培育更多原创新药，以促进生物医药产业的升级和转型。

4）主要耗材依赖进口，国际供应链环境持续恶化

在上游产品方面，80%～90%的生物领域试剂消耗品和制剂过程设备依赖进口，给生产成本和供应风险带来压力。此外，进口生物制品仅能通过北京、上海、广州、重庆等口岸进入，苏州等地的制药企业需要使用其他口岸进口，增加了时间和物流成本。在生产工艺方面，如单克隆抗体的大规模工业化技术和自动化控制系统等关键技术主要由美国和德国企业掌控，我国在这些领域与其存在较大差距。为解决这些问题，应加大对国内生物制药耗材的研发和生产力度，减少对进

口产品的依赖，加强生产工艺关键技术的研究和开发，培育国内技术领军企业，降低对外部企业的依赖。同时，加强口岸建设，提高进口生物制品通关效率，降低物流成本。

5）检验审评力量薄弱，审评申请排队时间较长

部分进口耗材存在时限性强、价值较高、作用关键等特点，然而，苏州等地具备进口检验监管资质的单位相对较少，通关时间也较长，从而给研发和生产带来了一定的困扰。在生物制品检测方面，国家级和省级检测单位的支持是非常重要的。尽管全国已有近 10 个省份取得了检验资质，但江苏尚未取得，这导致江苏的生物制品检测大多依赖于其他单位，样品运输不便、等待时间长，并且检测过程中的沟通也存在困难。此外，国家级或省级检测和审批往往需要排队等待，耗费大量时间（金世斌等，2023）。

4. 苏州市生物医药产业集群的创新网络治理分析

产业集群指特定区域内相互关联的公司、专业供应商、服务提供商、金融机构、相关行业的制造商和其他相关组织的群体，它们之间既有竞争，也有合作，且地理位置集中。产业集群的形成和发展受到多种因素的影响，包括区位条件、人力资源、行业基础和政策支持等。产业集群可以促进企业之间的技术创新和资源共享，提升产业的整体竞争力和市场占有率，形成人才流动和信息交流的平台，推动区域经济的繁荣和发展。同时，产业集群通过建立要素有效流动的体制机制，聚集大学、研究机构、商业机构和消费者等多个行动主体，促进主体间的知识交流、相互作用和合作，促进产业集群共性技术合作研发，建立区域创新优势，实现创新链、产业链、资金链、人才链的深度融合创新（沈家文，2023）。Porter（2000）将产业集群创新定义为多个纵向关联与横向关联相互交融的集群，通过集群内部各主体之间的相互作用从而增强竞争优势的一种创新行为。葛慧林（2023）将产业集群创新定义为一个地区的企业组织在生产经营过程中共生互补，并通过一种信任合作机制来实施创新性活动的行为。徐维祥等（2016）指出，产业集群创新指地理相邻且彼此联系、分工明确的主体，在某一特定地域所从事的创新性活动。

网络的概念可以在产业集群的概念定义中找到，而产业集群在某种程度上也可以说是一种较为独特的创新网络。产业集群和创新网络在运作方式上有相似之处，表现在不同参与方（无论是产业集群还是创新网络）之间保持自主性，以及这些参与方为获得企业发展所需的资源而开展战略合作。作为一种特殊的网络化合作模式，产业集群促进了"创新网络"的出现和发展。

1）多样化资源与创新平台为创新网络治理打造完善的医药创新生态

苏州生物医药产业园，吸引了众多全球领先的生物医药企业，其中包括信达

生物和博瑞医药等 20 多家企业，它们纷纷进军资本市场。以信达生物为例，该企业自 2011 年创立以来，得益于苏州几十年来打造的良好商业环境和完善的医药创新生态系统，在政府大力支持和商业引导下，它成为苏州首家进入商业化阶段的生物医药创新企业。苏州的生物医药产业逐渐呈现"双核＋多极"的特点。苏州工业园区在创新药物领域和高新区在高端医疗器械领域的引领作用，促进了昆山在小核酸、太仓在精准医疗、吴中在检验服务、常熟在手术器械、张家港在骨科器械、相城在健康产业等领域的多极发展。这些产业集群为企业带来了显著的增值效应。

　　苏州的生物医药产业集群在很大程度上依赖于该地区坚实的产业链和制造业链基础。仅在 2021 年，苏州规上工业的总产值就超过了 4 万亿元，包括 35 个工业大类、171 个工业中类和 505 个工业小类产业。苏州高新区采取了有力的措施，建立了一系列公共基础设施，如检验检测服务平台（以江苏省医疗器械检验所苏州分所为代表）、全国首个医疗器械可用性检测平台以及动物实验服务平台（以华联美德临床医学实验中心为代表），以满足生物医药领域的需求。苏州作为中国生物医药产业的关键城市之一，积极引进了顶尖科研机构，并投资建设实验室平台，旨在提升该地区的创新能力和科技水平。引进了国家级顶尖科研机构，如中国科学院苏州生物医学工程技术研究所、中国科学院苏州纳米技术与纳米仿生研究所等，为苏州的生物医药产业提供了强大的技术支持和研发平台。此外，苏州还集结了全省范围内的 170 个实验室和平台，以及 19 个药物临床试验机构，为该地区的生物医药产业提供了丰富的实验条件和临床资源。这一系列措施将有助于推动苏州成为一个具有国际竞争力的生物医药创新中心。

　　2021 年，科技部发布文件，批准了国家生物药技术创新中心的建设，以苏州生物医药产业创新中心为核心，这也是我国首个获得批准的国家生物药技术创新中心。随后，于 2022 年 3 月，国家生物药技术创新中心发布了《核酸药物"揭榜挂帅"技术攻关项目指南》，全国各大高等院校和创新型企业，包括北京大学、中国科学院武汉病毒研究所、中南大学湘雅医院等，共同提交了 169 个项目申请，最终有 39 个项目获得了批准，这些项目都来自核酸药物研究领域的顶尖团队。生物医药产业的发展离不开公共技术平台的支持，然而，这些平台通常具有公益性质，需要大量资金投入，难以在短期内实现盈利。

　　此外，国家技术创新中心正在建立一系列重要的公共技术平台，旨在促进创新和支持产业的进一步发展。这些平台致力于解决产业发展中的关键技术难题，提供创新性解决方案，满足不同产业的共性需求。

　　核酸药物技术创新平台是其中之一，其建立围绕着信使核糖核酸（messenger RNA，mRNA）和小核酸技术的研究和发展。这一平台的使命在于支持核酸药物的研究和开发，以推动相关领域的创新。核酸药物领域有着广泛的应用前景，可以用于治疗多种疾病，包括肿瘤和传染病等。另一个重要平台是类器官药物筛选创新平台，其设立旨在应对类器官研究中的关键技术挑战。该平台旨在模拟人体组织和器官的功能，从而加速新药的筛选和评估过程，提高药物研发的效率和成功率。不仅如此，还有生物制品检验平台和生物安全与生物安保平台等其他关键的公共技术平台。生物制品检验平台能够提供对生物制品质量和安全性的评估和检测，从而确保生物制品的质量和安全性，而生物安全与生物安保平台则致力于研究和解决生物领域的关键技术难题，以确保生物工作在安全可控的范围内进行。这些平台的建立将为创新和产业发展提供重要支持。

2）充足的社会资本为生物医药产业提供了资金支持

生物医药产业在技术和工程方面具有高度复杂性，需要大规模的研发资金、耗时长，同时伴随高度市场风险。因此，初期的生物医药企业面临资金筹集的挑战，以及漫长的孵化周期。近年来，资本市场改革开放为生物医药产业带来了更灵活和便捷的融资途径。举例来说，2018 年 2 月，港交所推出上市改革，容许未盈利或没有收入的生物科技公司上市。以苏州工业园区创新药物、高新区高端医疗器械的"双核"为例，截止到 2022 年，工业园区企业平均每年大约吸引社会资本投资约 100 亿元，累计融资规模超 500 亿元，高新区已有近百家医疗器械企业获得头部资本各轮融资，融资金额超 100 亿元。在政策支持下，苏州工业园区的创新药物和高新区的医疗器械企业备受社会资本追捧，吸引了大量的投资和融资。这些资金注入不仅能够支持企业的研发和生产，促进行业的进一步增长，还能为投资者带来更多的价值回报。需要注意的是，尽管资本市场对生物医药产业的支持有助于其发展，但也伴随一定风险。投资者需要对企业的基本情况、技术水平、管理团队等进行充分研究和评估，避免盲目跟风和投机行为。与此同时，政策层面也需要不断完善，强化监管和风险管理，以确保市场健康和稳定地发展。

元禾控股在苏州医疗健康领域的战略投资取得了显著成功，其多元化的资本注入涵盖了生物医药、医疗器械、诊断试剂等多个领域，呈现出强大的战略洞察力和风险管理能力。与此同时，元禾控股重视与当地政府和国际知名企业的合作，充分利用政策和资源优势，为企业提供有针对性的支持，推动企业的迅速成长和发展。例如，其旗下的基石药业，已建立了强大的肿瘤候选药物组合，其核心产品其旗下的基石药业，已建立了强大的肿瘤候选药物组合，其核心产品 PD-L1 抗体药物择捷美®（舒格利单抗注射液）已获批上市。这些成就的取得，离不开苏州市政府的政策和场所支持。元禾控股在基石药业中的投资不仅是直接的 5500 万美元投入，还通过争取当地政府的支持，为公司提供了有针对性的支持，包括科技政策、工作场所、GMP 生产车间（good manufacturing practice，良好生产规范）以及公司全球运营总部建设等，从而助力了公司的产业化项目的顺利实施。

此外，元禾控股还注重与其他企业的合作，如博瑞医药，这是一家专注于创新药物和高端仿制药的研发和生产的企业。元禾控股与其他投资方共同提供了资金和资源支持，协助博瑞医药解决了初期融资困难的问题，支持其顺利发展。综上所述，元禾控股在苏州医疗健康领域的投资布局和丰富经验，以及其成功案例和政府合作模式，都值得其他企业借鉴。这些成功背后，彰显了元禾控股的战略洞察、风险管理能力，以及与政府和其他企业密切协作的关键作用。

此外，作为国内资本市场的重要力量，苏州高新创业投资集团有限公司积极为本地医疗器械产业的快速发展做出贡献。苏州高新创业投资集团有限公司已经建立了覆盖企业全生命周期的多元化基金投资体系，包括天使投资、风险投资、私募股权投资、产业基金以及并购基金等。截至 2022 年，他们已创建了近 70 只不同类型的基金，参与了超过 700 个投资项目，支持了 51 家企业成功上市，其中包括 10 家技术开发公司的注册企业，以及众多其他企业。这一系列举措已经产生了积极影响。

2.3　未来产业创新网络治理的典型案例分析

2.3.1　南京图灵人工智能研究院创新网络治理的案例分析

2018 年十三届全国人大一次会议《政府工作报告》首次提出了新型研发机构的概念，作为促进科技成果转化以及促进科技创新的重要研发机构，新型研发机构的发展也受到了各级政府的大力支持。2018 年 4 月 20 日，南京图灵人工智能研究院应运而生，现已成为江苏乃至全国的人工智能发展高地。

图灵人工智能研究院作为新型研发机构不仅具有人工智能研发的作用，更担负了推动人工智能领域人才培养的使命。在 2018 年成立之初就举办了交叉智能前沿峰会，发布了多方安全计算平台 V1.0。2019 年，图灵人工智能研究院被授予"南京市科技顶尖专家领创基地"；2020 年，荣获南京市"十佳新型研发机构"、2019 年度人工智能场景落地示范突出贡献单位奖、2019 年度南京市新型研发机构绩效评估一等奖；2021 年，获批设立"南京市博士后创新实践基地"。

图灵人工智能研究院成立之始，在加强人工智能领域关键核心技术研发的同时，加强成果转化和科技企业孵化，并注重培养创新人才。在我国科技成果转化、人才培养的重要议题下，新型研发机构为什么承担了重要的作用？图灵人工智能研究院在科技研发、成果转化、企业孵化和人才培养等方面又是如何做的？

1. 南京图灵人工智能研究院简介

2018 年 4 月，由清华大学和南京市人民政府共建，在清华大学交叉信息研究院图灵奖获得者姚期智院士（中国科学院院士、美国国家科学院院士）和众多青年专家团队的带领下，图灵人工智能研究院通过产学研合作，努力提供公共技术服务、集聚和培养人工智能技能人才，促进科技成果转化和产业化发展，重点打造五大平台：人工智能交叉领域重大科技创新、人工智能领域人才培养、人工智能＋传统产业转型升级技术服务、人工智能产业发展聚集、人工智能领域股权投资机构集聚。

　　姚期智院士是一位杰出的科学家，曾荣获众多荣誉和奖项，其中包括波利亚奖（1987 年）和高德纳奖（1996 年）。作为图灵人工智能研究院的创始人，他是国际量子计算和通信领域的先驱之一，其研究中率先提出了量子通信的复杂性，为量子计算机奠定了理论基础。此外，他于 1995 年提出了分布式量子计算模型，后来成为分布式量子算法和量子通信协议安全性的基础。2000 年，姚期智院士因其在计算理论领域（包括伪随机数生成、密码学和通信复杂度）的杰出贡献而获得了图灵奖，成为首位获此殊荣的亚裔科学家，他的杰出贡献在国际科学界广受赞誉。

　　姚期智院士的研究重点包括计算理论及其在密码学和量子计算中的应用，主要在三个领域做出了突出贡献：①开创了理论计算机科学的重要次领域——通信复杂性和伪随机数生成计算理论；②为现代密码学奠定了基础，对基于复杂性的密码学和安全形式化方法做出了根本性贡献；③在线路复杂性、计算几何、数据结构和量子计算等领域解决了开创性问题并创建了新典范。

　　如图 2.8 所示，图灵人工智能研究院采用了创新的"图灵一体"发展模式，在全链条上进行创新并取得了显著的科技成果。借助姚期智院士开发的多角色安全计算技术，图灵人工智能研究院率先提出并启动了"基于多方安全计算的 Turing AI Open Cloud（图灵 AI 开放云，TAOC）政产学研一体化赋能平台"。该平台专注于将人工智能底层数据与行业应用融合，实现了数据生产的要素化和人工智能应用的广泛应用。2020 年，该平台被纳入南京市的"新基建"重点项目清单，成为首批应用场景之一，为南京市的创新周云平台、栖霞高新区大数据平台、智慧车联网平台等多个实际业务领域提供了技术支持。图灵人工智能研究院通过政治和科技合作为公众提供技术服务，促进了科技成果的转化和产业的发展。该研究院孵化的首批科研项目包括青椒信息科技、新一代数据网项目、人工智能＋新药研发项目、透彻影像研发中心项目、人工智能＋细胞治疗项目、智能社会治理咨询中心项目、智能司法大数据项目、摩西人机对话大脑智慧政务等项目和恒链项目。

　　图灵人工智能研究院一直秉持着"创新是第一动力，人才是第一资源"的理念，以"人才先行、项目牵引、平台拉动"为抓手，探索实施人才"双聘制"和"双向培养"，打造集聚人才的"强磁场"。

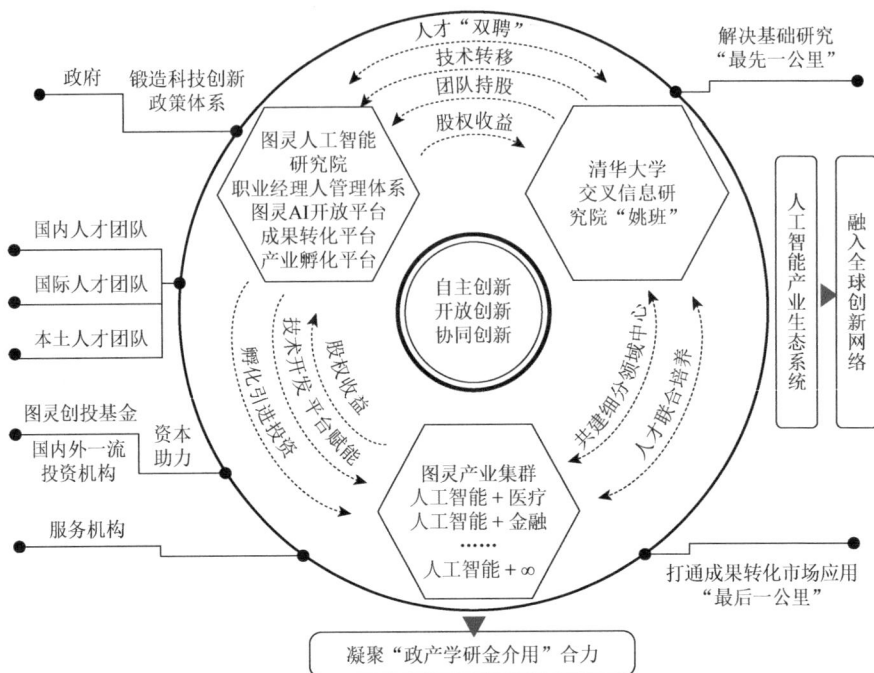

图 2.8　图灵人工智能研究院总体布局图

此外，图灵人工智能研究院致力于提高各行业的人工智能应用水平，在多个人工智能赛道上实现了从 0 到 1 的突破。随着全社会人工智能产业的迅速发展和对人工智能人才的需求不断增长，图灵人工智能研究院前瞻性布局战略规划，计划与国际一流的人工智能企业、高校、科研院所建立深度合作，围绕人工智能＋医疗、人工智能＋金融、人工智能＋交通、人工智能＋制造、人工智能＋政务、人工智能＋安全等领域，旨在不断推出可引领产业趋势、可持续满足各行业需要的前沿产品。

2. 南京图灵人工智能研究院创新网络治理模式分析

1）开放平台

图灵人工智能研究院帮助了越来越多的海内外技术人才，如图 2.9 所示。在2021 年 6 月的南京创新周期间，图灵驻场企业家（entrepreneur in residence，EIR）基地正式成立，为人工智能产业领域的外籍和海外创业人才提供全方位服务，一些留学归国人才不仅潜心创新创业，还主动与其他高端外籍人才搭桥"引才"。图灵EIR 基地对创业者的帮助很大，项目一开始就能得到图灵 EIR 基地的投资支持，得益于平台不断扩大资源、快速开拓市场，南京在政策扶持方面也为创业提供了良好的条件。项目入驻后，基地还能提供全面的指导和创业培训，并提供图灵人工智能研究院的专属平台和资源，让人才更快、更准确地发现创新目标，大大降低试错成本。

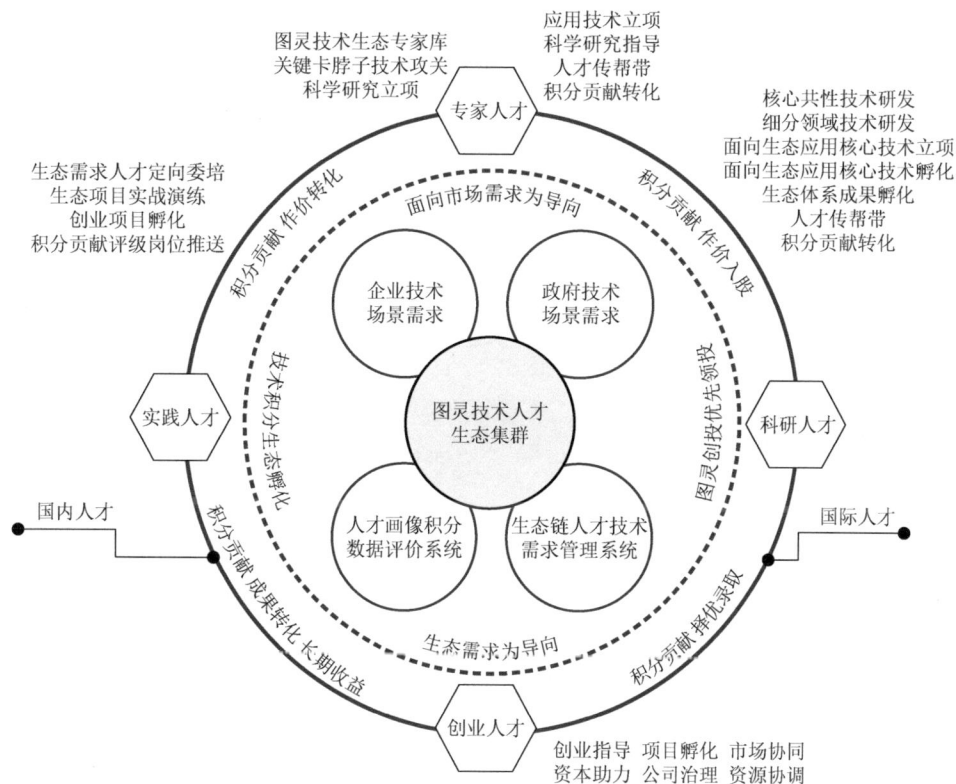

图 2.9　图灵人工智能研究院人才聚集结构图

2）项目孵化

在 2023 年上半年，图灵人工智能研究院和创投基金已成功孵化并投资了 63 家人工智能科技企业，这些企业在生态圈内共实现了数十亿元的营业额。许多企业已经进入 pre-A/A 轮融资阶段，项目总估值已经超过 270 亿元。这些项目中的许多项目已经进入了快速增长阶段，涵盖了人工智能与健康、金融、教育、城市等多个领域，如图 2.10 所示，在多个人工智能领域取得了显著的突破，实现了从 0 到 1 的跨越。在 2021 年 9 月，由图灵人工智能研究院孵化的南京燧坤智能科技有限公司完成了超亿元人民币的 A 轮融资，由斯道资本和红杉中国联合领投。该公司是一家高科技企业，致力于利用人工智能和机器学习方法系统化地推动生物医药创新研发。在此轮融资完成后，公司大幅增加其人才队伍，吸引国内外高端人才，建立以人工智能为核心的生物医药研发平台，以满足更多未满足的临床需求。在南京的防疫工作中，图灵人工智能研究院开发的"清宁疫捷"系统全面投入使用，实现了对南京市所有隔离点信息的全面监测，该系统通过与公安、交通、卫生等系统的后台数据交换，实现了后台大数据的综合精细化管理。系统后台能够自动抓取隔离人员信息、部分隔离点位置信息、人员监测信息等，从而进一步提高了防控效果，为南京市的智能疫情防控提供了强有力的支持。

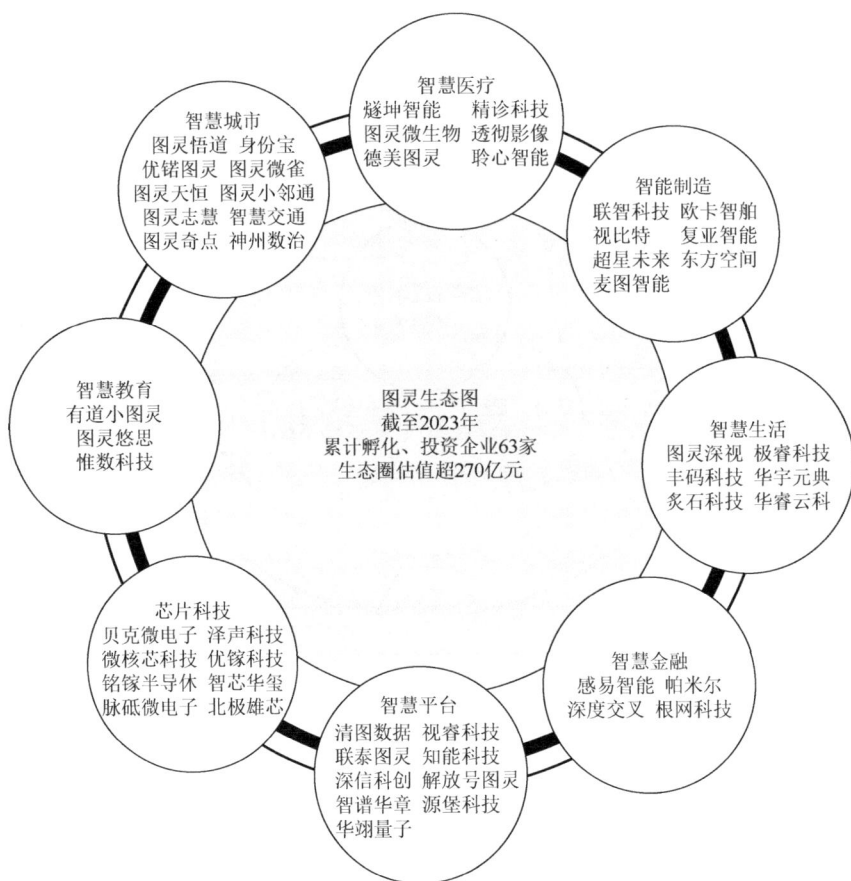

图 2.10　图灵生态圈示意图

3）创投基金

2021 年 6 月，图灵 EIR 基地正式揭牌，并向国内外科技初创企业发出邀请函，提供为期 6～12 个月的创业者入驻计划。该计划将为创业者提供必要的职业生活资金支持和免费的高品质办公场所，同时还可以免费使用图灵人工智能研究院的创业项目支持团队。这将使初创企业有更多机会获得资本市场的培育，包括种子轮和天使轮融资，以及更快地吸引到二线机构的投资。截至 2023 年底，图灵创投基金已经投资了近 34 个项目，包括精诊医疗、透彻影像、视比特机器人、图灵深视、燧坤智能等。这些项目涵盖了多个领域，如人工智能＋医疗、人工智能＋金融、人工智能＋教育等。其中，许多项目已经在南京落地，为南京创新产业的发展做出了积极贡献。

4）培训中心

作为一个新兴的研发机构，图灵人工智能研究院的科研成果也是有目共睹的。如图 2.11 所示，图灵培训中心拥有超 48 个科研项目，1 亿多元的科研经费投入，50 多名研发人员，1500 多万元的固定资产投入，获得软件著作权 44 项，发明专利 53 项，科研成果成功转化 6 次，其参与的"5G＋急诊救治、5G＋远程诊断、5G＋健康管理"三大项目成功入选工信部、国家卫生健康委员会联合发布的2021 年《5G＋医疗健康应用试点项目名单》。图灵人工智能研究院已建成多方安全计算平台、图灵大数据处理引擎平台、图灵物联网边缘计算框架平台三大关键核心共性技术平台，将为更多创业者和企业提供服务和技术支持。科技创业者来到这里，可以明确方向、小试牛刀、入驻创业，另外也可以为平台科研做贡献。图灵人工智能研究院三大关键核心共性技术平台可以提供给初创企业一个缓冲期，大大提高创业成功率。

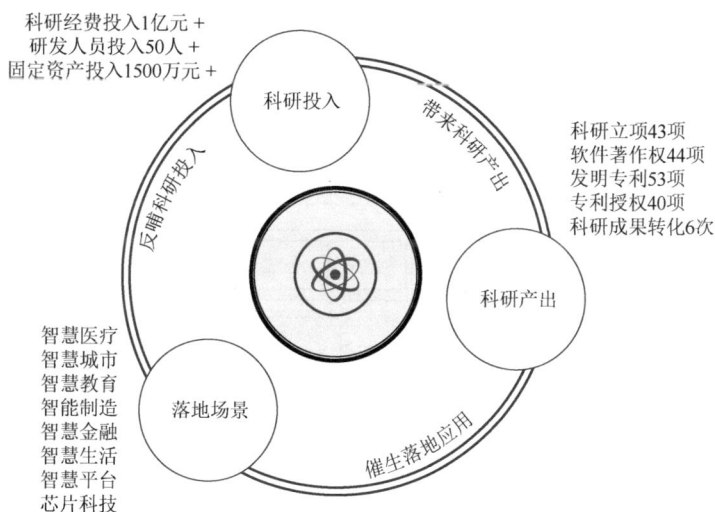

图 2.11　图灵培训中心示意图

5）五大人工智能平台布局创新系统

图灵人工智能研究院的目标是通过产学研合作，提供公共技术服务，并聚集和培养具有跨学科技能的人工智能人才，促进科技成果转化和产业发展。该机构着重打造五大平台，分别是人工智能交叉领域重大科技创新、人工智能领域人才培养、人工智能＋传统产业转型升级技术服务、人工智能产业发展聚集、人工智能领域股权投资机构集聚。这些平台的建立旨在加速人工智能的研究、应用和普及，推动人工智能产业的发展。图灵人工智能开放平台流程图如图 2.12 所示。

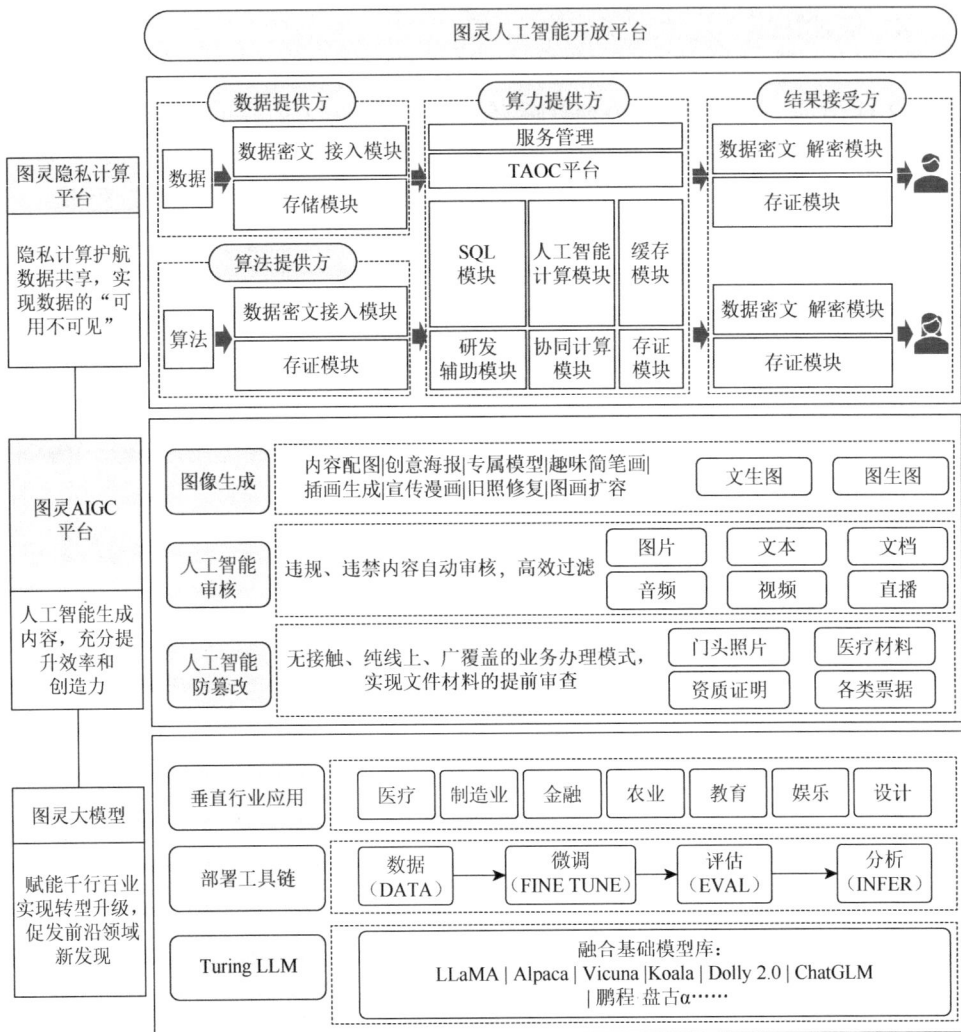

图 2.12　图灵人工智能开放平台流程图

SQL（structure query language，结构查询语言）；AIGC（artificial intelligence generated content，人工智能生成内容）；Turing LLM（Turing large language model，图灵大型语言模型）

　　在人工智能交叉学科领域，图灵人工智能研究院是重大科技创新的关键推动者。围绕人工智能＋医疗、人工智能＋金融、人工智能＋信息安全等领域的人工智能应用，图灵人工智能研究院积极探索合作机制，与国际一流大学和科研机构合作。图灵人工智能研究院致力于在前瞻性基础研究、前沿性原创成果、应用性基础研究、核心技术以及颠覆性技术创新等方面取得重大突破，以推动南京人工智能产业融入全球人工智能创新网络。

在人工智能领域，图灵人工智能研究院致力于开发人才，通过创建专业化服务平台，培育创新创业人才，以及改革人才开发机制，以示范南京市战略性新兴产业领域的人才培养。图灵人工智能研究院还为人工智能＋传统产业的转型升级提供技术服务，包括技术研发、应用技术咨询、工程技术、突破性技术等。在人工智能产业发展方面，图灵人工智能研究院积极推进科技成果的转移和转化，通过校内成果转化项目和国际合作，促进人工智能领域的发展。此外，还吸引了股权投资机构，聚焦人工智能领域的优质项目，构建了人工智能领域的产业金融服务网络，促进了股权投资机构的集聚。

除打造五大功能平台外，还将孵化九大项目，包括：青椒信息科技、新一代数据网项目、人工智能＋新药研发项目、透彻影像研发中心项目、人工智能＋细胞治疗项目、智能社会治理咨询中心项目、智能司法大数据项目、摩西人机对话大脑智慧政务项目、恒链项目。人工智能在新一轮的产业变革中发挥出了决定性的作用，逐渐演变成了国际竞争的焦点以及各国经济高质量发展的新引擎。近年来，中国政府高度重视人工智能行业发展，着重推进人工智能行业建设，积极培育人工智能行业生态，陆续出台一系列相关政策与规划，在技术创新、人才培养、安全保障等方面有序开展相关工作，营造良好、开放、公平的市场环境。作为区域创新的重要驱动力，在创新型国家战略发展背景下，高校、科研院所等应抓住机遇，创建新型研发机构，推动协同创新，促进科技成果转化。图灵人工智能研究院也应积极抓住人工智能的发展机遇，通过产学研合作，为公共技术服务提供支持。

因此，根据图灵人工智能研究院的成功案例，可以总结建设新型研发机构的经验。第一是清晰的目标定位，坚持面向市场和产业化。图灵人工智能研究院认清自身优势，专注人工智能相关领域，在创新型科学研究、科技服务、产业孵化、人才培养等方面积极开展工作。因此，新型研发机构应找准发展定位，明确主攻方向，放大特色优势，抢占市场先机，践行社会责任，在满足公共效益最大化的同时兼顾经济效益。第二是高效的运作模式。在运行机制上图灵人工智能研究院依靠市场配置资源，按照科技发展规律来组织设计研发机构的运行机制。新型研发机构要在面向市场和公共服务之间寻求平衡，以科学研究、技术研发为市场提供服务，纯粹的市场行为应当交由市场主体进行运作，同时重视科研团队质量，保证灵活的用人机制，确保建设高素质人才队伍。第三是创新的激励机制。图灵人工智能研究院将机构利益与个人利益紧密结合，除了正常的工资和年终奖金之外，还具有特别贡献奖等奖励。同时，图灵人工智能研究院还具有针对创新行为的激励制度，保证研究院的技术创新活动持续开展。因此，新型研发机构在建设过程中需要建立和完善薪酬福利体系，强调创新实绩和创新能力，打破"论资排辈"，让创新者有脱颖而出的舞台和制度保证。第四是与高校展开深入的合作。图灵人工智能研究院依据产业集群和行业发展对人才的需求，与南京高校开展密切合作，为企业补充成长性人才。在新型研发机构发展的过程中，高校扮演了重要的角色，其中包括以机构投入主体、基地建设主体和项目方合作等形式开展合作，高校与机构的紧密合作必将为新型研发机构的发展注入活力。

数字经济时代已经到来，元宇宙成为后疫情时代全球数字化的新机遇。"人工智能＋元宇宙"的发展新格局逐渐形成。对于图灵人工智能研究院而言，能否在"元宇宙"赛道上提前布局，如何继续引领人工智能行业发展是其需要深思熟虑的问题。

2.3.2　区块链领域创新网络治理的案例分析

在当前百年未有之大变局下，随着以 5G、人工智能、量子信息、物联网、区块链等为代表的新一代信息技术加速应用，科技创新已成为影响和改变世界未来发展格局的关键力量。其中，区块链技术的发展及其广阔前景引起世界范围内的广泛关注和各界各方的高度重视。我国在 5G、人工智能、高性能计算等方面取得重要进展，彰显了我国在科技创新方面的实力。当前，区块链技术已上升到国家战略层面，将在网络强国、数字中国建设中发挥关键作用。

1. 我国区块链产业发展态势

区块链技术具有去中心化的分布式账本功能，它可以安全地记录、存储和传输数据。区块链中的数据存储在网络中的多个节点上，每个节点都有一份完整的账本副本，并通过一定的算法和规则来确保网络中的各个节点达成一致的数据状态，从而保证数据一致性和防止欺诈。区块链是一种分散、开放和透明的分布式去中心化数据库，由集体维护，以块为单位生成和存储数据，并按时间顺序连接成链结构，其关键技术包括智能合约、数字签名、同态加密、零知识证明、共识机制和分布式存储技术等。其中，智能合约技术是中国区块链 2.0时代的核心技术，可以实现自动化交易、支付、投票等功能，也可以用于构建去中心化的应用程序。

2021 年 6 月 7 日，工信部与中央网络安全和信息化委员会办公室联合发布了《关于加快推动区块链技术应用和产业发展的指导意见》，该指导意见提出了未来的发展目标，到 2025 年，区块链产业综合实力达到世界先进水平，产业初具规模；到 2030 年，区块链产业综合实力持续提升，产业规模进一步壮大。区块链与互联网、大数据、人工智能等新一代信息技术深度融合，在各领域实现普遍应用，培育形成若干具有国际领先水平的企业和产业集群，产业生态体系趋于完善。区块链成为建设制造强国和网络强国，发展数字经济，实现国家治理体系和治理能力现代化的重要支撑。

区块链国家战略的总体目标将推动区块链技术的创新和应用，促进经济社会的发展，提高国家的全球竞争力和影响力。实现总体目标可从以下几点入手：一是推动区块链技术的研发和创新，提高技术性能、安全性和可扩展性，支持新一代信息技术发展；二是推动区块链技术在金融、物流、医疗、政务等领域应用，提高业务流程效率和质量，促进产业升级和转型；三是引进和培养区块链技术人才，提高技术人才素质和数量，为区块链技术发展提供人才保障；四是加强国际合作，推动区块链技术国际交流与合作，扩大国际市场和影响力，提高国际竞争力。

最近几年，我国的区块链技术一直在不断向更深层次发展，其产业基础也更加坚实。整个区块链产业链上下游环节得到进一步完善，已经形成了相对完整的产业链体系，市场主体也愈加活跃。在我国的区块链产业链中，上游主要专注于硬件基础设施和底层技术平台，包括矿机、芯片等硬件制造企业，以及基础协议和底层技术平台等。中游则聚焦于通用区块链应用和技术扩展平台，包括智能合约、高效计算、信息安全、数据服务、分布式存储、软硬件一体化设备等，而下游则注重为终端用户提供服务，根据不同终端用户的需求，定制各类区块链应用，主要应用领域包括金融、健康、能源等。

目前，关于区块链基础设施建设，可以总结出如下措施。第一，着眼于自主创新区块链核心理论体系，专注于突破高性能区块链结构、全方位多颗粒国密算法安全保护、容错量子密码学等领域的前沿挑战，以支持多链并行。第二，把人才视为高质量产业发展的最重要资源，激发他们的创造力。一方面，积极引进高水平的创新和创业团队，吸引卓越的领军人才，并建立良好的人才激励机制，以留住和激发他们的潜力。另一方面，针对区块链业务需求，鼓励企业与高校合作，共同培养创新、技术和应用型人才。第三，基于自主可控的区块链技术，构建基础区块链网络平台，跨足云服务、门户和底层架构。第四，充分发挥区块链在促进数据互通和流程协同优化等方面的优势，以应用场景为依托，加速区块链在工业互联网和产业金融等领域的示范应用，促进区块链与实体经济深度融合。第五，鼓励企业在区块链领域发挥领导作用，整合政策、市场和其他多方资源，培养国际竞争力强的龙头企业。第六，政府以市场为导向，推动区块链产业研发机构、企业、行业组织与高校、科研机构的协同创新，鼓励建立研发中心，进行应用技术研究、成果转化和人才培养等科技合作。

1）区块链产业发展现状

区块链产业链的不断拓展与产业基础的强化息息相关。我国的区块链技术在不断深化发展，致使区块链产业链的上中下游关系更为紧密，目前已经形成了较为完整且市场主体活跃的产业链。近年来，区块链的下游产业应用逐渐垂直分化，主要涉及金融服务、政务服务、溯源凭证、工业制造、医疗健康、农业等领域。这些应用领域的不断扩展，尤其包括数字资产和元宇宙相关企业的涌现，进一步表明我国区块链产业链的持续扩大以及应用范围的明显增大。因此，可以看出我国的区块链产业链正在迅速扩张，并逐渐实现实际应用，成为全行业的显著趋势。

另外，区块链基础设施的建设也在不断加速。区块链技术作为数字经济的关键基础设施，有望显著加速数据资产的精准化管理，提升数据资源的价值，促进有价值的互联网和商业模式的创新。最近，新型基础设施建设步入了"快车道"，如北京、上海、福建、河北、天津等都明确提出了关于区块链技术及其应用的政策。不同组织和机构充分发挥自身优势，以不同的方式启动了大规模区块链基础设施的建设，推出了多个基于行业和地区的区块链服务平台。在新型基础设施建设服务模式方面，区块链联盟链和公共服务平台已经逐渐明晰，城市和地区级的区块链基础设施项目不断涌现。

我国目前已启动并投入运营多个城市级区块链公共服务平台，如"桂链""渝快链""渝信链""蜀信链"等。这些平台主要面向政府部门、社会单位以及技术开发者，提供了一系列的服务，包括提升联盟区块链应用部署能力、可视化运维管理平台、免费的联盟公有链、规范的智能合约开发工具以及高效安全的智能合约审核等，这些开放服务表明了区块链基础设施的重要性在不断增加。

2）区块链行业的应用情况

区块链技术在数字政府建设中的应用有望解决许多问题，打破政府部门之间的信息壁垒，促进协同工作，提高效率，有益于监管治理的优化、政府审批流程的简化和工作效率的提高。在金融领域，区块链技术的成熟不断增加业务协同和数据共享能力，有望逐渐克服细分应用中的不平衡问题，包括贸易金融、供应链金融和支付结算等。法院立案方面，区块链技术的应用也日益重要，包括产权保护、电子证据、法院立案、链间协作、案件审查和法院执行等。在民生领域，区块链技术主要应用于医疗管理，包括电子病历追溯、患者透明和药品透明等。随着精准医疗、大健康和智慧生物医药产业的发展，区块链技术在医疗领域有望迅速扩展。在工业领域，区块链技术潜力巨大，涵盖可信数字溯源、工业云服务平台和去中心化智能生产等。随着中国社会信息化的深入发展，区块链技术将在高端装备制造、智能网联汽车和智能家居生产等领域大显身手。

2. 招商银行以区块链助力创新网络治理模式分析

自 2015 年起，招商银行开始探索区块链技术，秉持"自主创新、业务赋能"的发展理念，推动应用落地，率先实现了区块链跨境支付结算应用，为国内金融机构的应用探索提供了实践样本。至今，招商银行一直坚持以价值为导向，充分利用区块链的特点和优势，推动区块链应用，并在实践中不断创新，深挖其潜在价值。招商银行区块链应用流程如图 2.13 所示。

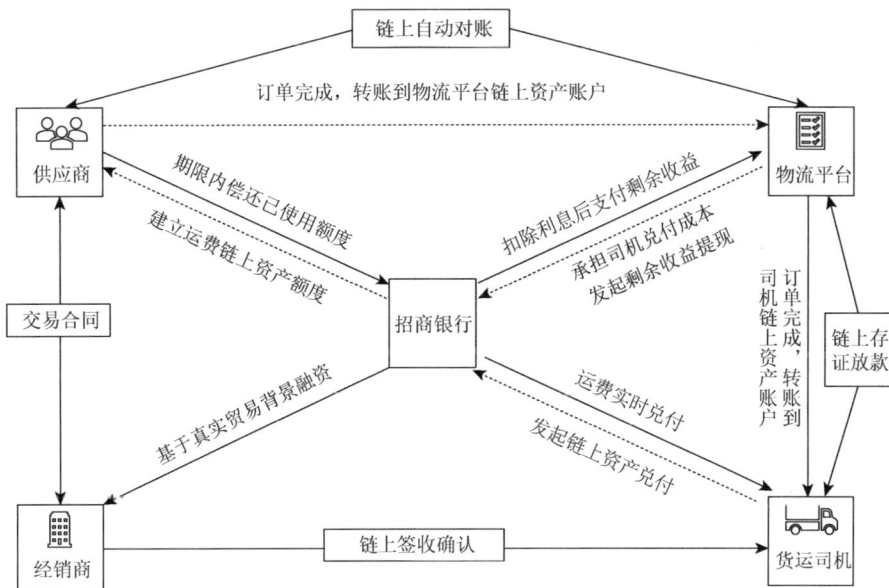

图 2.13　招商银行区块链应用流程

1）完善体系框架，加速应用落地

近年来，区块链技术稳步发展，底层平台、服务和组件以及应用模式不断演进，构建了日益完善的技术体系，使开发者能够通过灵活配置实现应用开发。在这一完善的技术体系的支持下，性能和安全性得到大幅提升，同时分布式的"不可能三角"问题也在持续缓解，从而加速推动应用创新落地。

A. 夯实应用基础

公有链和联盟链均致力于提升安全性和性能，减少资源消耗，并更好地满足实际业务需求。以太坊采用 Layer1 和 Layer2 的分层设计理念来增强平台的处理能力，提高交易性能，降低链上成本。招商银行的主要区块链底层平台 CITA①结

---

① CITA，即 Cryptape Inter-enterprise Trust Automation，这是一个区块链平台的产品名称。

合隐私安全计算技术显著提升数据安全性，采用母子链架构实现分层设计以增强性能，使得该银行的区块链网络具备更强的可扩展性、稳定性和安全性。应用创新方向也由低频、试验性场景逐步拓展至更广泛的真实业务场景。

B. 降低应用使用门槛

为了简化区块链的使用，招商银行通过封装大量技术服务和业务服务来降低门槛。例如，他们提供了区块链网关服务，以应用程序接口（application programming interface，API）形式提供区块链接口，方便用户快速接入；基于硬件加密机制的加密服务简化了区块链密钥管理，为开发者和用户带来便利；司法存证服务让用户无须了解智能合约即可使用区块链进行存证，快速固化电子证据。

C. 创新开放许可链

招商银行于 2018 年开始探索开放许可链这种新型的区块链网络形态。这种模式允许多个参与方部署节点，共同建设底层区块链网络，从而支持多个不同场景下的业务应用在一条链上运行。在区块链技术在底层平台、服务和组件、新型开放许可链模式等方面得到全面发展的情况下，业务数据的可信生成、可信上链、可信流转以及可信用数的实现已经变得非常有效。这为区块链在金融领域的深度应用落地提供了加速器。作为另一个主流区块链网络形态，开放许可链的发展历程如图 2.14 所示。

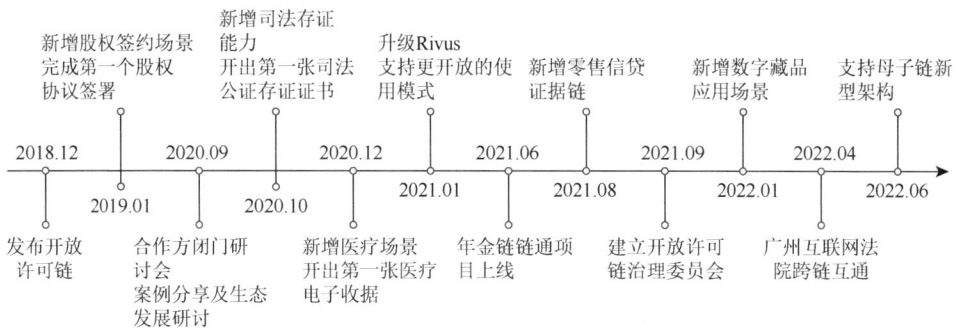

图 2.14　招商银行区块链技术开放许可链模式发展历程

2）以价值为目标，稳中求进落实

区块链的本质在于促进数字经济和实体经济的深度融合，通过数字化驱动生产、生活和治理方式的变革，推动高质量的发展。招商银行在区块链的创新应用中始终坚持以价值为导向，秉持着"金融为民"的初心。

A. 首要原则：创造业务价值

区块链适用于需要多方参与、相互信任度低、业务流程需要频繁确认、对数据真实可靠性要求高的场景。以招商银行建设的跨境支付结算、司法存证诉讼、数据要素协作等场景为例，这些应用有效解决了业务上的问题，并取得了良好的成效。目前，招商银行已与多家司法机构合作，在数字司法创新和提效方面取得了显著成果。招商银行与其他商业银行共同参与了由中国互联网金融协会牵头的负面信息共享项目。通过区块链保证了数据在各方之间的一致性分布和难以篡改，明确了数据所有权，实现了可信的数据共享。此外，招商银行还密切关注去中心化金融、NFT 和数字藏品的发展趋势，并在数字藏品方面进行了有益的尝试。

B. 落地策略：稳中求进

区块链是数字化时代创造信任的关键技术，它在多方参与的业务场景中发挥着重要作用。然而由于缺乏标杆项目，一些业务方在应用区块链时存在一定疑虑。为了解决这些疑虑，可以采取逐步推进的策略。以零售信贷项目为例，招商银行首先解决了可信存证的问题，并成功固化了电子证据，以满足司法机构的要求。其次，将区块链技术引入在线诉讼流程，提高数字司法诉讼的效率。最后，通过跨链技术连接更多参与方，进一步扩大了项目的应用范围。

3）以可持续发展的眼光合作与共赢

区块链具备多机构共建共享、信任累积传递和透明治理等特点，因此成为数字化生态建设中不可或缺的要素。招商银行主要通过技术开放、场景开放和生态开放三个方面来践行开放与共赢，提供多样化的开放服务能力，为机构间建立深入、长期的合作关系创造条件。

A. 启动技术开源战略

首先，招商银行的底层平台 CITA 就是开源的，源码被广泛认可和信任。此外，招商银行还开源了区块链即服务（Blockchain as a Service，BaaS）客户端，帮助用户轻松管理自己的节点。同时，区块链网关服务也在开源过程中，助力应用上链，最终促进业务合作。其次，招商银行已经建立了跨链平台，实现了许可链与多条链的打通，扩大了区块链生态规模。最后，多技术融合也是数字化生态建设的重要方向。

B. 实行多方治理机制

区块链应用已经广泛落地，通过开放的应用模式和多方治理机制，各参与方可以共同合作构建应用场景，吸引更多用户参与，加速推广进程，挖掘应用的实际价值。中国互联网金融协会和招商银行等合作机构通过建立开放合作的治理机制，使得多家商业银行能够平等、相互获益地参与其中，实现跨机构金融数据的可信安全共享。这种合作提升了银行线上欺诈风险管控的能力。

C. 完善生态链治理

区块链应用的落地需要技术方、业务方、用户以及监管、司法等权威机构的参与，以串联起应用流程，满足业务需求。例如，招商银行牵头建设的开放许可链，节点建设、应用开发和治理都是开放的，与公证处、法院等司法机构、金融同业、科技公司共建开放生态，为区块链应用探索提供了良好环境，有力地促进了区块链应用的发展。类似地，在招商银行司法存证诉讼项目的贷后不良资产处置业务流程中，司法机构提升了作业效率，招商银行强化了证据管理，科技公司输出了技术能力，各参与方均从中获益，实现合作共赢。

第3章　新兴产业创新网络治理的理论研究

本章构建新兴产业创新网络治理的理论框架。先分析新兴产业创新网络的治理主体和要素；然后分析新兴产业创新网络治理的结构特征及其影响因素；在此基础之上，基于产业发展理论、技术创新理论、创新治理理论、公共治理理论等相关理论，从治理目标、治理主体与参与者、网络结构与连接方式、治理机制与政策环境以及评估与优化五个方面构建新兴产业创新网络治理的理论框架。

3.1　新兴产业创新网络治理的主体及要素分析

3.1.1　新兴产业创新网络治理的主体

1. 创新网络治理的形成原因

新兴产业指应用新技术发展壮大的战略性新兴产业和未来产业，如大数据、云计算、人工智能、区块链、物联网、平台经济等。这些产业通常具有高技术含量、高附加值、资源集约等特点。战略性新兴产业是科学技术革命与产业变革的必然趋势，是培育与发展新的推动力，赢得未来竞争优势的关键所在。我国政府提出要深入推进国家战略性新兴产业集群发展，建设国家级战略性新兴产业基地。全面提升信息技术产业核心竞争力，推动人工智能、先进通信、集成电路、新型显示、先进计算等技术创新和应用。[①]面向"十四五"以及更为长远的周期，战略性新兴产业将成为我国现代经济体系建设的新支柱，是破解经济社会发展不平衡、不充分难题的关键产业。

新兴产业的发展往往依赖于技术创新，通过引入新的技术，改进现有技术或开发全新技术，推动产品、服务和商业模式的创新。张路蓬等（2018）认为战略性新兴产业作为知识技术密集型产业，知识、技术等资源分布的随机性、隐含性、积累性等特征，使战略性新兴产业具有了高度复杂性、融合性和不确定性，企业仅依靠自身资源无法高效地完成创新活动，必须形成以资源共享、技术互补为目的的产业互联网络。曹兴和马慧（2019）认为新兴技术的高度模糊性和不确定性，使得不同领域的新兴技术企业建立起合作关系，进行多主体知识协同，实现新兴技术的创新。

---

① 扩大内需战略规划纲要（2022-2035 年）. https://www.gov.cn/gongbao/content/2023/content_5736706.htm[2024-06-16].

创新体系的治理是一个多利益相关者进行民主协商的过程，是各主体广泛参与的结果（陈套等，2018），其中包括与创新相关的政府管理部门、高校、科研院所和企业等创新主体，以及科技社团、中介组织、金融机构等第三方社会组织（李建军等，2014）。新兴产业创新网络的治理主体是一个以产业创新为主要目标的网络化合作共赢的机构或组织。其中，政府、企业、中介机构、高校及科研机构和金融机构是这一领域的主体。这些主体通过互相协作，构成了一种具有资源分配与创造力的组织形态。其中，政府主要负责制定相关政策和法规，保障创新环境及网络空间的安全和稳定；企业主要负责新兴产业技术的研发和应用，促进创新活动的开展和产业可持续发展；高校及科研机构是专业知识、技术革新的源泉，具有杰出的研究人员和较好的研究条件；金融机构在创新网络中扮演着资金和信息的提供者的角色，为创新活动提供多元化的金融服务；中介机构是创新网络中服务的提供者，如技术咨询、融资支持和市场推广等。

2. 创新网络治理的主体节点

新兴产业创新网络治理的核心在于政府、企业、高校及科研机构、金融机构、中介机构等多元主体的参与。这些主体之间通过正式和非正式的合作关系来建立网络联系，形成一个开放型的创新网络。该网络依赖于长期稳定的互动和合作关系，具备资源优势、利益互补优势、知识溢出优势和技术转移优势，其基本框架如图 3.1 所示。

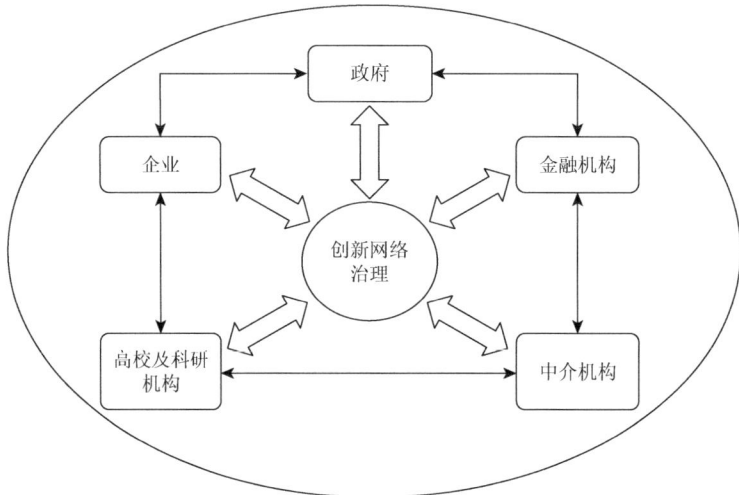

图 3.1　新兴产业创新网络治理主体基本框架

1）政府

政府作为新兴产业创新网络治理中的重要节点，既引导产业发展方向，又保障市场公平，对创新活动具有积极的推动作用。具体表现在：一是通过制定相关政策，如创新政策和产业政策，为新兴产业的发展提供方向指引和政策支持。例如，《国家中长期科学和技术发展规划纲要（2006—2020 年）》《"十三五"国家战略性新兴产业发展规划》等一系列政策文件，明确了新兴产业的发展方向和目标。与此同时，政府也可以通过行政审批和税收优惠等手段，为新兴产业创造有利的创新环境，使其能够宏观地调控各行业的创新资源，促进人才和资本等创新资源的迅速流动。通过这些措施，可以进一步推动新兴产业的创新活动发展，促进技术创新和成果转化，提升产业竞争力；二是政府通过资金投入、科研项目扶持等方式，推动新技术的研发和创新，如国家自然科学基金、国家重点研发计划等科研资助项目，支持新兴产业的技术研发，与高校、研究所等科研机构之间展开合作，直接参与技术创新；三是政府必须对新兴产业实施有效的管制，当市场机制不能充分发挥其功能时，可以采取宏观调控措施，降低市场失效对企业创新活动的冲击，并对市场竞争进行规制，以预防市场垄断与不正当竞争。此外，政府也可以利用反垄断法和知识产权法等对新兴产业进行监管，发挥其他创新主体所不能取代的重要作用。

2）企业

企业在新兴产业的创新网络治理中是最主要和直接的参与者，也是最大的利益相关者。在政策的规范下，企业通过运用市场竞争手段来配置资源，从而进行研发、科技成果转化、生产和营销等活动，以实现利润最大化。由于知识具有专业性、互补性和动态性等特征，企业在进行知识创新与整合的同时，也必须对外部知识资源进行挖掘与整合，以获取并维持较强的竞争优势。企业间构建了广阔的协作网络，并在特定区域中形成了长期、稳定的协作关系，从而促进了企业间的物流、信息流等创新资源的流动。一方面，企业在技术创新方面具备强大的能力。它们通过研发投入、技术引进和合作等方式不断提升自身的技术水平。例如，华为公司拥有全球范围内大量的专利技术，成为全球领先的通信设备制造商。另一方面，随着科技创新的日趋系统化、复杂化，企业将通过与高校、研究机构等在创新网络中的协作，减少研发费用和风险，在交流与协作中提高自己的创新能力。

3）高校及科研机构

伴随着我国经济发展方式的转变，我国经济结构也正在进行战略性调整，传统的依靠资本、劳动力等生产要素的增长方式已不能适应当前的经济发展需要。知识与科技已日益成为推动经济增长的重要引擎。在这种转变过程中，高校及科研机构是知识创新的主要来源，其在新兴产业的创新网络中起着举足轻重的作用。

它们通过开展基础研究和应用研究，培养高素质人才，并进行技术转移和知识产权转化，为新兴产业的创新提供支持和保障。作为培养高层次人才的重要基地，它们通过开设各类课程，培养学生掌握先进的理论知识和实践技能，为社会输送大量高素质人才。作为科技成果转化的重要渠道，他们通过与企业合作，将科研成果转化为实际应用，推动技术进步和产业升级。高校和科研机构在创新链条中扮演着至关重要的角色。它们不仅具备强大的研发能力，可以创造新的知识和技术，还可以通过与产业界、政府等合作伙伴的紧密合作，实现技术转移和商业化。在这个合作网络中，高校和科研机构可以提供先进的技术和专业知识，而企业则能够提供市场需求和产业化经验。这种协同合作的方式可以有效地促进技术创新和经济发展。产学研合作可以将高校和科研机构的研发成果转化为具有市场竞争力的产品和服务，同时也可以为企业带来可观的经济效益和竞争优势。此外，产学研合作还可以促进政府与高校、科研机构之间的互动。政府可以通过制定相关政策和提供资金支持等方式，鼓励和支持高校和科研机构与企业之间的合作。同时，政府也可以通过与高校和科研机构的合作，推动科技创新和产业升级，实现经济可持续发展。

4）金融机构

金融机构是创新过程中的关键节点，它既能支撑公司的日常运营，又能为公司创新的每一个环节提供融资保证与顾问服务。随着科技创新活动日趋复杂化、系统化，其作用也将越来越突出。首先，金融机构能够为新兴产业提供资金支持。新兴产业通常需要大量的资金来进行研发、生产和市场推广等活动，金融机构可以通过提供贷款、股权投资和债券发行等方式，为新兴产业提供必要的资金支持。其次，金融机构能够为新兴产业提供风险管理服务。新兴产业通常面临着较高的风险，包括技术风险、市场风险和管理风险等，金融机构可以通过提供保险、衍生品交易和资产证券化等方式，帮助新兴产业有效管理这些风险。此外，金融机构还能够为新兴产业提供咨询服务。金融机构拥有丰富的经验和专业知识，可以为新兴产业提供战略规划、市场分析、财务管理等方面的咨询服务，帮助新兴产业更好地把握市场机遇，实现可持续发展。在未来的经济发展中，金融机构将继续发挥重要作用，推动新兴产业的创新和发展。

5）中介机构

中介机构主要通过提供信息、协调各方利益、促进合作等方式，间接参与到新兴产业创新与发展之中，为新兴产业创新网络的健康发展提供重要支撑。首先，中介机构能够提供信息支持。新兴产业创新网络通常涉及众多参与者，包括企业、政府、研究机构等。中介机构可以通过收集、整理和传播相关信息，帮助各方了解市场需求、技术动态和政策变化等信息，从而更好地把握市场机遇，推动创新发展。其次，中介机构能够协调各方利益。新兴产业创新网络中存在着复杂的利益关系。中介机构可以通过协调各方利益，促进各方之间的合作与共赢。例如，中介机构可以组织各方进行对话和协商，解决合作中的问题和矛盾，推动合作关系的建立和发展。总体来说，中介机构通过协调发展实现新兴产业各领域创新资源的高效配置，进而提高全行业的创新动力。

3. 创新网络治理主体的关系链条

政府、企业、高校及科研机构等主体参与新兴产业创新网络治理的环节构成了一个"关系链"。关系链既是信息和知识传播的重要途径，也是知识与技术的扩散、价值创造和价值增值的重要环节。其中，关系链的构成与强度直接影响着创新网络中不同主体的作用。创新网络中存在着高度复杂的关系链，各节点间可通过直接或间接的方式相互关联与协作，构成多元关系链。这些关系链条之间的竞争与合作共同促进了链条内创新资源的流动，从而推动新兴产业创新活动的开展和实施。

创新网络治理本质上是网络中各节点在创新过程中所形成的一个个子网络，每个子网络在创新过程中扮演着不同的角色。在学术领域，可以深入探讨某个产业的核心企业如何通过与网络中的节点进行有选择的长期稳定合作，来推动技术研发、技术创新服务、市场交易等多个创新环节的发展。这种合作关系网络不仅包括政府、企业、高校及科研机构等机构或组织之间建立的技术研发网络，还涵盖企业与中介机构、银行、基金公司等机构建立的技术创新服务网络。交易市场网络则是由企业与供应商之间建立的原材料供应、产品生产及销售网络组成。在创新网络中，除了众多具有特定功能和目的的正式网络之外，还包括各个创新主体之间建立的各种社会关系网络，如个人关系网络和公共关系网络。新兴产业创新网络下各子网络及其关系如图 3.2 所示。

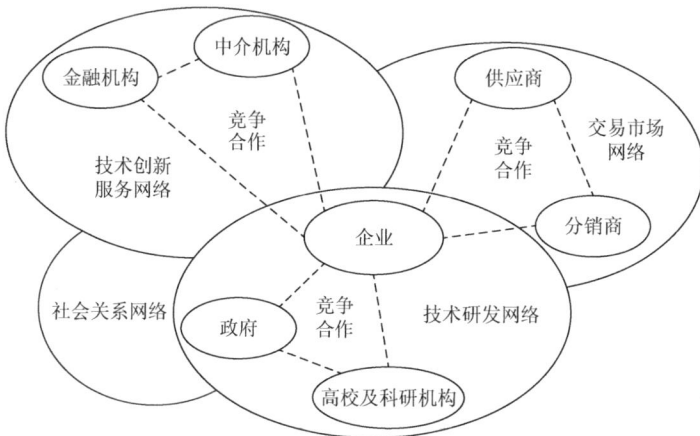

图 3.2　新兴产业创新网络下各子网络及其关系

（1）企业创新网络可以看作不同创新参与者（如企业、高校及科研机构、专业中介服务组织等）直接或间接、互惠和灵活的正式、非正式关系的总体，具有协同特征。企业作为创新活动的主体会在新兴产业发展的各个环节建立起各种关系链条，不仅包括企业间的各种关系链条，还包括企业与政府、高校等其他机构因创新合作而建立起来的各种关系链条。例如，新兴产业通常涉及多个产业链上下游的企业，它们之间需要建立合作关系，共同推进产业的发展。上游企业（如原材料供应商、技术提供商）与下游企业（如生产制造商、销售渠道商）之间的合作可以实现资源共享、技术创新和市场拓展。企业间结成战略联盟的目标就是达到创新资源的互补，在某种程度上，能够通过资源共享和信息交换极大地缩短产品的研制周期，减少企业的技术研究的风险与费用。企业与高校及科研机构建立联盟，通过合作共享数据、设备和人力资源，共同开展研究项目，促进技术研发、创新成果转化和人才培养，加速技术创新和产品研发。

每种关系链都是一种合作创新，具有特定的功能。合作创新指的是通过整合企业现有的知识、技术、经验等资源以及关联企业的相关或互补资源，从而在产品、生产工艺、流程、服务等方面实现新的变革。这种合作使得各方能够共享资源，加速创新过程，并在创新中取得更好的效果和成果。集群企业的合作创新主要包含以下几个方面的优势。

第一，更广泛的客户接触面。客户需求是企业创新的最佳来源和动力。与单个企业相比，集群企业面对的客户数量更多、种类更丰富。这一网络型的企业组织结构，使企业可以在横向与纵向两个维度上与顾客取得联系，提高顾客的接触率。这样的结构也使集群中的企业对顾客的需要有了更加充分的认识，由单线产品发展为整个产品链，由一种功能向多种功能，由一种品牌向多种品牌转变。在这样的集群环境中，由于信息相对充分，企业之间的竞争更加激烈，客户需求也更具针对性且更容易变化，从而催生出新的需求，这推动了产品的升级和企业的革新。

第二，技术创新和知识共享。由于资源的有限性和企业的惰性，单一企业的技术创新能力会受到削弱。然而，作为一个集群，企业的行为不仅仅是个体行为，还受到集群内其他企业的限制和监督。在集群中，不管是由于自身资源的限制，还是出于规避风险的考虑，其成员均会主动加入集群企业的创新网络之中，因而会形成关键企业带动集群内的其他企业进行持续性创新和合作的生态系统。企业在集群中紧密合作，可以进行技术研发和创新，共同解决技术难题，提高产品质量和技术水平。同时，企业之间还可以进行知识共享，分享经验和信息，促进产业的技术进步和创新能力的提升。

第三，以低成本和低风险进行创新。单个企业进行产品创新、流程创新、模式或服务创新时，必须独自承担整个创新过程的成本和风险。这种高成本、高风险给企业带来了很大的挑战，同时也加大了技术创新失败的概率，这显然会阻碍企业的革新与改善。但是，在集群企业中，企业能够以更低的成本寻找到合作伙伴，并且通过集群内企业的信息资源和企业间的网络关系，实现对风险的分摊。通过这种方式，企业就可以用较低的成本和风险取得成功。集群环境下的企业能够获取更加贴近客户需求的数据，实现企业之间的优势互补，从而加快突破技术难点，实现技术成果的转化与转移。

（2）政府作为新兴产业创新网络治理中的重要主体之一，在制定新兴产业创新活动政策和直接参与创新活动方面都发挥着举足轻重的作用。不同国家处于不同的发展阶段，政府在创新活动管理范围上存在一定差异，导致政府与各个节点之间的连接关系也有所不同。在发达国家，政府部门通常采取间接方式与创新网络节点建立联系，主要为创新活动提供支持和服务，而不会主动干预创新主体的具体创新活动。它们注重建立开放、透明、竞争的市场环境，为企业提供资金支持、知识产权保护、税收优惠等方面的支持措施，以鼓励企业和科研机构自主进行创新活动。然而，在发展中国家或欠发达国家，政府部门往往通过直接建立联系的方式来参与或干预创新活动。这些国家的政府通常会制定产业政策、科技计划和发展规划，通过行政手段来引导和推动创新活动。政府在这种情况下扮演着更为积极的角色，如参与项目的立项、资金的拨付、技术支持等，并通过政策和法规的制定来引导资源配置和市场行为，以促进新兴产业的发展。与此同时，政府还可以完善相关的政策，鼓励高校、研究院等科研单位将创新资源流向企业，并在此基础上构建产学研合作服务平台，构建一个开放式的创新网络，在政策的作用下，让创新网络中的各方都能积极地参与到产学研合作中来，为产学研工作提供指引，使产学研各方面的工作能够更好地进行。

产学研合作是企业、高校和科研机构三方深度合作的一种形式，通常由高校或科研机构作为技术提供者，企业作为技术需求者。在我国，产学研合作有广义和狭义两种含义。广义上，它指的是教育与生产劳动的有机结合，以及科学研究在人才培养、科技开发和生产活动中的有机结合。狭义上，它仅指高校、企业和科研机构三方本着优势互补、互惠互利、共同发展的原则进行的合作与交流。产学研合作模式多样，其中技术服务模式是最常见的一种。在这种模式下，高校和科研机构作为企业的外部智库，提供技术理论支持、分析评价等服务，协助企业将技术转化为实际应用，推动企业的创新发展。

具体来说，产学研创新网络作为推动经济和整个社会发展的重要模式，发挥着以下几点作用：①产学研合作为新兴产业创新网络治理提供了资源整合与共享的机会。企业、高校和科研机构可以共享各自的技术、设备和专业知识，实现资源优势互补，提高创新效率和质量。通过合作共建实验室、研究中心等方式，集聚创新资源和人才，加速科技成果的转化和商业化。例如，在生物医药领域，企业可以与高校和医院合作，共享研发设备和临床试验资源，加快新药研发和临床应用的进程。②产学研合作为新兴产业创新网络治理提供了技术创新与转化的平台。通过企业、高校和科研机构之间的合作，可以促进科技成果的转化和应用，将先进的科学研究成果转化为切实可行的技术和产品。例如，在人工智能领域，企业可以与高校合作进行深度学习算法的研究和开发，将科学研究成果转化为实际应用场景中的智能产品。③产学研合作有助于使新兴产业的创新网络治理更注重市场需求。通过与企业合作，高校和科研机构可以更好地了解产业发展趋势和市场需求，从而调整科研方向和项目选择，提供更符合市场需求的创新成果。同时，企业也能够通过与高校合作获取前沿技术和知识，满足市场竞争的需要。例如，高校与新能源汽车制造企业合作，针对电池技术和充电设施进行研发，满足市场对于可持续交通解决方案的需求。总体来说，产学研合作得到政府和相关机构的政策支持和引导，形成了政策环境和资金支持，推动新兴产业创新网络治理的发展。政府可以提供资金、税收和政策等支持，促进企业、高校与科研机构等主体协同资源、创新发展。

（3）中介机构作为连接企业与高校、科研机构等主体的桥梁，不仅需要与创新技术的提供方建立关系链条，还需要与技术的需求方建立良好的合作关系。在新兴产业创新网络中，技术研发、生产等各环节的知识、信息等资源的流动与传播，构建了网络中各节点间的链条。其中，中介机构与高校、科研机构之间建立起的关系链，既能向科研机构提供技术需求信息，又能将科研机构的技术信息向市场进行传导，从而达到产学研相结合的目的，加速科技成果的转移与转化，而中介机构与企业建立合作关系，不仅可以将企业的技术需求信息及时地反映给市场，还可以将研究机构的信息传递给企业，为企业提供各种服务，如市场研究、技术咨询、融资服务等，帮助企业解决在创新过程中遇到的各种问题。中介机构与金融机构之间通常存在密切的合作关系。一方面，中介机构可以为金融机构提供关于新兴产业的信息和分析，帮助金融机构做出投资决策；另一方面，金融机构也可以通过提供资金支持等方式，帮助中介机构扩大业务规模。

（4）推动创新活动的重要力量是创新主体之间建立的各种社会关系网络，其中包括个人关系网络和公共关系网络。这些网络促进了信息流动、资源共享和合作交流，对于创新的激发和推动起到了关键作用。同时在创新过程中发挥着信息传递、资源整合、风险分担等多重作用，为创新提供了有力的支持。

个人关系网络是指创新主体之间通过个人关系建立起来的联系。这种关系网络通常基于信任、友谊和共同兴趣等因素，具有较强的稳定性和持久性。在中国社会中，家庭、亲戚、朋友等关系对于创新活动具有积极的促进作用。例如，许多创业者在创业初期会寻求亲朋好友的支持和帮助，这些关系网络为他们提供了资金、技术、市场等方面的资源。此外，个人关系网络还可以帮助创新主体获取有关行业动态、政策法规等信息，提高创新的成功率。

公共关系网络是指创新主体之间通过公共渠道建立起来的联系。这种关系网络通常基于共同的目标、利益和价值观等因素，具有较强的开放性和多样性。在中国社会中，政府、企业、高校、科研机构等各类组织都是公共关系网络的重要组成部分。例如，政府可以通过政策引导和支持，促进企业与高校、科研机构的合作，推动技术创新和产业升级。此外，公共关系网络还可以帮助创新主体扩大影响力，提高知名度，吸引更多的投资和人才。

在创新过程中，个人关系网络和公共关系网络相互影响、相互促进。一方面，个人关系网络可以为公共关系网络提供基础和支撑。例如，企业家通过个人关系结识了专家学者等重要人物，从而为自己的企业和项目争取到更多的资源投入。另一方面，公共关系网络可以为个人关系网络提供平台和机会。例如，企业家通过参加行业协会、论坛等活动，拓展了自己的人脉资源，提高了自身的竞争力。总之，创新主体之间建立的个人关系网络和公共关系网络在创新活动中发挥着重要作用。这些关系网络有助于创新主体获取信息、资源和支持，降低创新风险，提高创新效率。在未来的发展中，应该进一步加强各种社会关系网络的建设和完善，为创新活动创造更加有利的条件。

（5）除了联合合作关系，各主体之间还可能形成竞争关系。新兴产业创新网络治理中，各主体之间的竞争关系是复杂多元的。这种关系可以提升各主体的竞争实力，推动区域乃至国家的经济社会发展。例如，创业者之间可能为了争夺市场份额而竞争，创新驱动型企业可能在技术领域上与科研机构展开竞争。这种良性竞争有助于推动创新技术和水平的不断进步和提高，从而加快新兴产业的智能化、网络化发展。此外，公共部门和私营企业之间的互动也组成了竞争关系的一部分。从数字治理的广度与深度来看，要明确各主体的数据资源共享和开放的方式、程度、质量，以推动企业和公共部门的职能协同和服务集成。竞争关系对产业发展既有积极作用，也可能带来消极影响。积极作用包括激发创新活力、提高技术水平、促进资源优化配置和提高产品质量。然而，过度的竞争可能导致恶性竞争、低价竞争、产业泡沫等问题，资源的浪费和技术的封闭阻碍了创新网络的整体发展，给产业稳定和可持续发展带来挑战。

因此，在新兴产业创新网络治理中，需要通过制定合理的政策和规则来引导各主体之间的健康竞争，建立公平竞争的市场环境，鼓励创新合作、资源共享，以实现共同发展和可持续发展的目标。

3.1.2　新兴产业创新网络治理的要素

在一定的创新环境支撑下，各创新主体（政府、企业、高校及科研机构等）

与创新网络要素（人力资源、资金、技术、信息、市场等）通过相互作用逐步形成新兴产业创新网络。这样的创新网络能够实现各个创新主体之间资源的互补性、知识的共享和技术的合作，从而降低研发风险和成本，并提高创新资源的配置效率。在市场和政府两大机制的相互作用下，政府整合协调创新主体和中介机构，通过引导行为推动创新主体吸收获取创新要素，形成创新驱动力，并促进知识在整个创新链中的流动。同时，不断完善和优化创新制度，科学配置和利用创新要素，实现其增值，部分增值再反哺各创新主体，形成良性循环，从而推动创新要素持续有效发展，提升我国高新技术产业的发展水平。创新网络要素除了包括人力资源、资金、技术、信息和市场等基本要素外，在智能化时代以及利用信息化技术推动产业变革的背景下，数据作为一种新型要素发挥着重要的作用。工业 4.0 的核心是通过数据流动的自动化技术，从规模经济向范围经济转变，以实现同质化、规模化成本，并构建出异质化、定制化的产业。新兴产业创新网络治理要素及其作用方式如图 3.3 所示。

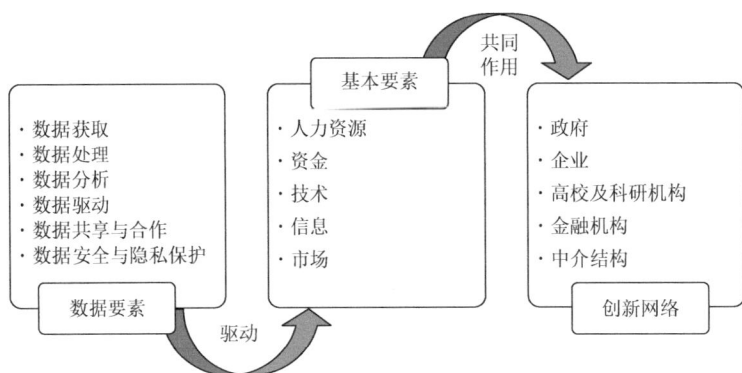

图 3.3　新兴产业创新网络治理要素及其作用方式

1. 新兴产业创新网络治理的基本要素

1）人力资源

人力资源是推动创新的核心要素之一。在创新网络中，人力资源在组织、协调和执行方面发挥着重要作用，其地位至关重要。人力资源在创新驱动发展、就业优先、人才强国等战略中发挥着重要作用，对相关行业进行结构调整和转型升级具有重要作用。在某种意义上，人力资源的供应水平直接关系到相关行业能否成功地完成转型升级，也关系到整个国家的经济高质量发展和社会稳定。

首先，人力资源是新兴产业发展的基础和核心。新兴产业技术更新换代快，通常涉及前沿技术和新兴领域，需要具备较高的技术水平和创新能力的人才来推动技术创新、产品研发和市场拓展。他们拥有前瞻性的眼光和创新的思维方式，能够在不确定和快速变化的环境中灵活应对，为新兴产业的发展注入活力和创新力。

其次，人力资源能够促进新兴产业的创新能力提升。创新是新兴产业发展的核心竞争力，而人才是创新的源泉。新兴产业市场需求多样化，通过引进和培养具有创新精神和创新能力的人才，新兴产业可以不断推出新产品、新技术和新服务，满足市场需求，提高市场竞争力。只有拥有优秀的人才队伍，新兴产业才能在激烈的市场竞争中立于不败之地。

再次，人力资源还能够促进新兴产业的转型升级。随着科技的进步和社会的发展，新兴产业需要不断进行技术升级和业务转型，而人才作为创新活动的实施主体，能够通过培训、教育和引导等手段来适应新的技术和业务模式，提升人才的创新能力和实践经验。他们可以帮助创新者获取必要的技能和知识，引导创新团队形成创新文化和价值观，为新兴产业的长期发展打下人才基础。

最后，人力资源还能够促进新兴产业的可持续发展。在全球经济一体化的背景下，新兴产业面临着日益激烈的国际竞争。只有拥有高素质、高技能的人才队伍，才能够应对各种挑战和风险，实现可持续发展。由于新兴产业的特殊性，培养高素质人才需要较长的时间和资源投入，因此为了促进新兴产业的发展，各国政府和企业应该加大对人才的培养和引进力度，建立完善的人才激励机制，为新兴产业提供充足的人力资源支持。

2）资金

资金是创新活动的重要支撑。资金的到位能够促进创新资源的有效配置，加速技术成果的转化和应用。资金的来源包括政府投资、企业资金和风险投资等，它们通过投资机构、银行和股权市场等渠道向新兴产业输送资金。在新兴产业创新网络治理中，应重视资金的作用，建立有效的资金支持机制以推动新兴产业的创新发展。

资金是推动创新和发展的关键资源，对于新兴产业的创新网络治理具有以下几个方面的作用。首先，资金可以为创新项目提供资金支持。创新需要投入大量资源，包括研发设备、人才培养、市场推广等方面的费用。缺乏资金支持将影响创新活动的开展和成果的转化。通过提供资金支持，新兴产业创新网络可以帮助创新者克服资金短缺的问题，促进创新项目的顺利进行。同时资金的投入还可以加快创新的速度，提高创新的质量和效率。

其次，资金要素在新兴产业创新网络治理中有助于形成合作与共赢的格局。创新活动往往需要多方合作和资源共享，而资金作为一种重要的资源，可以在合作伙伴之间进行流动和协调。通过提供资金支持，吸引各方参与合作、共享资金，创新者可以减少风险，共同承担创新项目的研发和推广费用，提高资源利用效率，实现更大规模的创新成果。

再次，资金还可以提供风险分担和回报机制。创新活动具有不确定性和风险性，创新者可能面临技术失败、市场接受度低等问题。通过提供资金支持，新兴产业创新网络可以为创新者提供一定的风险分担机制，减轻其经济压力。例如，风险投资机构的参与，可以对创新项目进行风险评估和投资决策，提供必要的支持和指导，帮助创新者规避风险并实现可持续发展。同时，资金的投入也可以为创新者提供回报机制，激励其持续投入创新活动。例如，通过设立创新基金、科技券等制度，对创新项目给予资金补贴和激励，鼓励创新者进行技术研发和商业化应用，提高创新的成功率和经济效益。这种风险分担和回报机制可以增强创新者的信心和动力，推动创新活动的持续发展。

最后，资金还可以促进知识的传播和技术的转移。新兴产业创新网络通常涉及不同领域的知识和技术的交流和共享。科研机构、高校和企业等可以通过获得资金来开展各种研究项目，从而推动知识的形成和传播。这些项目可能涉及新技术的开发、新理论的探索以及解决现实问题的方法和策略的研究。通过资金的支持，科研人员能够进行深入的研究，并将研究成果转化为实际应用，推动技术的进步和创新的发展。

3）技术

技术是新兴产业创新的基础。随着科技的不断进步和创新，新兴产业的发展也变得越来越依赖于技术的支撑和应用。技术的创新与应用能力决定了新兴产业的竞争力。

首先，技术要素在新兴产业创新网络治理中提供了创新的基础和动力。技术是新兴产业发展的核心驱动力，它不仅能够提供新的产品和服务，还能够改变传统产业的生产方式和商业模式。通过不断的技术创新和应用，新兴产业能够实现持续的创新和发展，提高竞争力和市场份额。

其次，技术要素在新兴产业创新网络治理中促进了资源的整合和优化。新兴产业通常涉及多个参与者和资源，包括企业、研究机构、政府等。通过技术的应用和共享，各方可以实现跨地域、跨组织的合作和协同，打破传统的组织边界和壁垒，从而促进资源的整合和优化，提高创新的效率和效果。例如，通过云计算、区块链等技术手段，新兴产业创新网络中的各方可以实现跨地域、跨组织的合作和协调，打破传统的组织边界和壁垒。通过建立技术平台和共享机制，各方可以共享研发成果和技术知识，避免重复投入和浪费。

再次，技术在新兴产业创新网络治理中提供了强大的数据分析和决策支持能力。在新兴产业创新过程中，需要做出各种决策，包括投资决策、市场定位决策等。技术的应用和分析，可以提供有价值的信息和洞察，为决策提供科学依据。例如，通过大数据、人工智能等技术手段，新兴产业创新网络中的各方可以对海量的数据进行分析和挖掘，洞察和获取有价值的信息，为决策提供科学依据。这有助于提高决策的科学性和准确性，降低风险和成本。

最后，技术要素在新兴产业创新网络治理中推动了可持续发展。可持续发展是新兴产业发展的重要目标之一，它要求在经济增长的同时保护环境和资源。绿色技术和循环经济等技术手段，以及数字化、智能化、网络化、生态化的推进，都为提升产业竞争力提供了重要的技术支撑。这不仅有助于提高产业的生产效率和质量，也有助于实现环境保护和社会公正等可持续发展目标。例如，智能电网和能源管理系统，可以实现能源的高效利用和减少碳排放。

4）信息

信息在创新网络中起着连接、传递和共享的作用。信息的获取和传播是创新活动的基础，能够帮助创新主体了解市场需求、技术前沿和竞争动态等。同时，信息的共享也促进了各主体之间的交流合作和资源整合。因此，建立有效的信息管理和共享机制对于新兴产业创新网络的发展至关重要。

信息在新兴产业创新网络治理中起到的作用是多方面的。第一，信息可以促进新兴产业创新网络的协同发展。新兴产业创新网络内的多个参与者之间需要共享信息和资源，以便更好地协作和合作，实现资源整合、协同创新和合作共赢。通过建立有效的信息共享机制，新兴产业创新网络可以更好地协调各方利益，提高整体效率和创新能力。

第二，信息可以提高新兴产业创新网络的透明度和可信度。在新兴产业创新网络中，信息的不对称性和不确定性可能会导致信任问题和合作障碍。通过建立透明的信息平台和共享机制，新兴产业创新网络可以减少信息不对称带来的不确定性，提高各方之间的信任度，推动共同制定规则和标准，促进创新网络的良性运行。

第三，信息可以帮助新兴产业创新网络进行风险管理和决策支持。在新兴产业创新过程中，存在着各种风险和不确定性，包括技术风险、市场风险、政策风险等。通过收集、分析和利用相关信息，新兴产业创新网络可以更好地识别和管理这些风险，减少潜在的损失。同时，新兴产业的创新离不开对市场需求、技术发展和竞争动态等信息的获取和分析。信息的及时性和准确性对于决策的精准性和有效性至关重要，通过收集和分析相关信息，创新主体能够更好地了解市场需求，把握技术趋势，预测竞争动向，从而指导创新活动的方向和重点，帮助各方做出更加明智和科学的决策。

第四，信息可以促进新兴产业创新网络的知识共享和技术转移。在新兴产业创新过程中，知识和技术的积累和应用是非常重要的。通过建立有效的信息交流平台和合作机制，新兴产业创新网络可以促进各方之间的知识共享和技术转移，加快创新的速度和效果。

第五，信息可以帮助新兴产业创新网络实现可持续发展。在新兴产业创新过程中，环境保护和社会公正等问题也是非常重要的。通过收集、分析和利用相关信息，信息平台、媒体和专业组织等机构可以为创新主体提供相关的信息服务，包括市场分析报告、技术解读、政策解读等，帮助创新者更好地了解市场环境和政策导向，提供咨询和指导，为创新活动提供支持和保障。帮助政府更好地了解环境和社会的影响，制定相应的政策和措施，实现经济、社会和环境的协调发展。

5）市场

市场是创新成果最终应用和实现商业价值的地方。市场的需求和竞争激励创新，推动技术进步和产品升级。创新主体需要通过市场的测试和验证来不断改进和完善创新产品、技术和商业模式。市场还为创新者提供了销售渠道和商业机会。

第一，市场需求是新兴产业创新的重要驱动力。市场需求的变化和不断演进推动了新兴产业的发展。市场是创新活动的主要载体和交流场所，为创新者提供了展示、推广和销售创新产品和服务的平台。市场要素包括市场需求、市场规模、竞争环境等因素，通过市场的选择和定位，创新者能够更好地了解消费者需求，确定目标市场，制定创新策略，提高创新的成功率和市场竞争力。同时，市场需求也为企业提供了创新的机会。当市场需求无法被现有产品或服务满足时，企业可以根据市场需求进行技术研发和产品设计，使创新更加贴近市场，满足用户需求。因此，市场需求在新兴产业创新网络治理中起到了引导和推动的作用。

第二，市场竞争是促进新兴产业创新的重要因素。市场竞争迫使企业不断提高自身的创新能力和竞争力。在竞争环境下，创新者需要不断提升产品质量、降低成本，并寻找差异化和创新点，以获得市场份额和竞争优势。这种竞争压力促使企业加大研发投入，提高产品质量和技术水平。同时，市场竞争可以促进资源配置的优化和效率的提升，激发创新者不断追求技术突破和商业模式创新，提高产品质量和降低成本。市场竞争能够挤压低效和低质的产品和企业，优胜劣汰，推动行业整体水平的提升，促进新兴产业的快速发展。

第三，市场要素有助于新兴产业创新的资源整合和协同创新。新兴产业创新往往需要多方合作和资源共享，而市场的参与和运作可以促进各方之间的资源整合和协同创新。市场可以提供信息传递和交流的渠道，帮助创新者找到合作伙伴，分享知识和技术，实现资源优势互补，形成创新联盟和产业链条，推动创新活动的开展和成果的转化。在新兴产业创新网络治理中，市场要素通过市场交易和机制设计，促进资源配置的优化和效率的提升。市场交易可以让创新者和投资者在公平竞争的环境下进行资源交换，实现资源有效配置。同时，市场机制的设计也能够激发创新者的积极性和创造力，提高创新的效率和质量。

第四，市场要素还对新兴产业创新网络的治理结构和机制产生影响。市场需求和竞争的特点决定了创新网络的组织形式和运作方式。例如，在需求多样化和快速变化的市场中，创新网络可能更倾向于分散化和灵活的组织形式，以便更好地适应市场变化，而在竞争激烈的市场中，创新网络可能更注重合作与协同，以提高整体竞争力。因此，市场要素对新兴产业创新网络治理的结构和机制具有指导和塑造的作用。

第五，市场要素在新兴产业创新网络治理中有助于形成学习和创新的氛围。市场是信息汇集和传播的地方，创新者可以通过市场了解市场需求、技术发展、竞争动向等信息，从而指导创新活动的方向和重点。同时，市场也是经验交流和共享的平台，通过市场的竞争和合作，创新者可以学习和借鉴他人的成功经验和失败教训，提高自身的学习能力和创新能力。

2. 新兴产业创新网络治理的新型要素

党的十九届四中全会《中共中央关于坚持和完善中国特色社会主义制度 推进国家治理体系和治理能力现代化若干重大问题的决定》明确将数据作为新的生产要素。数据已经成为数字化、网络化、智能化的重要支撑，它正快速渗透到生产、流通、消费以及社会服务管理的每一个环节，并深刻地影响着生产方式、生活方式和社会治理方式。随着信息技术的飞速发展，大数据已经成为推动经济社会发展的新引擎。数据要素不仅能够提供丰富的信息资源，为决策提供科学依据，还能够通过数据分析和挖掘，发现新的商业模式和服务模式，推动产业创新和发展。因此，数据的获取、处理和分析等环节也成为新兴产业创新网络治理的重要组成部分。在此基础上，进一步完善数据要素的交易与利益分配方法，对新兴产业的组织结构变迁与作用进行科学预测，从而保障企业的数字化转型进程。

1）数据驱动决策

数据在新兴产业创新网络治理中可以为决策提供支持和指导。通过收集、整合和分析大量的数据，可以揭示产业发展的趋势、客户需求、市场机会等信息，帮助政府、企业、高校及科研机构等主体做出科学的决策。例如，通过大数据分析，可以了解用户的消费习惯和偏好，从而调整产品设计、市场定位和营销策略。

2）数据共享与合作

数据共享与合作是新兴产业创新网络治理中的重要环节。不同主体在明确的规则和约定下，各方之间进行数据交换和协同工作，其目的主要是实现数据的高效利用和资源整合，提升数据处理和分析的能力。例如，在智能交通领域，交通管理部门、车辆制造商、导航应用开发者可以共享交通流量、车辆实时位置等数据，以优化交通系统的运行效率，为消费者提供更好的出行体验。但是数据共享也存在一定的风险，如数据泄露、滥用等。因此，在进行数据共享时，必须严格遵守相关法律法规和标准，采取必要的安全措施来保护数据的安全性和隐私性。

3）数据驱动产品创新

数据对于产品创新具有重要的支撑作用。对用户行为、市场需求和技术发展等数据进行分析,可以发现改进和创新产品的机会。例如,企业可以通过分析用户行为数据,了解用户需求和偏好,从而设计出更符合用户需求的产品和服务;或者通过市场数据分析,发现市场的新趋势和新机会,从而开发出新的产品和服务。此外,数据还可以帮助企业进行产品的持续优化和改进,提升产品的竞争力。

4)数据驱动服务优化

新兴产业的创新网络治理中,数据可以帮助企业优化服务流程、提升服务质量。通过对用户反馈数据、客户满意度调查等数据的分析,可以及时了解用户的需求和意见,改进服务流程和提供个性化的服务。例如,通过对用户行为数据的分析,电商平台可以精准地推送商品信息,提高销售效率;通过对社交网络数据的分析,社交媒体平台可以提供更个性化的服务,增强用户黏性。

5)数据安全与隐私保护

在新兴产业创新网络治理中,数据的安全和隐私保护是非常重要的方面。随着数据量的增长和应用范围的扩大,个人隐私和商业机密的泄露风险也相应增加。因此,确保数据的安全性和隐私保护成为新兴产业发展和创新网络治理的重要任务之一。合理的数据管理和使用规则,可以有效地保护用户的隐私权,维护社会公正和公平。例如,我国自 2021 年 9 月 1 日起施行的《中华人民共和国数据安全法》规范了数据的处理活动,保障数据安全,促进数据开发利用,保护个人、组织的合法权益。

总之,数据是数字化、网络化和智能化的基础,是实现信息化和现代化的关键。没有数据,就没有信息化,也就无法实现现代化。

3.2　新兴产业创新网络治理的结构特征及影响因素分析

3.2.1　新兴产业创新网络治理的结构特征

新兴产业创新网络治理的结构通常具有以下特征。首先,它是一个多层次、多节点的网络结构,包括政府、企业、研究机构等多个参与主体,并且这些主体之间存在着复杂的相互联系和依赖关系。其次,创新网络呈现出高度的动态性和灵活性,随着创新活动的推进,网络中的参与主体和连接方式可能发生变化。最后,创新网络还具有开放性和非线性的特点,吸纳外部资源和知识的能力强,创新成果的产生和传播不是线性的过程。

1. 新兴产业创新网络治理的结构特征分析

1)创新网络节点

区域创新系统由具有明确地理范围和行动计划的创新网络和机构组成,这些网络和机构包括科研机构、高校、技术转移机构、商会或行业协会、银行、投资者、政府部门、个体企业以及企业网络和企业集群等。在这个系统中，企业在创新投入、创新活动和收益中发挥核心作用，它们是推动创新的重要力量。企业之间通过广泛的网络联系相互合作，这种合作不仅限于企业之间，还存在于企业与高校和科研机构之间。

高校和科研机构是科研成果和创新的重要源泉，它们的存在为企业提供了强大的技术支持和创新能力。企业与高校、科研机构的紧密合作可以促进科技成果的商品化和市场化，使创新成果更好地转化为实际生产力。这种合作不仅有助于企业的发展，也有利于推动整个地区的科技进步和经济发展。

政府在区域创新系统中扮演着重要的角色，它对企业创新起到了重要的推动作用。政府通过制定政策、引导投资、提供服务等手段来促进企业创新。政府的支持可以为企业创新提供良好的环境和条件，帮助企业解决创新过程中遇到的困难和问题。

企业的创新活动离不开资金的支持，企业的融资能力对其创新活动影响巨大。融资能力强的企业可以更好地开展创新活动，获得更多的资金支持。中介机构在这个过程中起到了关键作用，可以帮助企业更好地获取外部资源，提高创新效率。它们使企业与其他组织之间进行知识流动，承担着各种信息流、资金流、物流和人力资源流在网络内畅通运作的任务。

区域创新系统不仅包括本地的企业、高校、科研机构等组成部分，还与区域外的创新网络建立联系。这种联系为企业提供了更广阔的发展空间和更多的机会。通过与外部创新网络的紧密合作，企业可以更好地吸收先进技术和管理经验，提高自身的竞争力。同时，区域外的企业和机构也可以通过与本地企业的合作，拓展市场和业务范围，实现互利共赢。

2）创新网络连接

企业间连接主要通过战略联盟实现，这种联盟具有广泛的合作伙伴网络、虚拟化的合作模式、涵盖众多领域的广阔的合作范围、多样化的合作形式，以及灵活性和适应性强的特点。这些特点使得企业能够更好地应对市场变化，提高自身的竞争力和创新能力。

企业与高校、科研机构的连接是产学研合作创新的一种重要方式。这种方式通常包括工程项目和产学研联合体等形式。通过与高校和科研机构的合作，企业可以获得最新的技术成果和专业知识，提高自身的研发能力和产品竞争力。同时，高校和研究机构也可以通过与企业合作，更好地将研究成果转化为实际生产力，实现社会价值的最大化。

政府在企业技术创新中扮演着重要的推动角色。政府通过实行优惠政策、提供经费与技术、信息支持等方式，引导、激励、保护、协调和组织企业的创新活动。政府的支持可以为企业提供更多的资源和平台，帮助企业解决技术创新中的困难和问题，推动整个社会的科技进步和经济发展。

企业与资本市场的连接需要资本市场成熟完善，同时也需要企业提高自身的创新水平及融资策略和能力。通过在资本市场上获取资金支持，企业可以更好地开展研发活动和扩大生产规模，进一步推动技术创新和业务拓展。同时，资本市场的风险投资机制也可以为企业提供更多的资金来源和支持，帮助企业更快地发展和成长。

中介机构在企业创新活动中扮演着重要的角色。这些机构包括企业协会、技术市场等，它们可以促进信息共享，改善创新环境，扩大创新空间，提供更多创新机会，提高创新质量，并帮助企业获取更多的收益。中介机构在企业和市场之间发挥着桥梁和纽带的作用，为企业提供更多的资源和支持，推动整个社会的科技进步和经济发展。

3）创新网络类型

网络类型的划分可以从多个维度进行，包括节点特性、联系特性、节点间互动方式以及网络中流动内容的不同。主要划分方法则围绕集群网络的基本构成要素——节点与联系展开。

根据联系来源，网络可划分为交易网络和传播网络。交易网络由真实的经贸和商业关系所形成的交易关系构建，如供应链网络。传播网络则涉及企业和区域组织间的信息传播，主要由信息在企业和组织间的流动形成，如企业间的知识共享网络。

根据联系性质的不同可以将网络划分为正式网络和非正式网络。正式联系主要体现在组织层面，如企业与政府、行业协会等的关联。非正式联系则基于个人关系，如企业间的商务社交活动。正式网络为企业提供获取行业信息的途径，而非正式网络则推动信息流动，特别是企业间隐性知识的传播。

根据联系方向的不同可以将网络分为横向网络、纵向网络和斜向网络。横向网络由企业间的水平联系构成，主要主体有同行企业或有互补产品关系的企业，他们之间形成共享技术知识的关系。纵向网络则由企业间的垂直联系形成，如上下游企业之间的买卖关系。斜向网络针对集群企业与其他组织的关系，如产学研合作等技术创新支持服务关系。

根据联系强度的差异可以将网络划分为强关系网络和弱关系网络。强关系网络特征为互动频繁、情感深厚、关系紧密且互惠交换丰富，反之则为弱关系网络。根据研究视角的不同，集群网络可呈现不同划分。这种划分的优势在于能细化网络结构并相对聚焦。虽然采用复杂网络分析方法，但仍不可能对所有关系进行分析，须选择合适的划分角度。

4）创新网络测度

在研究企业创新网络的特性时，需要从网络关系的质和量两个角度来分析"关系-结构"范式。在质维度的分析中，主要关注焦点企业与主要创新伙伴的直接关系，此关系包括了以下关键特性。

第一，网络密度或网络频次是企业创新网络的重要特性。根据研究组织间网络的文献，网络密度是指组织间交往的频次。这种交往频次通常由互动时间长度、情感亲密性和互信等来表现。在这种密切的联系中，企业可以有效地促进彼此的信任与深度合作，从而获得更多高质量的信息和隐性知识。此外，薄弱的关系可以传递新鲜的知识和信息，并增加组织的灵活性。第二，网络稳定性是衡量企业创新网络有效性的另一个重要指标。它与网络密度不同，网络稳定性是指焦点企业与网络中的其他企业合作交流的时间跨度。长期导向下的合作关系有利于提升互动质量，减少机会主义行为的发生。然而，持久的关系也可能导致维持成本的增加和关系锁定。第三，网络质量表示组织间行为一致、默契的程度，是测度网络关系特征的一个重要指标。第四，网络规模是创新网络的一个重要特征。它主要指焦点企业在技术创新过程中所形成的网络关系总数的大小，反映了企业可获取创新资源的丰富程度。第五，网络范围也是创新网络的关键属性。它关注焦点企业与创新伙伴之间关系类型的数量，体现了企业能动员和整合的目标资源的可能性。网络范围的大小表示焦点企业在获取创新资源时所采用手段和方式的灵活性与多样性。第六，网络异质性指标关注创新伙伴类型或创新资源类型的差异程度。在同一创新网络中，可能出现网络规模较大而异质性较小的现象，如创新网络中联系伙伴数量较多，但大部分属于同类型伙伴。网络结构特征如图 3.4 所示。

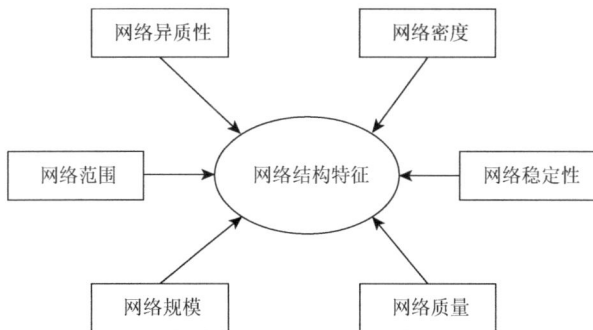

图 3.4　网络结构特征图

5）创新网络治理整体特征

整体特性指标可用于描述创新网络的整体结构和属性，反映网络生长与演化的规律。本节选取聚类系数、平均最短路径、网络密度和平均度等参数进行分析。计算创新网络的整体特性参数有助于揭示网络的整体特征及演化机制。

A. 聚类系数

创新网络中的技术扩散具有集聚性，表现为节点聚集现象，与专利间联系密切相关。相似内容的专利技术往往形成专利技术群集，群集内专利技术之间存在多种技术创新演化路径，而群集间技术创新演化路径相对较少。因此，集聚现象反映了技术主体在技术创新演化过程中的选择结果。

节点集聚性可用聚类系数表示。创新网络为有向网络，计算聚类系数时无须考虑边方向，仅描述节点间关系的紧密程度。存在连边关系的节点之间可视为存在技术创新演化路径。转换为无向网络后能计算聚类系数。

B. 平均最短路径

创新网络中，节点平均最短路径反映了技术之间联系的紧密程度，即某项专利技术最少需经过几个节点才能演化至新的专利技术。

C. 网络密度

通过网络密度分析，可了解专利引用网络中节点间联系的紧密程度。紧密联系的网络有利于信息交流，而过于稀疏的网络可能妨碍技术研究发展。

D. 平均度

在创新网络中，节点平均度表示每项专利技术平均被引用的次数，反映网络中节点间联系的紧密程度。通常，联系越紧密，技术扩散越容易发生。

2. 创新网络结构特征测度指标分析

通过对抽象的图的研究可以得到具体的实际网络的拓扑性质。一个具体网络可以被抽象为由点和边组成的图 $G = (V, E)$，其中 V 表示点的集合，E 表示边的集合。E 中每条边都有 V 中的一对点与之相对应，网络中的点通常称为节点或结点。这张网络，根据边的方向性，可以被划分为有向网络和无向网络。同样地，根据边的权重，可以被划分为有权网络和无权网络。本书所研究的是无权网络，这类网络的结构特征包括度、平均度、平均路径长度、聚类系数和中心性等指标。

1）度和平均度

度是节点的重要属性。无向网络中，一般用 k_i 表示节点 i 的度，它被定义为与该节点相连的其他节点的数量。有向网络中，由于边是有向的，因而节点的度被分为出度（out-degree）和入度（in-degree）。节点度越大，越重要，合作机会越多，网络资源越丰富。

网络的平均度是节点度的平均值，可反映网络的疏密程度，记作

$$k = \frac{1}{N} \sum_{i=1}^{N} k_i$$

其中，N 表示网络规模，即网络中所有节点的数量 $i = 1, \cdots, N$。给定两个节点数相同的网络，平均度相同也就等价于总边数相同。

2）平均路径长度

在网络中，路径指沿着网络中的连接行走经过的线路。路径的长度表示其包含的连接个数。节点 i 和 j 之间的距离 d_{ij} 是连接这两个节点的最短路径中所包含的边的数量。在一个无向网络中，任何两个节点之间的距离的平均值就是网络的平均路径长度，即

$$L = \frac{1}{\frac{1}{2}N(N-1)}\sum_{i \geqslant j}d_{ij}$$

网络的平均路径长度指的是网络中所有节点对的平均距离，它表示了网络中节点间的分离程度，反映了网络的全局特性。

3）聚类系数

假设网络中的一个节点 i 的度值为 k_i，这意味着有 k_i 个节点与之相连，那么这 k_i 个节点被称为节点 i 的邻居。显然，这 k_i 个邻居之间最多存在 $[k_i(k_i-1)]/2$ 条边。如果这 k_i 个节点之间存在的实际边数为 E_i，那么节点 i 的聚类系数就可以定义为

$$C_i = 2E_i / [k_i(k_i-1)]$$

整个网络的聚类系数 C 就可以用所有节点 i 的聚类系数的平均值来计算，即

$$C = \frac{\sum_i C_i}{N}$$

现实中的复杂网络具有类似社会关系网络中"物以类聚，人以群分"的特性。

4）中心性

中心性指标主要研究节点在网络中所处的位置，节点越处于中心位置，价值越大。在网络分析中，常用的中心性表示方法有四种，度中心性（degree centrality）、中介中心性（betweenness centrality）、接近中心性（closeness centrality）和特征向量中心性（eigenvector centrality）。度中心性与节点的度概念紧密相连，可分为节点中心性（node centrality）和网络中心性（graph centrality）。节点中心性和度概念相同，表示该节点与其直接相连的邻居节点的总数，反映了节点在与其直接相连的邻居节点中的中心程度。度中心性的测量值会随着网络规模的变化而变化，也就是说，网络规模越大，度中心性的最大可能值就越高。为了消除网络规模变化对度中心性的影响，通常会进行归一化处理，使用网络中心性来衡量度中心性。一个包含 N 个节点的网络中，节点最大可能的度值为 $N-1$，度为 k_i 的节点的度中心性可表示为

$$DC_i = \frac{k_i}{N-1}$$

中介中心性是另一种刻画节点重要性的指标，是指一个节点担任其他两个节点之间最短路径的桥梁的次数（Freeman，1977），可表示为

$$BC_i = \sum_{s \neq i \neq t} \frac{n_{st}^i}{g_{st}}$$

其中，g_{st} 表示节点 s 到节点 t 的最短路径的数量；n_{st}^i 表示从节点 s 到节点 t 的 g_{st} 条最短路径中经过节点 i 的最短路径的数量。中介中心性高的节点在网络中称为中介（broker），能够控制信息的传输。

接近中心性可以衡量一个节点与网络中其他节点的近邻程度，可表示为

$$CC_i = \frac{1}{d} = \frac{N-1}{\sum_{j=1}^{N} d_{ij}}$$

一个节点的接近中心性越大，表明节点越居于网络的中心，越容易收到信息，也越容易被其他节点影响。

特征向量中心性也是节点重要性的测度指标之一，其基本思想是一个节点的重要性既取决于其相邻节点的数量，也取决于其相邻节点的重要性。特征向量中心性可以衡量某个节点是否连接到许多连接程度很高的节点，可表示为

$$EC_i = c \sum_{j=1}^{n} a_{ij} x_j$$

其中，c 表示比例常数，用向量描述可写成特征向量方程

$$x = cAx$$

上式中的 x 是矩阵 A 与特征值 c^{-1} 对应的特征向量，因此称为特征向量中心性。

创新网络的研究除了上述对现实世界不同领域的大量实际网络的拓扑特征分析，还专注于在此基础上所提出的各种各样的网络演化模型。

3.2.2 新兴产业创新网络治理的影响因素分析

新兴产业创新网络的治理结构受到多个因素的影响，如图 3.5 所示。其中，制度环境是重要的影响因素之一，包括政策法规、监管机构等制度因素，对创新网络的形成和发展起着重要作用。另外，创新网络的治理结构还受到组织文化和价值观的影响。不同组织间的合作与协调可能受到文化差异和利益分配等因素的制约。此外，资源配置和信息交流也是影响创新网络治理结构的重要因素。资源的稀缺性、获取渠道以及信息交流的效率和及时性对于创新网络的形成和发展具有重要影响。

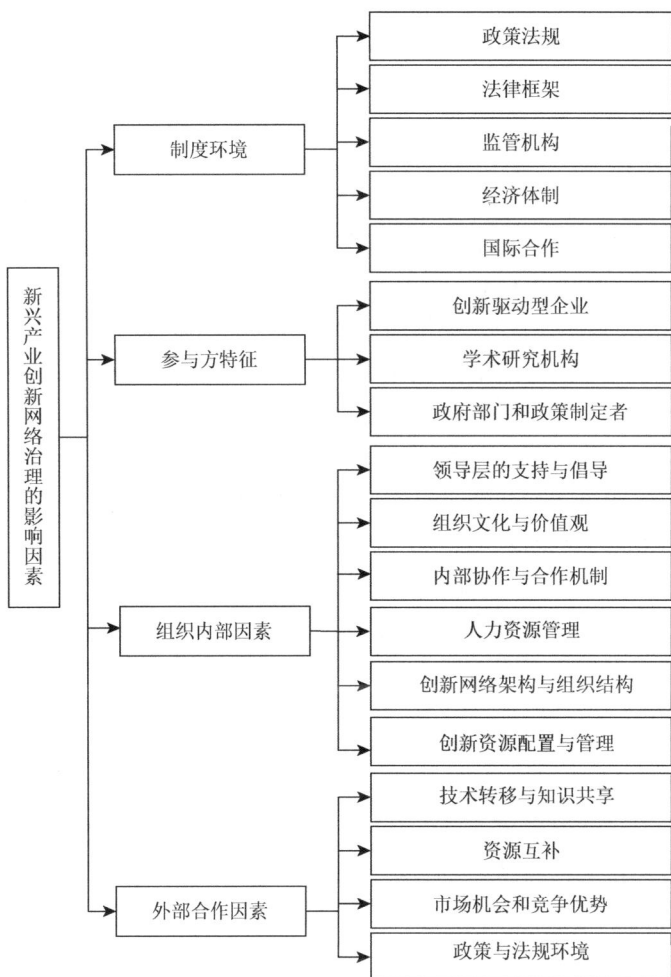

图 3.5　新兴产业创新网络治理的影响因素

1. 制度环境

创新网络治理作为一种新兴的治理形式，对于促进创新、推动技术发展和提升产业竞争力具有重要意义。然而，创新网络的有效运行和协同合作需要受制度环境因素的支持和塑造。在本节中，将从政策法规、法律框架、监管机构、经济体制、国际合作等角度，探讨影响创新网络治理的关键因素。

政策法规在创新网络治理中起着关键作用。不同国家或地区的政策法规可以促进或限制创新网络的形成与发展。以中国为例，近年来出台了一系列支持创新的政策措施，如国家知识产权战略、高新技术企业认定等，这些政策为创新网络提供了法律依据和政策支持。同时，政府还加大了对知识产权的保护力度，为创新网络的稳定发展提供了有力保障。

法律框架对创新网络治理结构的塑造具有重要影响。相关法律对网络参与方的合作、资源共享、风险分担等方面进行了规定，为创新网络提供了明确的行为准则和约束。在欧盟，《通用数据保护条例》（General Data Protection Regulation，GDPR）的出台，为创新网络的数据共享和隐私保护提供了指导，同时也推动了数字经济的发展。这些法律框架的建立有助于维护创新网络的合规性和稳定性，促进参与方之间的相互信任和合作。

监管机构在创新网络治理中扮演着重要角色。政府部门、行业监管机构等对于创新网络的管理和监督起着关键作用。例如，在金融科技领域，各国设立了金融科技监管机构，旨在平衡创新和风险，维护金融体系的稳定与安全。监管机构不仅需要制定相关政策和规章制度，还需要加强对创新网络的监测和评估，及时发现和解决潜在的风险和问题。有效的监管机构能够建立公平竞争的市场环境，推动创新网络的健康发展。

经济体制对创新网络治理的影响不可忽视。市场机制、资源配置方式和产业政策等因素，都会对创新网络的形成和发展产生影响。以市场经济体制为例，它注重市场竞争和资源配置的效率，鼓励企业在创新中寻求竞争优势，从而推动了创新网络的形成。与之相反，计划经济体制下的资源分配由政府主导，创新网络的灵活性和竞争力可能受到限制。因此，构建有利于创新网络的经济体制，对于发挥创新网络的潜力至关重要。

国际合作对创新网络治理具有重要影响。随着全球化的深入发展，创新网络跨越国界合作的机会日益增多。国际合作可以促进知识流动、技术转移和资源共享，提升创新网络的创新能力和影响力。例如，欧盟在科研与创新领域推动了多国合作项目，通过共享研究设施和资源，提高创新网络的研发水平。全球化趋势还推动了各国在知识产权保护、数据流动等方面进行协调与合作，为创新网络的跨界合作提供了更好的环境。

通过分析一些具有代表性的案例，我们可以更加深入地了解制度环境对创新网络治理的影响。以共享经济平台为例，Uber（优步）和 Airbnb（爱彼迎）等案例展示了政策法规和监管机构对创新网络的重要影响。不同国家对于共享经济平台的立法和监管方式存在差异，这直接影响到这些平台的运营和发展。同时，通过研究成功的创新网络案例，如谷歌的开放创新网络和苹果的生态系统，我们可以探索其背后的法律框架、监管机构和经济体制是如何支持创新网络的稳定和可持续发展的。

针对创新网络治理的制度环境因素，我们应关注未来的发展方向并提出相应的政策建议。首先，政府和相关部门应加强对创新网络的监管和规范，并建立适应创新速度的法律框架。其次，应推进国际合作和全球化趋势，构建开放的创新网络生态系统，促进跨界合作和资源共享。再次，还需关注经济体制的改革，提供有利于创新网络发展的市场机制和资源分配方式。最后，为了保持创新网络的活力和可持续发展，需要进行进一步研究，深入理解制度环境对创新网络的动态影响，以及如何更好地优化和调整这些制度环境因素。

2. 参与方特征

创新网络治理的效果和可持续发展与参与方的特征因素密切相关。不同类型的参与方在创新网络中扮演着不同的角色，其特征因素会直接影响到创新网络的形成、运行和协调合作。本节将从创新网络参与方的特征因素方面进行分析，以探讨其对创新网络治理的影响。

1）创新驱动型企业

创新驱动型企业在创新网络中扮演着关键的角色。它们通常具有强大的技术实力、研发能力和创新意识，通过不断推动技术创新和产品研发，为创新网络的发展注入了活力。以下是对创新驱动型企业特征因素的分析。首先，技术实力是创新驱动型企业的核心竞争力之一。这些企业通常拥有领先的技术能力和研发实力，不断进行技术创新和改进，以应对市场需求和挑战。它们投入大量资源用于研发和创新活动，积极探索新的技术领域和解决方案。技术实力的提升不仅带动了企业自身的发展，也对整个创新网络的壮大起到了推动作用。其次，创新驱动型企业愿意进行开放合作。它们意识到单打独斗很难取得长期的成功，因此更倾向于与其他企业、研究机构以及政府部门开展合作。通过与其他参与方共享资源、技术和知识，实现优势互补，加强创新能力和竞争力。开放合作也有助于创新驱动型企业更好地把握市场需求，提供更符合用户期望的产品和服务。再次，创新驱动型企业具备较高的风险承担能力。它们敢于投入大量资源和资金用于研发和创新项目，愿意尝试新的商业模式和技术方案。这种积极的姿态使得它们能够在变革和不确定性的环境中快速适应和调整，从而保持竞争优势。同时，它们也意识到创新本身就是一项高风险的行为，但只有勇于冒险，才有可能实现重大突破和颠覆性创新。创新驱动型企业还注重人才培养和团队建设。它们致力于吸引、培养和留住具有创新精神和专业知识的人才。这些企业通常设立专门的研发团队，鼓励员工培养创新思维和进行实践，并提供良好的职业发展机会。人才的稳定和持续的培养，为企业的创新能力提供了强有力的支持。最后，创新驱动型企业注重市场导向和用户需求。他们密切关注市场变化和用户反馈，不断调整产品和服务的方向，以满足用户的需求。这种以用户为中心的思维方式使得创新驱动型企业能够更好地把握市场机会，快速响应市场变化，并开发出更具竞争力的产品和解决方案。总之，创新驱动型企业在创新网络治理中起着至关重要的作用，其技术实力、开放合作意愿、风险承担能力、人才培养和市场导向等特征因素，直接影响着创新网络的结构。

2）学术研究机构

学术研究机构在创新网络中扮演着重要的角色，其特征因素对于创新网络的发展和治理具有积极影响。这些机构通常拥有丰富的知识资源和科研成果，具备专业的技术咨询和支持能力，下面将从几个方面对学术研究机构的特征因素进行分析。第一，学术研究机构的核心特征因素是知识产出能力。这些机构集中了大量的学术人才和科研资源，在各个领域进行深入研究，并产生丰富的研究成果。这些研究成果不仅为学术界提供了前沿科技的支持，也为创新网络提供了宝贵的技术参考和借鉴。学术研究机构通过高水平的学术研究，推动了创新网络的不断发展和壮大。第二，学术研究机构愿意进行多元合作。他们通常与企业、政府和其他研究机构开展合作研究项目，促进知识的交流和共享。通过与其他参与方的合作，学术研究机构能够获取更多的资源和支持，拓宽研究领域，加强创新网络的协同和合作。这种开放的合作模式有助于促进新的想法和创新方法的产生，为解决实际问题提供了更多的可能性。第三，学术研究机构具备人才培养功能。他们致力于培养高水平的科研人才，通过教育和培训，培养出优秀的科研团队和创新人才。这些人才不仅为学术界提供了源源不断的智力支持，也为创新网络输送了人才资源，提高了创新网络的研发能力和创新能力。第四，学术研究机构还通过学术交流和学术会议等活动，促进科研人员之间的沟通与合作，加强创新网络内部的互动和知识分享。学术研究机构的学术声誉和影响力对于创新网络的发展具有重要作用。学术研究机构通常有着较高的学术声誉和影响力，其研究成果被广泛认可和引用。这种学术影响力能够吸引其他参与方的合作与支持，促进创新网络的形成和发展。学术研究机构还通过举办学术会议和研讨会等活动，为不同领域的专家学者提供交流平台，推动学术界的发展与创新。第五，学术研究机构注重研究成果的转化和应用。他们积极探索科研成果的商业化和产业化路径，将研究成果转化为实际的产品和解决方案，并推动其应用于社会生产和经济发展。

3）政府部门和政策制定者

政府部门和政策制定者在创新网络中发挥着重要的作用，他们通过相关政策和措施来促进创新和科技发展。以下对政府部门和政策制定者的特征因素进行分析。第一，政府部门和政策制定者具备资源调配和规划能力。他们拥有丰富的资源，包括财政资金、人力资源和行政管理能力。政府部门可以通过投入资金和人力资源来支持创新网络的建设和发展，促进科技研究和创新项目的进行。同时，政府部门还可以制定相关政策和计划，对创新网络的发展方向进行规划和引导，使其更加符合社会需求和国家发展战略。第二，政府部门和政策制定者具备市场监管和规范能力。他们可以通过监管手段来维护公平竞争的市场环境，打击不正当竞争和垄断行为，保障创新网络的健康发展。政府部门还可以制定知识产权保护和技术标准等政策，促进知识产权的保护和创新成果的转化应用。市场监管和规范能力的发挥，为创新网络提供了稳定的发展环境和法律保障。第三，政府部门和政策制定者具备协同和合作能力。他们通常与科研机构、高校、企业和社会组织等各方合作，形成创新联盟和合作网络，通过建立合作平台和机制，共同推动科技创新和产业发展。政府部门还可以通过引导和支持，促进不同主体之间的互动和协作，加强资源共享和优势互补，提高整体创新效能。第四，政府部门和政策制定者注重人才培养和引进。他们致力于培养和引进高水平的科技人才，为创新网络输送人才资源。政府部门可以通过设立专项基金和奖励机制，鼓励科技人员从事创新研究和技术开发，提高科技人才的积极性和创造力。同时，政府部门还可以制定相应的移民政策和人才引进政策，吸引国内外优秀的科技人才来华从事创新活动。第五，政府部门和政策制定者注重科技创新的社会效益。他们关注科技创新对社会经济发展和民生改善的影响，倾向于支持具有较高社会效益的项目和创新方向。政府部门可以通过资金支持、税收优惠和政策激励等手段，引导企业和研究机构在教育、医疗、环保等领域进行创新，提供解决实际问题的技术和产品。

学术研究机构和政府部门、政策制定者在创新网络中扮演着重要的角色，各自具备不同的特征因素，共同促进了创新和科技发展。学术研究机构作为知识产出的重要来源，通过高水平的学术研究和科研成果的产出，推动了创新网络的不断发展和壮大。他们拥有丰富的学术资源和科研成果，为学术界提供前沿的科技支持，也为创新网络提供了宝贵的技术参考和借鉴。学术研究机构注重多元合作，与企业、政府和其他研究机构开展合作研究项目，促进知识的交流和共享。他们还具备人才培养功能，通过教育和培训培养出优秀的科研团队和创新人才，并通过学术交流和学术会议等活动，促进科研人员之间的沟通与合作。政府部门和政策制定者具备资源调配、市场监管、协同合作、人才培养和社会效益等特征因素。他们通过相关政策和措施来促进创新和科技发展。政府部门拥有丰富的资源，包括财政资金、人力资源和行政管理能力，可以通过投入资金和人力资源来支持创新网络的建设和发展。他们具备市场监管和规范能力，维护公平竞争的市场环境，保障创新网络的健康发展。政府部门注重协同合作，与科研机构、高校、企业和社会组织等各方合作，共同推动科技创新和产业发展。他们注重人才培养和引进，通过制定相应的政策和措施，培养和引进高水平的科技人才。同时，政府部门关注科技创新的社会效益，倾向于支持具有较高社会效益的项目和创新方向。

学术研究机构和政府部门、政策制定者的共同努力为创新网络的发展提供了良好的条件和环境。学术研究机构通过知识产出和多元合作，为创新网络提供了丰富的研究成果和技术支持。政府部门和政策制定者通过资源调配、市场监管和协同合作，为创新网络提供了支持和引导。他们注重人才培养和社会效益，为创新网络输送人才资源，并推动科技创新的应用和转化。然而，仅有学术研究机构和政府部门、政策制定者的努力还不足以实现创新网络的全面发展。创新网络需要各方面的参与和合作，包括企业、社会组织和公众等。企业在创新网络中起到了重要的推动作用，他们具备市场需求和商业化能力，可以将科研成果转化为具体产品和解决方案，推动技术的应用和商业化进展。

3. 组织内部因素

在创新网络治理中，组织内部因素对其影响具有重要作用。以下是从组织内部因素的角度对创新网络治理影响因素进行分析的主要内容。第一，领导层的支持与倡导。组织在创新网络治理中取得成功的关键是领导层的积极支持和倡导。领导层应该认识到创新网络的重要性，并提供足够的资源和支持，推动创新网络的建设和发展。同时，领导层还需制定明确的创新战略和目标，并将其融入组织的整体发展策略中。第二，组织文化与价值观。创新网络的治理需要一种积极的组织文化和价值观。组织应鼓励员工敢于尝试新想法和方法，并容忍失败和错误。创新网络的治理需要一个开放、包容和鼓励创新的文化氛围，以激发员工的创造力和创新能力。第三，内部协作与合作机制。创新网络的治理需要内部各个部门和团队之间的协作与合作。组织应建立有效的内部沟通渠道和合作机制，促进知识和信息的共享，加强团队之间的互动与合作。此外，组织还应鼓励员工跨部门合作，打破各个部门之间的壁垒，形成整体协同效应。第四，人力资源管理。组织在创新网络治理中需要重视人力资源的管理。招募、培养和留住具有创新能力和创造力的人才是至关重要的。组织应建立激励机制，激发员工的创新动力，并提供相应的培训和发展机会，提高员工的专业能力和创新能力。第五，创新网络架构与组织结构。创新网络的治理需要建立适合的组织结构和架构。组织应根据创新网络的特点，设计合理的组织结构和流程，明确各个角色和职责。此外，组织还应建立灵活的创新网络架构，以适应不断变化的市场需求和技术发展。第六，创新资源配置与管理。组织需要合理配置和管理创新资源，包括技术资源、资金资源和信息资源等。组织应根据创新网络的需要，进行有效的资源分配和管理，提高创新网络的运作效率和质量。

领导层的支持与倡导在创新网络治理中起着至关重要的作用。首先，领导层对于创新网络的建设和发展应有明确的认识和意识，以及积极的态度和行动。他们应该了解创新网络对组织发展的重要性，并愿意支持和投入资源。领导层的积极参与和投入可以为创新网络赋予更多的权威和影响力，增强其在组织中的地位和作用。其次，领导层需要制定明确的创新战略和目标，并将其融入组织的整体发展策略中。创新网络的治理需要有一个清晰的方向和目标，以便各个部门和团队能够共同努力，朝着统一的目标前进。领导层应该通过相关政策和措施来引导和支持创新网络的发展，为创新提供必要的条件和环境。此外，领导层还需要主动发挥激励和推动作用，鼓励员工参与创新网络的建设和发展。他们可以通过奖励机制、表彰制度、晋升机会等手段激发员工的创新动力，鼓励他们提出新的想法和解决方案。领导层的倡导和示范作用对于营造一个积极的创新文化和氛围至关重要。

组织文化与价值观对创新网络治理的影响同样重要。一种积极的组织文化和价值观可以为创新网络提供良好的土壤和生长环境。首先，组织应该鼓励员工敢于尝试新的想法和方法，并容忍失败和错误。创新是一个风险与机遇并存的过程，组织应该支持员工勇于冒险，不断探索和创新。其次，创新网络的治理需要一个开放、包容和鼓励创新的文化氛围。组织应该鼓励员工分享知识和经验，促进知识的共享和交流。同时，组织还应该鼓励员工提出新的想法和建议，并给予足够的关注和重视，这样可以激发员工的创造力和创新能力，推动创新网络的发展。另外，组织文化和价值观还应强调团队合作和共同成长。创新网络的治理需要各个部门和团队之间的协作与合作。组织应该鼓励员工跨部门合作，打破各个部门之间的壁垒，形成整体协同效应。此外，组织还应建立相应的激励机制，促进团队之间的合作和共享，实现知识和信息的互通。

内部协作与合作机制在创新网络治理中也起着重要的作用。创新网络的治理需要各个部门和团队之间的协作与合作，以达到优势互补和资源共享的目的。组织应建立有效的内部沟通渠道和合作机制，促进知识和信息的共享。

人力资源管理在创新网络治理中发挥着重要的作用。首先，组织需要招募、培养和留住具有创新能力和创造力的人才。创新网络的成功离不开具有专业知识和技能的员工，他们可以为创新网络提供重要的支持和贡献。因此，组织需要建立有效的人才引进机制，吸引并留住具有创新精神的人才。其次，组织还应提供相应的培训和发展机会，以提高员工的专业能力和创新能力。再次，组织应建立激励机制，激发员工的创新动力。创新网络的治理需要员工积极参与和投入，而激励机制可以为员工提供积极的回报和认可。例如，组织可以设立创新奖励制度，对于提出优秀创新方案或取得显著创新成果的员工给予奖励和表彰。此外，组织还可以提供晋升机会和职业发展路径，鼓励员工在创新网络中发挥更大的作用。

创新网络架构与组织结构也是影响创新网络治理的重要因素之一。首先，组织应根据创新网络的特点和需求，设计合理的组织结构和流程。创新网络需要有清晰的角色和职责分工，明确各个部门和团队的职责和任务。其次，组织还应建立有效的决策机制和沟通机制，以便信息能够在创新网络中流动和传递。一个灵活、高效的创新网络架构可以提高创新网络的运作效率和质量。

最后，创新资源配置与管理也对创新网络治理具有重要影响。创新网络需要充足的技术资源、资金资源和信息资源等支持。组织应该根据创新网络的需求，对这些资源进行合理的配置和管理。例如，组织可以建立专门的创新基金，用于支持创新项目的开展和实施。同时，组织还应积极获取和利用外部资源，如合作伙伴的技术和知识，以促进创新网络的发展。

总而言之，人力资源管理、创新网络架构与组织结构，以及创新资源配置与管理都是从组织内部因素分析创新网络治理影响因素的重要方面。通过优化这些内部因素，可以提升创新网络的运作效果，推动创新和科技发展。组织需重视人才引进与培养、建立激励机制，设计合理的组织结构和流程，以及合理配置和管理创新资源，从而营造良好的创新环境，提高创新网络治理的质量和水平。

4. 外部合作因素

外部合作伙伴关系对创新网络治理具有重要影响。合作伙伴关系的质量、深度和可持续性可以影响创新网络的发展和成果。合作伙伴之间的紧密合作和信任关系是有效推动创新的关键。通过与供应商、客户、学术机构、研究机构等合作伙伴建立良好的合作关系，创新网络可以获得更多的资源、技术和市场机会。同时，合作伙伴之间的共享和交流也促进了跨界融合和知识的迭代创新。

第一，外部合作为创新网络带来了技术转移与知识共享的机会。与其他组织合作可以获取新的技术和知识，加速创新的速度和质量。例如，通过与科研机构的合作，创新网络可以获得最新的科研成果和技术突破，提升自身研发能力。同时，合作伙伴之间的技术交流、技术合作以及知识产权保护等方面的合作也促进了技术的广泛传播和应用。第二，外部合作为创新网络带来了资源互补的效应。不同组织往往具有不同的资源和专业知识，通过合作可以实现资源的共享和互补。合作伙伴间的资源互补可以提供更丰富的创新能力和创新资源，增加创新网络的竞争力。例如，一个组织可能拥有技术研发能力，而另一个组织则具备市场推广和销售渠道。通过合作，两个组织可以互相补充，实现优势资源的共享，从而实现更高效的创新。第三，外部合作对于创新网络的市场机会和竞争优势具有重要影响。通过与合作伙伴进行合作，创新网络可以扩大市场份额，进入新的市场领域，提高产品和服务的质量和创新性。例如，与客户合作可以了解市场需求，并根据需求进行产品的定制化开发；与供应商合作可以获得更优质、更具竞争力的原材料或关键零部件。此外，与其他组织的合作还可以促进技术整合和协同创新，提高创新网络在市场中的竞争地位。

外部合作也受到政策与法规环境的影响。不同国家和地区的政策和法规对于合作的限制和促进具有重要影响。政府的支持政策、知识产权保护制度、行业标准等都可以影响合作的范围和方式。政策的稳定性和一致性对于创新网络治理具有重要意义，它们为合作提供了稳定的环境和可靠的预期。因此，在分析中需要考虑外部合作受到的政策和法规的限制程度，以及政策和法规的稳定性和一致性对创新网络治理的影响。外部合作往往涉及不同组织之间的文化与价值观的差异。

这些差异可能影响合作伙伴之间的理解和沟通，也可能对合作的效果产生影响。在进行外部合作时，创新网络需要重视文化与价值观的差异，并寻找适当的方式来处理这些差异。例如，在建立良好的跨文化沟通渠道、建立跨文化团队等方面努力，促进合作伙伴之间的相互理解和合作效果的提升。

3.3　新兴产业创新网络治理的理论框架构建

3.3.1　新兴产业创新网络治理的理论基础

本节将基于产业发展理论、技术创新理论、创新治理理论、公共治理理论构建新兴产业创新网络治理理论基础，如图 3.6 所示。

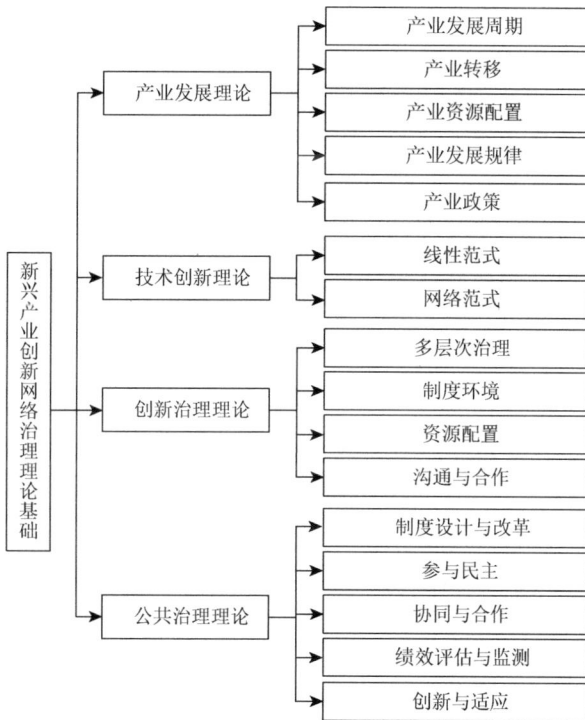

图 3.6　新兴产业创新网络治理的理论基础

1. 产业发展理论

产业发展理论是一门专注于研究产业发展过程中的产业发展规律、产业发展周期、产业转移、产业资源配置、产业政策等问题的综合性学科。这个理论涉及多个领域的交叉，包括经济学、管理学、社会学等，旨在揭示产业发展过程中的内在机制和驱动力。产业发展规律指产业在各个发展阶段需要具备的条件和环境，以及应采取的政策措施。这些条件和环境包括技术进步、市场需求、政策支持、市场竞争等多个方面。产业发展规律的研究能够帮助决策部门根据不同阶段采取不同的产业政策，以促进产业的发展和升级。例如，在新兴产业的孕育期，政府可以通过提供税收优惠、资金扶持等政策措施来鼓励企业和研究机构进行研发和创新，以推动新兴产业的诞生和发展。产业发展周期指产业从出现到消亡的整个生命周期。产业发展周期包括初创期、成长期、成熟期和衰退期等阶段。不同阶段都有其特定的市场特征、发展速度和发展重点。因此，对于不同阶段的产业，企业和政府需要采取不同的发展战略和政策措施。产业转移指产业从一个地区向另一个地区的转移。产业转移是经济发展中的一种普遍现象，其原因是多方面的，包括地区间要素禀赋差异、市场变化、产业结构调整等。产业转移对于地区经济发展有着重要的影响，能够带动就业、促进技术进步和提升地区竞争力。产业资源配置指将各种资源分配到不同的用途中，以实现资源的最大效益。在产业发展过程中，资源配置的合理与否直接影响到产业发展的效率和竞争力。因此，政府和企业需要采取有效的措施来优化资源配置，提高资源利用效率。产业政策是政府为了实现一定的发展目标而采取的一系列措施。政策在产业发展过程中发挥着重要的作用，能够引导和促进产业的发展。政策包括财政政策、货币政策、产业政策等多个方面，需要根据不同阶段和不同产业的特点来制定和实施相应的政策措施。

2. 技术创新理论

技术创新理论首次由熊彼特（Schumpeter）在《经济发展理论》中系统提出。该理论主张技术创新是一个简单的线性范式，主要局限于单个企业内部。然而，后来的研究开始关注外部信息交换和协调对创新的重要性，这帮助克服了企业的能力局限，降低了技术和市场的不确定性。此后，创新研究的视野开始转向企业与外部环境的联系和互动，这导致了网络范式的兴起。网络范式最初应用在国家层面，形成了"国家创新系统"理论。该理论主张国家应通过建立和优化创新网络来推动经济发展和提升竞争力。随着全球化的发展，"国家状态"逐渐让位于"区域状态"，关键的商业联系开始集中在区域范围内。一些研究发现创新网络的成效与空间分布有很大的关系。地方化创新网络比跨国技术联盟更持久，更能适应地方环境和需求，这是因为地方化创新网络更能够理解和利用地方资源，更能够适应地方文化和制度环境。因此，对于一个地区或国家来说，建立和优化地方化创新网络是推动技术创新和经济发展的重要途径。

3. 创新治理理论

创新治理理论是研究创新活动及其管理与治理的理论体系。它关注创新过程中涉及的不同参与者、资源配置、协调机制等方面的问题，旨在提供对创新活动进行有效管理和治理的原则和方法。基本内容如下。①多层次治理，创新治理理论认识到创新活动发生在不同的层次和尺度上。除了国家层面的治理外，还包括地区、行业、企业等不同层次的治理。多层次治理需要建立起合适的沟通渠道和协调机制，以促进各级治理主体之间的合作与协同。②制度环境，创新治理理论强调制度环境对创新活动的影响。良好的制度环境可以提供稳定的政策支持、透明的法律框架和可靠的知识产权保护，为创新活动提供有利的条件。因此，创新治理需要关注并积极改善制度环境。③资源配置，创新治理理论思考如何优化资源配置以支持创新活动，这包括人力资源、物质资源和资金等方面的配置。有效的资源配置可以提高创新活动的效率和效果。④沟通与合作，创新治理理论认为沟通和合作是推动创新活动的关键。通过建立良好的沟通渠道和协调机制，各参与者之间可以共享信息、交流经验、协商利益，促进创新活动的顺利开展。

4. 公共治理理论

公共治理理论是研究公共事务管理和决策过程的理论体系，旨在解决社会问题、提高公共服务质量和促进社会发展。它关注政府、市民社会组织和私营部门之间的合作与互动，以实现公众利益的最大化。基本内容如下。①制度设计与改革，公共治理理论强调制度对公共事务管理的重要性。良好的制度设计可以规范权力行使、优化决策流程，并提供公正、透明和可预测的环境。②参与民主，公共治理理论强调市民的参与和民主决策的重要性。它倡导政府与市民社会组织之间的互动与合作，鼓励市民参与公共事务的讨论、决策和监督。③协同与合作，公共治理理论认为协同与合作是解决公共问题的关键。政府、市民社会组织和私营部门等各方应该通过合作与协商达成共识，形成共同行动的力量。④绩效评估与监测，公共治理理论注重对公共政策和公共服务的绩效评估与监测。它强调建立科学的评价指标和监测体系，对政策实施效果进行定量和定性的评估，以便及时调整和改进政策措施，提高公共服务的质量和效率。⑤创新与适应，公共治理理论认为创新与适应能力是公共事务管理的核心要素。公共治理需要鼓励创新思维和实践，推动政府和社会组织不断适应变革的环境和需求，以提供更加有效和贴近市民需求的公共服务。

3.3.2　新兴产业创新网络治理的理论框架

新兴产业创新网络治理的理论框架需要考虑治理目标、治理主体与参与者、网络结构与连接方式、治理机制与政策环境以及评估与优化等要素。基于创新网络治理以上五个模块，本书绘制新兴产业创新网络治理的理论框架如图3.7所示。这一框架可以为实际的创新网络治理提供指导，促进创新活动、资源协同和成果转化，推动新兴产业的发展和创新。

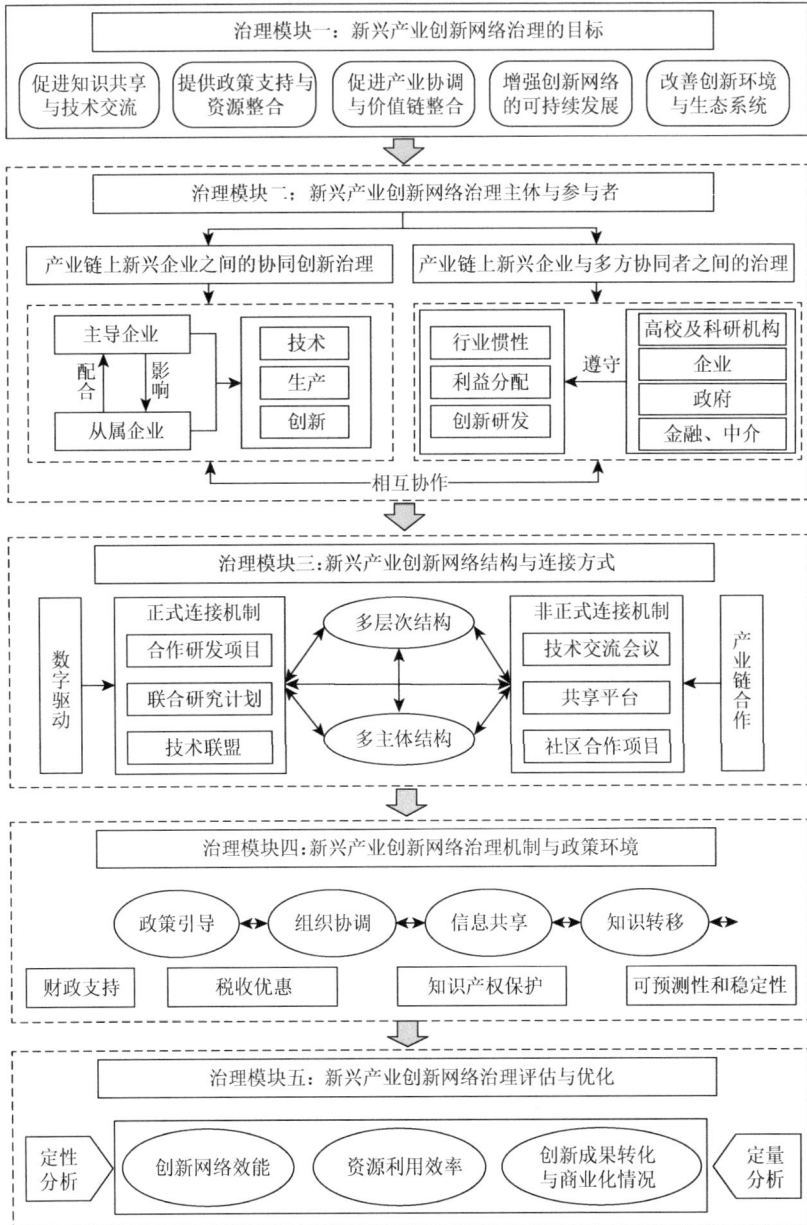

图 3.7　新兴产业创新网络治理的理论框架

1. 治理模块一：新兴产业创新网络治理的目标

新兴产业创新网络治理的目标是促进参与主体之间的合作与协同，推动新兴产业创新能力的提升，具体目标如图 3.8 所示。

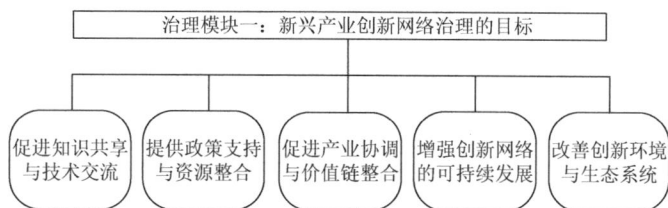

图 3.8　新兴产业创新网络治理的目标

目标一：促进知识共享与技术交流。新兴产业创新网络治理旨在建立起有效的沟通渠道和平台，促进参与者之间的知识共享和技术交流，通过开展技术研讨会、专家论坛、学术交流等活动，促进创新网络中不同组织和个体之间的相互学习和经验分享，以推动创新成果的快速转化和应用。

目标二：提供政策支持与资源整合。新兴产业创新网络治理致力于提供政策支持和资源整合，为创新活动提供有力支撑。政府可以制定相关政策和措施，鼓励企业增加研发投入，提供税收优惠和财务支持等。同时，治理主体还可以协调资源配置，整合各方资源，提供资金、人才和设施等方面的支持，促进创新网络中的各参与者充分发挥自身优势和创新能力。

目标三：促进产业协调与价值链整合。新兴产业创新网络治理旨在促进产业协调和价值链整合。它鼓励不同组织之间的合作与协同，推动产业链上各环节的协调与衔接，形成完整的创新生态系统。其通过建立产学研用合作机制、加强企业间的合作与竞争，实现资源共享、技术互补和供应链优化，提高整体创新能力和国际竞争力。

目标四：增强创新网络的可持续发展。新兴产业创新网络治理关注创新网络的可持续发展。它致力于建立长期稳定的合作关系和治理机制，减少信息不对称和交易摩擦，增强网络的内部协作和外部适应能力。同时，治理主体还要关注社会、环境和经济的可持续性，注重创新活动的社会责任和环境保护，推动可持续发展与创新之间的良性互动。

目标五：改善创新环境与生态系统。新兴产业创新网络治理旨在改善创新环境和生态系统，提供有利于创新的氛围和条件。它关注创新政策和法律环境的改进，加强知识产权保护和技术转移机制建设。同时，治理主体还可以推动相关基础设施和公共服务的建设，提供研发设施、试验场地和市场准入等方面的支持，为创新活动提供良好的发展环境。

通过实现上述目标，新兴产业创新网络治理可以促进新兴产业的创新与发展，提升整个创新生态系统的效能和竞争力，推动经济增长和社会进步。

2. 治理模块二：新兴产业创新网络治理主体与参与者

如图 3.9 所示，新兴产业创新网络治理主体涉及政府、高校及科研机构、企业、金融机构、中介机构等多个参与方。

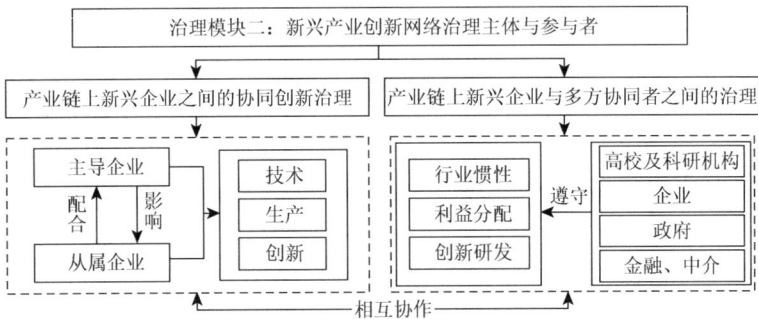

图 3.9　新兴产业创新网络治理主体与参与者

治理主体一为政府，政府在新兴产业创新网络治理中扮演重要角色。政府的责任是制定相关政策和法规，提供政策支持和资源整合，为创新活动提供有力支持。政府应该制定创新政策，鼓励企业增加研发投入、提供税收优惠和财务支持等。同时，政府还可以协调资源配置，整合各方资源，提供资金、人才和设施等方面的支持，促进创新网络中的各参与者充分发挥自身优势和创新能力。

治理主体二为企业，企业是新兴产业创新网络的核心参与者。企业的责任是进行创新投入和技术研发，推动自身的创新能力和竞争力提升。企业应积极参与创新网络中的合作与协同，与其他企业、研究机构和学术界开展合作项目，共享资源和技术，提高整体创新能力。同时，企业还应注重社会责任和环境保护，推动可持续发展与创新之间的良性互动。

治理主体三为高校及科研机构，高校及科研机构在新兴产业创新网络中发挥着重要作用。他们的责任是开展前沿科学研究和技术创新，为新兴产业的发展提供理论支持和技术支持。高校及科研机构可以参与创新网络中的合作项目和平台，开展技术研讨会、专家论坛等活动，促进知识共享和技术交流。他们还可以积极参与人才培养，培养创新人才，推动科技成果转化和应用。

治理主体四为金融机构，金融机构在新兴产业创新网络治理中起到了关键的作用。金融机构的责任是为新兴产业提供融资和资金支持，促进创新项目的落地和发展。金融机构可以对有潜力的创新企业进行投资，提供风险投资和股权投资，帮助企业实现规模化发展。他们还可以提供行业洞察和市场机会的分析，引导资本流向新兴产业。

治理主体五为中介机构，其在新兴产业创新网络治理中扮演着关键的角色。中介机构能够连接不同的参与者，帮助他们建立合作关系并协调各方利益。中介机构可以促进信息共享和相互了解，有助于搭建起一个良好的合作平台。此外，中介机构可以帮助各方整合资源，包括资金、人才、技术等，从而加速新兴产业创新网络的形成和发展。

同时，还应考虑到利益相关方的需求和参与，如消费者、社会组织、行业协会等。例如，消费者是新兴产业创新网络中的重要参与者，他们对产品和服务的需求推动了创新的发展。治理主体应该关注消费者的权益保护，鼓励企业提供优质产品和服务。消费者也可以通过对新兴产业的支持和选择来推动创新活动的发展。社会组织、行业协会代表特定群体或利益，关注社会问题，在新兴产业创新网络治理中具有推动作用。

为明确各主体的角色定位、责任和权力，并建立相应的协作机制，可以采取以下措施。第一，制定相关政策和法规。政府在治理过程中应制定相关政策和法规，明确各主体的角色定位、责任和权力。这些政策和法规可以包括创新激励政策、合作项目管理规定、知识产权保护等内容，以规范各主体的行为。第二，设立联络机构或委员会。可以成立一个专门的联络机构或委员会，由政府、企业、高校及科研机构、金融机构等多方参与，共同讨论和决策相关事务。该联络机构或委员会可以定期召开会议，就创新网络的发展方向、政策实施、资源整合等问题进行讨论和协商。第三，明确责任和权力分工。通过协商和合作，明确各主体的责任和权力分工。政府可以承担政策制定和资源调配的职责，企业可以负责技术研发和市场推广，高校及科研机构可以提供科学研究和技术支持，金融机构可以提供资金支持等。明确责任和权力分工有助于各主体明确自身职责，推动协作机制的良性运行。第四，建立信息共享和沟通机制，促进各主体之间的交流与合作。可以通过建立在线平台、举办研讨会、召开座谈会等方式，促进信息流通和经验分享，加强各主体之间的互动。第五，鼓励跨界合作和联合创新项目。跨界合作和联合创新项目可以通过资源整合和优势互补，共同解决创新过程中的难题。政府可以提供政策支持和资金扶持，企业可以共享技术和市场渠道，高校及科研机构可以提供专业知识和技术支持，金融机构可以提供资金支持等。第六，设立评估和监督机制。建立评估和监督机制，对各主体的履职情况进行评估和监督。可以通过定期评估、考核制度、公开透明等方式，确保各主体按照规定承担责任，发挥应有的作用。

通过上述措施，可以明确各主体的角色定位、责任和权力，并建立起相应的协作机制，包含产业链上新兴企业之间的协同创新治理和产业链上新兴企业与多方协同者之间的网络治理。这有助于各主体在新兴产业创新网络中发挥协同效应，共同推动创新活动的顺利进行和可持续发展。

1）产业链上新兴企业之间的协同创新治理

产业链协同创新活动是一项关键的战略行动，旨在全面、系统和有效地整合产业链中的各种要素，以促进创新和提升整体竞争力。这一过程需要精心安排和调整时空关系，以确保不同的创新类型能够相互协调和集成。为了实现企业创新协同活动，需要进行多方面的协调和合作，包括统一企业间创新发展目标、合理调配和利用资源、分享和交流知识技术以及协同市场行为。协同创新要求整体内部形成一种有序的状态，各个组成部分相互配合、制约和促进，形成良性的循环系统。在这个协同过程中，每个企业都能够发挥自身的优势和特长，贡献自身的资源和能力，共同推动产业链的创新和发展。通过协同创新活动，企业不仅能够提高自身的竞争力，也能够推动整个产业链的进步和发展。这种协同创新模式能够带来更高的效益和更大的成功，实现企业与整个产业链的共赢。

在一个产业链创新体系中，主导企业确实扮演着重要的角色。主导企业通常具有较强的资源和技术实力，可以在协同网络中发挥一定的引领作用。然而，在与其他企业合作时，应该遵循公平、平等和互利的原则，避免对小企业施加过大的压力或提出不公平的要求。在创新合作中，主导企业应该秉持开放和合作的态度，鼓励小企业参与创新活动，并提供必要的支持和资源。主导企业可以通过分享技术、提供培训、共享市场情报等方式帮助小企业提升自身的创新能力。同时，主导企业也应该尊重小企业的独立性和自主权，给予他们一定的灵活性和自由度。

在合作关系中，双方应当建立基于互信和默契的合作机制，这可以通过经常性的沟通、相互理解和协商来实现。双方可以根据工作进展和成果进行合同的补充和调整，以适应创新过程中的不确定性和变化。合约的设计应考虑到双方的利益，避免明显不公平的条款，并保护双方的权益。此外，对于传统产业企业群体而言，依托大型企业的技术力量和研发活动可以帮助中小企业突破创新困境。大企业可以提供技术支持、质量标准要求等，而中小企业则可以按照这些要求提供相应的产品或服务。在这种合作关系中，双方也应遵循公平、平等和互利的原则，确保合作的可持续性和共同发展。总之，在产业链创新体系中，主导企业应该秉持公平、开放和合作的原则，与其他企业建立良好的合作关系。合作双方应通过沟通、信任和合作来解决创新过程中的问题和挑战，促进创新能力的提升和产业链的共同发展。

2）产业链上新兴企业与多方协同者之间的治理

在产业链企业协同创新网络中，确实需要考虑企业间的相互作用和行为规范，以构建一个更加完善和高效的体系。这样可以解决产品和技术容易被模仿的问题，并实现对知识产权的保护。在具有强竞争关系的两个企业之间，技术溢出效应可能会导致竞争关系的微妙性。在这种情况下，协同创新网络中的其他参与方，如高校和科研机构等，可以参与创新过程。第三方的介入可以承担责任、提供资金和技术投入，并促进新技术的共享，尤其是在协同创新体系中涉及多个类似企业时，第三方的参与有助于发挥协同网络的作用，使整个网络的发展更具科学性和合理性。详细明确的规则和规定设计对保证协同创新网络的高效性至关重要。清晰界定利益分配和竞争关系，可以建立一个系统完善、科学合理的环境，让企业能够明确责任意识，在有保障的环境中开展创新活动，从而提高技术创新效率。此外，长期形成的行业惯例和体系会对新进入企业的行为和创新活动产生影响，形成一定的体系依从性。这有利于整个体系的长期健康发展，并减少企业面临的管制成本，提高实际管理效率。总体来说，在产业链企业协同创新网络中，我们需要关注企业间的相互作用和行为规范，以及其他参与方的角色。明确规则和规定，建立合理的竞争机制和合作关系，可以促进协同创新网络的发展和效率提升。

对于企业协同创新网络的治理不仅应当注重企业之间的协同关系的治理，同样应当对协同创新网络中其他相关机构和组织进行有效的沟通和管理，即要同时对企业与企业之间、企业与相关协同者之间的关系进行有效的疏导和治理，为企业协同创新网络提供科学、高效的运行政策、经济、技术环境。

企业协同创新网络的治理应当高度重视企业之间以及企业与相关协同者之间的合作关系，并通过有效的沟通管理来确保整个网络运行的政策、经济、技术环境达到科学高效的状态。在复杂多变的市场环境中，协同创新网络的形成与运行需要建立在相互信任、互利共赢的基础上，通过良好的治理机制来促进各方的协作与创新。企业应关注与合作伙伴间的关系，建立稳定、可持续的合作关系，以实现资源共享、优势互补、协同发展。同时，企业还应与相关协同者保持密切沟通与协作，共同应对市场挑战，提升整体竞争力。有效的沟通管理对于确保网络运行的科学高效至关重要。企业需要建立一套完善的沟通机制，确保信息畅通、及时反馈，避免因沟通不畅导致资源浪费、效率低下。此外，企业还应注重培养团队间的沟通技巧与能力，以提升协作效率，实现共同发展。

3. 治理模块三：新兴产业创新网络结构与连接方式

创新网络结构可以采用多层次、多节点的网络形态，以适应不同参与主体的特点和需求。如图 3.10 所示，关于多层次结构，创新网络多层次结构包括国际层、国家层、地区层和企业层等，不同层次的创新网络在不同范围内进行合作和协调。国际层面的创新网络可以促进国际科技交流和跨国合作；国家层面的创新网络可以协调国家创新战略和政策；地区层面的创新网络可以推动地方经济发展和产业转型；企业层面的创新网络可以促进企业之间的合作和资源共享。关于多节点结构，创新网络可以由多个节点组成，每个节点代表一个参与主体，如企业、研究机构、学术界等。这些节点之间存在着各种连接关系，如合作研发项目、技术联盟、共享平台等。多主体结构能够促进各参与主体之间的交流和合作，提高创新网络的效率和创新能力。

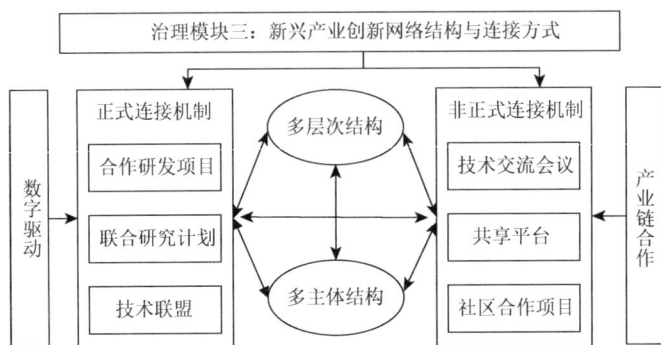

图 3.10　新兴产业创新网络结构与连接方式

　　此外，新兴产业创新网络连接方式包括正式和非正式的连接机制，如合作研发项目、技术联盟、共享平台等。需要考虑网络的稳定性、灵活性和可扩展性，以适应创新活动的变化和不确定性。

　　关于正式连接机制。正式连接机制是指以明确的合同、协议或形式化的安排为基础建立起来的连接方式。这些机制通常具有法律约束力，涉及各参与主体之间的权益、责任和义务分配。正式连接机制常见的形式包括：一是合作研发项目，参与主体通过签订合作协议，在特定的技术领域或项目中共同进行研发工作。合作研发项目可以安排资源、人员和资金等方面的合作，以实现共同的研究目标。二是联合研究计划，多个参与主体共同制定研究计划，并签署协议以明确各自的角色、责任和贡献。联合研究计划可以集中资源，提高研究效率，并通过共享研究成果实现互补优势。三是技术联盟，由多个企业或机构组成的技术联盟，旨在通过共同研发、技术交流和知识共享来达到共同的创新目标。技术联盟通常具有明确的组织结构和管理机制，可推动成员之间的合作，形成合作伙伴关系。

　　关于非正式连接机制。非正式连接机制指以灵活、开放和非约束性的方式建立起来的连接方式。这些机制强调信息共享、交流和互助，更注重参与主体之间的互动和协作。非正式连接机制常见的形式包括：一是技术交流会议，定期或不定期举行的技术交流会议，旨在促进参与主体之间的沟通和知识分享。这些会议提供了一个平台，使各方能够交流最新的科研成果、技术进展和经验教训。二是共享平台，共享平台为参与主体提供了一个共同的资源池，可以共享设备、实验室、数据等资源，以实现资源的高效利用和共享。共享平台可以为创新网络中的参与主体提供更多的合作和交流机会。三是社区合作项目，由参与主体自发组织的社区合作项目，通过共同解决问题、资源互补和互助合作，推动创新活动的进行。这种合作机制更加灵活和自主，可以适应不同参与主体的需求和资源情况。

正式和非正式连接机制在创新网络中发挥不同的作用。正式连接机制通过明确的合同和协议，确保各参与主体之间的权益和责任得到保障；而非正式连接机制则强调开放性、互助和灵活性，便于信息共享和合作交流。在实际应用中，正式和非正式连接机制通常会结合使用，以满足不同层次和需求的合作关系。

4. 治理模块四：新兴产业创新网络治理机制与政策环境

治理机制包括政策引导、组织协调、信息共享、知识转移等方面的机制，如图 3.11 所示。第一，政策引导机制。政策引导是指政府通过制定和实施相关政策来支持和推动创新网络的建设和发展。政策环境应提供一系列支持措施，包括：财政支持，政府可以提供财政资金支持创新网络的运行和项目的开展，如设立专项基金、投资孵化器等。税收优惠，针对参与创新网络的企业和机构，政府可以给予税收优惠政策，鼓励其加大研发投入和技术创新。知识产权保护，政府应建立健全的知识产权保护制度，确保创新网络中的知识产权得到妥善保护和运用，从而激励各主体积极参与创新活动。法律法规支持，政府应制定相关法律法规，为创新网络的合作和交流提供法律依据和保障，提高网络的可靠性和稳定性。第二，组织协调机制。创新网络中的组织协调机制是确保各参与主体之间有效合作和协作的重要手段。这包括：设立中介组织，政府或相关机构可以设立中介组织，负责网络成员的组织管理、项目协调和资源整合等工作；指导服务，中介组织或专门机构可以提供指导和咨询服务，帮助参与主体了解创新网络的运行机制和合作方式，并提供相关支持和解决问题。第三，信息共享机制。信息共享是创新网络中实现知识交流和合作的基础。为促进信息共享，可以采取以下措施：建立信息平台，建立一个统一的信息平台或数据库，用于收集、整理和分享创新网络中的最新科研成果、技术进展和市场信息等。举办交流会议，定期举办交流会议、研讨会等活动，提供一个平台，使各参与主体能够分享经验、交流见解，并激发创新思维和合作机会。第四，知识转移机制。知识转移是将研究成果和技术知识转化为实际应用的过程。在创新网络中，推动知识转移可以采取以下措施：建立技术转让机制，促进研究成果的转化和商业化，为参与主体提供技术转让、合作开发和商业化支持。设立孵化器和加速器，提供创业培训、资源支持和市场对接等服务，帮助创新网络中的初创企业和项目快速发展和落地。

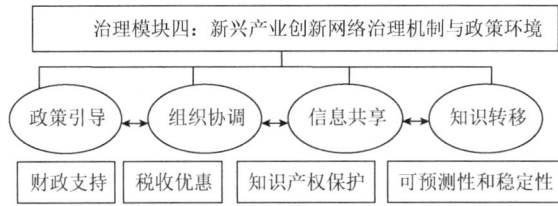

图 3.11 新兴产业创新网络治理机制与政策环境

政策环境应提供支持创新网络建设和发展的政策措施，包括财政支持、税收优惠、知识产权保护等方面，确保创新网络的运行具有可预测性和稳定性。

（1）财政支持，政府可以通过向创新网络提供财政资金来支持其建设和发展。这可以包括设立专项基金或经费，用于支持网络成员的研究项目、技术开发、市场推广等方面的活动。财政支持可以帮助创新网络解决资金短缺问题，提高研发能力和创新效率。

（2）税收优惠，为鼓励企业和机构在创新网络中积极参与创新活动，政府可以提供税收优惠政策。这可以包括减免研发费用的税收，对与技术创新相关的投资和支出给予税务上的优惠待遇。税收优惠可以降低参与主体的经济负担，激励其增加研发投入和技术创新。

（3）知识产权保护，知识产权是创新网络中的重要资产之一。政府应建立健全的知识产权保护制度，确保创新网络中的研究成果和技术知识得到妥善保护和运用。这包括加强对专利、商标和版权等知识产权的法律保护，加大执法力度，打击侵权行为，为创新网络提供公平竞争的环境。

（4）可预测性和稳定性，政策环境应为创新网络的运行提供可预测和稳定性。这意味着政府在政策制定和实施过程中需要考虑长期稳定性，避免频繁变动的政策调整给创新网络造成不确定性。政府可以采取措施如明确政策目标、制定长期规划、加强政策沟通与协调，以确保创新网络能够持续发展和运行。

总体而言，政策环境对于创新网络的建设和发展至关重要。财政支持、税收优惠和知识产权保护等政策措施可以为创新网络提供必要的资源和保障，促进创新活动的开展。同时，提供可预测性和稳定性的政策环境有助于促进创新网络的持续性发展。

5. 治理模块五：新兴产业创新网络治理评估与优化

对创新网络的治理效果进行评估和优化是理论框架的重要组成部分，如图 3.12 所示。

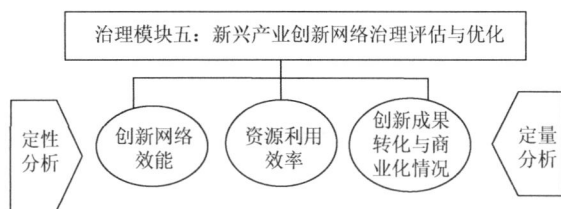

图 3.12　新兴产业创新网络治理评估与优化

可以采用定性和定量分析方法综合评估创新网络效能、资源利用效率、创新成果转化与商业化情况等指标。定性分析方法包括：深度访谈，通过与创新网络成员、合作伙伴和利益相关者的深入访谈，了解其对创新网络的认识、参与程度、协作效果以及创新成果转化和商业化情况的看法和经验；文献研究，收集关于新兴产业创新网络的相关文献，包括学术论文、研究报告、案例分析等，从中获取有关创新网络效能、资源利用效率、创新成果转化与商业化情况的信息；现场观察，亲自参观创新网络的运营地点，观察其组织结构、成员互动、创新活动和成果转化情况，对创新网络的实际运行进行直接观察和记录。定量分析方法包括：调查问卷，设计并发送调查问卷给创新网络成员、合作伙伴和利益相关者，收集他们对创新网络效能、资源利用效率、创新成果转化与商业化情况等方面的定量数据和意见。数据分析，收集和整理创新网络的相关数据，如研发投入、创新产出、知识转移和商业化收益等指标。通过统计分析、回归分析等方法，对这些数据进行定量分析和评估。绩效指标，制定一套合适的绩效指标体系，包括效能指标（如创新活动数量、质量和影响力）、资源利用效率指标（如研发投入与创新产出的比例）、创新成果转化指标（如专利申请数、技术转让合同数）和商业化指标（如创新企业数量、新产品销售额），通过跟踪和测量这些指标来评估创新网络的绩效。

综合定性和定量方法可以提供全面的评估结果，并帮助了解创新网络的运行情况、问题和优化空间。根据评估结果，可以针对性地制定优化措施，改进创新网络的治理机制、政策环境和运营模式，以提高其效能、资源利用效率，促进创新成果转化和商业化。在评估基础上，针对性地进行治理机制和政策环境的优化，以提高创新网络的绩效和竞争力。

第 4 章　新兴产业创新网络治理的模式研究

本章分别从微观、中观、宏观三个视角探究新兴产业创新网络治理的模式。首先从微观视角分析新兴产业技术创新网络的影响因素和治理模式；然后从中观视角分析新兴产业链创新网络的影响因素和治理模式，并对南京市产业创新联合体的创新网络治理模式进行研究；最后从宏观视角分析新兴产业跨区域创新网络的影响因素和治理模式，并分析长三角地区智能制造产业的创新网络治理经验。

4.1　新兴产业技术创新网络治理模式

4.1.1　新兴产业技术创新网络的影响因素分析

新兴产业技术创新网络的影响因素主要包括进入技术创新网络的壁垒规则、创新网络主体交易规则以及激励与约束规则。

1. 进入技术创新网络的壁垒规则

在技术快速变迁的知识经济时代，随着产品模块化程度的不断提高，知识也更加分散地存在于不同的组织中。为了应对这一挑战，企业需要建立正式或非正式的合作关系，以实现资源的共享和优势的互补。这些合作关系不仅有助于企业获取外部创新资源，还能够通过网络活动推动创新成果和企业竞争力的提升。进入壁垒实际上设定了一系列准入条件，以此作为筛选加入技术创新网络的企业的标准。通过这种方式，网络能够控制其成员企业的数量和质量，确保成员之间有足够的互动频率和效率。一般来说，企业数量与其互动频率成反比关系，通过限制成员数量，网络能够保障成员之间有充分交流和合作的机会。这对于科技型中小企业来说尤其重要，它们通过加入合作技术创新网络，能够与其他企业建立紧密的联系和共同的行为准则，为长期的合作奠定基础。这种稳定的合作关系有助于降低协调成本，抑制机会主义行为，从而推动整个网络的合作与创新。

2. 创新网络主体交易规则

威廉森提出，描述交易特征的三个主要维度包括：资产专用性的程度、交易的频次以及不确定性。不同类型的交易依赖于不同的治理模式，而选择何种治理模式主要取决于交易的性质，目的在于降低交易成本。根据资产专用性的程度，可以选择以下治理模式：传统的市场合约模式、双边治理或混合组织模式。传统的市场合约模式适用于低专用性资产的单次或经常性交易。当交易特性较强，在交易频率较高的情况下，为防止交易方的机会主义行为，通常需要借助纵向一体化的治理方式来进行管理。双边治理或混合组织模式则适用于中等程度的投资专用型和关系型合约。交易关系通常在没有正式规则和程序的情况下形成，其治理规则和准则是通过长期的合作在隐性的契约中自然形成的，依托于相互之间的信任和承诺。在企业间的交易中，经济活动往往与社会关系交织在一起，受共享的价值观、道德标准和社会网络的非正式影响。这种关系型的交易在选择合作伙伴时显示出较大的灵活性，并且由于路径依赖性的特点，这些合作关系相对稳定。在一定条件下，这种基于关系的交易模式可以比传统的公司内部运作或市场交易更加高效。

在技术集群内部，企业之间的合作通常不是基于正式的书面契约，而是依托于双方或多方之间通过长期合作建立起来的非正式关系契约。Baker 等（2002）描述关系契约为基于对未来合作价值预期的非正式安排。面对新兴产业的极大不确定性和快速变化的市场环境，合作伙伴很难预先设定详尽的责任和义务。在这种背景下，潘忠志和 Falta（2012）指出，技术集群中的企业合作协议往往是开放式的，这是因为未来的不确定性和合同双方的认知局限性使得合同难以封闭完善。关系契约的特性是自我执行，合作伙伴会根据对未来利益的共同期望和在网络中建立的信誉，主动履行合作义务。这种契约形式让合作各方能够根据自身对市场环境的理解灵活应对市场变化，并根据新兴产业的变化调整合作内容。因此，关系契约在技术集群中促进了一种更为动态和适应性强的合作模式。

此外，在新兴产业的技术创新网络内部，经济活动往往与社会关系交织在一起，形成了一种经济与社会相互依存的复杂格局。这种情况下，技术创新的进程与社会交换活动相互影响，进而产生一系列的关联策略互动，即关联博弈。在这类博弈中，原本在单一环境下可能被视为不可靠的策略，在多重互动的影响下，可能由于参与者在社会层面的信誉、历史互动或对未来合作的期待而变得可信。关联博弈可以有效地放松激励约束，这种跨领域的策略关联，扩大了合作的预期收益，使得合作伙伴在单独的技术创新场景中看似难以实现的协作，能够通过与社会交换行为的结合而得以实现。

3. 激励与约束规则

为了保障技术创新网络成员之间稳定的合作关系，解决新兴产业在技术创新网络治理模式构建中遇到的问题，可以从以下几个方面提出激励或约束规则。

（1）稳健的经济环境：网络组织中企业间的合作成长需要依托于一个连续且稳定的经济环境。政府经济政策的一致性以及市场经济秩序的稳定至关重要。一个完备且健全的市场经济体系能够为网络成员提供对未来经济的信心，同时也是他们长时间积累良好声誉的重要基础。

（2）高效信息交流系统：无论是技术创新网络组织的内部还是外部，都需要建立一个高效的信息组织和交流系统。利用信息化手段，可以加大"声誉"作为激励机制的影响力，强化其效果。这不仅帮助网络成员相互了解，还能够引入第三方，对合作过程进行"监督"。

（3）依赖关系的建立：技术创新网络组织构成了一个复杂的分工体系，其成员仅保留核心资源和关键创新能力，因此他们之间形成了较强的依赖关系，这种互相依赖可以分为竞争性和共生性两种形式。前者主要发生在相近的企业之间，有助于减弱竞争并推动跨组织学习；后者则发生在不同企业之间，有助于互补资源的利用。这样的依赖关系有助于加强自我约束能力，促进合作关系的稳定发展。

4.1.2　新兴产业技术创新网络治理模式的内涵

新兴产业技术创新网络治理对于发挥企业在技术网络资源配置上的优势至关重要。从微观角度来看，高效的网络治理模式能够帮助各企业之间构建信任，预防机会主义行为，提高新兴产业技术创新网络的质量与效率，实现技术合作的协同增效，并发掘网络的潜在价值（邓渝和邵云飞，2015）。如图4.1所示，依据新兴产业技术创新网络治理模式中多元主体及其治理目标的不同，新兴产业技术创新网络的治理模式可以分为组织关系治理和技术合作与交易治理两大类，有助于新兴产业技术创新网络在组织协调、资源整合和集体学习等方面的实现。

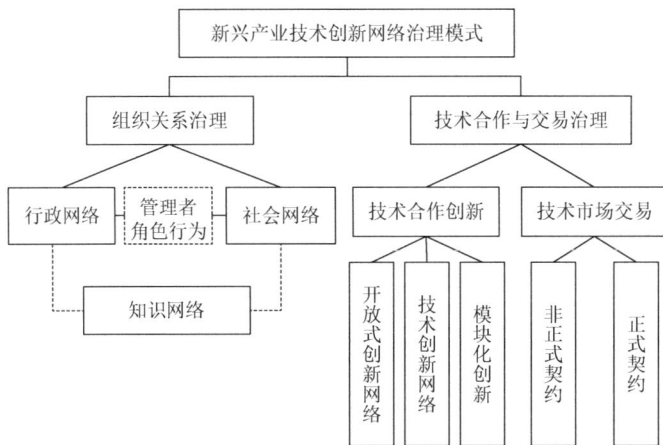

图 4.1　新兴产业技术创新网络治理模式

1. 组织关系治理

在创新网络治理框架内,各创新实体之间的关系治理呈现出极强的主观性,表现形式灵活多样,其核心目的在于优化相互关系,提升合作的效率。技术创新的过程中,各参与方需要共享创新所需的资源。然而,一些关键性的资源,如管理经验、核心技术等,对于企业来说可能是保持竞争优势的关键因素。这些资源的高度隐蔽性可能使得其在不同组织之间流通存在难度。缺乏充足的信任关系、文化背景和知识基础的相似性,使得企业难以在创新网络中获得所需资源,推动技术创新。因此,有效管理企业与其他创新主体之间的关系,加强彼此间的沟通和信任,并建立相似的文化背景,能够高效地获取创新资源,并提高创新绩效。

"如果 X 公司掌握了 Y 公司的技术会怎么样?"我们可以用 X 或 Y 指代现代几乎所有的大公司。它们都面临一个悖论,那就是虽然整个公司里有成百上千的人,并且都具备各种不同的知识,但问题在于,除非有一些正式的项目活动把他们聚在一起,否则许多知识不会建立任何联系,就像一个巨大的拼图中只有一小部分被拼在了一起。这种思维源于 20 世纪 90 年代末流行的知识管理,当时普遍的做法是极力使用信息技术来尝试改进要素间的联系。麻烦的是,虽然计算机和数据系统在存储和传输方面做得很好,但它们并不一定有助于建立一些联系,将数据和信息转换为有用的和使用过的知识。越来越多的公司认识到,虽然先进的信息和通信技术能够起到一定的支持和促进作用,但真正需要的是改善组织内部关系网络。

企业内部网络结构对其创新成效有着显著的正面作用,具体地,包括行政网络、知识网络以及社会网络在内的三大网络类型在企业内部相互交织,共同作用于企业创新的绩效之上。其中,社会网络因其广泛的覆盖面和涉及的人员众多,对创新活动的推动作用最为突出;知识网络次之,这也验证了知识是创新的主要资源;行政网络对创新方案的整合和执行有着决定性作用,是确保技术创新网络中项目顺利进行的关键。管理者角色行为在行政网络、知识网络和社会网络与企业创新绩效中起中介作用,管理者作为行政网络的关键节点,在企业内部的社会网络和知识网络中也占据着优势地位,在创新活动中这种优势愈发明显。

在社会网络理论框架下,组织、群体或个体等社会实体是网络中的节点,节点间的实体关系组成了社会网络(孙天杨,2022)。网络中信息、资源的交互连接了多个主体,网络主体间的长期互动合作加强了网络联系,提升了网络的运行效率和系统效益(辛杰等,2023)。在高科技产业的技术集群中,企业间不仅存在技术联系,还融入了社会关系,创新网络中技术和社会关系相互交织。这样的高科技产业技术集群中的创新网络既表现为经济关系网络,也表现为企业间的社会关系网络。经济关系网络是基于经济实体间的互动构建的,而社会关系网络则是通过社会互动中实体间的互动形成的。社会行动者间的关系集合构成了一个社会关系网络，通过对网络进行分析可以较好地描述要素传播的流程、结构特点和行动者间的相互作用（林春香和刘钰，2023）。从博弈论角度分析，技术创新网络中的企业团队可被视为一种基于合作的博弈组织形式，其中成员间不仅存在经济合作与交换的经济关系，同时还维系着社会关系。

知识的传递和吸收不仅依赖于传递者的分享和管理能力，还受到接受者的水平和能力的影响，所以创新的最终绩效并不完全取决于管理者的决策。技术创新网络中不同节点的不同特性赋予管理者不同的角色和责任。作为内部网络的关键节点，中层管理者被寄予了搭建高层管理和基层员工之间交流的桥梁的期望。他们整合来自不同层级的创新方案，管理创新过程所需的知识，执行并监督创新活动，通过一系列的行为直接或间接地对企业创新成效产生影响。

2. 技术合作与交易治理

企业通过与外部创新实体的技术协作，将自身融入多元创新实体组成的创新网络中，或者以自身关键技术为核心，建立技术创新网络，进一步拓宽了其创新探索的领域。这不仅丰富了企业的社会资本资源，还有效地增加了企业发展的可能性和空间。通过与多元创新实体网络中的参与者进行互动和交流，企业能够创造价值或实现增值。从新兴产业技术创新网络中利益相关者的视角来看，胡俊和胡飞（2021）利用组织网络分析共享服务系统，构建了价值共创网络模型，强调各利益相关者的互动与资源整合，通过共同协作提升企业竞争优势。至于开放式创新网络中的主体，Fernández-Gámez 等（2016）认为，开放式创新网络包括了一系列多样化的主体，如客户、供应商、同行竞争者、高校、商业实验室或研发中心以及研究机构等其他相关组织。

总体来说，新兴产业技术创新网络是一个综合体，由相互依赖的多种参与者组成，包括核心企业、竞争者、合作者、高校及科研机构、用户、政府部门、供应商、金融机构、中介机构等。如图 4.2 所示，新兴产业技术创新网络涵盖了不同主体之间的组织网络、技术网络和分工网络，技术创新网络不仅实现了各个主体之间的横向纵向连接，而且促进并维护了它们之间的协作与协调关系。创新网络的各个主体之间相互依存，提高网络效率需要组织间的有效协同合作。产学研合作具有很强的互补性，尤其是在我国大多数企业技术创新能力较弱的背景下，与高校及科研机构的合作成为获取技术资源的一条重要途径。因此，企业应当与高校及科研机构建立战略合作伙伴关系，并设立专门的人员和管理机构来规划和管理产学研合作，以及收集和发布信息，确保与科研机构之间有良好的信息沟通渠道，实现资源的最优配置。产学研合作的一个优势是可以获得国家在各个方面的政策支持，从而有效降低企业技术开发的风险。

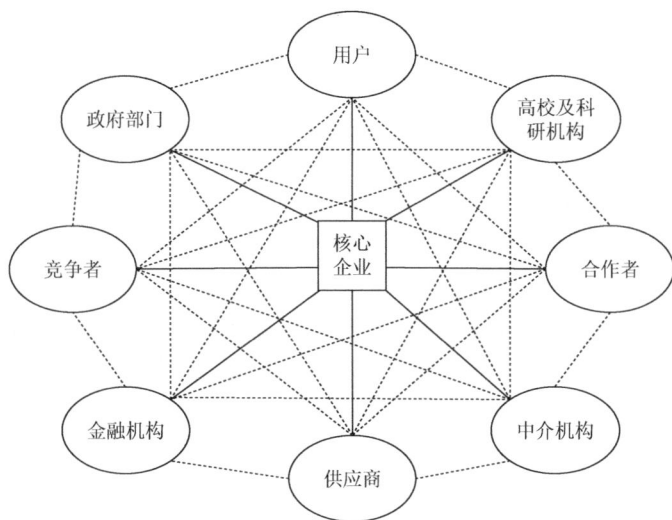

图 4.2　新兴产业技术创新网络架构

　　目前，一个行之有效的合作模式是企业委托高校或科研机构进行技术项目的研发工作，并为此提供必要的科研资金支持。这种模式通常是企业提出实际应用的问题，并借助高校或科研机构的技术实力进行共同攻关，以解决生产上的技术难题。由于其操作流程简单、合作双方的利益关系较为清晰，因此这种联结方式得到了广泛应用。然而，这类合作通常局限于某一具体的技术环节，并且技术研发活动主要在高校或科研机构内部进行，导致企业与这些机构之间的交流相对较少。这种情况可能导致企业虽然获得了临时的技术解决方案，但其内部的技术创新能力并未得到实质性的提升，对技术的理解和掌握也停留在较为表面的层次。因此，在采取这种合作方式时，企业需要积极参与研发活动，如派遣技术人员参与开发工作，并尽量将研发活动引入企业内部。同时，企业应根据合作项目的具体特点选择合适的合作方式。例如，在转化高新技术成果时，企业应发挥其在配套能力方面的优势，与高校或科研机构共同建设中试基地，而在进行核心技术开发时，建议采用与高校或科研机构共建研究院、实验室的方式，以加强对技术研发过程的控制并增强学习效果。

　　构建有效的技术创新网络治理模式对于确保创新网络的协调和同步以及资源整合运作极为重要，旨在共同促进网络组织的协同效益的提升。创新网络中的节点是定义网络内不同实体互联互通的关键元素，关键在于治理这些节点间的相互关系。因此，网络治理的核心在于管理和优化这些节点间的关系，这些关系是组织间协调和合作的关键接口。在新兴产业的技术创新网络中，节点间的联系不是仅局限于传统的市场交易，而是更侧重于基于信任的合作与协调的伙伴关系。该技术创新网络中，企业间的协调与互动是通过节点内部创新主体的相互联系与合作实现的，企业与其他组织之间存在着技术、信息和资源的双向和多向流动，网络中的企业相互补充、技术协同，使得企业能够超越各自的资源限制，利用网络平台实现更广泛的资源共享和技术融合，以完成单个组织无法独立完成的复杂的创新项目。因此，技术创新网络中企业创新网络的治理是一个多方参与的共同治理过程，而网络治理模式中不同主体的作用和角色也各不相同。

在组织创新过程中，高新技术企业往往倾向于采用模块化的创新策略。这种模式促使产品设计逐渐向分散化发展，技术创新不再是大型企业内部，从设计到生产的垂直创新，而是扩散到了集群中独立的企业之间，形成了模块化的创新网络。该网络中，企业间的关系通常是通过规则来构建，这些规则定义了主导企业与模块化供应商之间的互动，以及投资方与创新企业间的协调关系。这种模块化分工的创新机制能使网络中的高科技企业高效地汇集各创新主体的知识资源，弥补了传统市场机制和科层机制在创新资源配置上的局限性，进而引发网络治理模式的转变（郑少芳和唐方成，2018）。

在技术市场交易方面，所有的交易都是通过合同来实现的，这些合同可能是口头的或书面的，显式的或隐式的。通常将那些约束交易行为的习俗、规范、信仰和声誉等非正式因素称为非正式契约。相反，那些受到法律法规或其他第三方机构支持的、约束交易行为的合同被称为正式契约。企业网络的构建是一个渐进的演化过程，从无序逐步发展到有序（Rubinstein，2001），在这个过程中，网络治理越来越依赖于基于组织间信任的心理契约和隐性契约，而不是依赖于正式的书面契约，这种治理方式强调非正式契约在维护组织关系稳定性中的作用。Gulati（2006）的研究则从网络嵌入的视角分析了战略联盟的形成和治理，他认为伙伴间的正式契约关系是网络治理的一个关键组成部分。这意味着虽然信任和非正式的契约关系在一定程度上是重要的，但正式的契约和协议也是确保网络成员之间明确权利和义务、有效协调行动的必要条件。正式契约得到了第三方的监督和保护，而非正式契约虽然没有法庭或其他第三方机构的保护，但为了减少交易成本，企业在日常活动中经常依赖非正式契约。自威廉森以来，许多学者讨论了正式契约作为企业间关系治理机制的内在机制，通过明确规定双方的期望、责任和角色要求，正式契约能够有效地避免企业间的不协调行为，确保企业关系按照既定框架运作。

4.1.3　新兴产业技术创新网络治理模式的构建

新兴产业技术创新网络治理模式可以根据创新活动目标的不同，分为新产品开发联合模式、新技术联盟模式和新兴标准模式。

1. 新产品开发联合模式

在互联网、人工智能等新兴产业快速发展的今天，传统的产品开发模式无法满足新兴业务的诉求；传统的上下游（供应商—客户）合作模式不能适应客户新增的要求。为了适应新的客户和新的模式，需要寻求企业和客户之间的新型合作模式，围绕新产品的开发构建联合创新网络，针对企业与客户在双向互动中可能遇到的供应、交付、服务等问题提出新的解决办法，实现企业创新和客户需求的共赢。联合设计制造（joint design and manufacturing，JDM）代表了供应链中供应商与客户之间一种创新的合作方式。在这种模式下，客户被视为供应商内部流程的一环及一个关键的节点，以便实现产品设计开发、全球生产交付、整个生命周期的服务以及共同市场拓展方面的无缝对接与协作。在这种模式下，客户既可以选购供应商现有的品牌产品，也可以提出自己的设计需求，由供应商进行研发并实现。此外，客户还可以进一步深入供应商的研发和生产交付环节，与供应商一起进行深度的联合开发。

浪潮信息公司作为我国在云计算和大数据领域的先驱，其采纳的 JDM 模式已成为其技术创新供应链的一张王牌。在产品开发环节，浪潮信息公司的服务器新产品的开发周期已从最初的 18 个月缩短至 9 个月，而对于客户的定制需求，样机最快能在 3 个月内完成交付。到了生产环节，浪潮信息公司在 2017 年投入使用了业界先进的智能服务器制造工厂，配备了两条灵活的智能生产线。在这样的生产环境中，整个机柜云服务器的总体交付周期已经从两周减少到了一周以内，生产效率提升了 30%，产能提升四倍。这种高度自动化的生产流程确保了在更短的时间内满足更多云计算和大数据定制产品的需求。在产品交付环节，浪潮信息公司在 2018 年与其大客户百度建立了滚动预测机制，从而大大缩短了整体到货周期。以百度的顺义数据中心为例，浪潮信息公司在 2019 年 1 月向百度交付整机柜服务器时，创下了 8 小时内部署超过 1 万台服务器的纪录，平均每台服务器的部署时间不到三秒。在服务器市场日益同质化的背景下，传统的原始设计制造商模式和白牌模式可能使供应商陷入价格竞争的恶性循环。作为行业领头羊的浪潮信息公司，其规模效应为其带来了优势，在此基础上构建 JDM 模式，从供应链服务的维度与竞争对手划清界限，使其能更灵活地为不同类型的客户提供满足其需求的品牌和白牌产品。

2. 新技术联盟模式

新技术联盟是由两个或多个具有法人资格的企业组成的联合体，共同致力于新技术或产品的开发和研究。该形式的创新组织不断涌现，旨在应对技术的快速发展和激烈的市场竞争，通过优势互补或加强合作来取得竞争优势。在当前全球经济一体化的背景下，众多企业纷纷选择加入技术联盟，目标是实现技术资源的共享，降低单个企业在开发过程中的风险和投资成本，并推动技术创新，从而在市场竞争中占据有利位置。

随着科技的快速进步，企业对于技术创新的需求日益增加，而创新所带来的风险和成本也随之上升。因此，技术联盟成为越来越多企业的选择。相关学者进行的问卷调查显示，97.7%的受访者认为国内企业间建立技术联盟是有必要或非常有必要的，86.7%的受访者表示他们希望或非常希望能与其他企业建立联盟关系。技术联盟使企业能够共享和学习最新的技术知识，如日本和美国在半导体领域的合作研究，以及IBM发起的BladeCenter联盟，汇聚了设计新服务器架构的主要参与者。以IBM为例，其在2013年联合谷歌、泰安、英伟达和迈络思共同成立了OpenPOWER联盟，并最终演变为OpenPOWER基金会。截至2018年，该基金会在全球35个国家和地区拥有超过340个成员，并推出了超过150个OpenPOWER认证的产品，有20多家系统制造商合作伙伴以及90多家独立软件供应商。运行在OpenPOWER平台上的Linux应用已经超过10万个。从2013年到2018年，OpenPOWER基金会从最初的5家创始成员快速增长到340多家全球成员，以开放、高效、社区化的平台覆盖了从硬件、固件、操作系统到应用的全栈式产品与解决方案，聚焦软件与系统的整合式发展，真正实现了在开放中不断发展壮大。

近年来，除了企业间的技术联盟外，科研机构和高等教育机构也成为技术创新的重要力量。在新兴产业环境下，企业与企业在技术上的合作以及企业与高校之间的技术联盟显得尤为关键。例如，为了响应我国新一代人工智能发展计划和人工智能产业技术创新的大潮，北京大学、中关村视听产业技术创新联盟等机构于2017年联合发起并成立了新一代人工智能产业技术创新战略联盟。2022年，国家电网牵头31家单位共同成立了新型电力系统技术创新联盟，目的是集中优势科研力量，建立协同技术创新网络，共同进行前沿基础理论研究，并联合攻克关键技术难题。

3. 新兴标准模式

以技术革新为主题，标准化的核心目标是通过对重复现象的规范，推动其朝着一致性方向发展。虽然其基础在于模仿，但其实质却在模仿之上，为消化、吸收新技术提供了有效途径。将新技术进行标准化，不仅是推动新技术快速发展的有效手段，也为标准制定企业创造了巨大的经济效益，可帮助企业迅速融入国际社区，吸纳国际上有益的发展因素，促使企业更加强大。

技术的标准化不仅促进了企业创新技术的迅猛发展，还有助于新技术的产业化和市场化，从根本上增强了企业的综合实力。推广标准化，从社会资源节约的角度来看，一旦标准确立，其他企业可借鉴其优秀之处，从而缩短研发时间，节约材料，加速技术革新的步伐。技术标准化使"高投入、高消耗、低产出"的粗放发展方式得到扭转，并对资源节约和高效利用提出新要求，探索出一条资源科学配置的新路径。同样，标准化使技术能够更快、更好地发展，并在一定程度上推动了标准的不断完善和进步，这种良性循环不仅为中国企业的发展提供了坚实的基础，还提升了企业在国际竞争中的地位。

对于企业来说，如何将创新与标准紧密结合是一个复杂的问题。企业需要明确创新和标准之间的关系，以便更有效地将其应用到实践中。企业既是技术革新的主导者，也是标准化实施的主体，因此，积极参与技术创新和标准化工作是企业不可推卸的责任，更是其发展的必经之路。新的技术标准应为创新发展提供广阔空间和稳定的平台。企业标准化的发展应注重推动标准与技术革新的良性互动，加强标准化工作与科技重大项目、产业技术研发的关联性。支持具备创新成果的企业共同制定标准，以推动创新成果的转化和应用，从而促进整个行业的科技进步。为达成这一目标，企业应建立健全的标准化体系和组织结构，并强化全体员工的标准化观念和意识。同时，成立由管理层参与的标准化管理委员会，制定有效的标准管理体制，并建立专业的标准化工作团队，全面负责企业的标准化工作。这样才能够确保从上到下都能真正认识到创新标准化的重要性，进而提升企业的标准化水平，加速其与国际接轨的进程。

战略性新兴产业建立在重大科技创新基础之上，标志着科技和产业发展的未来趋势。这类产业在技术层面上展现出前瞻性、战略性以及综合性的特点，因此在制定标准化战略、确定运行模式和组织技术体系时，需要紧密结合其技术和产业发展的具体特点进行相应调整。近几年，美国针对一些关键领域如智能电网、医疗保健、能源效率、纳米技术以及信息和网络安全等领域发生的新变化，进行了标准化战略的调整和修订，并推出了一系列相关法案和政策来推动这种战略性转变。与此同时，美国还对技术组织体系进行了改革和优化，取得了显著的成效。对于战略性新兴产业来说，灵活调整标准化战略和技术体系，以适应技术和市场的快速变化，是推动其健康发展的关键，这不仅有助于促进技术创新和产业升级，还能够增强产业的国际竞争力，促使其在全球市场中占据有利地位。

4.2　新兴产业链创新网络治理模式

4.2.1　新兴产业链创新网络的影响因素分析

党的二十大报告指出，"着力提升产业链供应链韧性和安全水平""推动创新链产业链资金链人才链深度融合"[①]。产业链的现代化是建设现代化产业体系的重

---

① 习近平：高举中国特色社会主义伟大旗帜　为全面建设社会主义现代化国家而团结奋斗——在中国共产党第二十次全国代表大会上的报告. http://www.qstheory.cn/yaowen/2022-10/25/c_1129079926.htm[2024-06-03].

要支撑。产业链上相关利益主体通过建立创新合作网络，共享资源和风险，加速产品创新和商业化进程。产业链相关利益主体的合作意愿、沟通机制和产业发展的创新环境等因素影响着新兴产业链的创新网络治理成效。

1) 产业链相关利益主体的合作意愿

创新主体合作意愿是构建创新网络的关键，表现为创新主体寻求伙伴、开放思维、积极寻求外部合作的愿望。在当今环境下，任何创新主体都难以单打独斗，需要融入开放的合作网络。合作意愿强烈，有利于实现创新成果转化，合作意愿对创新绩效的推动作用非常关键。影响新兴产业链相关利益主体合作意愿的因素复杂多样，包括创新主体知识结构差异、经济发展水平差距、合作收益分配机制、关键核心知识获取、互信程度、创新资源条件、文化氛围等。例如，创新主体由于知识储备和技术方向不同，可以通过合作获得异质性知识，这是强大的合作动力。提高互信有利于知识和信息的双向流动，可以帮助不同主体优势互补、促进合作共赢。正式治理可以通过制定鼓励政策、提供资助、搭建平台等方式激发合作意愿。非正式治理则通过提升文化包容性、维护合作伙伴关系等手段强化合作动机。充分发挥这两种治理作用，将有力促进高效的创新网络的形成。

2) 产业链相关利益主体的沟通机制

实现创新要素的高度协同需要创新主体之间持续有效的沟通，在竞争合作中不断优化关系，实现主体和资源更好的对接，提高整体效率，减少内耗，逐步达到理想状态。产业链相关利益主体的协同创新需要大量信息交流。由于知识更新迅速，必须建立高效沟通机制，确保多向沟通，避免信息孤岛，这种机制应建立在平等互惠共赢基础上，以促进各方获取、交流、吸收创新知识信息资源，共享创新收益，分担创新风险为原则，以保障构建长期稳定合作关系。同时，需要加强各方信任，才能顺利开展合作交流和资源共享。沟通机制的建设需要各方共同努力，在交流中增进理解和信任。要加强制度建设，创设协调对话平台，搭建信息共享渠道，并推动形成合作文化。产业链相关利益主体需理解合作的必要性和长远利益，主动开阔视野，不能只看眼前，还要着眼未来。资源和成果的共享应注重公平与效率的平衡。在互利基础上，各展所长、优势互补，共创多赢格局。

3) 产业发展的创新环境

良好环境可以吸引外来资源、提升合作态度、加速网络成长，从而提高创新成功率和效益。当拥有先进的信息网络、便利的交通设施、充分的人才交流、开放包容的文化氛围等优势时，就更容易促成创新主体之间的交流合作。良好的创新环境为产业链相关利益主体的交流协作创造良好条件，让技术、人才、资金等要素得以高效流动、匹配和整合，有利于知识和信息共享，推动成果扩散和再创新。这不仅帮助产出原始创新成果，也使成果更易被广泛应用和衍生出新的创新，对于产业链创新网络的形成具有重要意义。创新环境既包括公共基础设施等静态因素，也包括社会文化、制度、学习氛围等动态因素。硬环境与软环境相辅相成，共同影响着创新活力。

4.2.2　新兴产业链创新网络治理模式的构建

新兴产业链创新网络治理的模式可以分为新兴产业多元协作型、新兴产业地方政府领导型、新兴产业核心企业领导型、新兴产业行业协会领导型。四种模式具有不同的特征和优势。

1. 新兴产业多元协作型治理模式

多元协作型治理模式在新兴产业创新网络中，代表了一个综合性、开放性和参与性极高的治理结构。如图 4.3 所示，多元协作型治理模式建立在多种利益相关方积极参与和合作的基础上，涵盖了企业、政府、学术机构、非政府组织、民间组织等主体。这一模式强调的不仅是单一组织或少数几家机构的主导，而是所有相关方的共同努力。其核心思想是：在面对新兴产业的复杂性和动态性时，没有哪一个单独的组织或实体能够完全掌控或主导整个产业的发展方向。因此，广泛的合作、资源整合和共同决策成为关键。

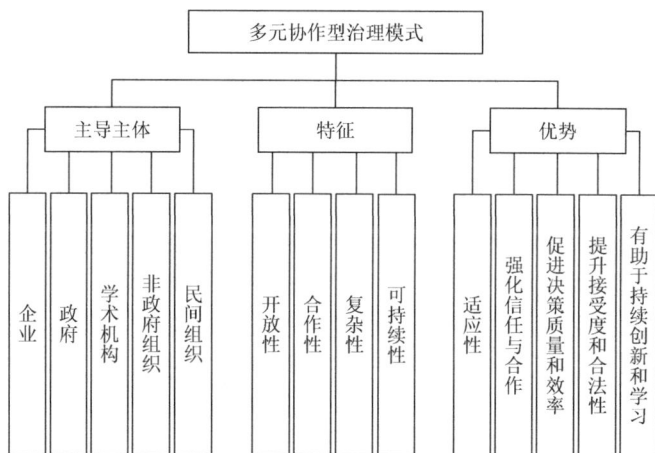

图 4.3　新兴产业多元协作型治理模式图

在这种模式下，各利益相关方不仅共享资源和知识，还共同参与决策过程，确保治理策略既能满足市场需求，又能适应技术和社会的快速变化，而这种广泛的参与和合作，也使得治理过程更为透明，能够更好地满足公众和社会的期望。总体来说，多元协作型治理模式是对新兴产业创新网络中的治理方法的一种创新尝试，它摒弃了传统的、由少数主体主导的治理思路，转而追求开放、多样和合作，希望通过各方的共同努力，推动新兴产业健康、快速、可持续地发展。多元协作型治理模式在新兴产业创新网络中展现出一种独有的特质。这种模式强调的是开放、共享和合作，与其他更为集中或单一的治理模式有显著差异。具体特点表现为：第一，这种模式特别强调了开放性。开放性在这里意味着治理过程透明、数据和信息共享，以及知识和技术的开放访问。开放性确保了各方在决策过程中都能获得必要的信息，提高了决策的质量和效率。第二，合作性是这种模式的重要特点。与传统的竞争模式不同，多元协作型治理模式鼓励的是互助和合作。在这种环境下，参与者更倾向于分享资源和知识，共同寻求解决方案，而不是单打独斗。第三，这种模式意味着治理的复杂性增加。由于涉及的参与者多，且各自有着不同的利益和观点，因此需要更多的协调和沟通。但正是这种复杂性，也使得治理过程更富有创意和活力。第四，多元协作型治理模式特别注重可持续性。由于治理过程广泛地涉及了各方，因此更容易考虑到社会、环境和经济的多方面需求，从而确保新兴产业创新网络的长期可持续发展。

多元协作型治理模式由于其独有的特性和原则，为新兴产业创新网络带来了一系列明显的优势，具体如下：首先，多元协作型治理模式极大地提高了治理的适应性和灵活性。当面临外部环境的快速变化和不确定性时，多方的参与可以带来多样的视角、资源和策略。这种多样性有助于新兴产业创新网络更好地识别机会和威胁，从而做出更为适应的策略选择。其次，这种模式强化了网络内的信任和合作，因为所有相关方都参与到治理过程中，这有助于建立和深化互信。与此同时，广泛的合作也促进了资源和知识的共享，为产业创新提供了有力的支持。此外，多元协作型治理模式还提升了决策的质量和效率。在此模式下，决策过程更加透明，各方可以共同讨论、评估和决策。这种广泛的参与不仅有助于收集更全面的信息和知识，还能够确保决策更为合理和公正。这种模式对于社会的接受度和合法性也有正面影响。由于治理过程是开放的，且涉及了多方，因此更容易获得公众的理解和支持。这种广泛的社会认同有助于提高政策的实施效率和产生持续的社会效益。最后，多元协作型治理模式也有助于新兴产业创新网络的持续创新和学习。在一个开放、共享和合作的环境中，新的观点和创意可以得到更好的促进和传播，为产业的持续创新和发展创造良好的土壤。总体上，多元协作型治理模式为新兴产业创新网络带来了一系列明显的优势，这些优势不仅有助于促进产业的快速发展，还为产业的长期可持续性发展和承担社会责任提供了有力的支撑。

2. 新兴产业地方政府领导型治理模式

地方政府领导型治理模式凸显了地方政府在产业治理中的核心和关键作用。

在这种模式下，地方政府并不仅仅是一个传统意义上的监管者或服务提供者，还直接涉及产业的发展、规划和方向性决策，这是因为地方政府通常对其所辖区域的经济和社会目标有着明确的愿景和责任。为了实现这些目标，地方政府会积极制定与实施各种产业政策，引导和促进产业的发展。这种主导作用涉及从资源配置、技术引导到市场准入规则的各个方面。例如，为了吸引某一新兴产业在其地区发展，地方政府可能会提供财税优惠、土地补贴或是人才培训支持等。此外，地方政府还可能根据本地的产业结构和发展趋势，进行产业布局的优化，如支持某些有潜力的产业集聚区的建设，或是引导企业走向更加绿色、智能的发展路径。除了上述的直接干预措施，地方政府还会扮演一个重要的协调者角色。在多个利益相关者之间，如不同的企业、行业协会和研究机构，地方政府可以起到一个桥梁和沟通者的作用。通过定期的对话、沟通和合作，地方政府可以确保各方的需求和期望都得到妥善的考虑和满足，从而促进产业的整体和谐发展。总体而言，地方政府领导型治理模式重塑了政府与市场之间的关系，使政府成为产业发展的主导者和推动者，而不仅仅是一个外部的监管者。新兴产业地方政府领导型治理模式的模式图如图 4.4 所示。

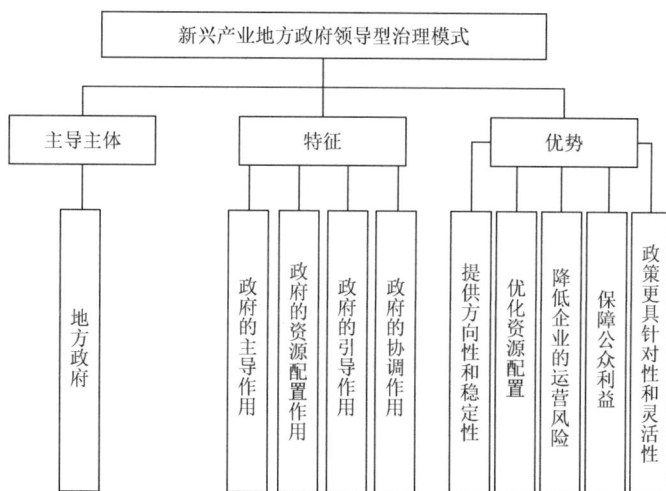

图 4.4　新兴产业地方政府领导型治理模式图

这种模式下的地方政府既需要有足够的资源和能力来推动产业的发展，也需要有足够的智慧和策略来确保这一发展是均衡和可持续的。地方政府领导型治理模式的特点主要表现在以下方面。

首先，地方政府领导型治理模式深刻地体现了政府在产业中的主导作用。当政府不再仅作为一个简单的规则制定者或监管者，而是成为产业中的主导力量时，其对产业方向、结构和发展都有着决定性的影响。此模式下，政府是产业的舵手，为产业提供方向，并确保资源得到最佳的利用。其次，这种模式的显著特点在于政府对资源的配置起到了核心作用。无论是通过直接投资、提供补贴，还是通过税收优惠和其他激励措施，政府都能确保重要的资源，如资金、土地和人才，被有效地集中到关键的产业或领域。再次，地方政府作为产业的引导者，往往更加敏感于市场的变化和技术的进步。因此，它们可能会更早地识别出新兴的市场机会或技术趋势，并据此调整或制定相应的产业政策。例如，面对全球气候变化的挑战，地方政府可能会更加积极地推动绿色能源或循环经济的发展。最后，地方政府在协调各种利益相关者，包括企业、研究机构和其他政府部门时，也展现了其特有的优势。这不仅能确保政策的有效实施，而且还能促进产业内部的合作和创新。通过这种协调作用，地方政府能够整合各方的资源和智慧，促进产业的整体发展。总之，地方政府领导型治理模式下的政府不再是一个简单的旁观者或"裁判员"，而是成为赛场上的一名关键"球员"。它深刻地参与到产业的每一个环节，确保产业在一个健康、有序和持续的轨道上前进。这种模式为产业带来了稳定性和确定性，但同时也要求政府具备足够的能力和智慧，以确保其在产业中的领导角色得到妥善地发挥。

地方政府领导型治理模式为新兴产业创新网络治理带来的优势是多方面的，这种模式凸显了政府在产业和市场中的主导地位，确保了宏观方向的稳定性和资源的高效利用。第一，首要的优势是提供方向性和稳定性。在经济全球化和技术迅速发展的背景下，产业经常面临不确定性和风险。此时，政府作为主导力量能为企业提供明确的方向和策略，确保产业发展不偏离预定轨道。例如，地方政府通过制定规划和政策可以明确某一产业的优先地位，为其提供长期和稳定的支持。第二，政府的引导和协调能力也是这种模式的一个显著优势。在多个产业参与者之间，地方政府扮演着桥梁和纽带的角色，协调各方资源，确保产业内部的合作和创新，这不仅能促进资源的优化配置，还能避免重复投资和资源浪费。第三，地方政府的支持和保障可以降低企业的运营风险。面对市场的波动和不确定性，企业可能会犹豫或延迟投资，但在政府的扶持下，如税收优惠、补贴或低息贷款等，企业可能会更加有信心进行长期和大规模的投资。第四，地方政府领导型治理模式还能更好地保障公众利益。政府通常对社会和环境目标有更强的承诺和责任感。因此，在制定和执行产业政策时，政府可能会更加重视这些目标，确保产业的发展不仅是经济上的，还要满足社会和环境的要求。与此同时，这种模式有助于产业的长期和持续发展。地方政府通常有更长远的视角，它们不仅关心产业的当前状态，还会考虑其未来的发展潜力和方向。因此，地方政府可能会更加重视基础研究、人才培养和技术创新，为产业的未来打下坚实的基础。综合考虑，地方政府领导型治理模式为产业带来了稳定性、方向性和长远的视野，同时确保了资源的最大效益和公共利益的维护。通过政府的主导和协调，这种模式也促进了产业内部的合作与创新，从而形成了一个有机、互补的生态系统。政府的威信和权威性在此模式中起到了关键作用，它们不仅保证了政策被贯彻实施的可能，还为企业和其他市场参与者提供了信心和安全感。在政府的支持下，各种创新和尝试更有可能得到成功，因为风险被共同承担，而回报也更有可能得到公正的分配。这种模式还强化了公私合作的理念，它认识到产业的发展不是单一实体的责任或成果，而是多方共同努力的结果。地方政府、企业、研究机构和公众都在其中发挥了各自的角色和功能，共同推动产业向前发展。第五，地方政府领导型治理模式也使得政策更具针对性和灵活性。不同地方根据其自身的资源、优势和市场条件，可以制定出适合自己的产业政策和策略，从而更好地应对全球化和技术变革带来的挑战。

3. 新兴产业核心企业领导型治理模式

核心企业领导型治理模式是一个以大型、影响力强大的企业作为产业中心点的治理结构，形成这种结构不仅仅是因为其规模，还因为它所拥有的资源、技术上的领先地位或其在市场中所占的份额。这些领军的企业在产业生态中起到了至关重要的作用，从供应链到分销网络，再到其他各种与产业相关的参与者，它们都具有明显的引导和影响作用。由于这些核心企业的战略决策和行业趋势判断能力，它们往往能够为整个产业的方向和标准奠定基调。在这种模式中，其他的参与者、合作伙伴或者是小型企业，都需要根据这些核心企业的业务策略、技术标准或市场需求进行自我调整和策略定位，以确保与主导企业的同步和协作。简言之，核心企业领导型治理模式中，那些占据核心地位的企业因其独特的市场位置、资源和技术优势，对整个产业链条产生了广泛而深远的影响。该模式图如图 4.5 所示。

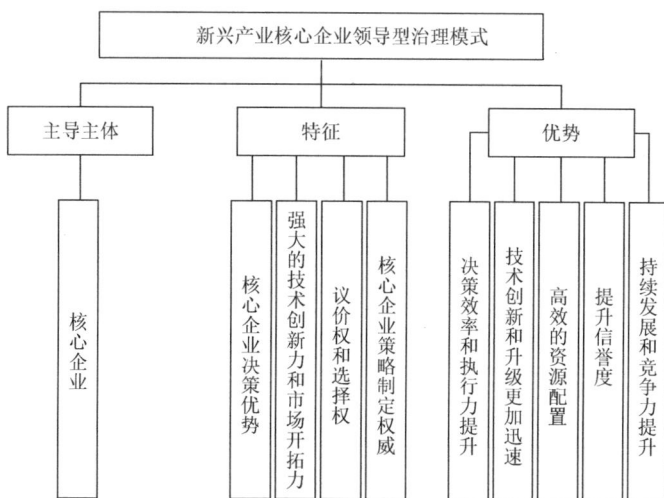

图 4.5　新兴产业核心企业领导型治理模式图

　　新兴产业核心企业领导型治理模式特征鲜明。首先，主导企业在整个产业链中拥有显著的决策优势和策略制定权威，其决策过程和策略方向的制定对于其他参与者来说往往具有指导性。不仅如此，主导企业还通过各种商业合作、合同约定以及设定技术标准等方式来确立和强化其在产业中的领导地位。这导致其他企业在策略制定、技术研发或市场营销等方面，常常需要根据这些核心企业的方针进行适应和调整。其次，核心企业往往具备强大的技术创新力和市场开拓力，这不仅因为其具有丰富的资源，还因其在产业中的关键地位使其拥有更好的机会和条件去推进创新和扩展市场。此外，主导企业的资源配置权也十分显著，使其能够有效地整合和调配供应链、研发资源以及资金等，进一步巩固其在产业中的主导地位。最后，在与合作伙伴、供应商和分销商的交互中，主导企业通常有更大的议价权和更多的选择权，能够在合作中获取更大的利益。这种模式中，对于很多小型企业和其他合作伙伴来说，与这样的主导企业建立紧密的合作关系往往意味着更好的市场机会和更大的业务增长潜力。总体来说，核心企业领导型治理模式中，主导企业因其特殊的市场位置和资源技术优势，在整个产业链中具有决策、策略制定以及资源配置上的显著优势，而其他参与者则在很大程度上需要依赖和适应这些主导企业的战略方向和业务需求。

　　核心企业领导型治理模式为新兴产业创新网络治理带来的优势是多方面的。第一，决策效率和执行力提升。主导企业，凭借其在市场中的地位和所积累的资源，能够迅速响应市场变化，并做出对企业有利的策略调整。这种迅速的反应和决策能力进一步确保了整个产业链的高效运作，因为其他参与企业会迅速地跟随主导企业的节奏和方向。第二，核心企业领导型治理模式下的技术创新和升级更加迅速。主导企业由于其强大的研发能力和资金投入，可以持续地推动新技术的研发、应用和推广，这不仅加速了整个产业的技术进步，也为合作伙伴和其他参与者提供了更先进的技术平台和解决方案。第三，这种模式下的资源配置也更为高效。核心企业凭借其对整个产业链的了解和掌控，可以更精准地识别资源需求，进而有效地分配和调配各种资源，如人力、资金和物资等，这种高效的资源配置不仅确保了主导企业自身的竞争力，也为整个产业链的稳定和持续发展提供了有力保障。第四，由于主导企业的市场影响力和品牌认知度，整个产业链在市场中的信誉度往往也得到了显著提升，这意味着合作伙伴和其他参与者可以借助主导企业的品牌和市场地位，更容易地获取客户信任，扩大市场份额。简而言之，核心企业领导型治理模式下，整个产业链的决策效率、技术创新速度、资源配置效果以及信誉度都得到了显著提升，这为整个产业的持续发展和竞争力提升创造了有利条件。

4. 新兴产业行业协会领导型治理模式

　　行业协会领导型治理模式是一种基于行业协会的组织和协调能力推动新兴产业创新网络治理的模式。与企业主导或政府主导的模式相比，这种模式更加注重

产业内的多方利益相关者之间的平衡、合作和共赢。主导主体包括行业协会、多
个企业和非政府组织，它通常由行业内的主要参与者自愿组成，并致力于维护和
促进该行业的整体利益，这包括但不限于为会员提供服务、制定和执行行业标准、
组织行业活动、代表行业与政府和公众沟通以及推进行业研究和发展等。在行业
协会领导型治理模式下，行业协会作为一个中立的第三方组织，扮演着调解、协
调和推动的角色，它通过汇集行业内的资源、知识和经验，帮助产业链上下游的
参与者建立有效的沟通和合作机制，确保产业的健康、稳定和可持续发展。这种
模式认为，行业协会因其独特的地位和角色，可以更好地理解和平衡产业内的各
种利益和需求，从而推动整个产业链的合作、创新和进步。相比于其他模式，行
业协会领导型治理模式更加强调共同的目标、利益和责任，以及基于共赢原则的
合作和竞争。行业协会领导型治理模式的模式图如图 4.6 所示。

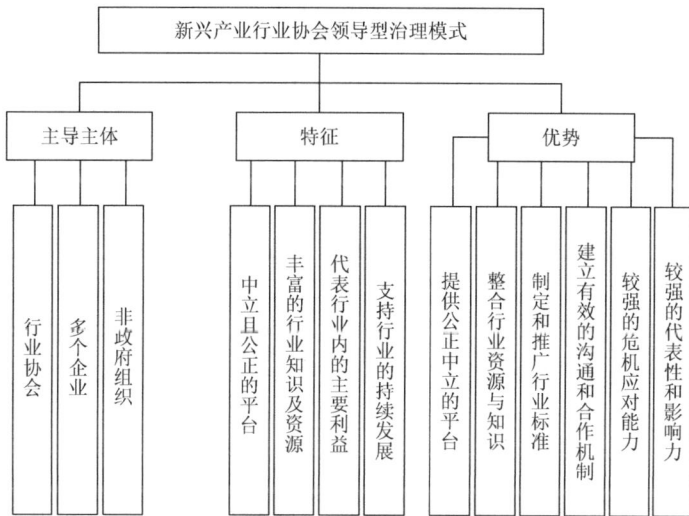

图 4.6　新兴产业行业协会领导型治理模式图

行业协会领导型治理模式具有鲜明特征，具体表现在以下方面。

首先，行业协会领导型治理模式在新兴产业创新网络中为各方提供了一个中
立且公正的平台，确保了各方的利益能够得到平衡和保护。作为非营利的第三方
组织，行业协会的核心目标是维护整个行业的共同利益，而非单一企业或集团的
独有利益。这种中立性让其成为行业内各方信赖的协调者和调解者。其次，行业
协会拥有丰富的行业知识和资源，具有整合行业内多方利益的能力。它可以帮助
行业内的参与者建立有效的沟通和合作机制，促进资源、技术和资本的整合，从
而推动整个产业链的创新和合作。在这个过程中，行业协会通常会扮演制定和推
广行业标准的角色，确保行业的质量、安全和持续性得到保障，增强消费者和公

众的信心。再次，行业协会代表了行业内的主要参与者和利益相关者，其在与政府、公众以及其他外部组织的交往中具有很大的代表性和影响力，这使得行业协会在政策制定、法规修订或其他公共关系活动中都能够为行业发声，确保其利益得到妥善考虑和保护。最后，为了支持行业的持续发展，行业协会还经常组织各种培训、研讨和教育活动，为行业内的成员提供提升技能和更新知识的机会。同时，行业协会也具备丰富的行业数据和研究资源，可以为成员提供对市场动态、技术趋势和消费者行为的深度洞察，进一步支持他们的决策和策略制定。总体来说，行业协会领导型治理模式为新兴产业创新网络中的各方参与者创造了一个公平、透明和合作的环境，确保整个产业链能够高效、健康和可持续地发展。

行业协会领导型治理模式作为新兴产业创新网络的一个重要架构，具有以下显著优势。

第一，行业协会领导型治理模式为行业内的各方参与者提供公正中立的平台。与其他类型的治理模式相比，行业协会不是为了追求利润，而是为了服务于其成员和整个行业，这种中立性为行业内的各方参与者创造了一个公平的竞争环境，有助于确保市场的正常运行。第二，这种模式能够有效地整合行业资源与知识。行业协会通常会聚集行业内的专家、学者和企业家，共同研究和讨论行业发展的方向和策略，这有助于促进技术和知识的传播和应用，加速创新进程。第三，行业协会领导型治理模式有助于制定和推广行业标准。行业协会往往扮演着制定和监督行业标准的角色，确保行业的产品和服务具有一致的质量和性能，这不仅有助于维护消费者的权益，还可以提高整个行业的竞争力。第四，这种治理模式为行业内的参与者建立了有效的沟通和合作机制。行业协会经常组织各种会议和培训活动，使行业内的参与者能够定期地交流和分享经验。这种互动和合作有助于解决行业内的共同问题，推进行业的整体发展。第五，行业协会领导型治理模式具有较强的危机应对能力。当行业面临外部冲击或内部矛盾时，行业协会可以迅速地调动资源，组织各方共同应对危机，确保行业的稳定和持续发展。第六，行业协会具有较强的代表性和影响力。它代表了整个行业的利益，可以有效地与政府、社会和其他外部组织沟通和交涉，为行业争取更多的政策支持和资源。总体而言，行业协会领导型治理模式为新兴产业创新网络带来了很多优势，它通过整合行业资源、知识和技术，为行业内的参与者创造了一个公正、高效和协作的环境，促进了整个行业的创新和发展。

4.2.3 南京市产业创新联合体的创新网络治理模式分析

创新联合体作为多元协作型治理模式的典范，是以关键核心技术攻关重大任务为牵引，由创新能力突出的优势企业牵头，政府部门紧密参与，将产业链上下游优势企业、科研机构和高等院校有效组织起来协同攻关的任务型、体系化的创新组织，充分展现了多元协作型治理模式的特点和优势，发挥了政府作为创新组织者的引导推动作用和企业作为技术创新主体的主导作用。南京经济发展水平位居全国前列，人才、科技、金融等创新要素集聚优势显著，南京亟须充分发挥自身优势，积极探索创新联合体组织模式与路径，通过高水平创新联合体建设强化"五个体系"赋能，为全面贯彻落实《南京市推进产业强市行动计划（2023—2025 年）》，打造具有国际影响力的"2＋6＋6"创新型产业集群，实现2025 年"千亿产业、百亿企业"的发展目标提供有力支撑。

1. 南京市产业创新联合体的成员单位选择

网络嵌入性理论强调，通过嵌入网络，企业可以通过协同学习和知识互动获取互补性资源，从而提高创新能力。处于网络结构洞位置的企业能够获得更多、更丰富的信息和资源，比其他企业更具竞争优势，尤其在创新网络治理方面。此外，相较于弱网络嵌入，强网络嵌入更能促进企业间的合作与交流，降低交易成本，吸收更多外部互补资源，进而提升企业的创新能力和创新网络治理能力。因此，创新联合体牵头单位的创新网络嵌入对其创新能力产生正向影响，从而提升创新联合体发展绩效。

网络嵌入性可分为结构性嵌入、关系性嵌入和认知性嵌入三类。结构性嵌入涉及企业与其所嵌入网络联系及网络结构的整体模式，反映网络结构对企业行为的影响程度。关系性嵌入指网络组织在社会互动过程中建立的具体人际关系，体现网络成员间紧密且高品质的互动关系。认知性嵌入反映网络成员形成的共同认知模式和观念。

结合创新联合体的特征，从产业链、创新链、关联关系三个维度，基于三类网络嵌入类型提出创新联合体牵头单位针对不同成员单位的主要遴选指标，如表 4.1 所示。

表 4.1　创新联合体成员单位主要遴选指标

维度	嵌入类型	潜在成员单位		
		企业	新型研发机构	高校院所
产业链	结构	产业链关键环节	产业链关键环节	技能型人才匹配度
	关系	产业合作的频次、持久度、质量	产业合作的频次、持久度、质量	人才合作的频次、持久度、质量
创新链	结构	技术、平台互补性	技术、平台互补性	技术、平台互补性；技术型人才匹配度
	关系	技术合作的频次、持久度、质量	技术、人才合作的频次、持久度、质量	技术、人才合作的频次、持久度、质量
关联关系	认知	股权合作；控制权关系；"同系单位"	股权合作；控制权关系；"同系单位"	股权合作；控制权关系

　　针对企业类的潜在成员单位，在产业链维度应当考虑其在产业链中是否处于关键环节，同时也应当考虑其与创新联合体牵头单位之间产业合作的频次、持久度和质量；在创新链维度，应当考虑其与创新联合体牵头单位之间的技术、平台互补性，同时也应当考虑其与创新联合体牵头单位之间技术合作的频次、持久度、质量；在关联关系维度应当考虑其与创新联合体牵头单位之间是否存在股权合作、控制权关系，或是否属于"同系单位"。

　　针对新型研发机构类的潜在成员单位，在产业链维度应当考虑其在产业链中是否处于关键环节，同时也应当考虑其与创新联合体牵头单位之间产业合作的频次、持久度和质量；在创新链维度，应当考虑其与创新联合体牵头单位之间的技术、平台互补性，同时也应当考虑其与创新联合体牵头单位之间技术合作和人才合作的频次、持久度、质量；在关联关系维度应当考虑其与创新联合体牵头单位之间是否存在股权合作、控制权关系，或是否属于"同系单位"。

　　针对高校院所类的潜在成员单位，在产业链维度应当考虑其所培养技能型人才与该产业的匹配度，同时也应当考虑其与创新联合体牵头单位之间人才合作的频次、持久度和质量；在创新链维度，应当考虑其与创新联合体牵头单位之间的技术、平台互补性，以及其所培养技术型人才与该产业的匹配度，同时也应当考虑其与创新联合体牵头单位之间技术合作和人才合作的频次、持久度、质量；在关联关系维度应当考虑其与创新联合体牵头单位之间是否存在股权合作、控制权关系。

2. 南京市产业创新联合体的典型治理模式

　　拥有高结构性嵌入、高关系性嵌入和高认知性嵌入的企业、新型研发机构和高校院所是最为理想的创新联合体潜在成员单位，但在创新联合体构建实践中，拥有全部"三高"特征的成员单位数量稀少，无法完全满足创新联合体高质量发展的需要，因此在选择成员单位时应在以探索"最优解"为最高目标的同时，对不同维度有所侧重，充分挖掘"最满意解"。在此基础上，本节基于成员单位构成提出创新联合体的三大典型治理模式，即产业链侧重型、创新链侧重型、关联关系侧重型，并结合实际案例逐一介绍。

1）产业链侧重型

　　基于产业链侧重型模式构建的创新联合体，其牵头单位自身的技术创新能力在区域以及国家层面具有较强的竞争优势，因此更加注重通过提升产业上下游联系，加快创新联合体科技成果的市场化和产业化。

　　以南京市超高性能混凝土产业创新联合体为例，如图 4.7 所示，其牵头单位江苏苏博特新材料股份有限公司在超高性能混凝土领域的技术成果于 2014 年获得国家科技进步二等奖①，处于国际领先水平。因此，该创新联合体致力于围绕产业链开展部署。根据成员单位间的关系可知，该创新联合体除江苏苏博特新材料股份有限公司、江苏省建筑科学研究院有限公司、东南大学材料科学与工程学院等主要负责技术研发外，其余成员单位涵盖建筑相关制品、连接件和模具生产（如江苏新构智能制造科技有限公司、江苏韦尔博新材料科技有限公司等）、工程咨询［如安之立佑建筑工程咨询（上海）有限公司等］、工程设计（如东南大学建筑设计研究院有限公司等）和工程实施（如上海三达利装饰工程有限公司等）等产业链上下游关键环节。这样的成员单位结构，有助于创新联合体推动超高性能混凝土领域相关技术成果快速市场化和产业化并获取更高创新收益，从而进一步强化各成员单位间协同创新动力，实现产业链可持续高质量发展。

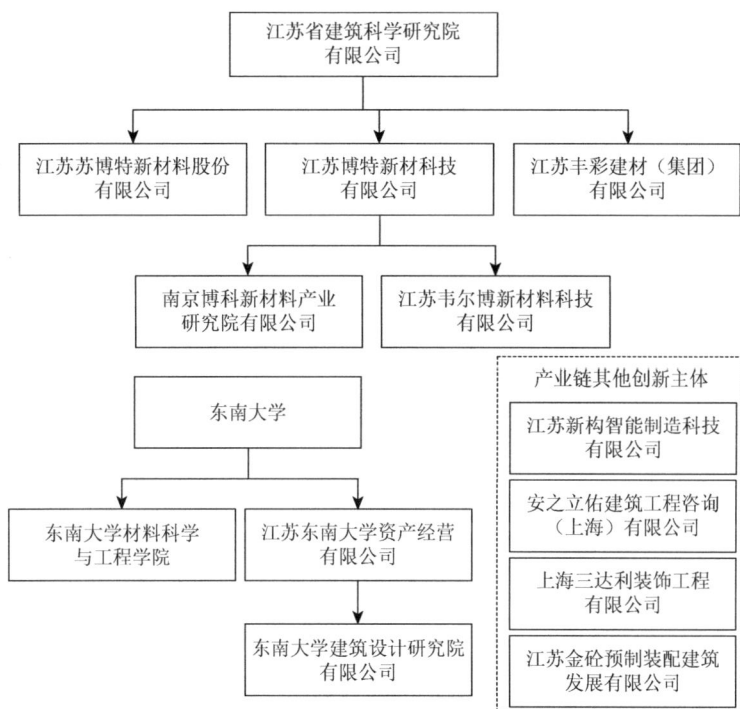

图 4.7　产业链侧重型：南京市超高性能混凝土产业创新联合体

2）创新链侧重型

基于创新链侧重型模式构建的创新联合体，其牵头单位自身具有较强的系统

---

① 2014 年度国家科学技术进步奖获奖项目.https://www.most.gov.cn/ztzl/gjkxjsjldh/jldh2014/jldh14jlgg/202011/t20201128_169790.html[2024-08-13].

集成和成果转化能力，但在突破关键核心技术、解决产业共性技术问题等方面仍需要整合多方创新资源，因此更加注重搜寻科技创新型企业补齐创新短板，迅速壮大创新联合体整体产业科技研发能力，提升创新能级。

以南京市射频模块智能制造平台创新联合体为例，如图 4.8 所示，该创新联合体旨在通过打造数字化、智能化、柔性化的智能制造平台，实现射频模块领域的需求快速响应和产品快速生产。该创新联合体的牵头单位南京国博电子股份有限公司针对智能制造平台建设过程中的关键梳理出五大技术方向，并分别与具有较强技术研发能力的高校、高新技术企业和科技型中小企业合作攻关。其中，南京国博电子股份有限公司主要研究智能制造平台仿真设计；南京航空航天大学主要研究智能平台信息流融合；苏州猎奇智能设备有限公司（高新技术企业）主要研究智能平台的智能化装备；青岛优云智联科技有限公司（科技型中小企业）主要研究智能平台分析决策调度；苏州龙马璞芯芯片科技有限公司（科技型中小企业）主要研究人机交互场景。根据成员单位间的关系进一步证实，该创新联合体成员单位构成的主要依据为智能制造技术的互补程度以及前期的技术合作基础，相互之间并不存在显著的关联关系。

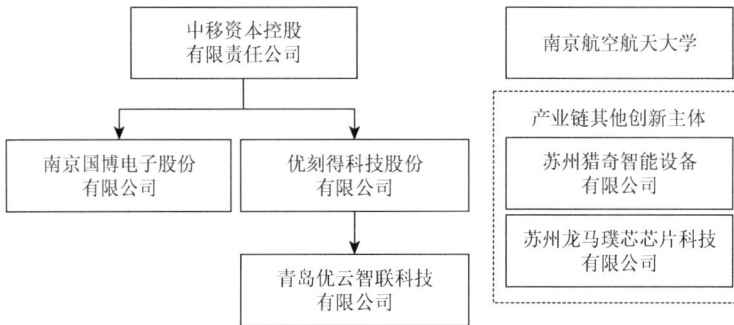

图 4.8　创新链侧重型：南京市射频模块智能制造平台创新联合体

3）关联关系侧重型

基于关联关系侧重型模式构建的创新联合体，其牵头单位与其他成员单位之间具有较为显著的直接或间接关联关系，从而在原先同一个集团或"族群"中构建一个协同创新更为紧密的新"群落"。相较其他由低关联关系成员单位构成的创新联合体，该创新联合体由于成员单位高度的控制权关系一致性更加容易形成相互信任的氛围并采取一致行动，根据交易成本理论，可以显著降低其在创新过程中的搜寻信息成本、协商与决策成本、契约成本、监督成本、执行成本和转换成本，进而提高整体创新绩效。

以南京市长三角废污水治理创新联合体为例，如图 4.9 所示，其牵头单位中电环保股份有限公司100%控股南京中电智慧科技有限公司，同时与东南大学葛仕福教授共建新型研发机构南京扬子江生态环境产业研究院有限公司，并以30%的控股比例成为第一大股东。根据成员单位间的关系可知，该创新联合体所有成员单位都与"国科系"单位有着紧密的关联关系。该创新联合体基于"国科系"单位形成了成员单位间紧密的关联关系，使其可以以更低的成本控制各成员单位的投机行为，增强信息沟通，降低创新的不确定性和复杂性，提升创新资源的流动性。

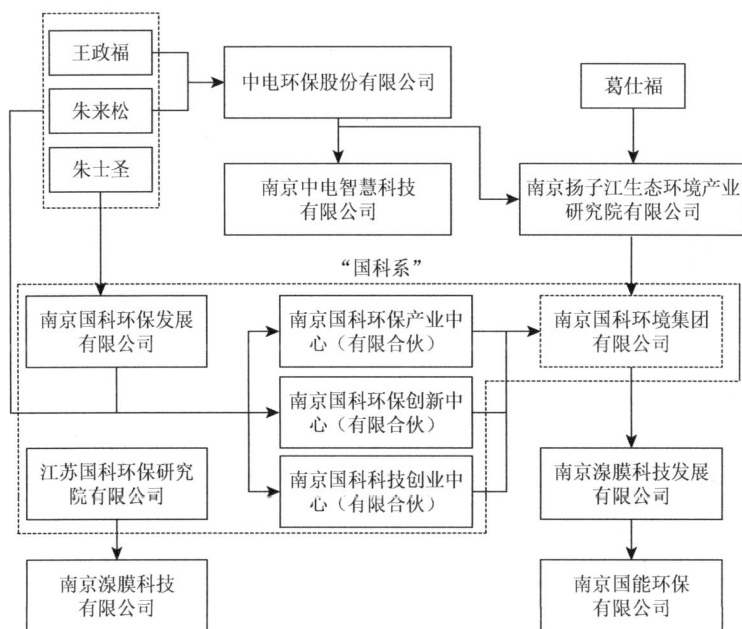

图4.9 关联关系侧重型：南京市长三角废污水治理创新联合体

3. 南京市产业创新联合体的长效机制设计

在创新联合体运作过程中，构建基于多元协作型创新网络治理模式，并建立信任关系和统筹协调的运行机制是创新联合体成立和发展的基础。此外，设立科学明确的奖惩制度对成员单位进行评估和激励，以确保创新联合体有效运行。考虑到成员单位资源禀赋的差异，需建立和完善控制机制，包括冲突解决制度，以维持创新联合体的正常运作。为确保创新联合体内部资源得到高效整合和最优配置，需要构建整合机制。综上，创新联合体可划分为以下四种长效机制：运行机制、激励机制、控制机制和整合机制，其作用机理如图4.10所示。一方面，上述四类机制既能够分别推动创新联合体成员单位提升相互信任、增强创新动力、约束投机行为、集聚资源要素，又有利于持续创新和学习，充分发挥多元协作型创新网络治理模式可持续性的优势，从而正向影响创新联合体创新绩效；另一方面，创新联合体创新绩效的提高能够合理利用多元协作型创新网络治理模式的特征，强化成员单位获得感，从而进一步放大上述四类机制的作用效果，实现正向的良性循环。

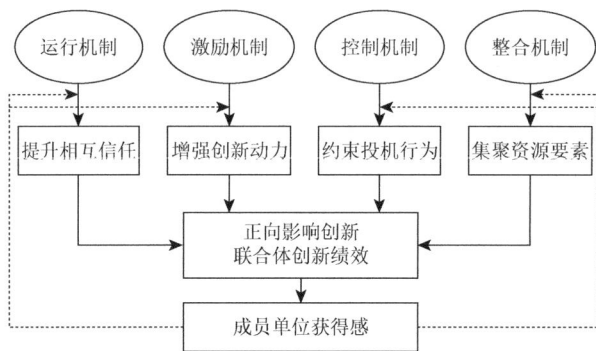

图 4.10　长效机制作用机理

创新联合体的运行机制涉及影响其运作的各个要素的结构、功能及相互关系，以及作用过程和运行方式。鉴于创新联合体中存在较高风险，建立有效运行机制有助于确保其正常、高效地完成各项任务。一套合理且有效的创新联合体运行机制通常包括信任和统筹协调机制。首先，信任机制作为创新联合体成员单位合作的基础，通过建立信任关系，消除机会主义行为、降低成本、提高合作效率，有助于加速知识获取、信息分享和传递，进而提升创新联合体创新绩效。其次，全局性的统筹协调机制能够有效解决创新联合体运行过程中的问题和矛盾，确保其有效运行。

激励机制是创新联合体运行过程中用于评价成员单位的规章，根据评价体系奖励或惩罚成员单位。创新联合体的发展质量取决于成员单位是否愿意共享关键技术。合理的激励机制和公平的激励措施有助于对成员单位形成科学、适时的激励，最大限度地满足成员单位利益，进而促使成员单位积极投入资源并主动分享知识和信息，保证成员单位自觉选择与创新联合体整体利益目标一致的行为，提高创新效率。

控制机制是预测和评估创新联合体创新活动可能存在的风险并由各成员单位合理分摊，根据各成员单位创新要素投入比例和方式明确创新权益的公平分配，以及各成员单位面临风险和权益冲突时有效处理的方式。创新联合体的成员单位间为非完全的契约关系，不同成员单位的文化、认知、资源存在差异，受自身利益的驱使，仅靠信任无法完全阻止投机行为，这将导致合作关系无法持久，最终造成创新联合体实质上的瓦解。有效的控制机制可以约束各合作方的责任和义务，减少和解决成员单位间的利益冲突，从而通过贯彻互利互惠、按劳分配、风险收益对等、投入收益一致等理念，实现约束投机行为的目的。

整合机制是协调创新联合体各要素实现资源优化配置，确保人尽其责，物尽其用，从而达到系统整体效果的方式。在创新联合体中，成员单位能够获取有价值的资源和能力，使资源得到互补，并通过资源整合能力的提高达到各自独自经营时所不能完成的目标，从而提高自身绩效。进一步地，各成员单位通过共享资源提高资源利用率，创造了大于单个创新主体价值的总和。

创新联合体将企业、政府、学术机构等主体联合起来，通过各主体间相互协作，相互扶持，共同创新，充分体现了多元协作型创新网络治理模式合作性、开放性、复杂性和可持续性的特征，合理利用多元协作型创新网络治理模式强化信任与合作、提高决策质量和效应以及有助于持续创新和学习的优势，提高各主体的创新能力和创新收益，实现产业链可持续高质量发展。

4.3　新兴产业跨区域创新网络治理模式

4.3.1　新兴产业跨区域创新网络的影响因素分析

影响新兴产业跨区域创新网络的因素有区域行政壁垒、经济水平差异以及区域创新外向度等因素。

1）区域行政壁垒

中国行政区域划分考虑自然环境、民族、历史等多方面因素，形成省、市、县等不同规划类型，各区域建立对应的政治行政机构，以便于国家统一管理。不同行政区域的新兴产业创新主体需要遵循各自区域的行政规则，而各区域规则存在一定的差异性。这种规则差异会导致新兴产业跨区域创新主体在成本、利益、风险分配等方面的从属性发生分化，由此引发主体之间在合作中出现的界面矛盾，并诱发创新主体目标的分歧。目标分歧进一步造成合作方在理解和行动层面上的偏差。具体来说，当一方在合作中对另一方提出某项行为变更或要求时，由于缺乏跨区域协作的共同语言和理念，这种要求或变更可能被另一方误解为仅出于满足提出方所在区域的利益最大化需要。这种互相猜疑和误解是双向的。长此以往，创新主体在跨区域合作过程中往往忽视整体长远效益，过于注重即期或短期自身利益的最大化，难以实现真正的协同创新目的。为防止这种误解加剧矛盾，需要通过加强沟通、建立共同语言，增进跨区域创新主体之间的理解和信任，还需要完善相关制度建设，减少规则差异造成的障碍，推动形成合理的成本利益分配机制。只有深化认识共识，理顺体制机制，跨区域创新主体才能在合作中积极主动，充分考虑全局效益。

2）经济水平差异

一个区域的技术水平反映了该区域的经济发展阶段和经济发展水平，不同区域之间在技术水平上必然存在差异。当两个区域之间的技术水平和经济发展水平存在较大差距时，技术和经济较先进的区域，其新兴产业创新主体就具有明显的优势。这些先进的新兴产业创新主体拥有足够的技术能力和资源优势，可以通过技术转移、人才交流等方式带动落后区域的创新主体进步和发展。但是，如果两个区域之间的技术、经济差距过于巨大，落后区域的新兴产业创新主体由于自身能力有限，往往无法在短时间内迅速跟上技术进步的步伐，从而导致在技术和管理水平上出现难以跨越的鸿沟，不利于两地区创新主体之间进行有效协作。而当两个区域之间的技术水平和经济实力相差不大或十分接近时，两地创新主体之间也存在一定问题。由于技术和经济发展水平差距不大，创新主体之间相互学习的空间有限，更容易在同一领域出现直接竞争的关系，这也不利于两地区之间进行资源共享、优势互补的协同创新。因此，无论技术差距过大还是过小，都会给新兴产业跨区域创新合作带来一定阻碍。需要通过加强交流对话、理顺机制体制等方式，形成合理的技术和市场开放差距，打造有利的新兴产业创新环境。

3）区域创新外向度

不同区域关系错综复杂，短时间内实现系统要素协同有困难。因此，需要持续沟通优化关系、促进主体和资源对接，提升整体效率，减少内耗，逐渐达到理想状态。跨区域协同创新需要交流大量信息，必须建立高效沟通机制以确保信息多向交流，秉持平等互利共赢的原则促进知识资源获取、交流、吸收，共享收益风险以保障长期合作。同时，沟通机制建设需要各方努力，通过交流增进理解信任。要完善制度、建立协调平台、搭建共享渠道、推动合作文化的形成。各区域应理解合作的必要性和长远利益，不可急功近利，要着眼于未来，在互利基础上发挥各自优势，实现合作共赢。

4.3.2　新兴产业跨区域创新网络治理模式的构建

区域创新战略是科技发展的必然选择，而提升区域创新能力和活力则是实施战略的必经之路，这要求创新要素在不同地区间的高度协同，而新兴产业跨区域合作创新则有助于这些要素之间的汇聚和流动。提升新兴产业跨区域合作绩效，需要激发各方积极性，消除合作障碍，形成合力。因此，建立新兴产业跨区域创新网络治理模式势在必行。新兴产业跨区域创新网络治理模式根据各个层次之间治理方法的不同分为不同的模式，分别是纵向治理模式、横向治理模式和交叉治理模式，如图 4.11 所示。

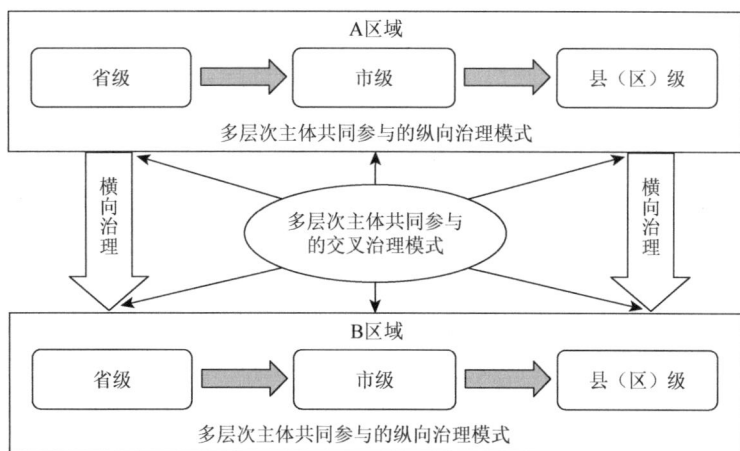

图 4.11　新兴产业跨区域多层级合作创新网络协同治理模式

（1）多层次主体共同参与的纵向治理模式。跨区域合作创新的治理涉及政府、企业和其他社会组织的社会治理互动。政府应关注激发企业和社会组织积极性，提供财政、税收等激励政策，建立促进良好合作的机制，优化资源配置。跨区域多层级纵向合作创新网络的正常运行是纵向治理的前提和基础。这些网络可以独立运行，也可以相互连接，形成跨区域多层级的治理模式。在新治理模式下，政府应转变角色，减少干预，赋予企业和社会组织更大的自治权。要加强顶层设计，改革体制机制，创新管理，营造良好环境。还要发挥企业主体作用，强化自律。同时，发展第三方中介组织，搭建信息平台，维护合法权益。只有推进治理体系现代化，才能提高跨区域合作治理效能。

（2）多层次主体共同参与的横向治理模式。建立跨区域多层级横向治理模式需要政府采用一系列策略促进科技政策协调与配套。通过优化创新政策、法规和服务，打造有利于创新的环境，健全创新基础设施，构建高水平的创新平台助推创新主体之间高效协作。确保科技政策协调一致，避免冲突，通过构建高效的跨区域多层级横向治理模式，推动合作创新网络的治理。

（3）多层次主体共同参与的交叉治理模式。跨区域多层级协同治理模式涉及多个行政区域和层级的合作实体，如县级与省级创新实体的协作。这种治理模式不同于单纯的政府纵向管理或完全依赖于市场和企业的横向治理，而是一种独特的交叉治理方式。在水平层面上，这种模式以政府为主导，促进各合作方共同参与治理，同时加强市场和社会力量的治理作用；在纵向层面上，市场和社会力量的治理占据主导地位，而政府则提供必要的支持以促进合作治理。这两个层级的治理主体相互协作，推动跨区域多层级合作创新网络形成完善的治理体系。这个体系不仅实现了多元参与、跨越不同领域、贯穿不同层次，而且通过协同治理实现了优化的目标。上述跨区域多层级协同治理模式为不同地区合作创新网络的治理和发展提供了一个框架结构，指导各地区在协同创新的过程中实现治理的优化和发展。

整体来看，各模式内部与各模式之间需要实现创新要素的交流与合作、发挥创新主体的自发性、优化创新生态。

（1）创新要素的交流与合作。在地区网络中，不同产业创新主体之间的合作涉及技术、资金、人力和信息等要素的交流。这种合作关系的维持和加强主要依赖于各新兴产业创新主体的自发行为。一方面，这反映了不同行动主体之间的关系；另一方面，也反映了不同治理机制之间的关系。在地区网络中，企业、高校、科研机构等主体之间存在着多元共生关系，他们通过不同的共生模式在区域网络中建立合作关系，进行知识、技术、资金等要素的交流。由于各地区的发展特点和阶段各异，创新网络的发展水平和绩效也呈现出差异性。为提高新兴产业跨区域协同合作度，有必要关注各地区创新网络的相对发展水平，并制定针对性的新兴产业区域创新政策和产业发展政策。各级地区应认识到创新网络的开放性特征，发挥优势区域的引领作用，积极构建合作型的新兴产业区域创新网络体系，以提高新兴产业区域内的产学研协同创新效率。尽管新兴产业跨区域多层级垂直式网络在本质上仍属于同一行政辖区，但在协调方面可能仍存在一定困难。因此，该网络的治理仍然主要依赖于省、市、县（区）内部合作创新网络的发展和治理。为克服这些挑战，各地区须加强合作，共同努力推动创新网络的发展，以实现新兴产业跨区域协同创新的良性循环，促进产业升级和发展。合作伙伴基于长远发展需要的自愿结合，需要维护诚信、信任和规范等软环境。同时，适当的硬环境保障也是必要的，包括相关的支持政策、法制框架和公共服务体系等。只有软硬环境相辅相成，创新主体才能在本地区内深化协作，实现资源有效配置和优势互补。

（2）发挥创新主体的自发性。跨区域多层级合作创新网络的治理需要兼顾自发性和设计性。在政府引导的同时，也需要赋予创新主体更多的自主权。要构建服务型政府，简政放权，为创新主体减负献策。同时，完善法规制度，维护市场秩序和合作规范。建立协调沟通机制，及时解决矛盾促进合作。健全现代金融体系，拓宽融资渠道。加强人才培养和文化交流，营造开放包容环境。只有实现政府治理与创新主体自治的良性互动，地区的创新网络才能持续健康发展。在新的治理模式下，政府应转变政府职能，打破部门壁垒，构建协同联动的工作机制，简政放权，赋予企业和社会组织更大的自主性。要加强顶层设计，改革体制机制，创新管理模式，为合作创新营造良好环境。还要充分发挥企业主体作用，强化自律性治理，同时发展第三方中介组织，搭建信息交流平台，维护各方合法权益。只有协同推进治理体系现代化，才能提高跨区域合作治理效能。这种治理模式的关键在于协调不同层级和不同主体之间的合作，协同合作度代表创新驱动绩效的总体水平。

（3）优化创新生态。优化创新生态是跨区域多层级合作创新网络治理的一项重要任务。由于资源的分散性以及创新效率的相对不足，这构成了创新生态中的一项挑战。为了应对这一挑战，政府需要发挥关键作用。政府需要不断优化创新政策、法规，以及提供卓越的创新服务，以营造鼓励创新的环境。同时，政府还应该积极发展完善的创新基础设施，以吸引其他地区的创新机构和主体参与协同创新，并确保政策的横向协调与衔接。政府的责任也包括注重不同层级之间的协同和协作，激发各个层级内的创新主体进行广泛合作，这将有助于塑造区域内的完善创新体系，提高合作创新网络的绩效与效益。合作创新网络内的组织联系方式包括同类组织间的合作，以及不同类型组织之间的合作。在多层次跨区域网络中，如果两个合作区域的行政级别相符，同类主体之间的合作相对较为便捷。为了实现合作创新网络的可持续发展，政府需要更多地介入其中，打破省际行政界限，以促进企业等其他主体的合作。这需要以政府治理为主，市场和社会治理为辅助的协同治理模式。政府应关注政策设计、规划引导和合作机制的建设，制定跨区域整体创新政策，建立协调机构，制定和组织总体方案和规划，营造良好的创新环境，促进区域内外的合作和协同。政府在不同地区政策协调和信息共享方面也起着重要作用。各地区政府应注意资源的跨区域共享，人才、物资等资源的交流与合作。

4.3.3　长三角地区智能制造产业创新网络治理模式分析

1. 长三角地区智能制造产业发展现状

长三角地区具备完善的制造业基础设施、产业集群以及众多高水平的科研院所和高等院校，为智能制造业的发展打下了坚实的基础，有力地推动了我国制造业强国战略的实施和区域经济的协调发展。自 20 世纪 90 年代以来，该地区积极引进国际先进的制造技术和设备，成功实现了从传统制造业向现代化制造业的转型升级。进入 21 世纪，数字化设计和制造技术得到了广泛推广。自 2010 年起，长三角地区开始全力推进智能制造，加速产业升级和转型。为鼓励企业加大研发投入，提高自主创新能力，政府出台了一系列政策，推动智能制造技术的发展和应用。

2019 年,长三角智能制造协同创新发展联盟成立,标志着地区智能制造发展迈入新的里程碑。2020 年,工信部印发《长三角制造业协同发展规划》,进一步凸显协同发展效果。2023 年,《长三角生态绿色一体化发展示范区产业发展规划(2021—2035 年)》正式发布,旨在构建国际一流的绿色创新产业体系,全面塑造生态、创新、人文有机融合的产业空间布局。近年来,长三角地区智能制造发展成果显著,形成了以智能制造为核心的产业体系,推动了区域经济的发展和产业升级。此外,长三角地区还强化了智能制造国际合作,引进了一批国际知名的智能制造企业和技术,提升了智能制造水平及国际竞争力。在这一过程中,长三角地区不仅加速了产业转型升级,还着力打造绿色创新产业体系,进一步巩固了长三角地区在国际竞争中的地位。

2. 长三角地区智能制造产业创新网络治理模式

长三角地区智能制造产业作为多层次主体共同参与的交叉治理模式的典范,在横向层面上以政府为主导,促进各合作方共同参与治理,在纵向层面上以市场和社会力量的治理为主导,政府则提供必要的支持以促进合作治理。这两个层级的治理主体相互协作,推动完善跨区域多层级的智能制造产业创新网络治理体系。

在产业集群培育方面,长三角地区三省一市通过不断完善集群支持政策,携手设立长三角协同优势产业基金、长三角 G60 科创走廊科技成果转化基金等,共同培育地区优势产业集群。数据显示,在 45 个国家先进制造业集群中,长三角地区占据 18 个。[①]在装备领域,徐州工程机械产业集群、上海航空装备产业集群,南通、扬州、泰州海工装备和高技术船舶集群以及南京新型电力装备集群逐渐崛起。新一代信息技术领域,合肥智能语音产业集群、南京软件和信息服务产业集群、无锡物联网产业集群以及上海集成电路产业集群发展势头强劲。

在产业链垂直协同方面,长三角地区三省一市通过“链主”企业优化布局、工业互联网平台赋能等手段,不断强化产业链协同,提升抗冲击能力,保障产业链稳定运行,在电子信息、医药化工等领域的相关产业发展方面,具有较强的引领示范作用。具体措施包括:①发挥龙头企业引领作用,不断优化产业链区域布局。以新能源汽车产业为例,长三角地区新能源汽车及配套产品销量和出口增幅创下新高,产业配套网络日益成熟。②发挥工业互联网平台的资源整合作用,协同部署核电、船舶和新材料等行业的工业互联网。以江苏为例,持续组织实施工业互联网平台培育工程,支持国家级“双跨”工业互联网平台建设发展。③建立

---

① 合力打造长三角先进制造业集群. http://theory.people.com.cn/n1/2023/0719/c40531-40038625.html[2024-06-04].

产业链、供应链跨省市协调机制。从生物医药产业的协同态势来看,长三角地区初步形成了以上海创新研发与周边省份原料生产、加工制造、服务外包于一体的协同模式,具备较强的国际竞争力。

在地市横向深化协作方面,长三角地区地市间依托自身基础,不断深化横向联合,强化优势互补,开展错位竞争,深化跨区域产业协作。在汽车、生物医药、船舶和航空高端装备等产业领域,协同发展水平不断提升。具体分布情况如下:①上海侧重于智能装备制造、智能制造新技术、工业机器人等规模性制造,以"特斯拉上海超级工厂"为示范案例,全面推进智能制造数字化转型,实施智能工厂领航计划。②浙江正围绕人工智能,打造智能硬件关键技术、先进系统芯片等研究中心。浙江结合"算力、算法、数据",通过"平台化"方式,赋能智能制造业,在软件层面助力智能制造业发展。③江苏坚持智能制造的发展方向,力图打造包含装备制造、工业软件、产业金融、人才供给的完整生态体系,明确了智慧大脑、人工智能产业的发展方向,多个智能计算中心、多个底层智能硬件平台接连投入使用。④安徽在升级传统制造业成为"智能工厂"时,尤其聚焦于新能源汽车行业及其上下游产业链,众多新能源车企在制造工业、数字化水平领域已取得较好成绩,达到了较高的经济效益转化率。

在优化产业链供应链生态方面,长三角地区不断推动大中小企业的融通发展、产业链、创新链、资金链共振,推动区域产业链供应链生态体系迭代升级。具体措施包括:①龙头企业带动中小企业协同发展。鼓励 G60 科创走廊行业龙头骨干企业通过专业分工、服务外包、订单生产、产业联盟等形式,带动区域内中小微企业进入产业链或配套体系。②加快建设各种类型产业协同创新中心,引导和鼓励龙头骨干企业入驻中心,承担科技研发、产业合作、政务服务等功能。支持各地现有的高新区、经开区和品牌产业园区,在 G60 科创走廊范围内开展合作,探索飞地经济模式。③依托上海证券交易所资本市场服务 G60 科创走廊基地和综合金融服务平台,为产业链龙头骨干企业和产业合作示范园区提供债权融资、股权融资、融资租赁等精准化、专业化、全生命周期金融服务。

3. 长三角地区智能制造产业创新网络治理成效与展望

2022 年,长三角地区三省一市实现 29 万亿元的 GDP 总量。在面临内外部多重压力挑战的情况下,长三角地区展现出较强的发展韧性,同比增速达到 2.5%,分别较上半年、前三季度提升 1.6 个、0.4 个百分点。2022 年底,工信部正式公布的 45 个国家先进制造业集群名单中,长三角地区三省一市共有 18 个先进制造业集群上榜,占全国总数的 40%,涵盖了新一代信息技术、高端装备、新能源及智能网联汽车等领域,为实体经济提质增效和区域经济发展注入强劲动力。

长三角地区制造业贡献了全国 1/4 的工业增加值，集成电路产业规模占全国 60%，生物医药和人工智能产业规模均占全国 1/3，新能源汽车产量占全国 38%。[①]汽车、民用航空、高端船舶、机器人等重点产业正发挥系统集成、整机牵引优势，带动上下游产业集聚发展。《2022 长三角区域协同创新指数》报告显示，长三角区域协同创新指数较 2011 年增长了近 1.5 倍，年均增速达 9.47%，尤其是成果共用、资源共享和创新合作等三个指标增长最显著。以资源共享为例，长三角科技资源共享服务平台自 2019 年开通至 2023 年 10 月，已经集聚 4 万余台大型科学仪器、22 台大科学装置、2377 个服务机构和 3180 家科研基地，为进一步提升区域内科技创新资源的配置能力发挥作用。

未来应从市场和制度两方面发力，推动长三角区域资源共享，实现要素在更大范围内的优化配置。具体措施如下：①以"双循环"新格局为导向，推动长三角一体化发展。这需要既促进长三角与国内外的互联互通，同时关注长三角内部的要素优化，构建国内外良性循环的整体系统。②建立长三角产业协同创新机制，将战略布局置于长三角产业协同升级的发展框架下，坚定地服务国家战略。③长三角地区应聚焦重点领域和关键环节，培育一批具有国际竞争力的本土企业，激发产业链内外双循环的发展活力。④发挥上海高端服务业的优势，有效提升长三角价值链效率，促进产业要素自由流动，实现长三角区域价值链整体升级。

---

① "新时代工业和信息化发展"系列新闻发布会第十场今日举行 介绍十年来我国制造业区域协调发展情况. https://wap.miit.gov.cn/gzcy/zbft/art/2022/art_a5c3819260b04dc1ab7af974868b63ba.html[2024-06-04].

第5章　新兴产业创新网络治理的机制研究

本章分别从新兴产业集群创新、新兴产业跨区域创新以及未来产业创新三个层面研究新兴产业创新网络治理机制。首先，介绍新兴产业集群创新网络治理的内涵特征、行为主体以及机制设计；其次，提出产业链跨区域创新网络治理的仿真分析设计，并对中国商飞 C919 的跨区域创新网络治理进行案例分析；最后，分析未来产业创新网络治理的机制设计。

5.1　新兴产业集群创新网络治理机制

5.1.1　新兴产业集群创新网络治理机制的内涵和特征

1. 新兴产业集群创新网络治理机制的内涵

新兴产业集群代表了一种引人注目的产业生态系统，它是由地理上相邻的企业和相关机构构建的网络，这些企业和机构通常都专注于应用先进的技术和工艺。这种地理紧密联系的集群模式旨在通过协同合作和信息交流来实现共生和相互促进，从而创造一种协同效应，推动新兴产业的繁荣和增长。在新兴产业集群中，企业和机构之间的地理接近性不仅促进了知识和经验的交流，还为合作提供了便捷的条件，这种紧密联系的生态系统鼓励了创新的传播，有助于不同参与者之间的技术交流和共同研究。这种合作精神不仅有助于降低研发和生产成本，还有助于提高产品和服务的质量，使新兴产业集群成为引领市场的力量。新兴产业集群的发展不仅受益于技术的传递，还受益于资源的共享。企业和机构可以共享基础设施、人才资源和供应链，从而降低运营成本，提高效率。此外，集群中的参与者还能够共同应对市场挑战，减轻竞争的风险。

实现新兴产业集群的成功发展，治理机制是至关重要的关注点，这是因为这些集群代表着高度复杂的产业网络，需要精心规划和协调，以实现其最大潜力。建立集群创新网络治理机制是关键的一步，它旨在推动技术变革和组织变革，从而确保集群的可持续繁荣。新兴产业集群创新网络治理机制是一种协同管理和协作框架，致力于推动新兴产业集群的全面发展和持续创新，这一治理机制涉及各种利益相关者，包括政府、企业、学术界、中介机构和社会组织，是一种多方合作的框架。通过协同管理和协作，各方合作解决挑战、抓住机遇，促进创新资源协调、技术发展、就业机会增加以及可持续经济增长。新兴产业集群创新网络治理机制为集群的繁荣和可持续发展提供了坚实的基础，有助于社会经济的不断进步。

新兴产业集群创新网络治理机制鼓励各方共同致力于创新。通过集合不同领域的专业知识和经验，新兴产业集群成员可以共同探索新的创新途径，推动技术和产品的不断进步，从而提高集群的竞争力，并推动市场的不断演进。此外，新兴产业集群创新网络治理机制通过协调资源的使用，提高了资源的有效性。不同的成员可以共享研发设施、实验室资源和其他基础设施，减少资源浪费，提高生产效率，降低成本，这有助于确保资源的最佳利用，从而促进集群的可持续发展。同时，新兴产业集群创新网络治理机制还推动了技术的快速发展。各方合作推动技术的研究和开发，促进新技术的快速采用和商业化，这有助于提高市场的竞争力，创造更多的商机，推动就业机会的增加。新兴产业集群创新网络治理机制还鼓励可持续的经济增长。通过促进创新和技术进步，它有助于推动经济的发展，提高生活质量，并为社会和地区的繁荣做出贡献。同时，它还强调了社会和环境的可持续性，有助于减少不利影响，促进更加可持续的经济增长。

2. 新兴产业集群创新网络治理机制的特征

新兴产业集群创新网络治理机制的效率直接决定着新兴产业集群的发展，作为新兴产业集群创新网络变革的关键，掌握新兴产业集群创新网络治理机制的特征是有效规划治理路径、保障治理顺利实施的先决条件。新兴产业集群创新网络治理机制的特征主要包括：多元参与、开放透明、协同合作、创新导向和长期可持续性。

1）多元参与

新兴产业集群创新网络治理机制通常需要广泛的多方利益相关者参与，包括政府、企业、学研组织和中介机构等各方。这些参与者代表着不同的领域和利益，他们通过协同合作来推动创新和产业的持续发展。这种多元的参与体系具有多重益处，使得新兴产业集群创新网络的治理能够应对更加多样化、复杂化的挑战。

首先，政府在新兴产业集群中扮演着重要角色，可以提供政策支持、法规制定和资金投入，以促进创新和发展。政府还可以扮演协调者的角色，协助不同利益相关者协同工作，共同实现目标。其次，企业是新兴产业集群的核心。大型企业可以提供资金和资源，支持研发和创新项目，小型企业和初创企业则可以带来灵活性和创新性，推动技术的快速发展，企业之间的协作有助于提高产业的竞争力。再次，学研组织的参与也至关重要。学术机构和研究机构通常是创新的知识源，它们可以提供最新的研究成果和技术知识，促进技术的进步，还可以为培训和教育提供支持，培养新一代的创新人才。最后，中介机构是创新网络中的纽带和桥梁，它们起到连接和协调各方的关键纽带作用，有助于建立联系、协调资源、提供专业知识、解决问题，推动创新网络的可持续发展。中介机构的存在使创新网络更加高效和成功，为创新和发展提供了坚实的基础。

多元的参与确保了各种专业知识和资源的整合，有助于应对多样化的挑战，如解决技术开发、市场准入、法规合规等问题。通过协同合作，各方能够共同解决这些挑战，实现新兴产业集群创新网络的成功和新兴产业的繁荣。

2）开放透明

新兴产业集群创新网络治理机制倡导开放透明，以促进信息的广泛共享和公开，确保决策的公众可见性。这一原则对于各种组织和机构都具有重要意义，因为它有助于建立信任，提高决策的合法性，同时也激励创新和知识交流。

首先，开放透明有助于建立信任。当组织和机构采取开放的态度，分享信息和决策过程，他们便向公众传递了透明和可信赖的形象。这种透明性建立了信任，使人们更有信心参与和支持组织的活动，这对于政府、企业和社会组织来说都非常重要，因为信任是有效治理的基础。其次，开放透明有助于提高决策的合法性。当决策过程公开时，公众可以了解决策的依据和原因，他们更容易接受决策结果，这有助于确保决策的合法性，减少争议和抵抗，在政府决策、企业管理和社会组织活动中都具有重要意义。再次，开放透明鼓励创新和知识交流。当信息和经验得到广泛分享时，各方可以更容易地学习和借鉴最佳实践，这有助于促进创新，加速问题解决，推动技术和经验的进步。在创新网络和研究领域，开放透明有助于知识的传播和协作。最后，开放透明还有助于减少腐败和不当行为。当决策过程对公众可见时，更容易发现和纠正不当行为，这有助于确保组织和机构的正当性，提高治理的质量。最重要的是，开放透明是现代治理的核心原则。在数字时代，信息传播更加迅速和广泛，公众对决策和行动的需求也更为迫切。因此，开放透明不仅是一种选择，更是一种必要，以满足公众的期望和维护社会的稳定与发展。

3）协同合作

新兴产业集群创新网络治理机制的核心理念在于各利益相关者通过协作，共享资源、分担风险和分享成果，以推动产业的创新和可持续发展。

首先，协同合作有助于资源共享。在新兴产业集群中，各参与方通常具有各自的资源和优势，如资金、设备、技术和专业知识。通过合作，他们可以共享这些资源，提高资源的利用效率，这不仅有助于降低成本，还有助于加速项目的推进。例如，多家公司可以共同投资研发中心，从而共享设备和人才，推动技术创新。此外，各方通过共同努力，建立了相互信任和依赖的关系，有助于长期合作和可持续发展，这对于新兴产业集群来说至关重要，因为它们需要持续的合作来应对不断变化的市场和技术挑战。各方可以在合作中分享经验和专业知识，在实践中达到"1＋1＞2"的效果，并不断提高自己的能力，这有助于推动技术的发展和创新，促进人才的培养和质量提升。其次，协同合作有助于降低风险。创新和产业发展通常伴随着一定的风险，如技术失败、市场波动和竞争压力。通过合作，各方可以分担风险，减轻单一组织的负担，这有助于鼓励更多的创新投资，因为风险得到了分散和管理。在此基础上，各方共同努力，可以更快地实现共同的目标，如技术研发、市场推广和人才培养，有助于提高产业的竞争力，因为成果可以更快地进入市场，满足客户需求。

新兴产业集群创新网络治理机制强调协同合作，通过各方共同努力解决共同问题，实现共同的目标。协同合作有助于资源共享、降低风险、加速实现成果、知识交流和合作伙伴关系的形成。新兴产业集群创新网络治理机制为新兴产业集群的成功和可持续发展提供了坚实的基础，促进了产业的创新和增长。

4）创新导向

新兴产业集群创新网络治理机制以促进创新为主要目标，致力于激发技术研发和创新活动，从而推动新兴产业的发展。支持研发项目是新兴产业集群创新网络治理机制的一项关键举措，通过资助研发项目，新兴产业集群创新网络治理机制可以鼓励企业和研究机构投入更多的资源和精力用于技术研究和创新活动，这有助于推动新技术的开发和推广，提高产业的竞争力。支持研发项目还有助于加速问题的解决，推动技术的进步。设立创新基金是新兴产业集群创新网络治理机制的另一重要举措，这些基金可以提供资金支持，用于创新活动和研发项目。创新基金有助于降低资金的风险，吸引更多的投资者和创新者参与新兴产业集群。创新基金也可以为投资者和创新者提供灵活的资金来源，用于支持初创企业和创新项目。此外，知识产权保护也是新兴产业集群创新网络治理机制的一个不可或缺的组成部分。保护知识产权有助于激励企业和个人投入更多的资源用于研发和创新，促使更多的创新活动，吸引更多的投资。

新兴产业集群创新网络治理机制通过这些措施共同推动创新，为新兴产业的发展创造了有利的环境，鼓励创新者在创新网络中进行合作和知识共享，加速技术的传播，降低市场准入壁垒，从而促进新兴产业的快速增长。

5）长期可持续性

长期可持续性是新兴产业集群创新网络治理机制的一个重要特征。它囊括了集群的稳定性、创新力和竞争力等方面，旨在确保该机制在不断变化的市场环境中为集群的持续发展提供坚实支持。了解和积极塑造长期可持续性特征对政策制定者、企业和研究机构都至关重要，因为它有助于促进新兴产业集群的长期创新和可持续发展。首先，长期可持续性包括集群的稳定性。新兴产业集群需要在长期内维持其存在和发展，而不仅是一时的繁荣，这要求其治理机制具备稳定性，能够适应市场的变化和挑战。稳定性有助于吸引投资、保持就业机会、维护供应链和提供长期价值。其次，长期可持续性涉及创新力。创新是新兴产业集群成功的关键因素，不仅需要短期内的创新，还需要长期内的创新。治理机制应鼓励创新活动，培养创新文化，推动技术的不断进步，这有助于确保集群在不断变化的市场中保持竞争力。此外，长期可持续性还包括竞争力。新兴产业集群需要在长期内保持竞争力，与全球市场竞争对手抗衡，这要求集群的企业和机构能够适应技术和市场的变化，提供高质量的产品和服务，并寻求新的竞争优势。竞争力有助于集群吸引客户和合作伙伴，推动经济增长。最后，长期可持续性考虑了环境和社会责任。新兴产业集群需要在长期内对环境和社会产生积极影响，这要求治理机制关注可持续的生产和经营方式，降低资源浪费，减少排放，并回馈社会。这有助于维持新兴产业集群与环境和社会的和谐关系，以确保可持续性的发展。

　　了解和塑造长期可持续性特征对政策制定者、企业和研究机构都至关重要。政策制定者可以制定鼓励长期可持续性的政策，企业可以通过战略规划和创新活动来促进可持续性，研究机构可以进行相关研究和知识分享。这种综合性的合作有助于确保新兴产业集群在不断变化的市场环境中取得长期的创新和可持续发展。

5.1.2　新兴产业集群创新网络治理机制的主体分析

1. 新兴产业集群创新网络的内部行为主体

　　企业在新兴产业集群创新网络中扮演着核心角色，是创新的主要推动力量。这些核心企业与其他企业之间既合作又竞争，构成了集群创新网络的关键组成部分，这样的互动关系在新兴产业的发展中至关重要，因为它们激发了创新，提高了产业的竞争力。全球价值链的配置导致不同地区的新兴产业集群在价值链上承担不同的环节。即使在同一个集群内，不同类型的企业也可能会承担不同的生产环节，这意味着在一个新兴产业集群中，可以找到多种企业类型，包括核心企业、上游企业和下游企业，它们和竞争对手一起构成了创新网络的核心。核心企业通常在创新网络中发挥主导作用，因为它们拥有更多的资源和技术实力，往往在新技术的研发和应用方面处于领先地位，同时也是合作伙伴和供应商的首要选择。上游企业专注于提供原材料和关键技术，下游企业往往致力于产品的市场推广和销售，竞争对手则在竞争中刺激核心企业不断创新，以保持市场份额。本节将从核心企业和关联企业这两个角度对新兴产业集群创新网络的内部行为主体进行具体分析。

　　1）新兴产业集群创新网络的核心企业

　　在新兴产业集群中，核心企业扮演着至关重要的角色，它们通常是关键环节的主要参与者，一般是大型制造商、核心技术研发机构等，位于价值链的高端，提供高附加值的产品和服务，如图 5.1 所示。这些核心企业往往是该集群的关键驱动力，推动创新和技术进步，有助于提高整个集群的竞争力和地位。其他企业和机构则在集群中为核心企业提供各种服务和满足各种需求，以支持其创新和生产活动。有时，一个或多个企业占据主导地位，掌握着价值链核心，对全球新兴产业价值链的发展至关重要，它们通常在技术、市场份额、品牌影响力等方面具有竞争优势，从而影响了整个产业集群的地位和竞争地位。这些核心企业的发展和创新推动了集群的整体增长，吸引了更多的关联企业和机构。然而，值得注意的是，迄今为止，波特提出的产业集群概念可能并没有充分考虑核心企业在集群中的重要性。核心企业的引领和发展对于集群的成功和长期可持续性发展至关重要，仍需要更多的关注和研究，以便更好地理解它们在新兴产业集群中的作用和影响，从而为政府、产业协会和其他利益相关者提供更好的指导，来支持核心企业的发展，促进新兴产业集群的繁荣。

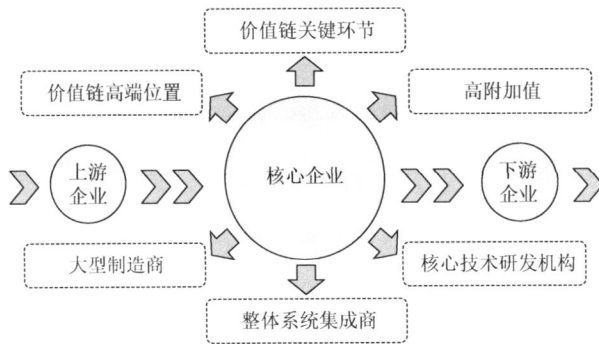

图 5.1　核心企业

　　核心企业的发展不仅推动着整个产业集群的共同增长，还促进了创新知识的传播和技术进步。通常情况下，产业集群由一家或几家企业主导，这些主导企业即核心企业。核心企业在产业集群中扮演着关键角色，因为它们拥有更多的资源、技术和更大的市场影响力，有能力主导创新和推动产业的发展。长期以来，新兴产业价值链的关键环节通常被国外大型企业垄断，而中国更多地参与较低附加值的环节。然而，中国在经济和科技方面的持续发展，使其逐渐具备了在新兴产业价值链中扮演核心角色的能力。新兴产业价值链逐渐向高附加值环节转移的同时，本地的核心企业逐渐崭露头角，开始在全球产业中发挥重要作用。中国的核心企业在技术研发、创新和市场竞争中慢慢获得了一些竞争优势。这些企业推动了国内新兴产业集群的形成和发展，吸引了更多的企业和机构加入集群，形成了更加复杂和多样化的创新网络。这种发展趋势有助于提高中国在全球新兴产业中的竞争力与地位，同时促进了国内新兴产业的发展和国际竞争力的提升。

在创新网络中，核心企业的地位至关重要，它们是关键和主要的推动力量，特别在新兴产业中，技术创新扮演着至关重要的角色。大型制造商和研发主体需要不断进行技术创新，以保持其竞争优势和适应不断变化的市场需求。核心企业通常是这些技术创新的主要推动者，因为它们通常拥有更多的资源、知识和经验，能够引领产业的发展方向。此外，核心企业的技术创新也对供应商企业产生激励作用。在创新网络中，核心企业通常拥有特定的权力，能够合作制定规则和契约，以约束和惩罚机会主义行为。这种权力有助于确保创新网络的公平和透明，减少不道德行为。与此同时，核心企业还促进了创新知识和隐性知识的交流，通过与其他成员的合作，提高整个产业集群的创新能力。

核心企业的引领和技术创新不仅有助于推动整个创新网络的发展，还有助于提高产业集群的竞争力和可持续增长。这种相互作用和知识共享有助于加速技术进步，提高生产效率，从而为整个产业集群带来更多的机会和增长潜力。因此，核心企业在创新网络中扮演着不可或缺的角色，对新兴产业的发展和整个集群的繁荣具有深远的影响。

2）新兴产业集群创新网络的关联企业

关联企业指与主要核心企业存在经济、财务或实际控制关系的其他企业。这些企业之间建立了一种密切的商业关系，它们互相合作、共同发展，并通常签订了合作协议和合同以明确各自的权益和义务，这种紧密的协作关系使它们形成互相关联和互相依存的商业关系，共同追求共同的目标和利益。关联企业之间的合作可以涉及多个方面，包括共享资源、技术交流、市场拓展、生产合作等。它们通常共同努力以提高效率、降低成本、加强市场竞争力，以获得更多的商业机会。此外，它们也有合作协议和合同来明确经济和财务方面的关系，以确保各自的权益受到保护。关联企业之间的紧密协作和依存关系在商业世界中很常见，有助于企业更好地应对市场变化、创造更多的价值，并共同应对各种挑战。这种协作关系有助于实现规模经济效应，推动创新和技术进步，从而提高整个商业生态系统的竞争力。在全球经济中，关联企业也扮演着重要的角色，促进了国际合作和跨境业务发展。

在新兴产业集群中，关联企业是那些与核心企业相关的企业，它们在产业集群中担当着多种角色，包括零部件加工、原材料供应商、经销商等，如图 5.2

所示。关联企业通常专注于分包生产和部分研发活动，其生产环节通常具有较低的附加值和较低的技术含量。相较于核心企业，它们扮演着一种补充供应的角色，为核心企业提供所需的物料、部件和服务。关联企业的活动通常与核心企业的需求和生产流程紧密相关。它们可能是核心企业供应链的一部分，生产关键零部件或提供原材料，以支持核心企业的生产。此外，它们也可能承担产品的分销和市场推广，以确保产品最终能够到达客户手中。虽然这些关联企业的生产环节通常附加值较低且技术含量较低，但它们在整个产业集群的运作中发挥着至关重要的作用。它们的存在和合作使核心企业能够更好地专注于核心技术和创新，而不必侧重于生产和供应链管理。这种分工和协作模式有助于提高整个产业集群的效率，使每个企业可以充分发挥自身的优势，从而推动整个产业的发展和竞争力的提高。

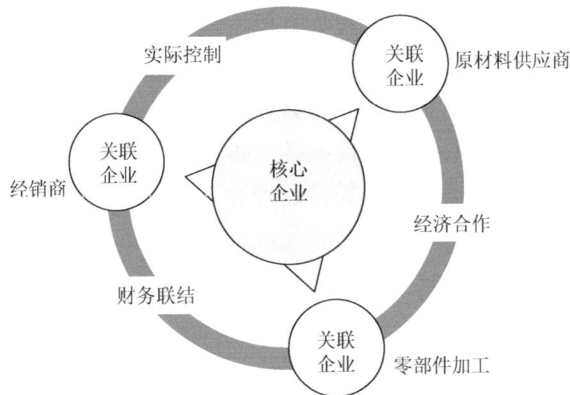

图 5.2　关联企业

在创新网络的形成过程中，核心企业虽然通常扮演着主要的技术创新推动者的角色，但实现整个价值链的创新溢出效果需要与纵向供应链和横向竞争企业进行合作。这种协作不仅能够加速技术创新的传播，还有助于提高整个产业的创新水平。关联企业在这一过程中扮演着重要的角色，它们不仅是核心企业的供应商和合作伙伴，还是核心企业的重要信息来源。通过与关联企业的合作，核心企业可以更好地理解市场需求、技术趋势和竞争动态，从而更有针对性地进行创新。这种合作还有助于降低技术创新的风险，因为不同企业之间的共同努力可以分担风险，使创新活动更具可行性。此外，如果上下游企业或竞争企业不积极进行创新，可能会逆向影响核心企业的创新。因为在创新网络中，各个企业相互关联，彼此之间的技术进步和合作协作是互相促进的。如果某些企业停滞不前或未能跟上创新步伐，那么整个创新网络可能会受到拖累，进而妨碍创新网络的形成和发展。

2. 新兴产业集群创新网络的外部利益相关者

在产业集群中，企业创新网络的形成和发展不仅需要考虑内部治理机制，还必须非常重视外部治理机制，这是因为外部利益相关者在新兴产业集群创新网络中扮演着关键的角色，对于管理道德风险和限制机会主义行为至关重要。外部利益相关者包括政府、行业协会、消费者团体、环保组织等，它们通常具有监督、规范和合规方面的权力和责任。外部利益相关者关注产业集群的发展，希望确保其创新网络的运作是合法的、道德的，同时有助于社会和环境的可持续发展。外部治理机制需要涵盖政府政策、法规、行业标准和伦理准则等方面的内容，以确保企业创新网络在其创新活动中遵守相关法律法规，关注社会责任，以及促进相关行业迈向发展。这种外部治理机制有助于防止出现不当行为，确保创新网络在其发展中是合规的且有益于社会的。下面对地方政府、学研组织和中介服务机构这三个外部利益相关者进行具体分析。

1）地方政府

尽管地方政府通常不是技术创新的主要源头，但它们在新兴产业集群的技术创新和产业升级中扮演着关键的角色。政府通过提供资金支持、制定政策和提供资源等方式，对企业的技术创新产生深远的影响，从而促进新兴产业的发展。政府的资金支持可以帮助企业承担研发成本，推动技术创新项目的开展。此外，政府还可以通过税收政策、奖励计划和创新基金等手段来鼓励企业投入更多资源和精力到技术创新中。这种支持有助于提高企业的创新能力，促进新兴产业的发展和升级。政府的政策制定也可以影响企业的技术创新方向和重点。通过制定支持新兴产业的政策，政府可以引导企业将更多的注意力和资源投入有前景的领域，从而推动整个产业的升级。政府还可以通过制定法规和标准来规范产业行为，确保技术创新是合法和符合伦理的。此外，政府作为显性力量，还有能力推动企业与科研机构和中介服务机构建立联系，促进新兴产业集群创新网络的形成。政府可以促进跨界合作和知识共享，鼓励企业之间的协作，以加速技术创新的发展。政府在企业创新方面的支持和引导主要体现在四个方面，具体内容如表 5.1 所示。

表 5.1　政府支持引导企业创新的表现方式

方式	具体表现
机制构建	加快创新教育机制发展，提升企业创新能力，储备创新人才
平台建设	建立创新网络平台，推动政产学研用创新体系的形成
氛围营造	营造积极创新氛围，促进创新并维护地区与跨地区的合作关系
经费保障	设立科创投资基金，拨发专项研究经费

　　此外，中国大部分的大学和科研机构都是国家的所属机构，政府在它们的建立和发展过程中扮演着非常重要的角色。一方面，政府需要为大学和科研机构提供项目资金和科研启动资金，并对创新成果进行奖励；另一方面，政府通过立法来保护技术创新成果，并提供必要的法律保护环境以促进创新活动的实施。

　　2）学研组织

　　学研组织，如高等院校和科研机构，在新兴产业集群中发挥着至关重要的作用，它们不仅是技术创新的主要来源，还是培养创新人才的重要机构，如图 5.3 所示。企业通常与学研组织建立紧密的合作关系，构建产学研联盟，以推动协同创新的发展。在这种合作中，学研组织负责主要的技术研发工作，而企业提供资金支持，承担成本，并有权将研发成果转化为商业应用。学研组织具备丰富的专业科研技术和人才资源，为企业的技术创新提供了有力支持，它们的科研成果和专业知识可以帮助企业解决技术难题，加速产品研发周期，提高创新的质量和效率。此外，学研组织也扮演着培养创新人才的角色，为新兴产业集群提供了具备专业知识和实践经验的人才，有助于满足企业的人才需求。建立企业与学研组织的创新网络有助于降低合作风险和交易成本。通过建立明确的合作协议和分工安排，双方可以更好地协作，分担风险，确保合作项目的顺利进行。此外，学研组织通常拥有更多的研究资源和实验设备，可以为企业提供必要的研究设施，从而降低企业的投资和运营成本。

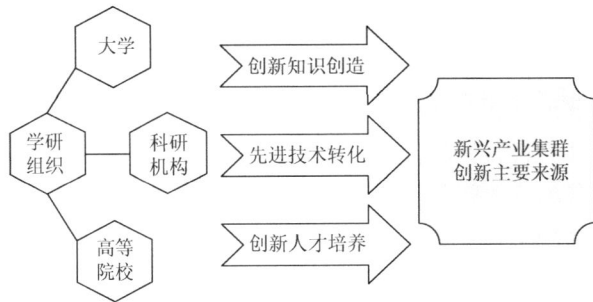

图 5.3　学研组织

　　在新兴产业的技术创新中，人力资源扮演着至关重要的角色。创新能力与人力资源密切相关，在新兴产业集群中，创新人才起着关键的推动作用。高等院校和科研机构不仅提供创新知识和技术，还是隐性知识的创造者，对企业的创新活动实施产生深远影响。高等院校和科研机构是知识的源头，它们拥有一流的教育和研究资源，培养了大量具备前沿知识和专业技能的人才。

这些人才是新兴产业创新的中坚力量，他们将学术知识转化为实际应用，推动新技术和新产品的研发。高等院校和科研机构在隐性知识的创造方面发挥着重要作用。除了明显的知识传授，这些机构也促进了隐性知识的创造和传播，包括研究方法、创新思维和问题解决技能，这些方面的知识对于企业的创新活动同样至关重要。高等院校和科研机构与企业的成本管理密切相关。它们通过研究项目的合作和资源共享，帮助企业降低研发和生产成本，有助于企业更有效地控制成本，提高竞争力。新兴产业的产品通常具有高科技含量和高附加值，使得高等院校和科研机构成为新兴产业科技发展的主要推动者。它们与企业之间的合作协议不仅促进了技术的创新和转化，还有助于提高产品质量和竞争力。

高等院校和科研机构被视为极为重要的创新资源，因此建立企业、高等院校和科研机构之间的合作体系对于提高企业创新能力以及整个产业集群的协同创新水平至关重要。协同创新水平直接影响着产业集群能够获得多少创新收益，而在新兴产业中，由于技术含量高，需要更多的研发资源和技术支持。因此，产学研联盟在高科技企业中广泛存在，它们为企业提供了与高等院校和科研机构的合作框架，以便共同开展研究和开发创新性产品，这种协同合作有助于加速新技术的开发和商业化应用，提高产业的竞争力。有些企业甚至采取更进一步的举措，将高等院校和科研机构的实验室迁入企业内部，以促进技术研发和产品化创新成果。这种合作模式不仅有助于企业获取最新的科研成果和知识，还提供了实验设备和研究基础设施的共享，降低了研发成本和风险。此外，学术界的专业知识和实践经验与企业的市场洞察力和商业运营经验相结合，推动了更有前景的研发项目，有助于新技术的快速应用和商业化。

综合来看，企业、高等院校和科研机构之间的合作体系是新兴产业集群中协同创新的关键要素，它有助于提高企业创新能力，推动新技术的发展，提高产业集群的创新水平，从而促进整个产业的升级和竞争力的提高。这种合作模式为创新提供了强大的支持和动力，推动了新兴产业的快速发展。

3）中介服务机构

行业协会是一种非营利的社会组织，虽然它们没有强制性的权力，但具有高度的公正性，能够有效地调解产业集群内部的利益冲突，发挥着重要的调和作用。这些协会通常由行业内的相关企业和机构自愿组成，旨在共同推动行业的发展和利益的维护。行业协会的作用是多方面的。首先，它们有助于弥补市场和政府的不足之处。市场在自由竞争中可能出现一些不完善的情况，如信息不对称、不公平竞争等问题，而政府的干预则可能引发过度监管或监管不足的问题。行业协会作为行业内的自我监管机构，可以填补这些缺陷，通过建立行业规范和行为准则，改善市场竞争环境，确保市场的公平和透明。其次，行业协会有助于避免恶性竞争。在产业集群中，企业之间的竞争是不可避免的，但过度激烈的竞争可能导致资源的浪费和对产业的伤害。行业协会可以通过协调和合作，协助企业避免过度竞争，促进合理的竞争，从而提高整个产业的效益。此外，行业协会还能发挥调解作用。在产业集群中，各种利益相关者之间可能发生利益冲突，如供应商与制造商、企业与政府之间的纠纷。行业协会作为一个中立的组织，可以帮助各方寻求共同的解决方案，达成协议，维护产业和整个集群的稳定。

中介服务机构，如科技中介、行业协会和风险投资机构，在创新网络中发挥着至关重要的角色，如图5.4所示。它们充当了企业与其他创新主体之间的桥梁，促进了创新知识的传播和技术转移，有助于提高产业集群的整体创新水平。中介服务机构通过信息传递起到了促进创新知识传播的关键作用。它们充当了信息的传播媒介，将来自不同领域和来源的知识汇聚在一起，帮助企业获取最新的科研成果和技术信息。这有助于企业更快地了解市场趋势和竞争对手的动态，从而有针对性地进行技术创新和产品开发。中介服务机构在创新网络中推动创新知识整合和技术应用，有助于企业将不同领域的知识和技术相互整合，促进跨领域合作和创新。这种协同作用有助于提高创新成果的质量和市场竞争力，提升产业集群的整体创新水平。行业协会在新兴产业集群中也起到了重要的作用。它们充当了政府与企业之间的纽带，参与产业政策和法规的制定，协助政府政策的实施，有助于保障产业集群的利益和发展方向，确保政府政策与产业实践相互协调，促进了政府与企业的合作和互动。

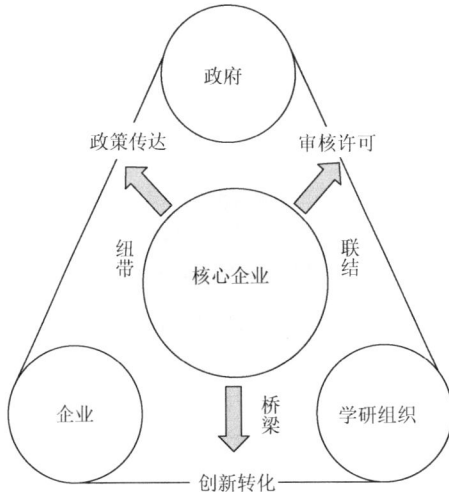

图5.4　中介服务机构

新兴产业集群中，行业协会和中介服务机构扮演着至关重要的角色，它们充当了政府与企业之间的重要桥梁，有助于促进企业意见反馈和政策传达，以及在一定程度上承担了政府职责，包括审核资格、制定规范和监管。然而，尽管它们的作用巨大，我国对这些组织的价值认知仍不足，这将会导致资源的浪费和不能充分发挥其潜力。行业协会在新兴产业集群中扮演着特别重要的角色，它们有助于汇聚行业内企业的共同利益和关切，提供一个平台，让企业可以共同探讨问题，分享最佳实践，以及向政府反映业界的声音。例如，中国工业节能与清洁生产协会新兴产业专业委员会致力于推动新兴产业（如新能源、可再生能源、智能制造等）的发展，通过组织行业内企业和专家学者共同探讨技术创新、政策支持等问题，促进新兴产业的健康发展。此外，中国工业节能与清洁生产协会新兴产业专业委员会还参与制定相关新兴产业的标准与规范，如新能源产品的技术标准、智能制造的数据安全规范等，为行业提供统一的技术规范，促进产业标准化和规范化。行业协会还能够制定行业规范和标准，促进行业内的自我监管，从而提高整个行业的质量和竞争力。此外，行业协会也可以在政府政策制定过程中提供专业意见和建议，确保政府政策能够更好地符合行业需求。中介服务机构在企业创新活动中发挥着重要的辅助作用。它们连接不同生产环节的企业，提供各种服务，如金融和法律保障，帮助企业解决资金问题和处理法律事务，从而降低了创新活动的风险和成本。这些中介服务机构还有助于企业寻找合适的合作伙伴，协助技术转让和知识共享，促进了产业集群内部的合作和创新。

　　总之，行业协会和中介服务机构在新兴产业集群中扮演着关键的角色，它们有助于促进企业之间的合作和信息交流，提高产业的整体创新水平，以及维护行业的稳定和竞争力。因此，更多的认识和支持对于这些组织的发展至关重要。企业需要积极参与行业协会和中介服务机构组织的项目和活动，分享资源和经验，寻求支持和指导，参与行业标准制定，并参与政策倡导，从而实现合作共赢，推动新兴产业的发展和壮大。

5.1.3　新兴产业集群创新网络治理的机制设计

1. 新兴产业集群创新网络的内部治理机制

　　新兴产业集群创新网络的内部治理机制在确保成员合作与成功发展方面起到至关重要的作用。这些创新网络通常由多方参与者构成，包括企业、研究机构、政府部门等，因此需要建立有效的机制来协调各方的利益和活动。

　　新兴产业集群创新网络的内部治理机制包括声誉机制、信任机制和公平机制。这些机制共同促进创新网络的建立和发展。首先，声誉机制在内部治理机制中扮演着关键角色。成员的声誉和信誉对于建立信任和吸引合作伙伴至关重要。声誉机制可以通过跟踪和记录成员的表现，评估其贡献度和诚信度，从而鼓励成员遵守规则和承担责任，有助于减少不当行为，维护网络的声誉，促进更多机构的积极参与。其次，信任机制也是内部治理的核心元素。信任机制可以通过建立良好的合作伙伴关系、共享成功案例和提供相互支持的机制来强化，有助于降低合作中的风险和不确定性，从而激发更多成员的信心，增进协作。最后，公平机制也是内部治理不可或缺的组成部分。成员之间的公平感可以通过公平的资源分配、机会均等和决策过程的民主性来实现。公平机制有助于避免权力不平衡和不公平竞争，确保每个成员都有平等的机会参与和受益。

新兴产业集群创新网络的内部治理机制（图 5.5）通过声誉、信任和公平等方面的考虑，促进了合作创新的稳定发展，降低了机会主义行为的风险，为创新网络的形成和成功运行提供了坚实基础。这些机制在维护企业合作关系、提高效率和建立信任方面发挥了关键作用。本节将从声誉机制、信任机制和公平机制这三个方面对新兴产业集群创新网络内部治理机制进行具体分析。

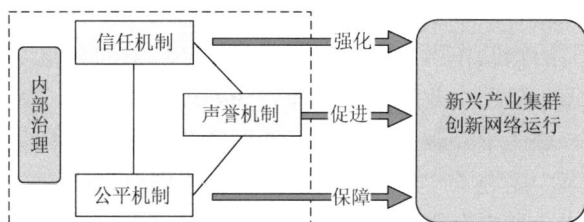

图 5.5　新兴产业集群创新网络的内部治理机制

1）声誉机制

为促进创新网络的建立，必须采取措施降低机会主义行为的吸引力，同时增加其代价，以避免机会主义行为的高额外收益对创新网络造成破坏。相反，提高机会主义行为的成本将有助于创新网络的形成和持续发展。在集群创新网络中，声誉机制被视为至关重要的工具，用以限制企业合作创新中的机会主义行为，特别是在合作关系建立前和初次合作后，声誉机制发挥着重要作用。声誉机制通过建立并维护参与者的声誉来提高机会主义行为的成本。当企业明白他们在创新网络中的声誉受到监督和评估时，他们更有动力遵守合同和合作规则，以维护其声誉。此外，声誉机制还通过分享信息和经验来增进合作伙伴之间的信任，从而促进更深层次的合作。在集群创新网络中，建立声誉机制需要明确的评估标准和有效的制裁措施，以确保机会主义行为者承担责任，同时奖励忠诚和诚实的合作伙伴。

在考虑合作创新之前，企业需要对潜在合作伙伴的声誉进行评估。网络结构和地理临近性在这一过程中起到了关键作用，使声誉信息的获取更为便捷。这种信息获取的便捷性使企业能够更好地了解潜在合作伙伴过去的行为和信誉,进一步降低道德风险,促进创新网络的形成和发展。好声誉在吸引更多潜在合作伙伴方面起到了积极的作用。企业通常更愿意与声誉良好的伙伴进行合作,因为这可以降低合作中的不确定性和风险。声誉好的企业更容易建立信任关系,这有助于促进知识和资源的共享,从而推动创新网络的生长。在集群创新网络中,重复博弈的机制和声誉的积累变得尤为重要。不良声誉可能导致制裁和排斥,这迫使企业避免机会主义行为,从而降低违约风险。重复博弈有助于建立合作伙伴之间的互信,减少合作中的不道德行为,从而维护创新网络的健康。

在合作创新的背景下,企业如果采取机会主义行为,可能会在短期内获得某些好处,但这种行为往往会导致长期的损失。这是因为集群网络要求企业考虑声誉和长期利益,而不仅是眼前的短期利益。在面对机会主义者时,采用一种被称为“冷酷战略”的方法是明智的选择。“冷酷战略”强调了企业应该将长期利益置于短期利益之上。企业在合作中需要建立信任和良好的声誉,这对于长期的合作和创新网络的稳定至关重要。如果企业只追求短期的个别利益,而不考虑合作伙伴的利益和声誉,很可能会破坏合作关系,失去未来的合作机会,以及可能的长期合作伙伴。这种损失可能远远大于机会主义行为所带来的一时的好处。此外,集群网络通常具有一定程度的自我调节和制裁机制。其他合作伙伴可能会对机会主义行为采取行动,包括排斥或制裁,以保护合作网络的整体利益,这意味着企业应当警惕因机会主义行为而面临的潜在风险。

在新兴产业集群中,声誉机制在缺乏等级制度和行政权力的情况下发挥着关键的激励和限制作用。这是因为在这些集群中,企业之间通常不存在明显的权威机构或强制力,因此声誉成为一种自我调节和激励的方式。创新网络本身为成员企业提供了激励,因为它提供了同时享受高协同效应和低交易成本的机会。在这种网络中,企业可以更轻松地共享知识、资源和经验,从而获得更多的网络协作收益。然而,为了充分利用这些协作机会,企业需要维护良好的声誉,以吸引潜在的合作伙伴和建立信任。声誉机制通过建立和维护企业的声誉来激励其遵守合作规则和契约,从而降低机会主义行为的风险。企业知道,通过保持良好的声誉,他们可以更容易地吸引其他合作伙伴,获得更多的合作机会,并实现长期的利益。这种自我激励和自我调节的机制有助于维护创新网络的稳定性和可持续性,促进新兴产业集群的成功发展。

在集群网络中,企业通常处于相对接近的地理位置,并参与共同的产业或领域。这种亲近性和共同性促进了更紧密的合作和信息共享,有助于减少信息不对称。此外,声誉机制通过建立和维护企业的声誉来激励它们遵守合作规则和契约,从而减少机会主义行为的风险。企业明白,通过保持良好的声誉,它们能够吸引更多的合作伙伴,获得更多的合作机会,并在长期内受益。这种激励和自我调节机制有助于维护创新网络的稳定性，推动成员企业更多地考虑集体利益，而不是短期的个人利益。

2）信任机制

信任机制是在降低企业创新合作中机会主义行为成本方面的另一种有效途径。高机会主义成本的存在增加了风险，但也有助于维持创新关系的稳定性，同时促进了创新网络的建立。因此，合作双方应积极考虑机会主义行为的风险，采取措施来提高机会主义行为的成本，以确保合作的权益平等，减少搭便车风险。在创新合作中，信任是至关重要的，但信任需要时间来建立和巩固。为了降低机会主义行为的成本，合作伙伴可以建立透明的合作规则和契约，以便对违规行为采取制裁措施，这些制裁措施可以包括经济惩罚、合同解除以及声誉受损等，从而降低机会主义行为的成本。通过增加机会主义行为的成本，合作伙伴将更倾向于维护合作的信誉，促进合作的成功。此外，地方政府在创新网络的形成中也可以发挥积极作用。他们可以提供法律法规和财政支持，以制裁机会主义行为，确保创新网络的稳定和健康发展。地方政府的政策支持可以包括提供资金、资源和监管框架，以鼓励企业之间的合作和创新，同时对不当行为采取法律措施。

在集群网络中，合作创新是一项复杂的任务，通常需要仔细规定合作协议以应对潜在的机会主义行为。然而，由于合同可能不完善，建立企业间的信任关系显得至关重要。信任关系有助于降低交易、监督和激励的成本，从而增强了合作的有效性和可持续性。合作创新促进了创新网络的形成，同时创新网络本身也提供了保障，信任机制在这一过程中发挥着重要作用。详细规定合作协议是为了明确各方的责任和权益，以减少合作中的不确定性和风险。然而，合同通常无法覆盖所有可能发生的情况，这时信任就变得至关重要。信任可以弥补合同的不完备性，鼓励合作伙伴更多地依赖彼此，因为他们相信对方会遵守共同的承诺，而不会采取机会主义行为。信任关系还有助于降低交易成本，因为双方不需要在每个细节上都进行复杂的监督，而且信任可以作为一种内在的激励机制，激发双方更积极的合作，因为他们知道忠诚和守信将有助于维护信任关系，从而获得更多的合作机会。在集群网络中，合作创新促进了创新网络的形成，因为它允许企业共享知识、资源和经验，从而获得更多的网络协作收益。同时，创新网络也提供了一种保障，因为合作伙伴之间的信任关系有助于维护合作的稳定性和可持续性。信任机制在这一过程中扮演了关键的角色，促进了创新网络的成功建立和持续发展。

信任机制在集群网络的治理中起到了关键作用，降低了经营风险和机会主义行为的风险，被认为是网络节点的战略资源。这种信任机制不仅促进了合作伙伴之间的分工和协作，还显著提高了网络的运行效率。然而，缺乏有效的信任机制可能导致信任危机，难以建立稳定的长期合作，从而阻碍网络的协同效应产生。信任机制通过建立和维护网络成员之间的信任关系，降低了合作伙伴之间的不确定性和风险，这种信任使企业更愿意依赖彼此，共享关键资源和信息，从而促进合作的分工和协作。信任还有助于建立更加稳定和长期的合作关系，从而实现更高水平的互惠和协同效应，这种信任机制的存在被视为集群网络的一种战略资源，可以为企业带来竞争优势。然而，当缺乏信任机制时，集群创新网络可能陷入信任危机的境地。合作伙伴之间可能更加谨慎，更加倾向于采取自保措施，导致合作关系的不稳定性。这种不信任可能会阻碍网络成员之间的协同效应的形成，从而限制网络的发展潜力。

在推动集群创新网络的形成和发展中，建立坚固的信任关系被视为至关重要的因素。高度信任彼此的企业之间更容易建立起互信，有助于降低信息共享成本，提高创新知识的传播效率。信任关系的存在也能够减少监督成本，鼓励企业更充分地投入创新活动，因为他们相信彼此会遵守承诺，这种信任促进了合作的顺畅进行。此外，信任还提高了集群创新网络的灵活性。在高度信任的环境中，企业更愿意尝试新的创新方法和合作方式，因为他们相信即使失败也不会受到过多的惩罚。这种灵活性降低了失败的风险，鼓励创新的实验和探索，有助于推动集群创新网络的不断发展。信任机制也被视为协同效应的制度支持。它鼓励企业投入专用资产，因为他们相信这些资产在合作中会得到充分利用，进一步促进网络的发展和创新活动的持续推进。信任关系是创新网络的基石，为成员企业提供了信心，鼓励他们积极参与合作和知识共享，最终推动了集群创新网络的成功建立和繁荣。

信任关系在集群创新网络的形成和发展中发挥了至关重要的作用。它降低了信息共享成本，提高了创新知识的传播效率，减少了监督成本，增加了网络的灵活性，同时也是协同效应的关键支持，推动了集群创新网络的发展和成熟。

3）公平机制

在治理企业创新网络时，改善权益分配比例被认为是至关重要的，因为它有助于激发创新的动机，提高选择创新策略的可能性。研究表明，拥有 50%权益分配比例的方案通常具有较高的合作成功率。虽然核心企业通常在创新网络中发挥主导作用，但也应该考虑关联企业的利益，提高其分配比例，以促进更高的创新积极性，建立一个公平的成果分配机制。改善权益分配比例可以对创新网络产生积极的影响。当企业感到他们能够在合作中分享公平的收益时，他们更有动力积极投入创新活动。这种激励机制可以推动企业采用更积极的创新策略，更愿意与其他合作伙伴分享知识和资源。50%权益分配比例的方案通常表现出高合作成功率，因为它平衡了核心企业和关联企业之间的权益，提高了双方的合作意愿。虽然核心企业在创新网络中可能具有更多的资源和影响力，但提高关联企业的权益分配比例有助于确保所有参与者都能够分享创新的成果，建立一个公平和可持续的合作环境。

在新兴产业集群创新网络的治理中，建立公平的机制被认为是至关重要的，因为公平是所有经济活动的基础。数值模拟研究显示，实施更加公平的收益分配机制有助于企业更倾向于选择"创新"策略，从而促进集群创新网络的形成。公平机制在治理中扮演着至关重要的角色，因为它可以建立信任、激励参与者积极参与合作，并确保创新网络的可持续性。当企业相信他们会受益于合作，并且认为他们的权益会得到公平对待时，他们更有动力采取创新策略，积极参与合作活动。这种信任和积极性推动了创新网络的形成，使其更具活力和吸引力。数值模拟研究结果进一步强调了公平收益分配的重要性。这些模拟表明，较为公平的分配机制能够促使企业更多地选择投入创新活动，而不仅是追求短期的个体利益（徐建中和孙颖，2020）。这有助于加速创新网络的发展和成功建立，因为更多的企业愿意参与，共同实现创新目标。

根据公平理论，在组织合作时，个人和企业通常关注资源和利益的公平分配，这强化了他们对公平的追求和兴趣。建立公平的信任关系在企业之间的创新合作中发挥了关键作用，它增强了合作伙伴之间的信心，为长期的合作关系奠定了坚实的基础。公平的合作利益分配有助于增强合作关系，满足各方的公平需求，同时促进了创新合作关系的形成，创造了更具创新氛围的环境。在组织合作中，个人和企业通常期望他们的贡献和投入能够得到公平的回报，这种公平期望是因为他们认为公平的资源和利益分配是合作关系的基础，可以维护合作伙伴之间的信任和互信。公平的分配机制鼓励企业积极参与合作活动，因为他们相信他们的贡献将会受到公平对待，这有助于创造更多的创新机会。建立公平信任关系还有助于加强合作关系，满足各方的公平需求。公平的合作利益分配有助于确保每个合作伙伴都获得了他们应得的回报，减少了出现分歧和争端的可能性，促进了合作伙伴之间更紧密的合作，从而创造了更有利于创新的氛围。

在新兴产业中，核心企业在创新网络中扮演着关键的角色，他们通常拥有更多的资源和影响力，能够推动创新活动的进行。然而，这种核心企业的主导地位有时可能侵害中小企业的利益，导致不公平的收益分配，这不仅破坏了合作关系的稳定性，还可能增加合作的成本，从而妨碍了创新的顺利推进。因此，确保公平的合作利益分配对于长期创新合作至关重要。核心企业在创新网络中的主导地位通常是合理的，因为他们通常具有更丰富的资源和经验，能够推动创新项目的顺利实施。然而，当核心企业在分配收益中忽视了中小企业的权益时，可能导致合作关系的疲弱，中小企业可能感到被剥夺了应得的回报，这可能降低他们对合作的积极性，甚至导致他们退出创新网络。不公平的收益分配不仅对中小企业不公平，也可能对创新网络的稳定性产生负面影响。合作伙伴之间的不满和分歧可能导致更多的争执和谈判，增加了合作的交易成本，妨碍了创新项目的推进。公平的合作收益分配有助于维护合作关系的稳定性，确保每个合作伙伴都能够分享创新的成果，从而推动创新网络的长期繁荣。

为确保公平的分配，必须实施一系列措施来对核心企业进行约束，同时鼓励其他企业积极参与合作。这些措施包括预先达成分配共识、监管核心企业和关联企业，以减少不公平事件的发生。同时，行业协会和政府机构以及大学等教育机构也可以发挥监督作用，确保合作网络中的公平性和可持续性。首先，预先达成分配共识对于确保公平的分配至关重要。在合作开始之前，各方可以共同商定分配原则和标准，以确保每个合作伙伴都能够得到公平的回报，这种共识可以建立在合作的初期，包括权益比例、知识共享规则等，从而减少后续分配出现争议的可能性。其次，监管核心企业和关联企业的行为也是维护公平分配的关键。政府机构和行业协会可以设立监管框架，确保核心企业不滥用其主导地位，同时鼓励他们遵守分配共识和合作规则。这种监管可以包括对合作协议的审核和监督，以及对不公平行为的处罚措施。此外，政府和大学等教育机构可以发挥监督作用，确保合作网络的公平性和可持续性。政府可以设立政策框架，鼓励公平分配和合作的发展，同时提供纠纷解决机制。大学等教育机构可以提供独立的研究和评估，以监测和评估合作网络的公平性，提供中立的意见和建议。

2. 新兴产业集群创新网络的外部治理机制

新兴产业集群创新网络的外部治理机制至关重要，它们通过规则、法律、政府支持和市场力量来塑造和引导网络的行为。这一外部治理机制基于互惠机制、宏观文化和创新机制，以确保网络在更广泛的环境中健康发展。

首先，互惠机制在外部治理中的角色在于建立透明和公平的规则，以确保不同成员之间的利益得到保护和平衡。政府、行业协会和其他外部机构可以制定政策和法规，以规范网络成员之间的行为，防止不正当竞争、垄断和不公平的商业做法。这些规则可以促进主体合作和知识共享，提高资源分配的公平性，从而增强网络的可持续性。其次，宏观文化在外部治理中扮演重要的角色，因为它可以塑造整个产业集群的价值观和道德准则。政府和社会机构可以通过教育、宣传和组织文化活动来营造合作和创新的文化氛围。这种文化鼓励企业遵守规则、积极参与合作，并将社会责任融入其经营活动中，从而有助于维护网络的稳定性和可持续性。最后，创新机制作为外部治理的一部分，可以通过提供研发资金、知识产权保护、市场准入等方式来支持创新网络的发展。政府和其他外部机构可以通过鼓励研发投资、制定知识产权法规以及降低市场准入壁垒等措施，为企业创新提供更好的环境。这些创新机制有助于激励企业进行更多的研发和创新活动，从而增强网络的竞争力和长期发展潜力。

新兴产业集群创新网络的外部治理机制通过互惠机制、宏观文化和创新机制，促进了新兴产业集群创新网络的可持续发展。这些机制不仅有助于规范网络成员之间的行为，还能够促进合作、创新和共同繁荣，从而使网络在更广泛的经济环境中茁壮成长。新兴产业集群创新网络的外部治理机制如图 5.6 所示。本节将从互惠机制、宏观文化和创新机制这三个方面对新兴产业集群创新网络外部治理机制进行具体分析。

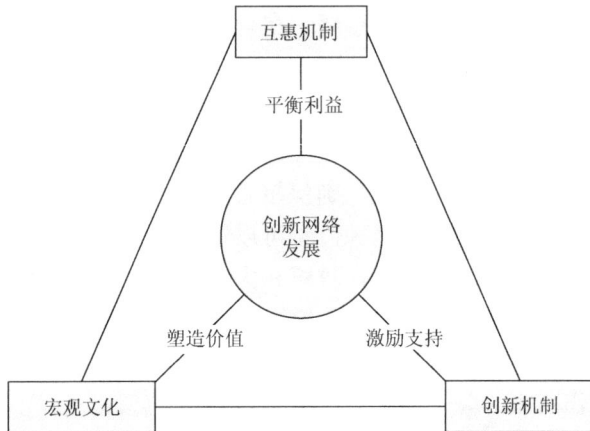

图 5.6　新兴产业集群创新网络的外部治理机制

1）互惠机制

政府和企业之间的互惠关系推动了新兴产业集群创新网络的发展。新兴产业集群创新网络的成功依赖于政府在创新网络中扮演的关键角色。政府的立场通常受到企业创新所带来的经济利益和社会效益的影响，政府通过采取补贴和税收减免等激励措施，鼓励企业积极进行创新。政府和企业在考虑创新网络对其经济和社会利益的影响时，共同推动了新兴产业集群创新网络的形成。政府的角色在于为企业提供激励，以推动创新活动。政府通过设立创新政策、提供财政支持和制定税收政策，为企业提供了积极的创新环境，这些政策措施可以减轻企业的财务负担，提高其创新的动力，同时也有助于提高新兴产业的竞争力。企业受益于政府的支持，因为他们能够在创新网络中获得更多的资源和机会。新兴产业集群创新网络提供了协同效应，使企业更容易共享知识、技术和资源，从而获得更大的经济利益。因此，企业愿意积极合作，以利用创新网络带来更多的机会。政府的支持激励了企业的创新活动，而企业的积极参与又为政府带来了经济和社会效益。这种互惠关系有助于新兴产业集群的形成和繁荣，为经济和社会带来共同的利益。

互惠机制是通过网络节点之间的合作行为实现双赢局面的关键方式，这种机制对于建立长期的互惠关系以促进创新网络的形成至关重要。互惠机制包括直接和间接的方式，它们激励企业分享知识、增强信任，从而促进创新知识的流动，提高了网络创新绩效。直接的互惠机制指网络节点之间直接的合作和互动，其中企业在合作中分享知识、资源和经验。这种直接的互惠机制有助于建立合作伙伴之间的信任关系，因为它们彼此依赖并分享资源，共同追求创新目标，这种合作有助于知识的流动和交换，提高了网络的创新绩效。间接的互惠机制涉及一系列的互动，它们不仅限于合作伙伴之间的直接联系，还包括网络节点之间的信息传递、社交关系和共同的兴趣。间接的互惠机制通过提供更广泛的社交和信息交流平台，帮助企业之间建立更多的联系和合作机会，这种机制促进了创新知识的更广泛传播，加强了网络的创新能力。互惠机制的作用在于激励企业积极参与合作，因为他们认识到在互惠关系中，他们可以获得更多的收益。这种机制不仅加强了企业之间的信任，也促进了创新知识的流动，提高了网络创新绩效。通过建立互惠机制，创新网络能够更好地发挥协同效应，为各个参与者创造更多的价值，从而推动创新网络的成功和繁荣。

在新兴产业集群创新网络中，即使机会主义行为可能会为企业带来短期的经济利益，但由于重复博弈的性质，这种行为往往会导致合作关系的中断，进而损害协同效应。互惠机制在政府、科研机构、中介服务机构和行业协会等合作创新中扮演着至关重要的角色。特别是在技术创新要求较高的新兴产业领域，创新网络的形成是必然的，那些阻碍创新网络形成的个体将会被排斥。机会主义行为，尽管可能在短期内带来一些收益，但在长期内却可能引发严重的后果。在新兴产业集群中，企业需要与其他参与者建立长期的合作关系，机会主义行为可能会破坏这些关系。企业需要相互信任，才能更好地共享知识、资源和技术，实现创新的协同效应。如果某个企业被发现采取机会主义行为，其他合作伙伴可能会对其失去信任，导致合作中断，损害了创新网络的稳定性和效率。互惠机制在这种情况下变得至关重要，它通过鼓励合作伙伴之间的互惠行为，帮助企业建立更加稳定和互信的合作关系。政府、科研机构、中介服务机构和行业协会等各种参与者可以提供监管和支持，以确保互惠机制的有效运作，有助于维持合作关系的稳定性，降低机会主义行为的风险，并促进创新网络的形成和繁荣。

2）宏观文化

宏观文化在新兴产业集群创新网络中扮演着至关重要的角色。它代表着由不同价值链参与者共同遵循的一系列规范和价值观，旨在促进网络的有序发展。这种文化在网络中起着引导隐性知识的传播和规范行为的作用，有助于解决问题和冲突，为不同网络参与者的交易提供指导和框架。因此，宏观文化在创新网络中发挥着关键作用，推动着新兴产业的技术创新。宏观文化有助于促进隐性知识的传播。在创新网络中，许多重要的知识和经验都是隐性的，难以明文规定。

宏观文化在新兴产业集群中发挥着极其重要的作用，对创新网络的成功和竞争优势提升具有深远的影响。首先，宏观文化有助于集群网络成员共享创新成果，以实现协同效应。在创新网络中，不同的参与者拥有独特的知识和资源，宏观文化促使他们更愿意分享这些资源，从而加速了创新成果的传播和共享。这种开放和合作的文化鼓励成员之间建立相互信任，促进了知识和经验的共享，从而为协同效应的实现创造了更有利的条件。其次，宏观文化通过编码隐性知识，提高了合作创新的效率，使网络成员能够更快地获取重要信息。在新兴产业集群中，隐性知识的传递和共享至关重要，但通常比较复杂。宏观文化促使成员采取共同的语言、标准和流程，以更好地理解和传达这些隐性知识，这有助于加速创新活动的进展，提高了合作创新的效率。最后，宏观文化为解决冲突和问题提供了共同约定的行为规范和准则，简化了交易过程，降低了交易费用，提高了交易效率。在创新网络中，难免会出现分歧和问题，宏观文化提供了一个框架，使网络成员能够更容易地解决这些问题，维护网络的稳定性和协作效果。

宏观文化在新兴产业集群中对创新合作的推动具有关键作用，它促进了创新成果的共享，提高了合作创新的效率，为问题解决提供了指导和准则，降低了交易费用，从而有助于新兴产业集群的发展和竞争优势的提升，这种文化在网络中促进了合作和知识分享，为创新网络的成功和繁荣提供了重要支持。

3）创新机制

新兴产业集群的高技术水平增加了对技术创新的需求，使创新成为集群和创新网络的核心。在这种高度竞争的环境下，不同的企业组织融入同一个集群网络，通过创新活动形成了集群创新网络，促进了知识和技术的交流。这种紧密的合作网络在复杂的新兴产业中扮演着至关重要的角色，有助于协同资源整合，促进了技术创新，提高了技术创新能力。这种网络确保了企业可以在创新网络中迅速高效地提升技术创新能力。新兴产业集群的高技术水平意味着技术创新是保持竞争力的关键因素。企业必须不断改进现有技术，探索新的创新领域，以满足市场需求并保持竞争地位。这种需求促使企业主动融入集群网络，以获取更多的技术和知识资源，推动技术创新。不同的企业组织融入同一个集群网络，形成了集群创新网络。这种网络结构促进了知识和技术的交流，使不同企业之间可以分享相关实践和前沿研究的经验。这种知识共享有助于更快地应对技术挑战和市场变化，推动技术创新的快速发展。在复杂的新兴产业中，创新网络对于协同资源整合非常重要。不同企业可以共同投入资源，共同承担风险，从而提高了技术创新的推动力，这种协同合作有助于降低成本，提高效率，使更多的企业能够参与到技术创新中。

在新兴产业集群创新网络中，创新机制扮演着至关重要的角色，通过提供平台促进了直接联系和高频沟通，从而增进了企业间的合作。特别是在分享隐性知识、加速创新知识的传播和相互学习方面，创新机制发挥了关键作用。首先，创新机制提供了一个共同的平台，让不同的企业能够互相联系和互动。这种直接联系和高频沟通有助于建立更紧密的合作关系，使企业更容易分享知识和经验。通过这种联系，企业可以更容易地了解彼此的需求和优势，从而促进了合作。其次，创新机制有助于分享隐性知识。隐性知识通常难以形式化或书面化，因此它通常存储在个人或团队的经验和技能中。通过创新机制，企业能够更容易地分享这种知识，从而加速了创新知识的传播。企业可以借助创新机制的帮助，将隐性知识变成更广泛可用的资产。最后，创新机制也促进了相互学习。不同的企业可以从彼此的经验中汲取灵感和教训，从而提高自身的创新能力。这种相互学习有助于推动新的创新思维和方法的出现，为集群中的企业带来更多的创新机会。

创新机制在新兴产业集群创新网络中是非常重要的，它通过提供平台促进了企业之间的直接联系和高频沟通，从而增进了合作，特别是在分享隐性知识、加速创新知识的传播和相互学习方面发挥了关键作用，这有助于提高集群创新网络的竞争力和创新能力，推动新兴产业的繁荣和发展。

5.2　新兴产业跨区域创新网络治理机制

5.2.1　新兴产业跨区域创新网络治理机制的内涵

跨区域创新网络治理机制的概念源于区域经济学和创新管理的交叉融合，新兴产业集群创新网络治理机制的起源可以追溯到 20 世纪末 21 世纪初，当时随着知识经济的普及，该机制首先在西方国家得到研究，并逐渐引起了中国学者的关注。最早对跨区域创新网络治理机制进行研究的是西方国家的一些学者和专家，他们主要关注的是生产、科研和高校等组织之间的互动关系，以及创新制度和创新基础设施在其中的重要作用。这些因素相互影响，形成了有利于知识产生、应用和传播的治理机制。在中国，研究人员对跨区域创新网络治理机制进行了本土化的阐述，他们认为新兴产业集群创新网络治理机制构建了一个复杂的网络系统，包括企业、高校、研究机构、中介机构，以及政府的适度干预。这个机制在特定区域内促进了知识的生成、应用和传播，有助于技术和知识创新的产生、流动、更新和转化。企业在新兴产业集群创新网络治理机制中扮演了核心角色，它们通常是创新网络的重要推动者，通过自身的研发活动和市场竞争，不断促进新技术和知识的生成。企业之间的合作和竞争激发了创新的动力，推动了技术的进步，提高了市场的竞争力。高校和研究机构是新兴产业集群创新网络治理机制中的知识创造者和传播者，它们提供了专业的科研技术和培训，为企业的创新活动提供支持。同时，它们也扮演了培养创新人才的角色，为企业提供了具有高度专业知识的人力资源。中介机构在创新网络中充当了连接器的角色，它们有助于企业寻找合适的合作伙伴，提供了金融和法律保障，降低了创新活动的风险和成本。这些机构也促进了技术和知识的传递和交流，有助于推动整个创新网络形成协同效应。政府的适度干预在新兴产业集群创新网络治理机制中起到了重要的引导和支持作用。政府通过提供资金支持和制定政策，能够影响企业的技术创新，促进新兴产业的发展。政府还有助于建立企业与产学研机构之间的联系，促进新兴产业集群创新网络的形成。

从复杂科学的角度来看，跨区域创新网络治理机制可以被视为一个不断演化的复杂制度，其中包含了政府主导和市场主导两种不同的发展模式，每种模式都具有其独特的优势和劣势，适用于不同的情境。此外，在网络视角下，新兴产业集群创新网络治理机制可以被看作一个超级网络，它由多种不同类型的网络和互动流组成，包括合作创新和标准化协同等。在这个超级网络中，各种不同类型的主体，如企业、高校、研究机构、政府、中介机构等，通过建立紧密的联系和互动关系，推动了技术创新从单一主体向开放网络主体的转变。这种多层次的互动和合作有助于知识和技术的传播、整合和创新，从而促进了区域内的产业升级和创新能力的提升。在政府主导和市场主导两种发展模式之间，政府主导模式通常侧重于政府在创新网络中的引导和支持作用，政府通过政策制定、资金支持和监管等手段来推动创新活动。市场主导模式则更强调市场机制的作用，鼓励企业和市场自主创新，减少政府的干预。每种模式都有其适用的情境，取决于特定区域的需求和资源情况。近年来，我国在跨区域创新网络治理机制的研究上取得显著进展，研究更具复杂性、系统性和超网络性质，各学科的交叉与融合也更为广泛和深入。同时，我国也在实践中不断探索和尝试将该机制应用于实际产业和经济领域中，以推动经济发展和转型升级。

跨区域创新网络治理机制是在特定地域范围内或跨区域之间，为促进新兴产业创新发展而建立的一套协调、合作和监管的机制。它涉及政府、企业、学术界和社会组织等各方参与，通过共同制定规则、协调利益关系、推动信息共享和技术创新，以实现区域创新网络的良性发展。跨区域创新网络治理机制的主要特点和要素如下。

（1）多方参与。跨区域创新网络治理机制需要吸引区域内或跨区域的政府、企业、学术界和社会组织等各方的积极参与和合作。政府应提供政策支持和法律框架，企业应提供技术和资金支持，学术界应提供专业知识和研发能力，社会组织应发挥监督和服务职能。

（2）网络协作。跨区域创新网络治理机制倡导各方通过网络平台进行信息分享、交流合作和资源整合。网络协作可以提高各方的沟通和合作效率，提高创新资源的配置效果。

（3）创新规则。跨区域创新网络治理机制需要制定适应创新发展的规则和制度，包括知识产权保护、数据隐私保护、市场准入等方面的规范。这些规则既要促进创新活动的开展，又要保障参与者的利益和权益。

（4）数据共享。跨区域创新网络治理机制需要建立有效的数据共享机制，以促进区域间和跨区域的数据流动和创新活动。各方可以通过数据共享实现资源整合、协同创新和精准决策。

（5）创新生态。跨区域创新网络治理机制需要营造良好的创新生态环境，包括完善的创业支持体系、人才培养机制和科技成果转化机制等，这将有助于吸引和培育创新人才，推动创新成果的商业化和产业化。

不同治理机制有机融合，形成一个跨区域的治理体系，能够实现资源共享、协同创新和共同发展，如图 5.7 所示。

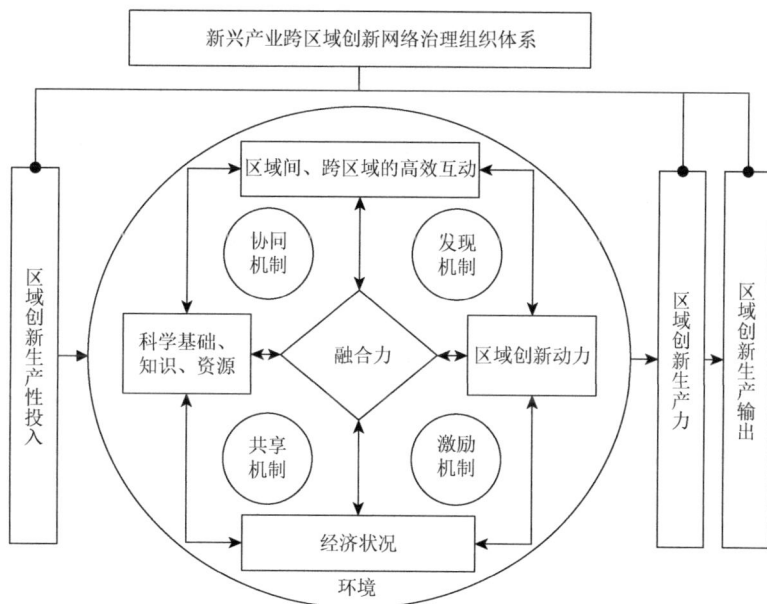

图 5.7　新兴产业跨区域创新网络治理机制融合图

在该机制融合中，新兴产业通过协同机制、发现机制、共享机制和激励机制等的有机融合，实现区域间、跨区域的高效互动，科学基础、知识和资源的共享共用，增强区域创新的动力，改善创新环境的经济状况，实现区域创新生产投入向输出的转变。具体的典型治理机制如下。

（1）协同机制。跨区域创新网络治理的协同机制是在特定范围内或区域之间，通过各方共同参与、协同合作，实现资源整合、优势互补、创新合作和共同发展的机制。协同机制的建立可以提高创新效率、加快创新转化和提升区域创新竞争力。本节将从政府、企业、学术界和社会组织等各方面探讨跨区域创新网络治理的协同机制。①政府协同机制。第一，建立跨部门协调机制。政府建立起跨部门的协调机制，形成政策协同和资源整合的合力。通过政策协同，避免政策之间的冲突和重复，实现政策的整合和优化。第二，推动政府与企业合作。政府与创新网络中的企业建立良好合作关系，为企业提供政策支持、资金扶持和市场保障，共同促进创新发展，通过建立创新引导基金、设立科技企业孵化器等方式，支持企业的创新活动。第三，引导地方间合作。政府需要引导不同地区之间的合作与交流，形成跨区域的协同效应，通过建立区域创新联盟、共享研发平台等方式，促进地方间的资源共享和合作创新。②企业协同机制。第一，建立产学研合作机制。企业与高等院校、科研机构等建立密切的合作关系，实现产学研的深度融合，通过合作开展科技攻关、技术转移和创新项目等，实现技术创新和成果转化。第二，推动产业链协同发展。加强产业链上下游企业之间的协作与合作，实现产业链的协同发展。上下游企业通过共享供应链、共同开展市场推广和产品研发等方式，提高整个产业链的创新能力和竞争力。第三，企业积极引入开放创新模式，与其他企业、创新团队和创业者开展合作，通过共享资源、互利共赢的合作方式，促进创新活动的开展和成果的共享。③学术界协同机制。第一，加强学术交流与合作，建立起学术界的协同平台。学术会议、研讨会和合作研究项目等方式，促进学术研究成果的交流和共享。第二，建立创新人才培养机制，加强创新人才的培养与引进，为区域创新提供人才支持。设立创新人才培训计划、引进国内外优秀人才，推动区域创新能力的提升。第三，推动科研资源的共享和开放，为各方提供科研设施和技术支持。建立开放实验室、共享科研平台，促进科研资源的高效利用和创新合作。④社会组织协同机制。第一，社会组织要积极参与创新治理，发挥其在社会服务和公益事业中的作用，与社会组织合作，共同推动创新活动的开展和成果的应用。第二，建立创新平台和孵化器，为创业者和初创企业提供创业支持和孵化服务。资源整合和专业指导，帮助创新项目获得更好的发展机会。第三，鼓励和支持社会创新活动，并推动公众参与创新治理。开展社会创新大赛、创新项目评选，激发社会创新的活力和创造力。总体来看，跨区域创新网络治理的协同机制需要政府、企业、学术界和社会组织等各方的共同参与和努力。只有通过各方的协同合作和资源整合，才能实现区域创新效果最大化，促进可持续发展和经济增长。因此，建立有效的协同机制是推动区域创新治理的重要途径。

（2）发现机制。跨区域创新网络治理的发现机制，也可以包括预见机制，指通过数据分析、信息共享和前瞻性研究等手段，及时发现和预测创新需求、创新趋势和创新机会，以支持决策制定和创新政策的实施。发现机制主要是利用大数据分析技术，对区域内的创新活动、科研成果、专利申请等数据进行挖掘和分析，通过对数据的统计、关联和模型建立，发现创新热点、创新网络和创新潜力，为决策提供科学依据。第一，开展创新调研，深入了解区域内的创新资源、创新环境和创新需求。第二，建立专门的创新智库，聚集相关领域的专家学者和管理人员，进行前沿研究和政策分析，为创新治理提供专业支持。第三，建立创新评估指标体系，对区域创新能力、创新产出和创新环境进行定量评估。通过监测指标的动态变化，及时发现问题和短板，为创新政策的调整和优化提供依据。第四，开展创新需求调查，了解企业、机构和社会的创新需求和问题。第五，建立创新对接平台，将创新需求与创新资源对接起来，促进创新供需的有效匹配。预见机制主要是开展前瞻性研究，探索未来科技发展趋势和创新方向，通过对国内外科技前沿和产业趋势的分析，预见创新的发展方向，为区域创新布局和政策规划提供参考。首先，建立创新预警系统，收集和分析各类创新风险和不确定因素的信息。通过监测和分析，及时发出预警信号，预测创新风险和发展困境，引导政策干预和风险防范。其次，利用人工智能和大数据技术，构建智能决策支持系统。通过对多维度数据的分析、模拟和预测，为政府和企业的决策提供科学依据和辅助工具，增强决策的准确性和效果。最后，关注创新生态的演化和政策环境的变化，及时调整和优化创新政策。通过研究和评估创新政策的实施效果，预见政策的影响和调整方向，为政策的制定和改进提供参考。在发现机制和预见机制的支持下，跨区域创新网络治理能够更加精准地了解创新资源、需求和趋势，为决策制定和政策实施提供有力支持。这将有助于推动区域创新能力的提升、促进创新成果的转化和推广，并推动经济社会可持续发展。

（3）共享机制。随着数字经济和信息化技术的发展，跨区域创新网络治理的共享机制已经成为促进创新发展、提高效率和降低成本的重要手段。共享机制可以通过优化资源配置、提高创新效率、促进跨界合作等方式推动区域创新网络的发展。跨区域创新网络治理中的共享主要包括数据共享、知识产权共享、资源共享以及人才共享。①数据共享是跨区域创新网络治理的核心机制之一。建立健全的数据共享机制有助于促进数据流动和创新活动，实现资源整合、协同创新和精准决策。数据共享机制涉及政府、企业、学术界和社会组织等多个参与方，需要构建安全可控、开放透明的数据共享平台和标准规范。数据共享机制可以通过建立数据开放标准和规范，制定相应的数据使用和管理政策，并确立数据共享的安全保障机制；建立数据集中存储和共享平台，将各方的数据资源进行整合和管理，提供统一的接口和服务；采用数据交换和共享技术，实现数据的流通和利用；引入数据分析和挖掘技术，对数据进行深度挖掘和分析，为决策提供科学依据等方式实现。②知识产权共享机制。知识产权共享是区域创新治理的另一个重要机制。在区域创新网络中，各方拥有不同的知识产权，要实现创新合作和资源整合，需要建立有效的知识产权共享机制。知识产权共享可以通过引入知识产权交易和许可机制、知识产权众筹和共享等方式实现。具体来说，知识产权共享机制可以建立知识产权交易平台，为知识产权持有者提供知识产权转让和许可服务；采用开源软件和开放标准，促进技术创新和成果转移。③资源共享机制。资源共享是跨区域创新网络治理的重要机制之一。在区域创新网络中，各方拥有不同的资源和优势，要实现资源整合和共享，需要建立有效的资源共享机制。资源共享可以通过引入共享经济、资源共享平台和跨界合作等方式实现。④人才共享是跨区域创新网络治理的关键机制之一。在区域创新网络中，各方拥有不同的人才和专业知识，要实现人才流动和资源整合，需要建立有效的人才共享机制。人才共享可以通过引入人才交流、人才招聘和人才留存等方式实现。

（4）激励机制。跨区域创新网络治理的激励机制是为促进跨区域创新活动和创新能力的提升，采取一系列政策和措施来激励和支持创新主体的行为。主要包括政策激励、资源激励和市场激励。政策激励主要包括：①创新政策支持。制定和实施有利于创新的政策措施，如加大科研经费投入、提供税收优惠政策、简化创新项目审批流程等，鼓励企业、高校、科研院所等创新主体参与创新活动。②创新人才引进。采取人才引进政策，通过提供高薪、住房、子女教育等优惠条件，吸引国内外优秀人才来区域从事创新工作，促进人才流动和合作。③知识产权保护。完善知识产权保护法律体系，加大知识产权保护力度，提高创新主体对知识产权的保护意识和积极性，激励创新主体进行创新活动。④创新金融支持。建立创新金融体系，提供创新型企业的融资支持，如风险投资、科技贷款、股权融资等，降低创新主体的融资成本和融资难度。资源激励主要包括：①创新资源配置。优化创新资源配置，加大对创新要素的投入，如科研设施、实验平台、技术人员等，提供充足的创新资源供给，为创新主体提供有力支撑。②创新平台建设。建立开放共享的创新平台，为创新主体提供合作交流的机会和条件。通过搭建科技园区、孵化器、技术转移中心等平台，促进创新主体之间的合作与交流，形成创新生态系统。③创新奖励机制。建立创新奖励机制，对取得重大创新成果的个人和团队给予奖励和荣誉。通过设立科技创新奖、发明专利奖等，激励创新主体积极投入创新活动。市场激励主要包括：①政府采购支持。政府采购倾向于选择具有创新能力和创新成果的产品和服务，为创新主体提供市场需求支持和引导，增加创新主体的市场机会。②创新成果转化。加强科技成果转化与产业化的衔接，为创新主体提供转化渠道和条件。建立技术转移中心、孵化器等机构，提供技术转化和商业化服务，促进创新成果的转化和推广应用。

③创新竞争激励。通过市场竞争机制，鼓励创新主体进行技术创新和管理创新。通过市场竞争，激发创新主体的创新活力和竞争力，推动创新能力的不断提升。在实际应用中，需要根据不同地区的特点和需求，综合运用各种激励手段，形成有利于创新的政策环境和资源配置，为跨区域创新网络治理提供有力支持，推动经济社会的可持续发展。

融合运行的跨区域创新网络治理机制，即将各种区域创新网络治理机制有机融合起来，形成一个整体的网络治理体系，实现资源共享、协同创新和共同发展。融合运行的跨区域创新网络治理机制具有以下特点：首先，多元化的区域创新网络治理机制相互融合，能够促进跨区域创新网络治理机制的完善和提高。每个治理机制都有各自的优势和局限性，而通过融合运行，可以互相补充和提升，从而形成更加完善的跨区域创新治理网络。其次，融合运行的跨区域创新网络治理机制可以促进区域间的交流与合作。不同地区之间存在创新需求和资源条件差异，融合运行的跨区域创新网络治理机制可以充分利用各地的优势资源，推动区域间的交流与合作。例如，通过构建跨区域合作平台和签订跨区域合作协议等手段，加强信息交流和技术合作，实现区域创新资源的高效整合。最后，融合运行的跨区域创新网络治理机制可以提高区域创新的综合效益和社会影响。区域创新需要搭建协作平台、引入人才、资金等多方面的支持，而通过融合运行的跨区域创新网络治理机制，可以实现资源协同，增强创新效益和成果产出，从而对当地经济发展和社会进步产生积极的影响。

5.2.2　新兴产业跨区域创新网络治理机制的仿真设计

跨区域创新网络治理的对象是新兴产业中多元主体互动和资源要素相互作用的复杂系统。治理主体主要包括地方政府、创新企业、高校院所、中介服务机构以及金融机构五类。地方政府负责为新产业发展营造良好的市场环境，建立合理的创新激励制度，并为企业提供一定的政策支持。创新企业作为跨区域创新网络治理的重要参与者，推动创新成果的产业化，实现从 1 到 100 的突破，主要为企业提供人才、管理和新产品等方面的支持，并与中介服务机构展开合作创新。高校院所是知识创新和技术创新的核心力量，实现从 0 到 1 的突破，为新产业发展提供培训、技术服务等全方位支持。中介服务机构作为整合行业内创新资源、构建高效协作创新治理网络的关键载体，为企业提供先进适用的产业技术、投资孵化等服务。金融机构泛指为企业提供金融支持的组织，具体包括风险投资、天使投资、贷款融资等服务。在跨区域创新网络治理中，五类主体协同合作，共同推动新兴产业的发展和创新。

在新兴产业创新网络治理中，涉及地方政府、创新企业、高校院所、中介服务机构和金融机构 5 类 Agent（主体），用多 Agent 模型对主体做出假定。

（1）地方政府为新兴产业创新网络治理活动提供重要的政策环境，同时也是创新创业者融资渠道之一，其主要属性为资金能力 C^G。

（2）创新企业是新兴产业创新网络治理活动的重要实践者，某个新兴产业内的创新企业数量影响着创新网络治理成功的概率，其主要属性包括：①资金能力 C_i^{MC}；②技术能力 T_i^{MC}；③知识能力 K_i^{MC}；④管理能力 M_i^{MC}；⑤创新人员数量 R_i^{MC}；⑥离岗率 p^{MC}。

（3）高校院所是知识创新和技术创新的主要来源，其主要属性包括：①技术能力 T_i^U；②知识能力 K_i^U；③管理能力 M_i^U；④科研人员数量 R_i^U；⑤离岗率 p^U；⑥知识和技术水平提升。高校院所的知识和技术水平按照规律增长。

（4）中介服务机构是贯穿创新网络治理的重要载体，其主要体现在为技术成果的产业化提供一定支持，并为创新提供资金、技术的帮助，故其主要属性包括：①资金能力 C_i^I；②技术能力 T_i^I。

（5）金融机构为新兴产业创新网络治理活动提供融资服务，其主要属性为资金能力 C_i^F。

根据跨区域创新网络治理流程，结合各类 Agent 主体属性，构建 Agent 主体交互规则和模型。

（1）新兴产业的发育需求决策。该模型以新兴产业的发育需求为起始点，鉴于高校院所是创新的主要来源，当新兴产业需要进一步拓展时，会通过项目和基金等方式向高校院所提出新技术需求。高校院所会筛选自身拥有的成果，将那些超过机构内成果转化平均值的成果视为具有潜力的成果。对高校和科研机构的技术和知识能力进行评估，当其技术能力与知识能力之积不低于平均值时，便会寻求创新治理网络中的中介服务机构进行合作，以推动成果的转化。即 $K_i^U T_i^U \geqslant \sum_{i=1}^n K_i^U \sum_{i=1}^n T_i^U / n^2$。

（2）企业协同创新决策。在创新治理网络中，企业为了提升自身的技术和知识能力，会决定是否与中介服务机构展开协同创新。具体条件为：当企业的技术和知识能力均低于同行业平均水平时，企业会选择进行合作，即 $T_i^{MC} \leqslant \sum_{i=1}^n \dfrac{T_i^{MC}}{n}$ 且 $K_i^{MC} \leqslant \sum_{i=1}^n \dfrac{K_i^{MC}}{n}$。

（3）融资决策。融资渠道包括两个方面：一是地方政府创业政策的扶持资金，假定向政府申请资金支持时，可获得 10 单位创业基金；二是金融机构提供的如天使投资、风险投资等资金支持，金融机构会根据企业的知识能力、技术能力以及管理能力决定提供资金的额度，具体如下所示：

$$C_i^{F_t} = 10 * \left(\frac{T_i^{E_t}}{\sum_{i=1}^n T_i^{E_t}} + \frac{K_i^{E_t}}{\sum_{i=1}^n K_i^{E_t}} + \frac{M_i^{E_t}}{\sum_{i=1}^n M_i^{E_t}} \right)$$

F_t 是指在 t 时刻某企业获得的资金；E_t 是指在 t 时刻某企业的能力（技术、知识和管理能力）。

通过 Python 编程进行多 Agent 仿真，各参数的初始值如表 5.2 所示。

表 5.2　初始参数仿真值

参数名称	初始值	参数名称	初始值
创新企业的数量	50	高校院所离岗率	5
创新企业资金能力	20~100	高校院所科研人员数量	100~200
创新企业知识能力	1~8	地方政府提供基金额	10
创新企业技术能力	1~8	地方政府数量	1
创新企业管理能力	5~15	金融机构数	10
创新企业离岗率	8%	金融机构初始资金	200
创新企业创新人员数量	10~20	中介服务机构数	1
高校院所数量	10	高校院所每个周期知识能力增长率	10%
高校院所知识能力	5~20	高校院所每个周期技术能力增长率	10%
高校院所技术能力	5~20	金融机构资金增长率	5%
高校院所管理能力	1~8	仿真周期长度	100

具体仿真结果如图 5.8 所示。总体来看，创新企业数在多主体创新网络治理过程中呈稳步上升趋势，成熟企业数大约在趋于 300 时稳定，表明随着新兴产业的不断发展，技术水平不断提升，会进一步促进创新，创新引领创业，从而推动整个产业的发展与进步。具体来说，在治理的初期阶段，初创企业和成熟企业的数量都出现了快速增长。在第 20 个周期成熟企业的数量达到了 196 家，这主要得益于初期产业的需求大于供给，企业的竞争压力相对较小，因此能够相对容易地聚集创新和创业资源，从而实现可持续发展。然而，随着产业的不断发展和进步，到了治理的后期阶段，整个产业内成熟企业和初创企业的数量都在增加，获取创新和创业资源变得更加困难，成熟企业的增长速度开始放缓，并最终趋于平稳。

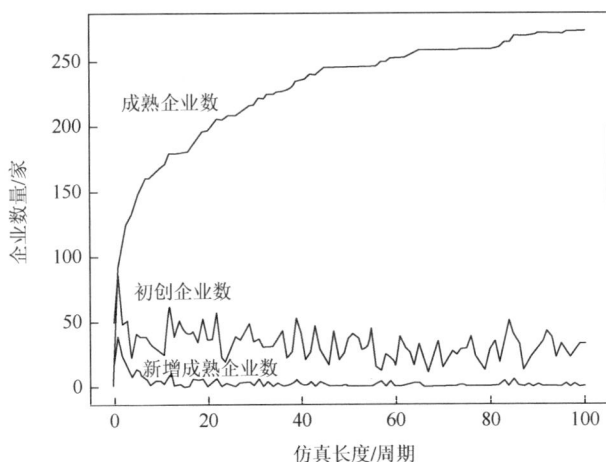

图 5.8　跨区域创新网络治理多 Agent 仿真图

通过多 Agent 仿真，对跨区域创新网络治理过程中的不同角色进行建模，包括其行为、目标、策略等，观察其相互作用的影响，以及整个网络系统的性能表现，以创新企业变化作为新兴产业在跨区域创新网络治理中的发展体现。仿真结果可以帮助我们更好地理解跨区域创新网络治理中各种角色的行为和互动方式，以及治理机制的优缺点，并在实践中帮助决策者制定更有效的政策和策略，推动区域创新发展。

5.2.3　中国商飞 C919 跨区域创新网络治理的机制分析

1. 中国商飞 C919 的背景介绍

2022 年 9 月 29 日，中国民用航空局向中国商飞颁发了 C919 大型客机型号合格证，这标志着我国首款完全按照国际通行适航标准研制的大型喷气式干线客机已经通过了中国民用航空局的适航审定，并符合 CCAR-25-R3 的要求。这意味着 C919 客机具备了可接受的安全水平，可以参与民用航空运输活动。这一重要里程碑的实现，不仅代表着中国航空工业的重大突破，也是几代中国人的凌云壮志得以实现的重要一步。

C919 客机的成功研制和获得型号合格证，是我国航空工业自主创新能力的生动体现。从设计到制造，从试验到试飞，每一个环节都凝结了无数科研人员的辛勤付出和智慧。他们用实际行动践行了"航空报国、航空强国"的初心使命，为祖国的航空事业做出了突出贡献。

推动 C919 大型客机示范运营和 ARJ21 支线客机系列化发展是中国政府在"十

四五"规划中提出的重要发展目标。这些自主研制的大飞机不仅代表着中国航空工业的崛起，更是中国实现现代化强国的重要标志之一。它们的成功研制和运营将有力推动我国民航运输业的快速发展，提高我国在全球航空市场的竞争力。

C919 大飞机使用了大量的新材料，这些材料的供应商主要是国内的工业企业。大飞机是国家关键产业的重要组成部分，其制造与研发充分体现了国家工业和技术的水平。随着时间的推移，C919 国产配套的比例越来越高，从最初的 10% 跳跃至 50%，2024 年 6 月首飞时甚至达到了 60%。这一显著进步得益于技术突破、产品国产化以及合资办厂等措施，这些举措有力地推动了航空工业的升级换代。

2. 中国商飞 C919 的创新网络治理机制分析

C919 作为中国自主研发的大型客机，其研发过程中展现了新兴产业跨区域创新网络治理机制的实践。C919 的创新网络治理机制包括跨区域的合作研发机制、多供应商的协同与平衡机制、供应链的全面管理机制和 5G 工业联盟机制四个机制，如图 5.9 所示。

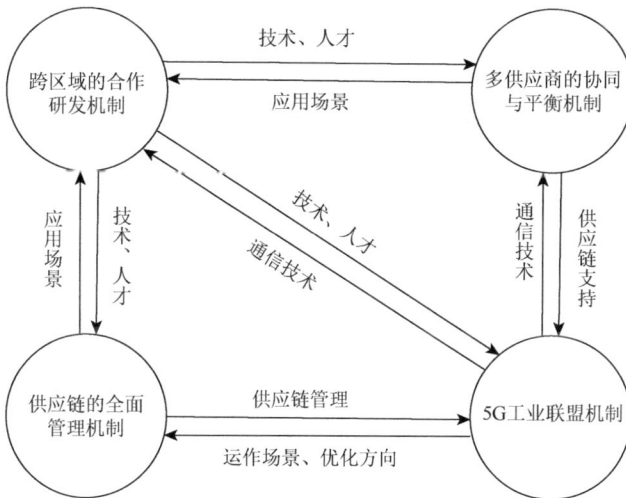

图 5.9　C919 的创新网络治理机制图

1）跨区域的合作研发机制

C919 的研发虽然以中国为主，但并非孤军奋战。在 C919 的研发过程中，中国的飞机制造商与全球的供应商、航空公司、科研机构等进行了广泛的合作。C919 国内外主要供应商如表 5.3 所示。这种跨区域的合作模式使得 C919 的研发能够充分利用全球的资源，吸收全球的智慧，同时也为中国的航空业打下了坚实的基础。

表 5.3　C919 国内外主要供应商列表

系统组件	供应商	国别
机鼻段机身	成都飞机工业（集团）	中国
前后段机身	中航工业洪都	中国
机尾段机身	中航工业沈阳飞机工业（集团）	中国
中段机身（含机翼副翼等）	中航工业西安飞机工业（集团）	中国
涡轮扇叶发动机	国际发动机公司（CFM International）	美法合资
发动机罩含反推力装置	奈赛公司（Nexcelle）	美法合资
发动机排气系统	奈赛公司（Nexcelle）	美法合资
辅助动力装置	霍尼韦尔航空航天（Honeywell Aerospace）	美国
发电和配电系统	汉胜公司（Hamilton Sundstrand）	美国
启动发电机	霍尼韦尔航空航天（Honeywell Aerospace）	美国
油料惰化系统	派克宇航（Parker Aerospace）	美国
油箱和惰化系统	派克宇航（Parker Aerospace）	美国
液压系统	派克宇航（Parker Aerospace）	美国
线传飞控系统	派克宇航（Parker Aerospace）	美国
水平安定面配平系统	派克宇航（Parker Aerospace）	美国
油料液压输送系统	伊顿公司（Eaton）	美国

资料来源：中国商飞公司门户网站

中国商飞是一家专注于研发和生产大型商用飞机的公司，为了推动中国航空业的发展，他们采取了主动与各地政府合作的策略。通过签订战略合作协议，中国商飞与各地政府共同整合了产业优势和中国商飞自身的优势，形成了紧密的合作关系，旨在共同发展航空业。在这个过程中，中国商飞不仅支持当地企业承担大飞机产业链相关模块的科技创新工作，还提供了全方位的技术支持和培育，包括对相关企业进行有关产业切入点的指导和帮助，以及加快它们进入航空产业链的进程。中国商飞通过这种方式，为中国的航空业发展注入了新的活力。同时，中国商飞还积极探索政产学研协同创新的有效机制。他们与地方政府联合开展揭榜挂帅，这是一种以需求为导向的开放式创新模式，通过共同揭榜挂帅，中国商飞和地方政府成功实现了社会资本和资源的集中接入。政产学研协同创新的有效机制不仅推动了科技创新的发展，也进一步推动了航空业的发展。

中国商飞在关键领域突破方面，新兴产业集群创新网络治理机制旨在集中优质资源，联合中国商飞、地方政府和民营企业，共同推动重点领域的国产化攻关工作。其中，APU 等关键领域受到了特别的关注。为了激励团队成员并加快工作进度，中国商飞采取了一系列的激励措施，包括提供额外的奖励和福利，以及创造一个更加积极的工作环境。通过这些措施，中国商飞成功地聚集了大量的优质资源，包括技术、人才和资金等，从而为 APU 等重点领域的国产化攻关工作提供了强有力的支持。同时，地方政府和民营企业也积极参与其中，共同为中国商飞的突破性成果做出了贡献。

2）多供应商的协同与平衡机制

C919 的研发过程中体现了协同和平衡的理念。在互联网信息传播速度快、网络平台众多的背景下，层级化管理与扁平化管理的协同和平衡、中心化管理与网络平台自我管理的协同和平衡、管得住与用得好的协同和平衡都显得尤为重要。例如，在 C919 的研发过程中，主制造商通过与供应商、航空公司等各方面的协同，实现了资源的优化配置，提高了研发效率。

中国商飞作为国内领先的航空制造商，积极牵头建设了大飞机创新谷和大飞机航空产业园。这两个项目不仅规模庞大，而且具有重大战略意义。通过这些平台，中国商飞致力于实现资源共享，促进跨企业协同创新。这意味着不同企业可以借助这些平台，共享资源、技术和人才，共同开展研发和创新活动，从而实现互利共赢。这种协同创新模式不仅有助于提升整个航空产业的竞争力，还可以带动相关产业的发展，为社会创造更多的就业机会和经济效益。大飞机创新谷是一个汇聚了顶尖科研机构和人才的独特优势的地方，配备了先进的设备，形成了一支优秀的专业团队，为中国商飞在航空工业领域的发展提供了强有力的支持。这里不仅拥有独特的创新资源，还通过创新资源的空间集聚和匹配的工作机制，形成了一种以主制造商为核心、以"产学研用"为纽带的技术创新体系。大飞机创新谷作为中国商飞充分发挥新型举国体制优势、集中各方力量开展技术攻关的重要载体，致力于在空间上连接从工程到技术再到科学的创新链。在这个过程中，大飞机创新谷将工程问题逐步分解分块，交给整个创新链来解决。飞机研制过程以创新为导向，牵引产生了各种需求，相关工程问题被分解并转化为技术问题，由中国商飞与大飞机创新谷内合作的企业围绕这些技术问题展开联合攻关。对于涉及的科学问题，则进一步协同高校、科研院所开展攻关。通过这样的工作机制，大飞机创新谷形成了一种高效的创新模式，推动了航空工业的自主创新和发展。这种模式不仅促进了中国商飞在航空工业领域的进步，还为整个中国的航空工业发展提供了强有力的支持，因此，大飞机创新谷是中国航空工业自主创新和发展的重要推动力量。

大飞机航空产业园是一个非常重要的经济区域，注重产业化和规模化，园中企业共同研发、生产和销售，形成了一个完整的产业链。这种合作模式有助于降低成本、提高效率，并促进各方之间的合作和共赢。为了进一步拓展国际市场，推动中国航空工业走向世界舞台，大飞机航空产业园作为一个重要的载体，正在吸引越来越多的企业入驻，这不仅加速了上下游总装配套企业的集聚，还形成了产业合力，使得整个航空产业链更加完善。在祝桥航空产业园这个重要的载体中，企业们可以享受到各种优惠政策和优质服务，有助于降低企业的运营成本，提高企业的生产效率。同时，祝桥航空产业园还积极引进各类高端人才和科技创新团队，为企业的研发和生产提供了强有力的支持。

3）供应链的全面管理机制

C919 的研发也反映了供应链全面管理的重要性。无论是高科技产品还是传统制造业，都需要对供应链进行全面、精准的控制，以确保产品的质量和交货期。特别是在航空工业领域，由于涉及大量的技术创新和复杂的生产流程，供应链管理的重要性更加明显。中国商飞采取了"主制造商-供应商"的发展模式，一方面积极提升和巩固自身作为主制造商的核心能力，另一方面主动培育产业链和供应链，推动产业实现自主可控和国产化。中国商飞始终坚持自主创新、自主可控的原则，致力于对供应商问题进行全面负责，并确保飞机安全。为了实现这一目标，公司采取了一种"抓两端出中间"的方法来监督供应商的工作，这种方法旨在通过密切关注供应商的研发和生产两端，以确保中间环节的质量和效率。为了确保供应商具备高质量的生产能力，中国商飞会定期审核供应商的技术能力和生产流程，这种审核机制旨在发现潜在的问题和风险，并为供应商提供必要的支持和指导。同时，中国商飞实行垂直管控模式，加强对供应商的质量管理，这种管控模式确保了公司对供应商的质量要求得到准确传递和执行，从而确保整个供应链的稳定性和可靠性。为了确保供应商提供高质量的产品并实现风险管控，中国商飞每月对供应商的绩效进行评价，这种评价机制旨在发现供应商在生产过程中存在的问题和不足，并提供相应的改进建议。通过这种方式，中国商飞确保了供应商不断提高产品质量，并降低潜在的风险。通过加强供应商全面质量管理，中国商飞不仅提高了自身的竞争力，也为整个航空产业链的健康发展做出了贡献。同时，中国商飞的这种质量管理方法也为其他行业提供了可借鉴的经验和启示。

4）5G 工业联盟机制

中国商飞，一家致力于研发和生产大型客机的国有企业，深刻认识到新能源和信息化技术革命对于航空产业的重要性，于是决定利用这个机会实现超越。为了实现这个目标，中国商飞积极与国内外的合作伙伴组建了国内第一个大飞机 5G 工业联盟。这个联盟聚集了众多领先的民营企业，他们共同的目标是利用 5G 技术来推动航空产业的创新和发展。中国商飞为了提高合作伙伴的参与积极性，免费开放了生产场景，让合作伙伴进行设备验证和技术验证等创新活动。这种开放的态度和积极的行动，不仅提高了企业参与的积极性，也让他们更加信任和依赖中国商飞。通过协同创新，中国商飞建立了 5G 全连接工厂，这是航空产业的一次重大创新。这种 5G 全连接工厂的应用，不仅提高了生产效率，也降低了生产成本，同时还能够保证生产质量。5G 全连接工厂，不仅是中国商飞的骄傲，也是中国航空产业迈向现代化和智能化的重要一步。为了进一步推动 5G 在航空产业的应用，中国商飞还获得了国家第一张企业 5G 专网的频率许可。这意味着中国商飞可以在自己的 5G 专网上进行各种创新和应用，进一步推动航空产业的数字化转型。中国商飞通过精心策划和周密安排，成功地打通了产学研各方进入大飞机产业链的道路，有效推动了各方技术能力的提升，共同构建了一个要素完备、充满活力的产业生态。

大飞机产业链在吸引众多民企参与的同时，积极推动与科研机构的协同攻关，这充分体现了新型举国体制的优势。通过集中力量办大事，国家能够更好地整合资源，推动关键领域的技术创新和产业升级。通过参与大飞机产业链的发展，民企和科研机构不仅在技术上实现了突破，还为国家的经济发展做出了贡献。这种协同创新、共同发展的模式，不仅推动了航空工业的进步，也体现了新型举国体制在推动科技创新和产业升级方面的优势。

5.3　未来产业创新网络治理机制

5.3.1　未来产业创新网络治理的内涵

1. 未来产业的概念

生成型预训练变换模型（Chat Generative Pre-trained Transformer，ChatGPT）是 OpenAI 于 2022 年 11 月发布的一款自然语言处理工具，它在科技、产业和学术领域产生了深远的影响，引发了广泛的专家和经济学家等的讨论。这一工具的出现催生了一系列关于大型语言模型在不同领域应用的研究和实践，以探索其潜在价值和应用前景。在国内，数字经济企业也积极投入研发大型模型的工作，以应对新技术挑战和满足不断增长的信息处理需求。这些模型的应用范围越来越广泛，不仅涵盖了自然语言处理领域，还扩展到了图像识别、智能推荐、自动化决策等多个领域。这些新技术和工具的引入对产业和生产要素产生了深刻的影响，重新定义了未来产业的生产力和组织方式。前沿科技的不断发展和应用，包括大型语言模型和其他人工智能技术，正在推动产业组织的变革。这种变革不仅改变了生产方式和效率，还促进了新业务模式的涌现，加速了数字化转型和创新。因此，未来产业将不断受到前沿科技的影响，重新定义自身生产力和竞争力，从而适应新的经济和技术环境。这一趋势将继续引发广泛的研究和讨论，帮助企业和相关研究机构深入了解这些变革对社会和经济产生的深远影响。本节将分别从科技前沿、生产要素和产业组织三个视角对未来产业的概念进行探讨。

1）科技前沿视角下的未来产业概念

根据 2019 年美国总统科技顾问委员会的报告，美国正面临着前所未有的国际竞争，尤其在五个前沿科技领域，这些领域被视为未来产业的重要组成部分，包括人工智能、先进制造、量子信息科学、5G/先进通信网络和生物技术。这些领域被认为将在未来产业中发挥关键作用，塑造全球经济格局，并对社会产生深远影响。为进一步深化对未来产业的理解，该委员会于 2021 年 1 月发布了《未来产业研究所：美国科学与技术领导力的新模式》报告，其中提出了未来产业的概念，并强调了这些领域的重要性。这一报告的发布引发了广泛的讨论和研究，以探索如何促进未来产业的发展，并在全球范围内实现竞争优势。美国政府也积极响应这一趋势，于 2020 年提出支持未来产业和"未来先进计算生态系统"的计划，这一计划包括了多个领域，如自动驾驶和远程驾驶技术，以应对未来的挑战，促进技术创新，以及塑造全球科技格局。通过政府的支持和投资，美国力图在未来产业领域取得领先地位，保持其在全球科技竞争中的地位，以确保经济的可持续增长和创新能力的提升。美国关于支持未来产业发展的倡议将在未来继续引领科技和产业发展的方向，并推动跨领域的创新合作。

在中国的"十四五"规划中，提出了"未来产业"的概念，并明确了推进未来产业发展的三个措施，这标志着中国在科技创新和产业升级方面迈出了重要步伐。首先，中国计划实施未来产业孵化和加速计划，以培育和推动未来产业的发展，为创新企业提供更好的生态环境和支持。其次，中国将布局一批国家未来产业技术研究院，以汇聚顶尖科技人才，推动前沿科技的研究和应用。最后，中国计划实施产业跨界融合示范工程，通过不同领域的合作和创新，推动产业之间的融合，创造新的产业发展模式。未来产业的定义在这一规划中得以明确，它是基于前沿科技的，具有开放性特征的产业。具体而言，未来产业包括前沿科技引领，即依托最新科技实现产业的引领和领先；交叉融合应用，即不同科技领域之间的交叉与融合，创造新的应用场景和商业模式；以及颠覆性技术创新，即具有颠覆传统产业格局和商业逻辑的创新技术。这一概念的提出不仅在中国国内具有重要意义，还对全球科学和技术领导力产生深远影响。中国作为全球科技创新的重要参与者，其未来产业发展将引领全球科技发展的方向，推动全球产业结构的变革，并在全球科技竞争中扮演重要角色。

2）生产要素视角下的未来产业概念

大数据的涌现正在彻底改变产业生态，数据已经成为当今重要的生产要素之一，具有可重复、可复制和经济属性。随着科技的不断进步，数据处理和分析技术的提升，未来的产业发展势必将围绕着大数据或者能够处理大数据的技术展开。这种趋势使得在工业经济时代的三次产业划分的基础上，出现了第四产业、第五产业和第六产业，它们代表着未来产业的发展方向。第四产业指以信息技术为基础的现代服务业，它包括了计算机、通信、金融、法律、咨询等高度依赖信息和知识的领域。这些行业通过数据分析和信息交流，推动了产业的数字化和智能化。

第五产业指新兴产业,主要涉及生态环境保护、清洁能源、生物技术等领域。这些领域需要大量的科学研究和数据分析,以实现可持续发展和环保目标。第六产业则指文化创意产业,包括了影视、媒体、技术、设计等领域。这些产业通过创意和文化的输出,不仅为经济增长注入活力,同时也需要数据分析来了解市场需求和消费者喜好。这些新兴产业的崛起不仅带动了就业增长,也在推动技术创新、知识传播、社会文化的发展方面发挥着积极作用。在这个数据驱动的时代,产业界将会更加依赖数据分析,以获取商业洞察、提高效率、优化产品和服务,从而实现持续创新和竞争优势。因此,能够处理大规模数据的产业必将成为未来产业发展的关键领域。

2019 年 10 月,党的十九届四中全会首次将数据与传统生产要素,如土地、劳动、技术和资本等并列,将其确认为新的生产要素。这一重大变革意味着数据在数字化、网络化和智能化的背景下,深刻地改变了生产方式、生活方式和社会治理方式。这一理念要求充分利用数据来推动生产和治理的变革,将数据视为产生价值的重要因素,从而加速经济和社会的进步。这一创新性的举措确立了数据作为新的生产要素地位,不仅对中国的产业和经济发展产生了深远的影响,而且在全球范围内也引发了广泛的关注。数据的重要性不再仅限于信息传递和存储,而是变成了一种驱动创新和增长的关键资源。这一理念的提出,激发了企业、政府和学术界对数据的更加深入的研究和利用,以促进经济增长、提高生活质量,以及推动社会治理的现代化。在这一新的背景下,数据不仅用于优化生产过程和提高生产效率,还被广泛应用于解决社会问题、改进公共服务、推动创新产业的崛起,以及推动数字化转型。这一理念的确立,意味着数据将成为未来产业和经济的关键驱动力,引领着经济发展的新时代。

3)产业组织视角下的未来产业概念

在数字化、互联互通和新的合作模式的推动下,商业生态系统已经崭露头角,引领着产业组织的深刻转变。商业生态系统将公司视为一个大生态系统的一部分,跨越多个行业,通过合作和竞争来共同发展创新能力、满足客户需求,推动新产品的开发和推出,进而融入下一轮创新。这一概念的兴起对商界产生了深远的影响,重塑了传统产业组织的格局。传统上,公司主要通过垂直整合和竞争来获得竞争优势。然而,商业生态系统的兴起改变了这种模式,公司开始更多地关注横向合作,与各种合作伙伴建立伙伴关系,以共同创造和提供更多的价值。这种合作方式在数字经济时代变得尤为重要,因为它使公司能够更好地适应市场的快速变化,更好地满足客户的需求,提供创新的解决方案,以及实现更高的竞争力。商业生态系统的兴起也鼓励公司更加注重开放创新,与外部合作伙伴共同开发新产品和服务,共享资源和知识,从而加速创新的速度。这一模式有助于减少重复投资,提高资源利用效率,以及更好地满足市场需求。

在数字技术和平台组织蓬勃发展的背景下，工业经济结构正在经历迅速的重塑，原有的产业界限逐渐模糊甚至消失。同时，新的技术不断进步，为解决社会挑战提供了创新的方法，这一趋势也催生了基于平台的商业模式的兴起。这些发展趋势共同塑造了未来产业和商业格局。数字技术的广泛应用正在改变传统产业的面貌。通过数字化、物联网、人工智能等技术，企业能够更高效地生产和管理产品，加强与客户的互动，提供个性化的解决方案，并实现更高的资源利用效率。这不仅改变了产业的运作方式，还推动了新的商业模式的出现，如共享经济、订阅模式和数字平台。同时，平台经济的兴起也为产业带来了深刻的变革。数字平台如亚马逊、谷歌、苹果等不仅改变了商业生态系统，还重塑了市场竞争规则。它们为不同利益相关者提供了开放的生态系统，促进了创新、合作和价值共创。这种平台经济模式不仅加速了产品和服务的交付，还推动了产业界限的模糊化，鼓励不同行业之间的合作和创新。最重要的是，数字技术和平台经济的发展为解决社会挑战提供了新的机会。通过数据分析、人工智能和先进的技术工具，相关部门可以更好地应对全球挑战，如气候变化、医疗保健、教育和可持续发展。这种基于技术和创新的方法将成为未来产业和商业格局的重要组成部分，为创造更加可持续和智能的未来提供了可能性。未来的产业将由前沿科技和颠覆性技术创新主导，同时它们将与各国重要计划和人们的日常生活紧密交互。同时，大数据和知识将成为至关重要的生产要素和经济资源，并形成一个以"融合与共享"为特征的商业生态系统。这个产业体系将为人类社会的生产、生活和治理方式带来革命性改变，并对可持续发展产生深远影响。

工业经济时代的企业主要以物质产品为界限，生产和交付的产品大多是有形的，而数字经济时代的兴起引入了数据作为新的重要生产要素，从而将生产活动扩展到了一个新的"物质产品—人类社会—信息空间"的三维结构。这个三维结构的改变意味着未来产业不再仅局限于生产有形的产品，它还包括了信息空间的重要组成部分。信息空间包括了各种数据、知识、信息和数字内容，这些资源变得至关重要，能够用来支持新的商业模式、创新产品和服务的开发，以及更好地满足客户需求。未来产业将涉及新的管理架构和治理方式，以更好地应对这个新的三维结构。企业和组织需要重新思考生产和服务交付的方式，从而更好地整合和利用数据资源，推动创新，提供更个性化、定制化的解决方案。这也将需要更灵活的组织结构，以便更好地应对快速变化的市场需求和技术进步。此外，未来产业的发展将追求提升生活质量，而不仅是生产物质产品，这一趋势将推动产业组织提供更多的产品和服务，涵盖更广泛的领域，如健康、教育、娱乐、可持续性等，这也会对社会治理产生深远影响，因为政府和社会机构需要适应新的产业格局，制定新的政策和法规，以满足人们对更高生活质量的期望。

2. 未来产业创新网络治理的兴起

随着全球创新网络的不断发展，数字经济创新生态体系在全球范围崭露头角，成为引领全球经济创新和发展的新动力。在这一生态体系中，科技创新和制度创新相互交织，互相推动，推动了全球产业和经济的改变。中国作为全球创新网络的重要一员，也经历了重要的发展和变革。过去，中国以"世界工厂"的角色而闻名，主要是作为生产制造中心，在全球产业分工中扮演着关键的角色。然而，近年来，中国已经开始向"创新发展"的转型道路迈进，积极推动自主创新，将创新活动作为发展的核心驱动力。中国的创新活动不仅在国内蓬勃发展，还扩展到了全球范围。中国企业积极参与全球创新网络，与国际企业和研究机构合作，推动了全球创新网络的发展和壮大。这种参与全球创新网络的方式有助于中国更好地融入全球创新生态系统，分享和获取全球最新的创新成果，从而加速本国的创新进程。特别是在互联网领域，中国的互联网普及率已经超越了全球平均水平，引入了多项新技术和商业模式，形成了独特的创新模式和新兴业态。中国的互联网企业在全球范围内崭露头角，推动了数字经济的迅速发展，不仅在本国创造了巨大的市场价值，还对全球数字经济生态产生了深远的影响。随着科技的快速进步，全球创新网络正逐渐成熟发展，给我们带来了前所未有的机遇和挑战。然而，未来产业的迅猛发展也面临着一系列复杂而深远的治理问题。从保护个人数据隐私到确保信息内容的准确性，从考虑道德伦理到保证技术透明度，我们迫切需要在未来产业浪潮中推动创新并稳健地构建全球创新网络。

5.3.2　未来产业创新网络治理的机制设计

1. 未来产业创新网络治理机制的特征

未来产业创新网络治理机制的特征主要包括：去中心化治理、数据驱动决策、多方参与和合作、智能合约和自动化执行以及透明度和责任追溯。

1）去中心化治理

利用区块链等分布式技术，实现决策和治理过程的去中心化，降低权力集中度和信息不对称的程度，提高参与者的平等性和参与度。这种治理模式旨在打破传统的中心化权威结构，将权力分散到网络中的各个节点，使参与者能够平等地参与决策和治理过程。

2）数据驱动决策

注重数据的应用和分析，通过大数据和人工智能等技术收集和分析各种数据，包括用户需求、市场趋势、技术创新等，以支持决策制定和战略规划。这种决策方式强调以数据为依据，通过数据分析和挖掘来获取有价值的信息，使决策更加科学、准确和有据可循。

3）多方参与和合作

鼓励企业、学术界、政府、社会组织等多方利益相关者共同参与决策和治理过程，建立开放平台和机制，促进合作和协同创新，实现资源共享和优化配置，推动产业创新和发展。

4）智能合约和自动化执行

采用智能合约等技术，实现决策的自动化执行和规则的执行，确保决策的执行和权益的保护，减少人为干预和纠纷的发生，提高治理效率和质量。

5）透明度和责任追溯

注重透明度和责任追溯，利用区块链等技术实现交易和决策的公开透明，使参与者能够监督和评估决策的合理性和公正性，同时确保责任的追溯和执行，提高治理的公正性和可信度。

2. 未来产业创新网络治理机制分析

未来产业创新网络治理机制的子机制主要包括：通证激励机制、共享机制和信任机制，如图 5.10 所示。

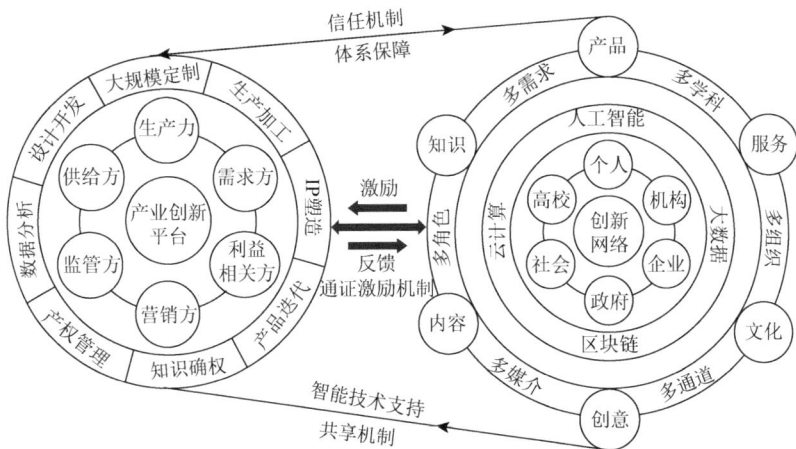

图 5.10　未来产业创新网络治理子机制

1）通证激励机制

区块链与车联网的融合，为智能交通的发展提供了强大的技术支持。为了实现高效、安全的智能交通，需要海量的交通信息。车辆作为智能交通的重要组成部分，具有强大的传感、存储和计算能力，可以有效地收集和共享数据。这些数据不仅包括车辆自身的运行数据，还包括道路交通信息、天气情况等，对于智能交通的决策至关重要。群智感知技术是一种利用群体力量采集海量数据的创新技术，已经在智能交通领域得到广泛应用。然而，这种技术也存在着一些问题，如资源消耗和隐私泄露。为了解决这些问题，需要建立一个有效、公平的激励机制，以及安全高效的隐私保护解决方案。

通证激励机制系统模型由区块链网络、雾服务器、任务发布者和车辆用户共同构建。区块链网络，作为一种去中心化的公共账本，由网络中的矿工和车辆共享，其目的在于为隐私保护激励机制提供支持，确保在缺乏可信平台的情况下，智能合约能够执行激励机制的流程。每个新区块均包含车联网群智感知激励机制内的所有交易，定期接受验证并添加至区块链，以确保数据的安全性和准确性。雾服务器具备强大的计算和存储能力，能有效维护区块链网络，存储整个区块链，并验证所有区块和交易。雾服务器负责验证任务发布者和车辆用户的注册，以及完成数据质量的计算。为了确保真实性和安全性，雾服务器需采用高效的加密技术和先进的验证机制。任务发布者负责发布车联网群智感知任务，并向完成任务的车辆支付奖励。任务发布者通过部署在区块链上的智能合约与雾服务器进行交互，以确保任务和奖励的公正分配。交通管理部门可以担任任务发布者的角色，以推动车联网群智感知任务的实施和应用。作为车联网的参与者，车辆用户执行感知任务，提交竞标价格、声誉值和感知数据。根据竞价和提交的数据质量，车辆用户有机会获得奖励。用户通过智能合约参与竞标，并在成功提交任务后获得相应奖励。这种激励机制激励更多车辆用户参与车联网群智感知任务，为交通管理和数据分析提供更广泛的数据源。

2）共享机制

区块链技术是一种革命性的创新，拥有去中心化、时序数据、可信计算、共识算法及智能合约等技术。这些技术使得区块链成为一个安全、可靠、透明和高效的数据共享平台。通过应用区块链技术，产业技术创新联盟可以实现治理的去中心化，解决信息共享问题，并充分发挥联盟信息价值，促进创新。在产业技术创新联盟中，信息的共享是至关重要的。区块链的去中心化特性，可以在实现低实践性的同时保证高可靠性和高效率，这是产业技术创新联盟信息共享的新特性。这种新特性使得区块链成为产业技术创新联盟信息共享的理想选择。此外，区块链技术的可信计算和共识算法也使得数据的安全性和可靠性得到了极大的提升。智能合约则可以实现自动执行和自我执行，使得交易的执行更加高效和安全。

区块链将被广泛应用于产业技术创新联盟的信息共享系统中。通过与可信计算技术的结合，每个区块都包含了前一块的加密代码，形成了一条不可篡改的链条，这种结构确保了交易认证的可靠性和可追溯性，使得信息在传递过程中的安全性和可信度得到了极大的保障。哈希算法在信息共享系统中扮演着重要的角色，它能够对原始信息进行校验，预防不实、作假、剽窃等不诚信现象的出现。应用哈希算法，可以确保信息主体的知识产权得到有效的保护，维护市场的公平和公正。时间戳技术也在信息共享系统中发挥着关键的作用，它能够记录信息处理的过程和操作时间，使得信息的可追溯性和可验证性得到了极大的提高。通过应用时间戳技术，可以清晰地了解到信息的操作历史和时间节点，从而更好地保障信息的真实性和可信度。

3）信任机制

区块链实质上是一种采用去中心化技术的分布式数据库，具有独特的技术特点，如公开透明、不可篡改和留痕可追溯等，这些特点为建立新型的信任机制提供了基础，使人们不再需要完全依赖中介机构。区块链上的每个节点都是相互独立和平等的，这保证了信息的公开、透明和永恒不变。区块链的相关特征为各种行业和领域带来了革命性的变革。

区块链技术的信任机制建立在理性之上，这种信任机制可以大大简化交易过程，提高交易效率，降低交易成本。区块链的公开透明和不可篡改性，使得所有记录都是真实可靠的，这为建立信任提供了坚实的基础。同时，区块链技术还可以帮助人们摆脱对中心化制度的依赖，实现真正的去中心化。在传统的中心化制度中，中介机构往往需要承担信任的角色。然而，这些中介机构往往存在信任问题，如信息不对称、道德风险等。相比之下，区块链技术的信任机制是基于数学算法和程序规则的，不需要依赖任何中介机构。这种信任机制不仅更加可靠，而且可以大大降低交易成本和风险。

区块链的去中心化计算结构使得在网络中充满猜忌的情况下，人们能够直接进行交互，摆脱了外部中介对交易的控制，这是一种全新的信任机制。这种信任机制的基础是以代码为表征的技术机制，将信任基础由集权化的信任中介转为非中心化的数字代码，这与传统信任机制有着本质的区别。然而，区块链技术信任机制仍然面临着内部虚假信息和外部恶意攻击的主要风险。为了解决这些问题，中本聪创造性地将非对称性加密技术和博弈论观点相结合，通过私钥和公钥的使用确保交易信息的透明可靠。他提出了"共识机制"来保障系统信息记录准确一致与最终同步，从而抵御外部攻击。

共识机制被视为验证数据并构建系统信任最有效的方法，是建立系统信任的基础。在区块链系统中，共识机制的应用使得所有参与者都能够对数据进行验证和确认，从而建立起一种去中心化的信任机制。这种机制不需要依赖任何中介机构，而是通过数学算法和计算机程序来实现，因此具有极高的可靠性和安全性。

5.3.3　数字创新网络治理的机制与新范式

1. 数字创新生态系统的基本特征

数字创新生态系统的基本特征在多个方面加速了产业创新，推动了实体经济的发展，并提供了新的价值创造方式。首先，数字化的创新要素使创新更为高效和多样化。数字技术的应用，如云计算、人工智能、大数据分析和物联网，为企业提供了丰富的创新工具和资源。这些数字化的创新要素有助于加速产品、服务和业务模式的创新，降低了研发成本，提高了创新的速度和质量。其次，虚拟化的参与主体拓宽了创新合作的范围。在数字创新生态系统中，企业和个人可以通过数字平台和工具跨越地理边界进行合作。这种虚拟性质使得全球范围内的专业知识和资源都可以参与创新，促进了跨界合作和全球创新网络的形成。最重要的是，生态化的主体间关系改变了传统商业模式和供应链。数字创新生态系统强调多层次的合作和协同创新，企业之间的关系不再是线性的，而是更为复杂和多样化的。这种生态网络有助于更广泛的价值创造，促进了不同主体之间的互惠关系和合作。

数字创新生态系统中的特殊结构特征带来了一系列挑战，因此需要建立一种融合虚拟与现实的治理体系。治理被视为促进创新生态系统发展的关键条件，但传统治理理论往往难以有效应对数字创新生态系统的复杂性和独特性。因此，需要深入研究数字创新生态系统的结构和治理挑战，并提出适用的治理机制，以推动数字创新生态系统的理论发展和实践推进。数字创新生态系统的特殊结构包括虚拟和现实两个层面的相互交织。虚拟世界中的数字平台、虚拟社区和网络资源与现实世界中的企业、政府和个人之间存在复杂的互动关系。这种混合结构要求治理体系能够同时考虑虚拟和现实领域的规则和法律，以确保合规和合法性。数字创新生态系统的治理需要更加灵活和更高的适应性。传统治理模式可能难以适应快速变化的数字环境和新兴技术的出现，因此，需要开发更具弹性的治理机制，以应对不断演化的挑战和机会。数字创新生态系统的治理需要跨越国界，因为数字创新通常是全球性的。在全球性的数字创新生态系统中，国际合作和多边治理机制变得至关重要，例如跨境数据的合规性治理和多边知识产权保护等。

2. 数字创新生态系统的治理困境

创新生态系统的核心目标是协调各参与者之间的相互依存关系，以实现集体的价值创造和实现共同的价值主张。与传统生态系统相比，数字创新生态系统具有独特的特点，包括数字化创新要素、虚拟化的参与主体和生态化的主体间关系，这些特点为研究和发展数字创新生态系统提供了全新的理论和实践挑战。数字创新生态系统强调数字化创新要素的应用。在这种生态系统中,数字技术如云计算、大数据分析、人工智能和物联网等已经成为推动创新的关键因素。数字化创新要素不仅加快了创新的速度,还改变了创新的方式和范式,使创新生态系统更具活力和多样性。数字创新生态系统强调虚拟化的参与主体。在这个生态系统中,参与者可以跨越地理和时间的限制,在线上平台进行连接、沟通和合作。企业、个体创新者、科研机构、政策制定者、消费者等都是这个生态系统中的关键参与者,他们在各自的角色下共同推动了创新的进程。数字创新生态系统强调生态化的主体间关系。在数字创新生态系统中,合作不再是线性的买卖关系,而是更为复杂和多样化的合作模式。这种创新合作网络有助于更广泛的价值创造,促进互惠关系和共同价值主张的形成。与此同时,包括数字化创新要素、虚拟化的参与主体和生态化的主体间关系在内的这些特点也给数字创新生态系统的治理带来了全新的挑战,主要体现在以下四个方面。

首先,在数字创新生态系统中,各种不同动机、组织、产业和地域的虚拟主体积极参与,带来了丰富的资源,但也引发了远距离虚拟空间中的交互挑战。虚拟主体的多元性增加了资源的可获得性。不同动机的参与者可以提供各种类型的资源,包括技术知识、资金、市场渠道和人才,这种资源多样性为创新提供了更大的机会,但也要求有效的合作和协调来实现资源的最大化利用。不同主体在远距离虚拟空间的交互过程中面临挑战,因为虚拟主体可能分散在全球各地,跨越不同的地域和时区,因此需要解决沟通、协调和信任建立等问题,这要求数字创新生态系统的治理机制能够有效应对虚拟合作的特殊性,促进远距离合作的顺畅进行。新型多边关系的建设是数字创新生态系统治理的重要需求。

其次,在多层次的数字创新生态系统中,动态网状关系引入了更多的不确定性,使创新流程变得复杂且非线性。生态系统中的参与者之间的关系变得模糊不清,以至于竞争和合作可以共存,这对创新过程产生了深远影响。动态网状关系意味着参与者之间的互动更加复杂和多样化。不同的虚拟主体可以在不同时间和不同领域之间建立联系,形成多样性的关系网络,这使得创新流程不再是线性的、可预测的,而是变得更加灵活和多变。关系的模糊性导致了竞合现象的出现。竞合是竞争和合作的结合,即竞争对手在某些领域中是竞争关系,在其他领域中是合作关系。在数字创新生态系统中,因为关系模糊,不同的参与者可能在不同方面既是竞争者又是合作伙伴,这为创新过程增加了更多的复杂性。

再次,动态连接关系给数字创新生态系统带来了不确定性和机会主义风险,这可能导致创新过程的不稳定性和脆弱性。因为这些关系在不断变化,合作伙伴之间的连接可能随时断裂,从而影响了合作和创新的连续性。动态的连接关系增加了不确定性。参与者可能随时改变他们的合作伙伴或调整其合作策略，这使得难以预测谁将在未来的创新活动中起关键作用。这种不确定性可能导致资源的浪费和不必要的风险，使创新过程变得更加复杂。机会主义行为风险是一个重要问题。由于连接关系的动态性，一些参与者可能试图追求短期个人利益，而不考虑生态系统的长期健康，这可能导致合作伙伴之间的不信任和竞争，破坏了合作的基础，从而降低了创新的效率和成功率。脆弱的连接关系可能导致合作关系的减弱。当连接容易断裂时，合作伙伴可能不愿意投入大量时间和资源来建立深层次的合作关系，这可能导致创新网络的脆弱性，使其难以应对外部冲击和变化。缺乏投入产出标准可能降低创新参与者共创价值的意愿，因为参与者难以准确衡量他们在创新过程中的投入和产出，他们可能对共创的价值感知不明确，从而减少了积极性。

最后，数字化创新引入了共享数据资源的治理挑战，这些挑战涉及信息过载、知识产权问题以及焦点企业的数据资源管理能力，给数字创新生态系统的健康发展提出了复杂的问题。信息过载是一个常见问题。数字化创新通常导致数据生成和积累的爆炸性增长，这可能导致信息过载，使企业和个人难以有效管理和利用这些海量数据，这不仅降低了数据的价值，还增加了数据泄露和滥用的风险。因此，有效的信息管理和筛选机制至关重要，以确保可以迅速找到有关的信息并用于创新。知识产权问题也具有重要性。在数字创新生态系统中，许多不同的参与者共享数据和知识资源，但如何保护这些资源的知识产权仍然是一个挑战。企业和个人需要清晰的知识产权政策和法律框架，以确保他们的创新成果和数据资源不受侵权行为的侵害。焦点企业的数据资源管理能力也受到挑战。焦点企业通常拥有大量的数据资源，但如何有效地管理、保护和共享这些资源是一个复杂的问题。企业需要投入大量的资源来建立有效的数据资源管理系统，以确保数据的质量、可用性和安全性。另外，开发者难以从创新中获利，数据资源的所有权和使用权问题仍未解决，这可能阻碍数字生态系统的创新动力。因此，开发者和数据资源提供者需要通过明确的奖励机制和合同规定来保护他们的权益，这样他们才能安心地共享数据和知识资源。

数字创新生态系统的复杂性要求用新的方法和理论来解决其中涉及的治理问题。传统的交易成本经济学、社会网络理论和产业平台理论虽然在许多方面有价值，但它们难以充分解释和应对数字创新生态系统中的不完备契约、弱连接关系和多边关系所引发的挑战。不完备契约是一个关键问题。在数字创新生态系统中，合作伙伴之间的契约和合同通常难以完全规定所有可能的情况和变数。这种不完备契约可能导致合作伙伴在合作关系中面临不确定性，因为他们无法准确预测未来可能出现的情况。传统的交易成本经济学难以应对这种情况，因为它主要关注契约的完整性和履行。弱连接关系是数字创新生态系统的典型特点。与传统产业中的紧密垂直关系不同，数字创新生态系统中的参与者通常具有松散的、多边的连接关系，这使得治理机制的设计和实施更加复杂，因为传统社会网络理论可能无法有效解释这些弱连接关系的影响。多边关系也是数字创新生态系统的显著特点。在数字创新生态系统中，参与者之间可能有多种关系，不仅限于双边的合作关系，这可能导致更多的冲突和复杂性，因此需要新的治理机制来处理这些多边关系。

3. 数字创新生态系统的治理机制

数字创新生态系统的治理机制包括关系机制、控制机制和激励机制，从关系机制、控制机制、激励机制三个方面探索数字创新生态系统治理体系的构建，这一体系基于数字平台的搭建、数字技术的应用以及数字资源的协同，旨在解决相关问题。

首先，需要考虑关系机制。数字平台在数字创新生态系统中扮演着关键的角色，它们是协调多方关系的有效工具，这些平台不仅可以设立运作规则，还可以实施虚拟创新社区规范，从而推动参与者之间的互补性合作，促进多方关系的协调和价值共创。数字平台能够为不同的参与者提供一个共同的数字化环境，使其能够更容易地互相连接、合作和共享信息。这种数字环境可以包括虚拟创新社区、在线合作工具和数字协作平台，这些工具和平台可以帮助不同的参与者协调其活动，加强合作关系，共同追求创新目标。数字平台可以设立运作规则和制定社区规范，以引导参与者的行为和互动。这些规则和规范可以规范参与者之间的合作行为，鼓励互补性合作，防止不当竞争和冲突，促进和谐的多方关系。数字平台还能够提供数据分析和反馈机制，帮助参与者了解其在生态系统中的作用和影响，从而更好地协调其活动，提高协同效益。

其次，创新行为的控制机制在数字化技术的支持下不断发展。数字化技术的不断进步为控制数字创新生态系统中的创新行为提供了新的工具和方法，其中一些技术包括智能合约、数字信用、数字平台架构设计和信息沟通规则，它们对解决知识产权、信任关系和系统协调等方面的问题具有重要作用，可以降低机会主义行为风险，提高参与者的合作效率。智能合约是一种基于区块链技术的自动执行合同，可以规范和强化合作参与者的行为。这些合同以可编程的方式定义了合作的规则和条件，当满足条件时，合同将自动执行，这有助于降低知识产权争议，因为知识共享和利益分配可以在智能合约中得到明确定义。此外，智能合约可以提供透明的合作过程，建立信任关系，减少机会主义行为。数字信用是一种用于评估合作参与者信用和声誉的工具。数字信用系统可以跟踪和记录参与者的合作历史、履约记录和社会信誉，从而提供信任评级，这有助于建立可靠的合作伙伴关系，降低合作风险，并鼓励合作参与者更多地投入创新活动。数字平台架构设计和信息沟通规则可以提供更高效的合作框架，这些框架可以将不同参与者连接在一起，提供信息共享和互动的渠道，促进系统协调和资源整合。通过这些工具，合作参与者可以更有效地协调其创新活动，提高合作效率。

最后，激励机制是至关重要的。数字资源协同在数字创新生态系统中扮演着至关重要的角色，它通过一系列关键方式推动着创新合作和市场成功。这种协同利用数字技术，通过高效数字资源匹配、数字化商业渠道和快速市场响应等方式，有效激发了参与者的创新动力和活力，从而推动了创新合作、产品商业化和市场占领的进展。数字资源协同通过高效数字资源匹配将合作参与者与所需资源相匹配，这有助于找到具有互补技能和资源的合作伙伴，促进了创新合作的开展。合作伙伴可以通过数字平台或技术工具查找并连接到需要的资源，无论是技术、知识、资金还是其他关键要素，这种匹配能力有助于加速创新活动的启动和进展，降低了参与者的搜寻成本，提高了资源的利用率。数字化商业渠道提供了将创新产品和解决方案推向市场的便捷途径。数字创新生态系统的参与者可以利用数字渠道，如电子商务平台、在线市场和社交媒体，将创新产品迅速推向市场，这种数字化商业渠道能够加速产品商业化过程，减少市场进入障碍，使更多的创新成果能够快速实现商业成功。这为创新合作提供了更具吸引力的商业前景，促进了创新活动的增加。数字资源协同有助于快速市场响应。在数字创新生态系统中，市场情况可能会快速变化，需要参与者迅速调整战略和行动。数字资源协同可以通过提供实时数据和市场信息，帮助参与者更快速地做出决策，适应市场变化。这种敏捷性有助于合作伙伴更好地响应市场需求，加速产品迭代和创新推广，提高市场竞争力。

4. 基于区块链的数字创新网络治理机制新范式

随着新兴产业的快速发展和数字化转型的推进，创新网络治理机制成为促进创新和协同的重要手段。区块链技术是未来产业中的关键核心技术。在数字经济和 Web3.0 快速发展的今天，区块链技术凭借其分布式、去中心化、不可篡改、智能合约、时间戳等特征功能改变传统创新网络治理的范式和机制。

区块链这一概念最初出现在中本聪的论文《比特币：一种点对点式的电子现金系统》中，该论文提出了一种全新的去中心化交易体系，该体系基于分布式数据库技术，通过点对点网络进行数据传输和验证。袁勇和王飞跃（2020）随后对区块链技术进行了总结，认为区块链技术本质上是一个去中心化的数据库，它从比特币的底层核心技术和基础架构中衍生出来，并采用了分布式数据存储、点对点传输、共识机制和加密算法等计算机技术。区块链的时间戳功能使其能够记录每个交易的历史和交易中包含的额外信息和数据，并以链式数据结构的形式进行存储。这一结构由矿工不断添加，并通过密码学方式保证数据信息的完整性和一致性。区块链的智能合约则是一段部署在以太坊虚拟机上的代码，用于定义和执行交易规则，其核心是一段基于事件驱动的、具有状态的、运行在共享区块链上的程序。

根据不同的分类标准，区块链可以分为多种类型，如公有链、联盟链、私有链等。公有链是完全开放的区块链网络，任何人都可以参与其中，且所有的交易记录和数据都是公开透明的。比特币和以太坊是最著名的公有链。联盟链是由多个组织或实体共同管理的区块链网络，这些组织之间需要达成共识才能进行交易，并且交易记录和数据只对参与者可见。联盟链主要应用于企业间的合作和数据共享。私有链是由单个组织或实体控制的区块链网络，只有授权的用户才能加入网络，交易记录和数据也只对授权用户可见。私有链主要应用于企业内部的数据管理和流程优化。

区块链作为一种新兴技术，充分体现了价值传递、互联互通、协同管理的思想，与创新网络治理不谋而合。本书针对区块链技术特点和多链机制，构建了基于区块链的创新网络治理机制新范式，如图 5.11 所示。

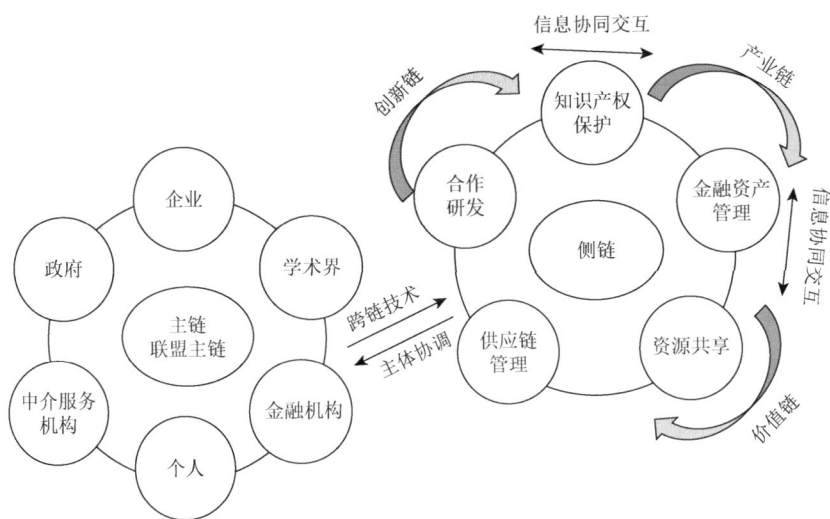

图 5.11　基于区块链的创新网络治理机制新范式

随着区块链技术的发展和应用，基于区块链的创新网络治理机制正在成为一种新的治理范式。在这样的治理机制下，可以实现创新链、产业链、价值链以及人才链等的多链融合，推动未来产业创新高质量发展。相比传统的中心化治理机制，基于区块链的创新网络治理具有去中心化、智能合约、共识机制、去信任化和区块链标识等特点，可以实现更加开放、民主、高效和可信的治理机制。

1）去中心化

基于区块链的创新网络治理是一种去中心化的治理机制，不需要中心化机构来控制和管理网络。在基于区块链的创新网络治理机制中，参与者可以自由地加入或退出网络，每个节点都可以拥有相同的权利和责任。去中心化的特性可以消除传统中心化机构的垄断和控制，使得治理更加民主、公正和透明。同时，去中心化的特性还可以提高治理的安全性和韧性，防止单点故障和被攻击。

2）智能合约

智能合约是区块链技术的核心之一，是一种自动执行预设规则和条件的程序代码。在基于区块链的创新网络治理机制中，智能合约可以自动化执行投票、资金管理和决策等过程，减少了人为干预和出现错误的可能性。智能合约可以确保治理的公平性和可信度，消除了人为主观因素和欺诈行为的影响。同时，智能合约还可以提高治理的效率和效果，减少了人力成本和时间成本。

3）共识机制

区块链的共识机制是保证多个节点之间的一致性和安全性的关键技术。在基于区块链的创新网络治理机制中，参与者可以共同验证和确认交易的合法性，避免了恶意攻击和欺诈行为。共识机制可以提高治理的可信度和稳定性，防止网络出现分裂或者双花等问题。同时，共识机制还可以提高治理的效率和效果，减少了中心化机构的调节和调解。

4）去信任化

区块链技术的去信任化特性使参与者之间不需要互相信任，也不需要依赖第三方机构来维护信任。这种去信任化的特性可以减少参与者之间的摩擦和成本，提高治理的效率和效果。在基于区块链的创新网络治理机制中，参与者可以通过智能合约和共识机制来达成共识和执行规则，不需要依赖中心化机构来维护信任。去信任化的特性还可以提高治理的安全性和可信度，防止身份冒充和非法操作。

5）区块链标识

区块链技术可以为每一个创新网络治理主体提供一个独特的数字身份标识，这种标识可以被用来证明身份、记录行为和管理权限等。在基于区块链的创新网络治理机制中，区块链标识可以提高治理的安全性和可信度，防止身份冒充和非法操作。同时，区块链标识还可以提高治理的效率和效果，减少了人力成本和时间成本。在基于区块链的创新网络治理机制的新范式中，基于区块链的多链机制构建了创新网络治理主体参与的联盟主链和产业链、创新链、价值链等多链融合的侧链结构。在联盟主链中，它结合了联盟链和主链的特点，旨在实现多个治理主体之间的合作与协调。参与到创新网络治理中的主体主要包括政府、企业、学术界、金融机构、中介服务机构和个人，政府包括相关行政部门、监管机构等，他们在创新网络治理联盟主链中扮演着监督和规范的角色，确保链的正常运行和治理的合法性。企业包括企业、合作社、非营利组织等，他们是创新网络治理联盟主链的核心参与者，通过链上交易和共享数据来实现合作与协作。学术界是创新网络治理联盟主链的合作方，中介服务机构和金融机构为创新网络治理联盟主链提供技术支持、金融支持。作为创新网络治理联盟主链的最终受益者，个人可以通过链上交易获得更加便捷和安全的服务，同时也可以参与到链的治理中，提出建议和意见。创新网络治理联盟主链的特点如下。

（1）去中心化与集中化的平衡。联盟主链既保留了区块链的去中心化特点，又能够在一定程度上实现治理主体的集中化管理。这种平衡使得联盟主链能够更好地适应不同治理需求和场景。

（2）可控性与可扩展性。联盟主链允许参与的治理主体共同决定链的规则和参数，从而实现链的可控性。同时，联盟主链还具备较高的可扩展性，可以根据治理主体的需求进行灵活的扩展和升级。

（3）高效性与安全性。联盟主链采用了共识机制和智能合约等技术手段，确保了链上交易的高效性和安全性。治理主体之间可以通过智能合约实现自动化执行和规则约束，提高治理的效率和可信度。

（4）隐私保护与透明度。联盟主链可以根据需求设置不同的隐私保护机制，确保参与主体的敏感信息不被泄露。同时，联盟主链还具备一定程度的透明度，使得链上的交易和决策过程对参与主体可见。

在多链融合的侧链中，通过区块链技术中的跨链、多链机制，将创新链、产业链和价值链进行有机结合和互联互通，实现资源共享、价值流转和协同创新的新机制。基于区块链跨链、多链机制的创新链、产业链、价值链融合可以实现以下几个方面的创新和优化。

（1）知识产权保护。通过区块链技术，不同的创新主体可以将他们的知识产权相关的信息和交易记录存储在区块链上，并采用去中心化的方式进行验证和确认。这样可以确保知识产权的真实性和不可篡改性，有效防止知识产权的侵权和盗用。

（2）合作研发。通过区块链提供去中心化的数据存储和管理方式，参与合作研发的各方可以在区块链上共享数据、文档和信息，实现更加高效和安全的数据交换。区块链上的智能合约可以自动执行合作研发项目中的条款和条件，实现自动化的合同管理和支付机制。

（3）资源共享与协同创新。通过区块链跨链机制，不同的创新主体和科研机构可以实现资源共享和协同创新。他们可以在链上建立智能合约，共享研究成果、专利技术和人才资源，促进创新活动的互联互通。

（4）供应链透明与溯源。通过区块链跨链机制，产业链中的各个环节可以实现供应链透明和产品溯源。每个环节的信息和交易记录都被记录在区块链上，参与者可以追踪产品的来源、生产过程和质量信息，提高消费者对产品的信任度。

（5）价值流通与智能合约。通过区块链跨链机制，价值链中的各个环节可以实现价值的流通和智能合约的执行。参与者可以使用区块链上的数字资产进行交易和结算，智能合约可以自动执行合同条款，减少纠纷和人为干预。

（6）数据安全与隐私保护。通过区块链跨链机制，创新链、产业链和价值链中的数据可以得到更好的安全和隐私保护。数据被加密存储在区块链上，参与者可以根据权限控制机制来访问和使用数据，提高数据的安全性和隐私性。

然而，这种新型的治理机制也面临着一些挑战和问题。本部分将从技术难度、参与者的信任问题、法律法规的不确定性和生态建设的不足四个方面探讨基于区块链的创新网络治理机制的挑战和前景。

（1）技术难度。区块链技术是基于密码学和分布式系统的一种新型技术，其应用领域涵盖了金融、物联网、供应链等多个领域。然而，区块链技术在实现创新网络治理机制时仍然存在一些技术难点，如扩容问题、公链与联盟链之间的协作等。以比特币为例，由于其采用的是工作量证明（proof of work，PoW）共识机制，因此其交易速度较慢，每秒只能处理数十笔交易。为了解决这个问题，一些新型的共识机制被提出，如权益证明（proof of stake，PoS）和股份授权证明（delegated proof of stake，DPoS），但这些共识机制仍需要进一步的实践和验证。此外，公链与联盟链之间的协作也是一个重要的技术难点，需要建立一个开放、互信、协作的生态系统。

（2）参与者的信任问题。区块链技术可以实现去中心化和透明化，避免了中心化机构的单点故障和权力滥用，提高了治理的公正性和透明度。然而，在实际应用中，参与者之间的信任问题仍然存在。例如，在共识机制中，如果参与者不诚实或者存在恶意行为，就可能会影响整个网络的稳定性和安全性。在这种情况下，需要建立一个完善的信任机制，对参与者进行评估和监督，保证网络的稳定和安全。

（3）法律法规的不确定性。由于区块链技术的特殊性质，其在法律法规方面仍然存在一些不确定性。例如，区块链上的交易是否合法、如何保护参与者的隐私等问题，需要进一步的法律框架和规范来解决。此外，由于区块链技术的跨境性质，不同国家和地区的法律法规存在差异，因此需要建立一个全球统一的法律法规框架，以保护参与者的权益和网络的稳定。

（4）生态建设的不足。区块链的创新网络治理机制需要建立一个完善的创新生态系统，包括创新主体、中介机构等各种参与者。目前，这些参与者之间的协作和互动还需要进一步加强。例如，在去中心化金融领域，需要建立一个完整的金融生态系统，包括数字货币、交易所、借贷平台等。此外，对于开发者来说，需要建立一个稳定的开发环境和开发工具，以提高开发效率和质量。

尽管存在这些挑战，基于区块链的创新网络治理机制仍然具有广阔的前景。以下是一些可能的前景。

（1）去中心化的治理。区块链技术可以实现去中心化的治理，避免了中心化机构的单点故障和权力滥用，提高了治理的公正性和透明度。例如，在区块链上，可以使用智能合约来自动执行预设的规则和条款，减少人为干预和纠纷，提高治理的效率和可信度。

（2）智能合约的应用。区块链上的智能合约可以自动执行预设的规则和条款，减少人为干预和纠纷，提高治理的效率和可信度。例如，在供应链领域，可以使用智能合约来实现货物的跟踪和溯源，保证货物的质量和安全。

（3）数据安全和隐私保护。区块链技术可以实现数据的加密存储和隐私保护，防止数据泄露和滥用，增强参与者的信任度和安全性。例如，在医疗领域，可以使用区块链来存储患者的医疗记录，保护患者的隐私和数据安全。

（4）新型商业模式的探索。区块链的创新网络治理机制可以探索新型的商业模式，如去中心化金融、数字资产交易等，为经济发展带来新的动力和机遇。例如，在数字资产交易领域，可以使用区块链来实现数字资产的交易和管理，为数字经济的发展带来新的机遇和挑战。

总之，基于区块链的创新网络治理机制具有很大的潜力和前景。虽然仍面临着一些挑战，但随着技术的不断发展和生态系统的不断完善，相信区块链的应用将会越来越广泛，为社会带来更多的价值和创新。

第 6 章　新兴产业创新网络治理的路径研究

本章研究新兴产业创新网络治理路径。首先，基于新兴产业融合发展的特点和趋势，从整体上分析新兴产业创新网络治理路径。其次，提出"五链融合"助力新兴产业创新网络治理的路径。最后，提出新型举国体制下新兴产业创新网络治理的有效市场和有为政府路径。

6.1　新兴产业融合发展的创新网络治理路径分析

6.1.1　新兴产业融合发展的特点和趋势

随着各种新技术的迅速发展，技术及其与产业的融合将不断拓宽和加深新兴产业融合发展的范围。战略性新兴产业内部的融合趋势日益加剧，例如，新材料产业链向下游应用领域的延伸，上下游产业的纵向整合，推动新材料向低维、复合化、结构功能一体化、智能化等功能材料、集成化材料和设备的发展。另外，战略性新兴产业之间的产业联盟扩展也日益受到关注，如新能源技术、信息技术、新材料技术和生物技术的交叉融合，促使战略性新兴产业从单一技术和产品创新转向多元技术、多产品融合互动以及集成化和系统化创新。因此，不断涌现出融合多个领域前沿技术的新型产品。本节将列举并分析当前我国新兴产业融合发展的具体实例。

1. 数字经济与制造业融合发展

随着数字经济在世界范围内的兴起，各国政府纷纷推出促进数字经济发展的相关政策，加快数字经济与传统产业的融合发展，寻找新的经济增长点，推动国民经济持续健康发展。例如，1999 年，美国成立了网络与信息技术研发（Networking and Information Technology Research and Development，NITRD）计划，布局了网络和信息技术的科研计划，出台《数字经济议程》（2015 年）、《数字经济的定义和衡量》（2018 年）等一系列数字经济相关战略文件；英国在 2017 年出台《数字发展战略》之后，相继出台《国家人工智能战略》（2021 年）、《英国数字战略》（2022 年）等战略文件；2016 年，欧盟正式推出"欧洲工业数字化战略"，到 2018 年欧盟又公布《欧盟人工智能战略》，2020 年，欧盟更是紧锣密鼓地发布了用于指导欧洲适应数字时代的总体规划《塑造欧洲的数字未来》《欧洲新工业战略》《欧洲数据战略》《人工智能白皮书》等，旨在重新定义并扩大其数字主权，建立基于规则和标准的数字空间框架。

2018 年后，全球主要经济体对数字经济的战略计划进入高潮期，一年内推出超 20 份数字经济相关的战略计划。纵观这些战略计划，能够看出，人工智能、互联网及制造业是最主要的关键词，其中人工智能和互联网是当前数字技术领域最炙手可热的关键技术，而制造业则是实体经济中最为重要的部分之一。利用数字技术与制造业进行高度融合打造先进制造业已是大国共识，抢占这一战略高地刻不容缓。

我国数字经济起步较晚，但是发展迅速。2015 年左右我国提出"互联网＋"的概念后，在 2016 年 G20 杭州峰会上，数字经济这一概念首次被提升到战略地位，并且在同年发布了《国家信息化发展战略纲要》。党的二十大报告指出，"加快发展数字经济，促进数字经济和实体经济深度融合"①，为我国数字经济的快速发展提供了明确的方向。近年来，中央和地方政府也紧锣密鼓地推出了多项数字经济产业发展政策。从"互联网＋"到大数据，再到发展数字经济的指导意见，政策的出台和实施有效推动了我国数字经济的蓬勃发展，助力我国在全球经济下行压力下仍能保持稳定且快速的经济发展。国家统计局数据显示，2019 年我国国内生产总值同比增长 6.1%，据中国信息通信研究院测算，数字经济占 GDP 比重达到 36.2%。在全球疫情大暴发的情况下，2020 年我国国内生产总值仍超百万亿，同比增长 2.3%，是全球唯一实现经济正增长的主要经济体，数字经济功不可没。

其中，数字经济与制造业融合的实际应用如下。

（1）"工业 4.0"。"工业 4.0"是源自德国的概念，描述了制造业通过数字化、网络化和智能化进行转型的过程。在"工业 4.0"的框架下，各种设备、系统和人员都通过互联网相互连接，在数据共享的基础上协同工作，从而实现生产效率的最大化。例如，西门子公司的数控机床就能够实时监控和调整生产参数，提高生产效率和产品质量。

（2）智能制造。通过将人工智能、物联网、大数据等技术应用到制造过程中，企业可以实现生产的智能化、柔性化和精准化。例如，通用电气公司的 Predix 平台就是一个面向工业互联网的应用开发平台，可以帮助企业对设备进行远程监控和维护，预测设备故障，优化生产计划等。

（3）数字孪生。在制造业中，基于数字孪生技术，企业可以在虚拟环境中进行设计、测试和优化，从而节约成本，缩短产品上市时间。例如，宝马公司就利用数字孪生技术，模拟和优化了其生产线的布局和工作流程。

（4）3D 打印。通过将数字模型转化为实体产品，3D 打印能够实现定制化生产，适应多样化、个性化的市场需求。飞机制造商空中客车就使用 3D 打印技术，生产出更轻、更耐久的零部件。

---

① 习近平：高举中国特色社会主义伟大旗帜　为全面建设社会主义现代化国家而团结奋斗——在中国共产党第二十次全国代表大会上的报告. http://www.qstheory.cn/yaowen/2022-10/25/c_1129079926.htm[2024-06-03].

综上所述，数字经济与制造业的融合正在带来巨大的变革，提供了新的增长动力和竞争优势。

2. 数字经济与服务业融合发展

在数字经济发展过程中，数字经济与实体经济的融合主要集中在第三产业。服务业新业态涉及传统产业 14 个行业大类，"互联网＋"模式从零售领域向医疗、金融、教育、旅游、租赁等领域不断扩展，极大地改变了服务业的传统业态。综合效果包括：一是提升效率，数字化可以提升服务业的工作效率，如使用智能化的系统进行预约、排队等操作，可以节省人力和时间；二是提供更好的用户体验，数字化改变了服务方式，如网上购物、网上咨询等都为消费者带来了更便捷的服务体验；三是引领创新，数字化不仅可以优化现有的服务流程，还可以引发全新的商业模式和服务形态，如共享经济、云服务等；四是打开新市场，数字化使得服务业可以突破地理限制，为全球范围内的消费者提供服务，从而拓展市场；五是创造更多就业机会，随着数字经济的发展，会产生一些新的职业，如数据分析师、网络营销员等，为社会创造更多的就业机会。

其中，数字经济与服务业融合实际应用如下。

（1）餐饮业。许多餐厅使用数字点餐系统，让顾客可以通过手机或平板电脑自助点餐，从而减少了服务员的工作量，同时也提高了点餐的效率和准确度。

（2）零售业。电商平台如亚马逊、京东等，利用数字化技术提供了 24 小时不间断的在线购物服务，令消费者能够随时随地进行购物，大大提高了购物的便利性。

（3）教育行业。许多教育机构开发了在线教学平台，令学生可以在家通过网络学习各种课程，打破了传统的时间和空间限制。

（4）金融业。许多银行和金融机构推出了手机银行和网上银行服务，令用户能够随时随地查询账户信息、转账、支付等，大大方便了用户的金融活动。

（5）物流业。数字技术融入物流业，颠覆了传统运作模式，推动了服务升级变革，它助力物流业实现更高效、精准和可控的运作，进而影响整个产业的效率和竞争力。通过数字技术的运用，物流企业能够更好地整合资源、优化流程，实现更紧密的产业联动和协同，进而提升全要素生产率。

3. 现代服务业与先进制造业融合发展

当前，我国经济正处于从追求高速发展向追求高质量发展的关键阶段。推动经济发展，需要依靠资本积累，并进一步挖掘消费投资的潜力以发挥需求力量。在产业方面，需要依靠第二、三产业的推动来增强产业力量，同时在改革开放方面发挥制度力量。目前动力变革面临着传统增长模式不可持续、行业整体处于全球价值链中下游、改革开放进入"深水区"的重大挑战。在当前的经济新常态下，现代服务业与先进制造业的融合已成为工业经济向服务经济转型升级的必然趋势和重要要求，在国内外双循环背景下，制造业和服务业高质量发展是当前经济形势下的必经之路，因此，需要不断加强二者之间的协同发展，促进产业转型升级和提高经济效益，从而实现经济可持续发展。

近年来，我国政府积极推进并且加快两业深度融合的步伐，党的二十大报告中明确指出建设现代化产业体系①。2019 年我国政府工作报告中明确提出围绕推动制造业高质量发展，强化工业基础和技术创新能力，促进先进制造业和现代服务业融合发展，加快建设制造强国。打造工业互联网平台，拓展"智能+"，为制造业转型升级赋能②，同年，15 个部门联合印发《关于推动先进制造业和现代服务业深度融合发展的实施意见》，在我国政策的助推下，多个省份先后出台大力鼓励两业融合的措施，进而助推经济向高质量发展。目前我国在产业分工以及协同演化方面仍然存在发展水平较低等一系列问题，这些问题成为资源要素合理流动配置以及产业融合的阻力，进而影响创新效率提升，制约经济的高质量发展。先进制造业与现代服务业融合作为生产和发展的高级形式，能通过优化资源的配置、扩展规模同时加速资本积累等途径对绿色全要素生产率产生影响。

其中，现代服务业与先进制造业融合的实际应用如下。

（1）亚马逊。亚马逊是全球最大的在线零售商，也是提供云计算服务的领导者。近年来，亚马逊通过加强物流服务和推动仓储自动化，将现代服务业与先进制造业成功地融合在一起。亚马逊运营着一张庞大的物流网络，包括配送中心、货车队和无人机等，为客户提供快速、准确的配送服务。另外，亚马逊还在其分布中心广泛使用了自动化设备，如自动搬运机器人和人工智能排序系统，这些高科技设备极大地提高了处理订单的效率。

（2）特斯拉。特斯拉是一家创新的电动汽车制造商，它通过开展线上销售、提供软件升级服务等方式，成功地将现代服务业与先进制造业相结合。在特斯拉，消费者可以直接在公司的官方网站上定制购车，包括选择车型、颜色、内饰等参数，并能在线支付定金。此外，特斯拉汽车还提供了空中激活（over the air，OTA）在线升级服务，用户可以定期接收到软件更新信息，实现车辆性能的持续提升。

（3）西门子。西门子是一家全球领先的大型工业制造公司。近年来，西门子加强了数字化服务的开发，以实现现代服务业与先进制造业的融合。西门子推出了西门子工业云平台，能够收集和分析各种设备和系统的运行数据，帮助客户优化运营效能、节约能源，及时预测并解决设备故障等问题。

---

① 习近平：高举中国特色社会主义伟大旗帜 为全面建设社会主义现代化国家而团结奋斗——在中国共产党第二十次全国代表大会上的报告. http://www.qstheory.cn/yaowen/2022-10/25/c_1129079926.htm[2024-06-03].

② 2019 年政府工作报告全文. https://www.gov.cn/zhuanti/2019qglh/2019lhzfgzbg/index.htm[2024-06-03].

4. 战略性新兴产业间融合发展

党的二十大报告对现代化产业体系建设进行了布局，强调推动战略性新兴产业融合集群发展，构建新一代信息技术、人工智能、生物技术、新能源、新材料、高端装备、绿色环保等一批新的增长引擎①。战略性新兴产业具有基础性、先导性、战略性、渗透性、复杂多样性、技术密集性等特性。为适应全球产业分工模式、产业链布局、产业创新模式、产业组织范式、产业驱动力、产业核心要素等领域的深刻变革，需要推动战略性新兴产业融合集群发展，关注主体融合、要素融合、产业链互动和产业生态繁荣，不断促进技术、市场与政策供应的紧密耦合。这既是应对新发展阶段大国竞争的必然举措，也是融入和服务新发展格局的必然要求。战略性新兴产业间融合的实际应用如下。

（1）人工智能与大数据。人工智能和大数据是近年来技术发展最为显著的两个领域。人工智能需要大量的数据进行训练和学习，而大数据提供了这样的可能。人工智能能够用于分析和处理大数据，提取有价值的信息。例如，Google 推出的 AlphaGo 就是将机器学习与大数据相结合的结果。

（2）生物科技与信息技术。生物信息学就是生物科技与信息技术的成功融合。通过计算机技术，科学家们能够在庞大的基因序列中寻找模式，预测疾病风险，开发药物。

（3）物联网与智能制造。物联网的技术能够广泛应用于工厂的自动化生产线，通过收集和分析设备的运行数据，优化生产过程，实现智能制造。例如，德国的"工业 4.0"战略，就是要通过这种方式提升制造业效率和产品质量。

（4）人工智能与金融科技。人工智能技术已经广泛应用于金融领域，如风险管理、信贷审查、量化交易等。这种融合带来了金融科技的蓬勃发展，极大地提高了金融服务的效率和便利性。

综上所述，战略性新兴产业间融合具有巨大潜力，通过相互协作、共享资源，能够创造出全新的业务模式和增长点。

6.1.2　新兴产业融合创新网络治理的主体分析

1. 新兴产业融合创新网络治理主体构成

根据主体的功能性特征，可以将新兴产业融合创新网络治理主体分为经济利益型主体、创新要素供给型主体、引导型主体以及服务型主体四类。

---

① 习近平：高举中国特色社会主义伟大旗帜　为全面建设社会主义现代化国家而团结奋斗——在中国共产党第二十次全国代表大会上的报告. http://www.qstheory.cn/yaowen/2022-10/25/c_1129079926.htm[2024-06-03].

1）经济利益型主体：企业以及产业

经济利益型主体以追求经济利益为主要目标，参与协同创新活动是为了获取更大的市场份额、提高竞争力和获得经济回报。企业的行为是靠经济利益驱动的。在市场竞争激烈、科技变革频繁、产品开发周期缩短的环境下，企业仅依靠自身资源和能力已无法满足市场需求和增加经济利润。因此，企业渴求参与协同创新以形成核心竞争力，并获得长期经济利益。随着科学技术的进步，更多企业愿意参与到科技服务中，推动了科技服务的专业化、多元化和精细化的发展，从而进一步推动科技发展及科技与经济的结合。同时，企业为获得更大的经济利益，产业结盟、创新价值链结盟的行为相继出现。企业通过联盟或合作，与供应商、客户和竞争对手建立紧密的合作关系，以实现更大的经济收益。研究表明，与供应商的合作能促进企业发现技术问题和改进生产流程，从而优化现有产品或开发新产品；与客户合作，企业可以获取最新的市场信息，指导创新方向，并快速响应市场变化；与强大的竞争对手合作，可以提高企业的创新能力，分享行业内的技术、知识和信息，并学习竞争对手的技术创新经验。此外，企业还与高校、科研机构和中介机构在创新价值链上进行合作，形成协同创新网络模型的外环。

2）创新要素供给型主体：高校和科研机构

创新要素供给型主体主要提供知识、技术和创新人才等创新要素，在协同创新中扮演着重要的角色，通过开展科学研究、技术开发和人才培养，为联盟提供创新驱动力。高校和科研机构作为新知识、新技术的创造与传播者，对于企业创新具有强大的推动力。一方面，应用类型的高校可以向产业联盟各创新实体输送各类创新人才；另一方面，以人力资源为纽带，应用类型的高校与产业联盟中的创新主体开展技术应用合作。具有深厚知识背景的高校往往具备较高的创新水平，他们倾向于与科研机构合作，进行突破性的知识创新，以满足国家战略和社会发展需求。在产业协同创新联盟中，高校和科研机构是产业联盟各创新主体的主要合作伙伴。这些机构通过提供人才、知识和技术等资源，能够有效地提高创新主体的创新能力，弥补其自身在创新能力上的不足。其中，高校主要提供各类人才，而科研机构则主要提供基础性知识和技术。另外，科研机构还能够接受企业的独立委托，攻克技术难题。

3）引导型主体：政府

引导型主体是政府在协同创新中扮演的角色，起到引导和协调的作用，集聚各种资源，并促进协同创新主体之间的合作关系。政府主要通过运用政策工具，影响联盟的创新活动。这些政策工具主要分为两种：第一种是直接为企业提供资金支持以促进合作创新；第二种则是采取间接手段促进合作创新，如税收优惠、专利保护、行业标准设定、政府采购和人才激励等。这些间接手段可以激发企业的创新热情，并增强企业将协同创新成果转化为实际效益的能力。政府部门通过政策引导，鼓励企业与高校以及科研组织建立互补优势、共享成果、共担风险的协同创新模式。同时，政府还鼓励强化高校和科研机构的创新能力，引导科研机构针对企业需求进行研发活动，从而吸引创新资源向企业集中。政府还会通过培养市场、完善政策、规范中介服务等宏观调控方式，提升其他各种社会服务系统的服务质量和信誉，引导联盟内各创新主体之间形成有效的相互作用，从而提高协同创新的成果。

4）服务型主体：中介机构

服务型主体即科技服务中介机构，横向连接各个协同创新主体，提供相关专业化服务，以促进创新要素的流动和信息的共享。协同创新体系中的金融中介机构包括政策性银行、商业银行、创业风险投资机构、科技保险机构、科技资本市场，以及民间金融和内部融资等多元化形式。由于创新面临着不确定性和高风险，创新主体通常需要大量资金支持，但传统银行融资渠道可能存在困难。政策性银行在协同创新体系中发挥着重要的资金支持作用。政策性银行通过与科技金融创新相结合，为创新型企业提供更加灵活和多样化的资金支持方式，帮助这些企业应对传统银行融资的困难。政策性银行不仅要提供贷款和担保等传统金融支持，还应与其他金融机构合作，创新担保形式和产品，为创新型企业提供更加稳健和长期的资金支持。风险投资机构在协同创新体系中也扮演着重要的角色，通过充分获取信息，选择适合的融资对象，快速参与协同创新系统，为创新型企业提供资金和管理经验的支持。风险投资机构在选择融资对象时，注重评估潜在项目的创新性、市场潜力和管理团队的能力等因素，以保障投资的成功率和回报。金融中介机构在协同创新体系中与政府密切配合，各级政府发挥服务、引导和辅助功能，引导和监管金融创新体系的建设。随着协同创新组织的网络化和虚拟化趋势不断加强，各主体需要适应这种变化和系统的演进，保持吸引力，吸引外部资源不断流入。为了实现这一目标，各主体需要不断优化自身的运作模式和管理机制，提高自身的竞争力和吸引力；同时还需要积极拓展合作渠道和网络，与其他主体建立紧密的合作关系，共同推动协同创新体系的发展。在整个协同创新过程中，各个主体不断适应彼此的变化，并通过保持吸引力，使得内部资源不流失消耗，同时吸引外部资源不断进入。这样，内外资源不断交换，创新优势持续累积，从而推动产业协同创新联盟系统的自我强化和演化升级，形成一种新的组织结构，并形成如图 6.1 所示的新兴产业融合创新网络主体框架图。新兴产业融合创新网络通过经济利益驱动、科技驱动和服务驱动三者之间的相互作用实现协同创新的动态演进。经济利益驱动指各个创新主体为了获取经济上的利益而参与协同创新活动。比如，企业可以通过与科研机构合作开展创新项目来获得新产品或技术的市场竞争优势，从而获取更大的经济收益。科技驱动指创新主体在协同创新过程中受到科技发展的推动。科技的不断进步会催生新的技术和知识，促使各个创新主体进行合作，共同开展研发工作，并应用新技术来提升创新能力和产品竞争力。服务驱动指产业协同创新联盟中各个创新主体为了满足市场需求和客户要求，在服务提供方面进行合作。例如，企业可以与服务机构合作，共同开发和提供更好的解决方案或服务，从而满足客户的需求，并获得市场竞争优势。在协同创新复杂系统中，这三种驱动力相互影响、相互作用，很难简单地按照顺时针或逆时针的顺序来解释。实际上，在复杂系统的内外因素的作用下，这些驱动力可能会融合形成新的驱动力，推动产业协同创新联盟形成一种全新的组织结构。在这样的组织结构中，创新主体的数量可能会不断变化，但整个系统的创新能力却通过各个主体之间的协同合作得以提升，从而产生了更为强大的创新效应。

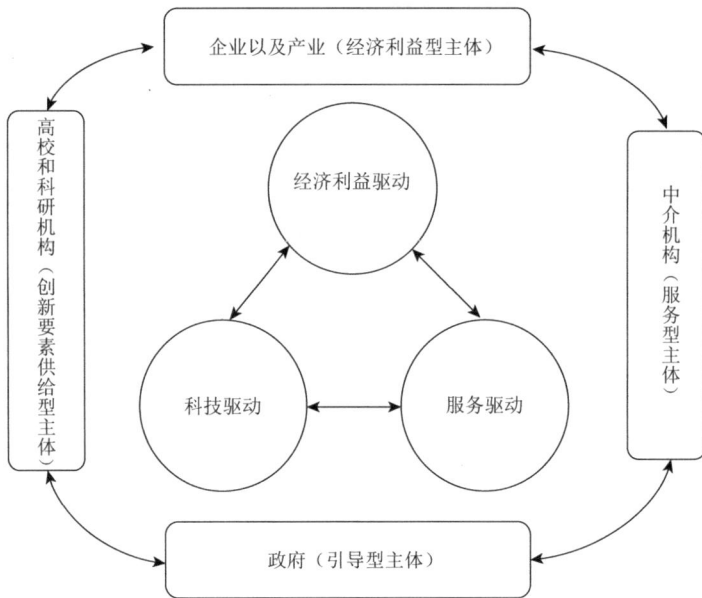

图 6.1　新兴产业融合创新网络主体框架图

2. 新兴产业融合创新网络主体关系分析

新兴产业融合创新网络是一种基于创新资源集成化和主体行为协同化的战略联盟，其通过多主体深入合作和资源整合，可产生系统叠加的非线性效应。这种创新模式亦为网络创新，随着创新联盟的交叉组合，网络规模不断扩大，结构日益复杂，从而使得联盟内集聚的资源更加丰富多样。在产业协同创新联盟中，各主体共享网络资源，并相互依赖，核心节点处的创新主体具有资源优势和更多权力，非核心节点处的创新主体所拥有的资源和权力则相对较少。产业协同创新联盟同样形成了基于资源依赖的权力依赖关系。

协同创新相对于产学研合作创新，丰富了创新参与主体，实现了异质相关创新主体之间的大协同。为应对外部压力，创新联盟内的各主体与其他成员广泛合作。然而，在资源有限和创新效益有限的情况下，创新主体之间仍存在竞争，如企业与高校在合作研发过程中，可能出现知识产权归属冲突。产业链上企业参与产业协同创新联盟，既有合作，也有利益争夺。因此，产业协同创新联盟中创新主体之间呈现出基于创新效益的竞争与合作关系。从复杂系统理论角度看，产业协同创新联盟具有开放包容的特点。在资源共享和协同互动过程中，新主体不断加入，同时也有创新主体退出，这种动态开放性增加了产业协同创新联盟的动荡性，但也赋予了其活力与凝聚力。产业协同创新联盟中创新主体之间形成了彼此包容的共生关系。

总之，产业协同创新联盟主体间关系包括：基于资源依赖的权力依赖关系；基于创新效应的竞争与合作关系；基于自组织系统的共生关系。在协同过程中，创新主体间关系错综复杂，关系风险凸显。对于这些风险的管理，需要采取一系列的措施。例如，建立有效的沟通机制和协调机制，加强各个主体之间的信任和合作，以及制定合理的资源分配方案等。只有这样，才能够有效地降低关系风险，促进产业协同创新联盟的健康发展。

6.1.3　新兴产业融合创新网络治理的路径分析

第一，积极促进跨行业、跨产业创新关联，构建产业协同创新联盟。新兴产业领域的企业通过构建产业间新型模式和业态的创新关联，探索产品消费带动技术关联的新途径，提高网络整体密度，增强创新网络的稳定性。一方面，企业需提高合作对象的多样性。鉴于新兴产业知识的复杂性，企业应广泛开展跨行业、跨产业协同创新，针对不同产业的关键共性技术积极开展协同合作，评估合作质量和效果，实现有效的多样化合作。同时，企业要与科研机构和高校紧密合作，及时了解国际前沿动态，提高竞争力。另一方面，政府及核心企业需积极组建跨产业创新联盟，非核心企业积极参与，使创新主体能基于产业关键共性技术进行协同创新，有效降低研发成本，提高创新效率。

第二，关注产业政策制定中跨产业聚类特征及板块间联动效应。我国新兴产业创新网络具有跨产业聚类特征，但板块间联动效应不足。政府在分析我国新兴产业协同创新网络发展现状基础上，应根据不同行业所处板块角色制定细化政策，避免"一刀切"的产业政策。同时，关注创新关联方式，改善现有创新网络关联状况，提高边缘产业的中心度，缩小产业间创新发展差距，强化产业链集成与协同创新。

第三，重视复合型人才培养。提升主体协同创新潜能离不开复合型人才，尤其对于跨部门、跨产业的新兴产业协同创新网络主体而言，需求更为迫切。企业应采用嵌入式创新人才培养方式，与大学、科研院所合作，培养基础理论与实践相结合的综合型人才。同时，政府需建立创新人才培养机制，鼓励产学研之间的人才交流、沟通、学习，实现知识和技术流动以及资源共享，进一步优化高校人才培养、科学研究、科研基础设施等经费投入比例。

第四，优化政府激励政策。充分发挥政府在推动主体协同创新行为方面的激励作用。市场机制失灵时，政府采取成本补贴和成果奖励相结合的激励手段最为有效。政府支持作为一种长期激励措施，通过制定针对性奖惩激励机制，促进主体协同创新行为。政府激励措施包括正激励（如成本补贴和成果奖励）以及负激励（如惩罚机制）。正激励政策中，政府通过成本补贴或成果奖励实现激励目标。负激励方面，政府应根据战略性新兴产业特点，建立动态监督机制，对企业的协同创新行为进行监督和约束，确保企业间公平竞争的环境，合理高效分配创新资源，避免骗补现象发生。

6.2　"五链融合"助力新兴产业创新网络治理的路径分析

6.2.1　"五链融合"对于新兴产业创新网络治理的重要意义

"五链融合"指产业链、创新链、资金链、人才链和政策链的互动协作机制。在国外学者看来，产业链涵盖了生产系统、商品链和增值链等概念，而在国内学者的观点中，产业链是一种上下动态关联的链式组织，它以供给与需求关系为纽带，以企业和产品为主要载体，关键核心在于供应链中的上中下游企业供需配套。产业链的基本环节包括基础产业、技术研发、新型产品和市场拓展，其核心主体是企业。创新链是一个以技术创新为核心的流程结构，通过一系列创新活动促进新思想和新技术的传播和扩散，改善创新生态环境。它连接各种创新网络中的行为主体，推动知识经济化、技术产业化和创新体系优化。创新链的基本环节包括要素整合、研发创造、产业对接和社会效用，其中科研机构是核心主体。资金链在"五链融合"模式中对新兴产业创新网络治理起到举足轻重的作用，它促进创新投入、引导资源配置、促进合作共赢和提升风险管理能力。资金链的存在使得创新活动能够得到充分的资金支持，推动创新项目的开展和落地，使得创新资源更加高效地流动和利用。资金的引导和激励，可以吸引更多的创新主体参与到新兴产业的创新网络中，实现创新资源的集聚和优化配置。资金链的建立与运作可以增强不同行为主体之间的合作意愿和信任。通过资金链的参与，风险投资者和各方主体可以对项目进行评估、监测和管理，减少创新活动中的风险，并为项目提供必要的支持和帮助。人才链由各类人才构成，包括企业管理、技术和作业人员。政策链在此模式中具有重要作用，能根据产业链需求制定相应政策，并推进资金链和人才链的供给侧改革，促使资源在各链条间流动。

　　"五链融合"是助推新兴产业创新网络向更高级阶段发展的有效路径。新兴产业发展要求实体经济、科技创新、现代金融、人力资源和政策激励这五个关键部分能够协同合作，需要构建以产业链、创新链、资金链、人才链和政策链为核心的一体化模式。新兴产业"五链融合"的路径可以从系统论、协同论和产业链相关理论来进行探索。首先，在系统论视角下，新兴产业之间的"五链融合"是一个有机的整体，各环节相互影响，共同推进整个系统的发展，通过对系统结构和功能的优化，实现最大化的系统效能。系统论导向强调的是整体性和相互关联性，"五链融合"构成了新兴产业创新网络的生态体系，这个复杂系统需要借助系统观念和全局观念，以及运用多维方法研究新兴产业创新网络中"五链"的整体、结构、关联和协调，来剖析影响机理，实现各项链条之间的有机结构和协调发展，解决新兴产业创新网络中"五链"整体性问题。其次，在协同论视角下，不同的新兴产业可以通过协同作用，逐渐从无序状态演化到有序状态，形成高效运转的产业链。这需要在空间、时间和功能等多个维度上进行有效协调，并由此实现新的均衡状态。协同论导向主张通过元素搭配、市场约束、政策调控和内在创新策略等手段，消除"五链"之间因竞争所引起的问题，如内耗或不稳定性，并使之逐渐形成有序的结构，共同推进新兴产业的协同发展。最后，在产业链理论中，新兴产业的"五链融合"就是产业链、创新链、资金链、人才链和政策链的有机组合。产业链理论导向认为，"五链融合"发展依赖于产业链条要素的互动。产业链可以为资金链和人才链提供多种资源和创新要素。以产业链需求为导向，对标产业高质量发展所需的人才知识体系和能力结构要求，推进资金链和人才链的供给侧改革，促使资源要素在产业链、资金链和人才链之间流动，有效地将技术创新和知识创新结合起来，这些都是构成新兴产业创新网络治理的基础。

　　"五链融合"要以创新动力为方向，以市场活力为主导，以资金吸力为源头，以人才张力为根本，以政策引力为牵引。只有推动"五链"相互作用，促进"五链"深度融合、良性互动、彼此协同、同步发展，才能更好地助力新兴产业的发展。"五链融合"涉及生产要素在现代经济增长中的有效配置，是建立现代化产业体系的关键。它强调生产要素资源必须按竞争规则自由流动，消除制度障碍，培育要素市场体系。具体而言，产业链与创新链的深度融合，需要围绕产业链布局创新链，提升创新链在产业链发展中的影响力；产业链与资金链的融合，需要引导社会资金流入资本市场，加速整合创新网络中各主体资源网络化衔接；产业链与人才链融合关键在于识别、吸引、培养和留住人才；创新链与资金链融合需区分创新性质和资金来源；创新链与人才链融合需要创建适宜的教育和创新环境；激励机制是解决资金链与人才链融合的关键；政策链与创新链融合路径的关键是通过政策引导创新、创新驱动政策、政策与创新协同发展以及产学研合作等方式融合；在政策链和资金链的融合路径上，政府应制定有利于新兴产业发展的政策，同时提供稳定可靠的资金支持。因此，基于产业链、创新链、资金链、人才链和政策链的"五链融合"路径是通过优化多个行为主体之间的协作机制，实现产业资源、创新资源、资金资源、人才资源和政策支撑相互整合和相互促进，推动新兴产业创新网络的良性发展和可持续治理的有效途径。当"五链"上各要素充分整合时，新兴产业创新网络的效果就会更好。因此，新兴产业创新网络的发展可以被看作通过不断提升产业链、创新链、人才链、资金链和政策链上行为主体的理念、资源和需求的协同，推动新兴产业创新网络实现高质量治理的变化过程。新兴产业创新网络治理的"五链融合"路径如图6.2所示。

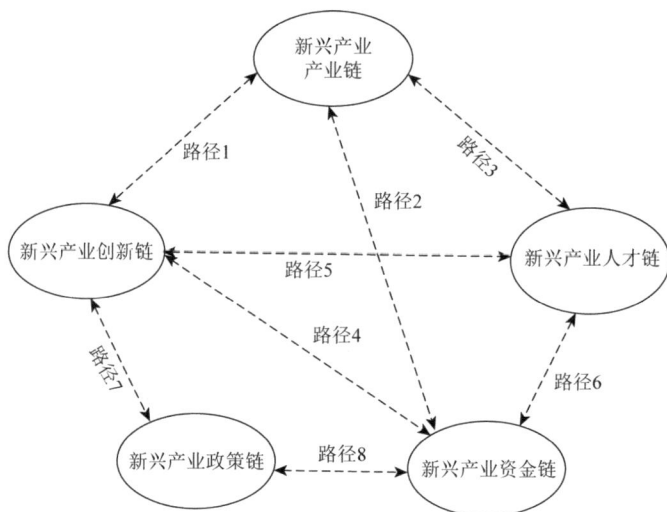

图6.2　新兴产业创新网络治理的"五链融合"路径图示

6.2.2　产业链与创新链、资金链、人才链的融合路径分析

1. 新兴产业的产业链与创新链融合路径

为了实现新兴产业发展中产业链与创新链的深度融合，需要围绕产业链布局创新链，提升创新链在产业链发展中的影响力。产业链是各企业通过供需关系构建的具有上下游联系的结构体系，其直接驱动产业增长。创新链则指由高校、科研机构和企业等主体通过创新和传输知识将创新主体及其环节连接在一起，为高科技产业提供创新资源和成果，形成链式的创新系统组织。创新链包括基于产业上下游的横向创新和基于单项产品的纵向创新。创新链的核心目标是以产业链为

导向，各创新主体协同研发，并服务于产业链的发展。

创新链和产业链不同步是一个普遍性问题，原因在于研发部门和技术产业化部门这两个部门的运作模式、目标、行为方式以及调整机制等方面存在显著的分歧，并非所有的科研活动（包括基础科研）都适合市场化或产业化。新兴产业发展中产业链与创新链的融合，必须理解科技创新的两个不同方面：科学研究和实际应用。"科技创新"包含两种行为，各有其特定的功能和分工：一是科学创新，主要涉及对事物本质和基本规律的研究，如探索基本理论、创造基础知识，这是将金钱转化为知识的过程；二是技术创新，是将已有的科学原理和规律应用于实践，这是将知识转化为财富的过程。两者的评价标准也不同：前者注重知识的增长，后者则关注财富的增加和效率。因此，两者必须形成一个完整的循环，使经济发展得以正常运行并不断扩大。这意味着，投入科研活动中的资金转化为知识之后，只有用于产业活动并变成财富，再次用于科研活动，才能形成良性循环。因此，需要充分发挥专业领域的优势，提高科研和经济活动的效率；同时也需要积极构建推动科技成果市场化的桥梁和中介，将大学和科研机构创造的知识财富转化为物质财富。走市场化道路的改革，明确政府职能和企业职责的边界，大力培育科技成果交易市场的组织、机制和功能，是产业链与创新链协调发展的重要途径之一。另外，还要倡导基于市场原则发展产学研联盟和孵化器，通过共享信息、技术和管理经验等资源来促进知识转化为财富。此外，也应鼓励那些有实力的行业去整合能够商业化的研究部门，以加强以市场为导向的技术创新。

在新兴产业的产业链与创新链融合中，首要任务是构建以高科技企业为主体的产业链，通过提供科技产品和服务推动创新成果的转化。我国虽然在全球科技竞赛中进步迅速，但产业经济水平与世界先进水平差距显著。尤其是近年来，尽管投入大量的科技创新资源，但这些资源并未能有效流向产业部门以提供高科技或提升生产力。在现有的资源条件下，依靠外部力量提升创新网络的治理能力可能会需要大量的人力、物力和财力投入，而内部驱动的治理能力提升则需要更多的软实力。从投入产出的角度来看，后者的价值和现实意义更大。因此，需要从"五链融合"这个软实力的角度出发，探索建立新兴产业创新网络治理路径。

此外，我国科技创新活动面临的主要问题是创新的碎片化和孤岛化。因此，在构建以产业上下游协作为基础的纵向创新链时，需要重视产业链上下游技术的关联性和整合性，由推动单一技术突破转向促进多项技术集成创新。依赖产业链来布局技术创新项目，使得创新活动得以统筹并行，创新成果能相互衔接、相互整合，共同推动产业链发展。在构建以单一产品开发为基础的横向创新链时，更需要关注研发机构的连贯性和承接能力，以实现从技术开发到产业化这一全链条的研发机构无缝化布局，解决弱链、断链的问题，并针对关键环节进行强链建设。以"五链融合"为主导，优化新兴产业创新网络治理的理论路径的关键在于激励创新链和产业链的融合，识别并盘点产业发展中的核心技术、关键技术以及通用技术。同时，需要引导创新资源向产业链上下游的公司汇集，搭建重点实验室、工程中心、企业技术中心等科研发展机构，推进研发机构的链式发展。

2. 新兴产业的产业链与资金链融合路径

关于新兴产业发展中产业链与资金链的融合，必须高度关注当前新时代背景下的资产匮乏问题，引导社会资金流入资本市场。在新型举国体制的背景下，加快各类研发主体、产业化主体和资金方各主体在新兴产业创新网络治理中的网络化衔接。

资金对于产业运转和发展来说就像"生命之源"，融合产业链和资金链的目标是确保资金链能有效地服务于产业链，防止其从产业链中脱节，避免泡沫经济的出现。

当前，我国已从商品和资本匮乏阶段转向大量商品和资本积聚阶段。在此阶段，产品市场由供应驱动转为需求驱动，而大量资本寻求投资途径。当高速度经济转为高质量经济时，商品和资本短缺转化为资产短缺和商品过剩，导致商品部门利润率长期低迷，同时因经济体系的供给面严重缺乏有效的可供投资的产品，大量的社会线上资金就会追逐有限供给的优质资产，其价格就越拉越高，从而脱离实体经济成为自我循环的力量。资金链与产业链的分离以及实体经济与虚拟经济比例失衡是我国经济发展阶段的必然现象。为保持资金链对产业链的有效服务，在新的时代背景下的政策选择中，需要达到以下几方面的要求：抑制资产价格过高、实现利润率均衡、减轻商品和资本过剩影响，同时鼓励技术创新和金融创新。

在新高端技术产品短缺时代，可通过资本市场间接引导社会闲散资金投入实体经济创新。首先，实体经济部门需进行技术创新和金融创新，增加全社会优质资产供给，以抑制资产价格上涨并平衡社会利润率。其次，资本市场应发挥其功能作用，广泛吸纳社会闲散资金进入实体企业，支持其技术创新和市场创新，进一步扩大社会优质资产供给。为实现经济正向循环，需从两个方面制定具体政策：一是在金融领域推动创新，积极发展资本市场和直接融资市场，吸引社会闲散资金；二是实体经济部门要提高直接融资比例，支持技术创新，并在此基础上为社会创造更多高质量可投资资产。此外，为鼓励金融部门创新，需打破金融行政垄断，加强预算约束下的金融市场竞争，这也是一项重要策略。

3. 新兴产业的产业链与人才链融合路径

新兴产业发展中产业链与人才链融合的关键在于识别人才、吸引人才、培养人才和留住人才。人力资本是社会生产力中最积极、最活跃、最可靠的要素，如果没有有效的人才链支持，那么产业链发展将面临不可持续的问题。当前实践中的主要问题包括人口老龄化，人口红利尚未真正转变为人才红利，难以吸引优秀人才，产业结构与人才结构不匹配，结构性和摩擦性失业问题相对严重等。疫情对各行各业的冲击，导致大量劳动力涌入部分稳定或高收入行业，如金融行业或直播卖货行业。从国家大力发展新兴产业的角度而言，这种人才流动趋势将极大地影响我国新兴产业经济基础的巩固和发展。

随着我国经济水平的提高，以及人口老龄化、新生人口出生率不断下降，新时期产业链与人才链融合的关键是思考如何从以传统加工和贸易为主导的国民经济结构向以技术创新、高端制造为主导的国民经济结构转型，从而实现扩大全球市场，提高新兴产业经济部门的劳动者收入和福利待遇水平。人才待遇与产业升级关系紧密，处于全球价值链低端的行业只能提供低收入，人才无处高就，只有大力发展新兴产业，令我国主导经济结构往全球价值链高端行业发展，产业人才互相成就，才能达到可持续发展的良性循环，切实使人才能够享受到社会平均甚至更高的待遇和福利。这是新时期产业链与人才链融合的主要任务。

促进产业链与人才链之间的协同发展主要包括以下三点。一是需要了解人才的概念和内涵。在产业转型中，必定要解决劳动力转移问题。在高科技冲击传统产业的过程中，必然出现逐步淘汰传统行业，以及淘汰在传统行业工作的从业人员的情况。美国为帮助各年龄段劳动力，在全国范围为转岗、适应新兴产业的工种提供终身持续学习和教育的机会，即使过去不是人才，将来也可以通过终身学习成为人才。因此，我国应该为各个年龄段的劳动力提供转岗、换行业的职业教育和技术培训，不歧视、不放弃任何一个年龄段的劳动力，通过帮助全国劳动力终身持续学习，给予所有人机会，调动全国劳动力的力量和积极性。二是让市场识别人才，企业识别人才，而不是通过国家职称等这类统一标准判定人才。真正有实力的人才是通过层层市场检验获得验证，而不能简单通过满足统一标准的申请来验证。不同技术领域的人才的检验标准可能完全不同，不能因为在某个领域获得一定程度的认可，而绕过行业专家、市场检验的评价。另外，人才评价必须是持续评价，而不是一锤定音。某一劳动力在某一阶段有连续的成果，不代表在未来的个别阶段有持续的高价值成果，不应让国家评定的职称成为某一劳动力的"免死金牌"。产业的不断升级意味着技术不断的迭代，知识的不断提升，对工种转变的不断适应，因此对人才的评价也应是持续提供学习机会并持续地进行专业及科学评价，必须摒弃在传统产业背景下以工龄为标准或以全国统一的人才评价为标准的陋习，投身于新兴产业的人才必须是能够通过市场持续检验的。三是了解人才的需要，吸引和留住人才。除了为新兴产业人才提供福利待遇之外，还应当有对其作为贡献者的认可和嘉奖，以及提供更多参与我国新兴产业建设的机会，让多元化人才在我国产业升级的过程中有更多的话语权，发挥更多的作用。我国需要寻求各行各业均衡发展，控制人才、生产和资金资源和机会不要盲目聚集在金融部门和直播卖货等个别行业。只有各行各业都均衡发展，并制定科学合理的人才识别、人才激励机制，才能让人才均衡流通到各行各业，实现新兴产业与不同行业的融合突破创新，促进产业发展升级。

6.2.3　创新链与资金链、人才链的融合路径分析

1. 新兴产业的创新链与资金链融合路径

新兴产业发展中创新链与资金链的融合实质上是使资金能顺利流向最有利于创新活动的领域，其目标是使金融服务于技术创新，形成促进产业技术进步的动力机制。然而，目前二者融合实践中存在以下主要问题。首先，没有建立有效的匹配机制以便根据科技创新活动性质和资金性质进行分类支持。当前科技创新领域缺乏正确的依据和规范，导致资金使用出现错误匹配或对科技创新支持不足的现象。因此，需要根据创新活动和资金性质进行分类支持，并提供不同性质的资金，总体原则是各自归于其位，这意味着政府应提供针对早期科技创新的资金支持、税收优惠等激励措施，以促进科技创新的发展。市场机制在后期阶段更为重要，企业应凭借自身技术能力和市场竞争力吸引资金支持。创新链与资金链的融合基础在于区分政府和市场在不同科技创新阶段中的职能和作用，以推动科技创新的顺利进行，实现资源的有效配置。其次，需要解决如何满足处于基础研究和商业化应用之间的工程化研究阶段的资金需求的问题。作为高科技成果转移转化的难点，工程化研究需要包括资金、技术、设备和基础设施等在内的支持。为了实现战略布局，需要在不同阶段配置不同的角色，并提供专门的资金支持来满足工程化研究的需求。

创新链与资金链的融合核心在于解决融资难题，需深入研究从创新至产业化的过程中关键环节的资金链布局，特别是风险较高、融资困难、市场机制作用有限但具有重要性的环节。创新链与资金链的融合目标是提高资金使用效益。因此，需根据不同阶段的创新主体和科技创新特点，在创新链上合理配置创新资金，构建科学资金支持链条。对于纵向创新链中上下游相关联的创新机构，应建立支持创新平台建设的资金链。对于横向创新链中处于不同阶段的创新机构，需关注其重点产品开发，形成从技术研发到产品产业化全流程的资金支持链。此外，可借鉴美国风险投资经验，积极调动社会风险投资，构建具有较强服务能力的科技金融服务平台，以优化资金链布局。

2. 新兴产业的创新链与人才链融合路径

新兴产业发展中，创新链与人才链融合的关键在于将最优秀的人才配置到最

需要的创新岗位上，实现人才发展与创新项目的相互促进，并充分发挥高端人才在重大科技创新中的关键作用。尽管人才与岗位错配现象有所缓解，但仍存在一些问题。首先，创新岗位结构失衡，一般性工程师和技术人员供应充足，但从事高精尖技术攻关的顶尖人才严重短缺，如在"卡脖子"技术领域的人才稀缺。其次，技术创新领域仍普遍存在论资排辈现象，有才华的年轻人较难获得机会。最后，部分创新领域的制度规则模糊，对创新试错缺乏宽容度，影响人才投身创新的积极性和主动性。

我国应该鼓励科技人才勇挑创新重担，同时要求制度设计遵循这一规律，特别是在解决"卡脖子"技术攻关方面，要注意发挥年轻人才的作用。此外，为了促进创新链与人才链的有机融合，激励人才勇于创新，建立科技成果评价制度至关重要。一是应明确区分科学创新成果和技术创新成果的评价方法，前者考虑知识的边际增加与否，后者关注财富的增加和效率的提高。二是理解科学研究探索存在失败的风险，领导干部应当有鼓励尝试、理解失败的理念和意识，但需要注意不能将允许失败作为机制漏洞进行滥用。另外，要对科研过程建立一个科学、合理、客观、专业的评价体系，既对结果进行评价，也对过程进行评价。三是根据项目分类区别评价。对于基础科学研究项目，主要由政府出资，并且考虑和理解存在失败的风险；而对于应用科学研究项目，则应推向市场进行评价，并且允许合理分享收益。此外，需要区分评估中短期突破项目和中长期突破项目。由于大多数高精尖科研项目需要保持长期合作与努力，提供建立在长期行为基础上的科研管理制度的支持，因此不适宜采用短期评价和经费管理制度进行管理，需要有耐心并注重历史积累。

6.2.4　人才链与资金链的融合路径分析

实现新兴产业发展中人才链与资金链的有机融合实质上是要求资金跟随人才，使人才决定资金的使用方向，并让资金链为人才链服务，以激发人才的创新积极性和主动性。风险投资实践中强调了人才的重要性，资金项目必须与人才紧密相连。目前，资金链与人才链融合实践中有部分问题，包括项目预算的僵化设置、过于严格的管理方法、项目经费拨付速度缓慢、低比例的间接费用以及短期使用期限等。此外，目前我国的创新激励机制难以获得真正掌握技术的发明人的认可。比如，职务发明将个人智力成果所有权完全归于雇主所有，收益权根据不同雇主要求比例不尽相同，但个人创造者在收益分配方面几乎没有话语权，导致无法有效激励真正的科技创新行为，尤其不能促进技术成果的转化。

为实现资金链与人才链的有机融合，针对激励约束制度，应考虑建立基于我国科研人员收入较低的背景下更为科学和人性化的科研经费管理制度。在我国科研人员工资难以提高的前提下，建议根据项目性质大幅提升科研经费中的间接费用比例，以充分激发科研人员的创新活力。各国科技创新实践证明，对于激励科技创新活动来说，在这种高风险、高回报的激励下，有效的成果分享、收益分配制度必定能够大大吸引和激励国内外科技人才积极承担项目，同时激发市场创新活力。

6.2.5　政策链与创新链、资金链的融合路径分析

1. 新兴产业的政策链与创新链融合路径

新兴产业的政策链与创新链融合路径是推动新兴产业发展和创新能力提升的关键。政策链指政府在新兴产业发展过程中所采取的政策措施和支持措施，而创新链则指新兴产业中创新活动的全过程。在新兴产业创新网络逐步搭建、演化成熟以后，仍要看政策环境的优劣。

首先，政府可以通过制定有针对性的政策，鼓励企业在新兴产业领域进行创新活动。这些政策可以包括财政支持、税收优惠、知识产权保护等方面的措施，以激励企业进行创新。政府还可以设立专项基金，给创新型企业提供资金支持，帮助它们开展研发和创新活动。其次，政府可以根据新兴产业的特点和需求，制定以创新为导向的政策。这些政策可以鼓励企业加大研发投入、提供技术和人才培养等方面的支持，以推动创新链的发展。政府可以与高校、研究机构建立紧密合作关系，共享资源和知识，推动科技成果转化为实际应用。另外，政府在制定政策时应与企业和研究机构进行密切合作，了解其需求和挑战，并根据实际情况进行调整。同时，政府通过建立创新生态系统，促进政策链与创新链之间的协同发展。例如，政府可以组织创新竞赛和展览活动，激发企业的创新活力，并为优秀创新项目提供奖励和支持。最后，政府可以推动企业和研究机构进行合作，共同开展新兴产业领域的研究和开发活动。这些合作能为企业提供技术支持和专业知识，帮助其加快创新步伐。同时，研究机构也需要通过与企业合作，将科研成果转化为实际应用，推动科技创新与产业发展的紧密结合。

2. 新兴产业的政策链与资金链融合路径

随着科技的进步和经济的发展，新兴产业在全球范围内蓬勃发展起来。这些产业包括人工智能、生物科技、新能源等领域，具有巨大的发展潜力和创新动力。然而，要实现新兴产业的快速发展，就需要政策链和资金链的有机融合。

　　第一，政府通过制定有针对性的政策，鼓励投资机构和资本市场在新兴产业领域进行投资，这些政策包括税收优惠、贷款担保、投资基金等方面的措施，以吸引更多的资金进入新兴产业。同时，政府设立风险投资基金，为创新型企业提供资金支持和股权投资。此外，政府需要加强产业规划和战略布局，明确新兴产业的发展方向和目标，引导企业加大技术研发和创新投入。第二，新兴产业通常需要大量的资金支持，包括研发投入、生产设备购置、市场推广等方面。因此，帮助建立健全的资金链是促进新兴产业发展的关键。政府能够通过设立专门的基金或机构，为新兴产业提供风险投资和创业资金。同时，政府需要鼓励金融机构增加对新兴产业的信贷支持，为企业提供融资渠道和便利条件。此外，政府能够帮助吸引私人投资者和风险投资基金参与新兴产业的投资，形成多层次的资金支持体系。政府可以根据新兴产业的特点和需求，制定以资金支持为导向的政策，这些政策可以鼓励企业进行融资活动、为企业提供风险投资支持等方面的支持，以促进资金链的发展。第三，政府在制定政策时应与投资机构和企业进行密切合作，了解实际需求和挑战，并根据实际情况进行调整。另外，政府能够通过建立投融资服务平台，促进政策链与资金链之间的协同发展，这样可确保政策的有效执行和资金的合理配置，推动新兴产业的健康发展。第四，政策推动产学研合作也是融合路径的重要手段。政府可推动企业和研究机构进行合作，共同开展新兴产业领域的研究和开发活动，这些合作可以为企业提供技术支持和创新资源，同时也为研究机构提供实践场景和应用需求，促进创新链和资金链的有机结合。

　　在政策链和资金链的融合路径上，政府可以采取以下措施。首先，政府应该加强产业政策与资金支持的协调机制，建立跨部门的政策协调机构，确保政策的一致性和有效性。其次，政府应与金融机构和投资机构建立良好的沟通渠道，促进政策支持和资金支持的衔接。另外，政府可以通过设立专项基金来整合政策和资金，这些基金可以由政府与金融机构、企业和投资者等共同出资设立，用于支持新兴产业的发展。专项基金的运作应当遵循市场化原则，由专业团队进行项目评估和管理，降低风险并提高投资效益。此外，政府应加强对新兴产业的监管和评估，及时调整政策和资金支持的方向，根据产业发展的实际情况进行动态调整。最后，政府还应建立科学的评估体系，评估政策和资金支持的效果，为未来的决策提供依据。

6.3　新型举国体制下新兴产业创新网络治理的路径分析

　　当前，我国新兴产业"五链融合"创新发展中存在着诸多问题，主要表现为"五链"上各行为主体的发展理念不同步，缺乏新兴产业创新网络发展原动力；各行为主体间治理体系不协调，新兴产业创新网络发展机制不健全；各行为主体间发展需求脱节，新兴产业创新网络发展联动对接不紧密等。为了支持"五链融合"深度发展，需要充分发挥有效市场和有为政府的作用。

6.3.1 新型举国体制下有效市场和有为政府的关系

习近平总书记在中央政治局第二十八次集体学习时强调了"注重学习借鉴国外社会保障有益经验""立足国情、积极探索、大胆创新""成功建设了具有鲜明中国特色的社会保障体系。我们坚持发挥中国共产党领导和我国社会主义制度的政治优势，集中力量办大事"[①]。这意味着在市场经济的发展过程中，必须保持社会主义的根本制度和价值观念，不盲目追求单一的市场自由化，而是要在市场经济和社会主义基本制度的结合上下功夫。这就要求既要有一个有效的市场，能够实现资源配置的高效率，也要有一个有为的政府，能够引导和调控市场，保障社会公平和经济稳定。在实践中，社会主义市场经济已经展现出强大的制度优越性，并逐渐显露出显著的效率优势。这种制度优越性体现在我国政府能够通过宏观调控、产业政策、市场监管等手段引导经济发展，保障人民的切身利益和社会的整体稳定。

现代市场的运行规律是不可能存在完全有效的市场和完全理想的政府。市场机制能够有效分配资源，但是也可能出现信息不对称等多种问题，涉及宏观调控的问题是市场的弱项，然而这恰恰是政府需要干预和调节的。那么在不同产业下市场引导和政府引导差异化路径的关键在于，市场机制"自然生长"的结果是否违背了政府构建的制度目标、是否超出了政府代表的公共利益的边界。如果政府的作用有助于改善市场经济自然运行产生的负效应，那么政府就是相对有效的政府。互联网技术的蓬勃发展延伸了政府的能力边界。政府与市场的关系是构成国家经济体制的核心内容，因此二者的关系不是"非此即彼"。同时，社会主义市场经济也注重发挥市场的作用，鼓励创新、竞争和自主创业，为经济增长提供动力，在"有效市场"和"有为政府"间走出一条中国特色社会主义道路。

首先，政府和市场不是彼此对立、互相排斥的关系。政府不仅代表公共利益进行计划和调控，而且其本身也需要进行经济行为。然而，政府可能会因为信息不完全和信息不对称等原因造成决策不科学，进而影响群体福利。在大数据时代，政府通过搜集、整合和分析大量数据更好地了解市场情况，提高决策科学性，避免信息因素导致的失灵现象。在职能上，政府和市场不是二元对立的关系。政府不仅要保证市场的公平竞争环境，政府也需要考虑其他因素和目标，市场仅是政

---

① 习近平主持中央政治局第二十八次集体学习并讲话. https://www.gov.cn/xinwen/2021-02/27/ content_5589187. htm?eqid=e33184aa0004fca60000000464769bbf[2024-06-12].

府为实现预期目标采取的一种手段.政府与市场的边界是动态调整和不断演化的.政府和市场的关系是互有交叉的.

其次,政府与市场的关系不存在一个固定的标准和模式,并没有一个统一的最优解.传统的西方经济学一直强调全球大市场和自由市场经济,认为国家之间的壁垒和障碍应该被限制和摒弃.然而,现实中西方国家政府却在国际经济合作中起到重要的塑造作用,并采取了一系列措施来保护本国利益.尽管资本主义国家倡导自由市场经济和小政府,但在实践中,出于各种原因(如出于国内利益考虑、保护本国产业等),政府往往会设立各种形式的国别市场壁垒和障碍,限制跨国要素流动和经济合作,这导致实际上并不存在真正的全球自由市场,而是存在着各国之间的经济壁垒和限制.弱势政府管理市场经济容易导致经济动荡和危机.政府在市场经济中扮演着引导和调控的角色,如果政府能力不强,就难以有效应对市场波动和经济危机.例如,在拉美地区,一些国家政府的腐败和低效导致了经济的不稳定和动荡.同样,在非洲国家,政府的汇率政策不稳定和管理能力薄弱,导致了汇率波动和经济不稳定的问题.法治经济是市场经济的基础,而法治的实现需要政府的强力推动.法治经济意味着市场参与者在公平、透明、可预测的法律环境下进行经济活动.政府需要通过立法、执法和司法等手段来确保市场的公正运行.为了克服弱势政府管理市场经济所面临的挑战,政府应该加强自身能力建设,其中包括提高政府的管理效能、加强反腐败斗争、推进司法体制改革、加强执法能力等方面.同时,政府还应注重建设健全的法治环境,加强立法工作,完善法律制度,确保市场经济能够在公平、透明、可预测的法律框架下运行.此外,政府还应积极推动国际合作,借鉴其他国家的成功经验,提升自身管理市场经济的能力.各国的发展路径和经济模式选择是基于其自身的国情和发展需求.我国积极探索适合自身国情的发展模式,在坚持社会主义的前提下发展市场经济.社会主义市场经济强调市场参与主体的自发性、自觉性和自适应性以国家对经济发展的引导和调控.

新型举国体制下,我国政府正在统一的发展逻辑下主动变革.从党的十一届三中全会开始,我国政府就意识到传统的行政管理模式已不能适应社会发展的需求,因此积极推进职能转变.党的十四大确立了社会主义市场经济体制的改革目标,为政府职能转变提供了指导.党的十九届四中全会强调了市场在资源配置中的决定性作用,明确提出了建设现代化经济体系的目标.这表明我国政府正积极推动市场经济改革,调整政府与市场的关系.中央经济工作会议也是我国政府主动变革的重要平台.每年的中央经济工作会议都是我国政府制定经济政策的重要会议,也是调整政府与市场边界的重要契机.例如,在 2020 年的中央经济工作会议中强调构建新发展格局,必须构建高水平社会主义市场经济体制,提出了深化改革、激发市场主体活力等一系列举措.这些政策措施旨在加强市场机制的作用,推动政府与市场的边界调整，实现更加高效、灵活的经济运行。这些举措的出台体现了我国政府在新型举国体制下的主动变革，促使政府与市场的边界得到调整。

我国当前的发展目标是深化改革和扩大开放，这意味着在社会主义基本制度和市场经济体系之间寻求更好的融合，从而破解这个全球经济中的难题。市场经济的发展需要时间和经验的积累，不能一蹴而就，一个成熟的市场经济国家不是一夜之间形成的，而是通过逐步改革和制度建设的过程实现的，在这些成熟的市场经济国家中，政府与市场的边界和角色分工相对稳定，政府职能也相对明确。然而，体制转轨意味着经济体制、政治体制以及社会制度的转变和调整。从我国的国情来看，我国正在实施一系列的体制改革措施，旨在逐步建立社会主义市场经济体制，这就要求政府的职能和角色进行相应的调整和转变。具体来说，政府在市场经济中的角色会发生变化。政府在计划经济时代扮演了行政干预角色，而在市场经济中，政府的职能应更多地转向市场监管、法治建设、公共服务等方面，并通过制定和执行相应的法律法规来保障市场秩序的正常运转。

体制转轨过程中，政府与市场的边界随着时代和环境的变化而不断调整和变化。自改革开放以来，我国政府积极推进市场经济改革，逐步扩大市场空间，从而促进了经济的快速发展。政府的主动变革是市场边界扩大和市场力量释放的重要推动力。政府通过深化改革、简政放权、优化营商环境等一系列措施，推动市场机制发挥作用，加强市场监管，为市场主体提供更加稳定和可预期的营商环境。

社会主义市场经济体制借鉴了市场经济的灵活性和高效性，同时也保持了社会主义的公平和公正。它强调市场在资源配置中的决定性作用，同时也加强国家对市场的引导和调控。需要指出的是，这个过程并非一蹴而就，也并非没有挑战。在探索中，我国会面临各种新的问题和困难，但我国有坚定的决心和信心，通过改革创新，找到适合自身国情的发展道路。

最后，社会主义制度为我国带来强大的制度优越性，通过构建富有特色的央地关系，可以有效处理政府与市场的关系。社会主义制度赋予了我国政府强大的治理能力，注重人民群众的利益和社会公平正义，使得我国政府能够更好地调动社会资源，推动经济发展和社会进步。我国的改革开放是一项艰巨而复杂的任务，政府需要面对各种新的挑战和风险。然而，我国政府通过不断学习和实践，不断改革和创新，逐步解决了许多经济、社会和环境等方面的问题，驾驭了各种风险，体现了政府应对变革和处理复杂问题的能力。中国特色的央地关系使得中央政府与地方政府之间形成了一种灵活而高效的合作机制。中央政府通过统筹规划和资源配置，引导地方政府在经济发展和市场监管方面发挥积极作用。同时，地方政府也具备一定的自主权和创新能力，能够根据本地区的特点和需求制定适应性的政策，促进地方经济的发展和市场的繁荣。

6.3.2　新兴产业创新网络治理的有效市场路径分析

我国在"十四五"规划中强调提升企业技术创新能力,并对企业技术创新能力建设提出明确要求。基于这样的定位和要求,参与市场竞争的企业无疑需要明确自己的创新主体地位,并成为与创新驱动结合的市场引导的主导者。市场引导可以通过市场机制激励企业进行创新和投资,市场竞争的压力和机会又驱动了企业的创新活动。同时学术界也认为创新驱动和市场拉动对前沿技术的产业化和未来产业的发展都极为重要,二者协同发展有助于实现未来产业的高效发展;同时,如果二者进程一致,能够充分协同和匹配,则在推动未来产业的发展过程中可以避免不必要的资源错配,有利于战略资源的高效利用。熊彼特在《经济发展理论》中,强调了创新与发展的密切联系,认为创新是由需求推动的,也是为发展服务的。只有不断地创新,才能开拓新市场、满足新需求,破除已有的均衡局面,推动产品及产业的创新升级,为企业和社会带来高质量发展,推动创新与发展不断相互促进。在技术创新中,不同规模的企业具备各自的优势,不同规模的企业自身的技术创新能力与企业外部的市场结构存在差异,这也直接影响了不同规模企业的技术创新绩效。因此,基于企业的规模,新型举国体制下新兴产业创新网络治理的有效市场路径可以分以下三点来阐释。

(1)发挥上市企业的创新主导作用。新兴产业孕育往往从市场自发开始,市场机制可以发挥重要作用,促进企业的自主发展。具体来说,市场机制可以通过信息交流、需求发现和项目筛选等方式,帮助企业更好地了解市场需求和趋势,从而有针对性地进行产品或服务的开发和创新。善于发现市场机会的企业可以在市场示范效应的带动下,逐渐扩大规模,增强竞争力。这样的市场机制不仅有利于企业的自主发展,也有利于整个经济的稳定和可持续发展。上市企业等大型企业有能力集聚各类创新要素资源,技术创新规模效益的提高可以帮助企业更好地将技术转化为商业价值;加强技术研发和创新能力,不断跟进和掌握前沿技术的最新进展;利用规模效益,分散创新风险,降低单个项目失败的风险。上市企业及大企业应当充分发挥以下优势。①市场优势和规模经济:上市企业通常具有较大的市场份额和资源,能够投入更多资金和人力,同时分担创新的不确定性和风险性,从而更好地支持科技创新。②合作与资源共享:上市企业可以与高校、科研机构等建立合作关系,共同承担国家重大科技项目。这种合作可以促进科研力量的优化配置,实现资源共享和互补优势,加快科技成果的转化和应用。同时,通过共建产业技术创新研究院等平台,上市企业还可以与其他企业、机构共同开展研发工作,加强合作创新,提高整个产业链的创新能力。③强化功能定位和核心技术掌握:为了保持产业链、供应链的技术自主创新和战略信息安全,上市企业需要加强功能定位，深入研究和掌握关键核心技术和底层原理。只有在技术创新方面具备领先地位，才能在产业链中发挥引领支撑作用，推动产业向高附加值和高端发展，从而实现更好的经济效益和竞争优势。④开放姿态和国际竞争：上市企业应以开放的姿态赢得创新发展的主动和国际竞争的主动。通过加强与国际合作伙伴的交流与合作，上市企业可以吸收国际先进技术和管理经验，提升自身的创新能力和竞争力。同时，巩固提升我国供应链在全球生产网络中的地位，更好地参与全球市场竞争，推动国际市场的循环和发展。

（2）释放中小微企业在创新创业中的活力。中小微企业是增强新兴产业微观创新活力的重要载体。在创新领军企业的引领支撑下，形成创新联合体，建立风险共担、利益共享的协同创新机制，推动大中小企业的融通创新，激发中小微企业的创新创业潜力。民营企业往往率先进入新兴产业领域，在经营上取得成功后，往往会带动一批新的企业，并围绕龙头企业聚集，从而发展出新的市场模式。新兴产业立足市场需求，通常会从产业链的中下游部分开始发展，而不是从技术研发、试验、原材料供应等产业链的中上游部分开始。通过在中下游部分的发展，企业可以积累生产制造、销售和服务等方面的经验，同时获取更多的资源支持，为未来进一步拓展到中上游部分打下基础。中小微企业的产权结构比起上市企业等大型企业来说较为简单清晰，内部交易成本较低，能够快速适应瞬息万变的外部市场环境，积极探索未知性领域，从而进行突破性创新。首先，大企业往往通过调整产量和价格来获取超额利润，缺乏对具有较大风险和不确定性的创新探索的兴趣。相比之下，中小微企业面临更大的竞争压力，但能够更加积极地面对市场变化，快速调整产品或服务，满足消费者需求，从而在竞争中脱颖而出。通过与大企业、研究机构等合作，中小微企业能够获取更多的研发资源和技术支持，从而提高创新能力。这种合作模式可以降低中小微企业自身投入的成本，同时也促进了知识和技术的传播与应用。因此，中小微企业可以通过与大型企业融通创新的路径来提升企业创新主体地位。首先，大企业可以向中小微企业开放创新资源，如专利、技术、研发设施等，帮助中小微企业降低创新成本和风险。其次，通过建立合作机制或平台，大企业可以与中小微企业共享创新成果，促进知识和技术的流动和共享。另外，大企业可以向中小微企业提供技术支持和咨询服务，帮助他们解决技术难题、提升研发能力，这种技术支持可以包括培训、合作研发、技术指导等形式，帮助中小微企业提高创新水平和竞争力。通过建立创新协同、产能共享、供应链互通等机制，构建大中小企业之间的创新生态系统，这样的生态系统可以促进不同规模企业之间的合作与交流，实现资源优势的互补，推动创新要素的协同作用，提高整个产业链上中下游企业的创新能力。中小微企业应该加强自身的技术创新能力培养，通过提高研发占比、建立创新机制等方式，提升自身的创新能力。同时，中小微企业还可以通过与大企业的合作，吸收先进的管理经验和创新理念，不断提升自身的竞争力。

（3）激发全产业创新潜力。首先，加强共性技术平台建设。聚焦国家重大科技战略领域，将共性技术平台的建设重点放在支持国家重大科技战略领域上，如人工智能、新能源、生物医药等。政府、企业和科研机构通过集中资源和力量，在这些领域建设高水平的共性技术平台，提供关键共性技术的研发应用和公共设施共享服务。若要增强公共服务平台的支撑能力，共性技术平台应注重提升对企业的服务支撑能力。通过提供全方位的服务，共性技术平台可以帮助企业降低创新成本、提高研发效率，推动科技成果的转化和产业化。其次，鼓励大中小企业上中下游协作。推动研发众包和"互联网＋"平台模式，鼓励大企业与中小微企业之间采取研发众包和"互联网＋"平台模式，实现研发资源的共享和协同创新。大企业可以将一部分研发任务外包给中小微企业，通过互联网平台进行协作，提高研发效率和创新能力。大企业可以积极构建企业生态圈，吸引中小微企业加入，形成上下游协作和资源共享的良好机制。不同规模的企业通过建立合作伙伴关系、共享供应链、共同开发市场等方式，促进企业之间的业务协作和系统集成，实现产业链的协同发展。支持和鼓励大企业内部创业，为员工提供创业机会和支持，推动大企业内部创新和创业项目的孵化，这样可以激发员工的创新潜能，同时也有利于大企业与中小微企业之间的合作与交流，促进产业链的协同发展。最后，科研反垄断机制和需求倒逼科技创新既是激发全产业创新潜力的重要方式也是激发全产业创新潜力的重要手段。基于数字代理人技术的"揭榜挂帅"项目管理经营模式可以促进全产业创新。该模式将项目任务拆分为多个子任务，并通过数字代理人进行任务分配、协调和监督，实现高效的项目管理。这种模式可以激发全产业的创新活力，因为它能够提高项目执行的效率和质量，减少资源浪费，从而释放出更多的创新潜力。科研领域存在着一些垄断行为，限制了创新的自由和活力。建立科研反垄断机制，可以打破垄断，促进竞争，增加创新机会。例如，可以鼓励多家机构进行同一领域的科研项目，并通过评审和竞争机制来选择最优秀的项目进行资助和支持，这样可以激发全产业的创新活力，推动科技创新的发展。此外，可以通过需求倒逼科技创新，激发全产业创新潜力。政府和企业可以通过市场调研和需求分析，了解用户的需求和痛点，将需求转化为科技创新的驱动力。在需求的倒逼下，企业将更加注重技术创新、产品创新，提高市场竞争力。政府可以出台相关政策，鼓励企业开展与市场需求密切相关的科技创新，提供支持和奖励措施，引导企业投入更多的创新资源。

6.3.3　新兴产业创新网络治理的有为政府路径分析

新型举国体制下的有为政府路径主要有以下三种模式：突破关键核心技术的政府举国动员制模式、基于国家战略科技力量的协同式模式和以国有企业和央企为主导的创新模式。

1. 突破关键核心技术的政府举国动员制模式

在关键核心技术领域采取集中统一、全方位推动的方式，以加速技术的攻关和突破，推动相关领域的发展，这些关键领域往往需要政府来主导。"动员式"主导意味着政府以组织者和协调者的角色，全面调动各方资源来应对应急需求。政府的作用主要体现在宏观管理与统筹协调、重大科技计划组织等方面，通过发挥整合社会资源的能力，能够有效地统筹和优化资源配置，确保得以最大限度地利用资源。

市场机制不能独立处理公众高度参与的经济和社会问题，这是因为在应急需求方面，涉及公共利益、公共安全等重大问题，需要进行统一的规划和集中的供给。市场机制难以单独解决这些问题，需要政府在社会经济发展中扮演重要的角色，需要政府合理把控公共资源的管理权，对这些资源进行有效的配置和分配，通过制定相关政策和制度，来引导社会资源向有利于国家和人民的方向集中流动，从而实现社会资源的高效利用。政府作为整个公共性资源的重要配置主体，可以调动全国各方资源，政策制度的集中联动供给更容易实现资源的集中配置和协同行动，更高效地解决问题。

关键核心技术及其集成平台等技术领域具有智力高度密集、资源高度集中、技术高度集成、市场高度垄断等特征，存在较大突破难度。完善党中央对科技工作统一领导体制，以党的组织力保障科技创新执行力，克服资源配置、力量布局等方面分散、重复、低效等弊端，真正把制度优势转化为科技发展和治理效能。在政府的主导下，推进产业链和创新链相融合，政府在突破关键核心技术中认识到产业链和创新链之间的互动关系，积极探索利用二者的优势互补，从而形成更强大、更高效的合力。全力保障核心领域的科技投入，重视在核心领域中对科技研发投入的重视。加速推动相关领域科学技术能力布局，积极融入我国的重大科学技术系统中，加强研究一线的相互协作，搭建多层次、多领域、多学科的科研合作平台，促进关键核心技术领域中的专业人才和资源协同合作，为科技创新注入新的动力。要认识到突破关键核心技术不仅是科技研发的要素，也是提高科技能力的重要手段，而协同创新则是推进自主创新的重要路径，只有吸引、联合创新资源、加强彼此间的协作，才能更好地推进科技创新，在应急攻关领域中取得更好的发展，共同参与创新项目，共享资源和知识，以提高创新效率和质量，各方通过协同创新，共同努力，形成了强大的力量来推动自主创新。

2. 基于国家战略科技力量的协同式模式

新型举国体制下有为政府路径的第二种模式是"政产学研用"的深度协同融合模式，其重点是"体系"、关键在"协同"，具体可以从以下路径实现。

第一，优化国家实验室体系的顶层制度设计。在各地逐步挂牌成立的国家实验室标志着中国特色的国家实验室体系正在加快落实。2021 年 3 月发布的"十四五"规划提到："重组国家重点实验室，形成结构合理、运行高效的实验室体系"。为了提升我国的国家战略科技实力，必须快速推进具有中国特色的国家实验室体系的构建，同时依赖于高水平的研究型大学和科研机构。这些机构在实施国家重大科技任务中发挥关键作用。协同创新系统是行业开发、培训与科研三者功能的协调和集成。在整个创新系统中，要重视对人才的培育作用，特别是在科技创新国际化的竞争模式中，若不能激发科研人员和创业者的潜能，就很难进行专业化的科研与知识创新，也就无法实现企业的协同创新。

国家实验室的主要任务是在政府公共财政资源的支持下，针对特定学科领域的理论与应用问题进行攻关突破。然而，考虑到资源相对有限，国家战略科技力量应集中在关系国家基本安全和战略主动性的学科领域。国家实验室为这些领域提供精准的着力点，通过以国家战略需要为导向，以应急需求优化为核心，围绕国家科技基础设施布局，构建整体规划，支持重大科技基础设施的建设；推动科技资源的开放共享，通过创新要素的流通与扩散，实现各类创新要素如科研项目、成果和人才的跨境流动和聚集；逐步构建跨学科、跨领域、产学研协同的高效率科研攻关体系，在条件成熟的时候，可以考虑开展多个学科的交叉与融合，并制定新技术研发与应用的评估准则，持续健全高层次科研攻关的制度与机制。为了实现这一目标，协同构建中国特色国家实验室体系的重点在于建立一个完整的体系，而不是单一领域或学科的实验室建设。这个体系需要紧跟世界科技发展趋势，围绕量子信息、光子和微电子、网络通信、人工智能、生物医学、现代能源系统等重大创新方向开展研究。同时对国家重点实验室进行改组，构建结构合理、运行高效的实验机构。以任务为导向，以党和国家在重大科技创新中的领导与组织作用为目标，建立起有效的组织机制，推进关键核心技术的攻关。

第二，构建中国特色"政产学研用"体系，"协同"是关键。在科技创新竞争激烈的环境下，单一主体的科研能力已无法满足解决复杂问题的需求，需要跨部门、跨主体、跨学科的合作与协同。科研机构、高校、企业等各主体应发挥自身优势，明确功能定位，形成互补、协同的创新网络。同时，要重视基础研究和底层技术研发的源头供给和引领作用，提升凝练基础研究问题的能力，为应用基础研究和技术创新提供坚实支撑。基础研究、应用基础研究、技术创新，三者相互依存、相互促进，应推进一体化，加强协同合作，实现产学研深度融合。具体而言，可以建立联合实验室、成立联合研究团队、共享科研设施等，打破学科壁垒，促进知识交流和技术转移。同时，需要关注和研究前沿科技领域，积极探索新的研究方向和方法，保持创新的活力和竞争力。最终，通过构建功能互补、深度融合、良性互动、完备高效的协同创新格局，实现科技创新的跨越式发展，为经济社会发展提供强有力支撑。此外，构建新型举国体制必须加强科技创新体制机制的完善。因此，中国特色国家实验室体系正在加快构建，旨在通过协同构建和完善国家实验室体系来激发各类主体的创新激情和活力，形成自主创新队伍的强大合力，构建系统、充分、高效的国家创新体系。这个国家实验室体系由高水平的研究型大学和科研院所组成，通过优化科技资源配置，推进创新体系优化组合，多方协作、凝聚合力。加强前瞻性谋划和整体性推进，以健全国家实验室体系为抓手，加快建设跨学科高强度的协同创新基础平台。这个实验室体系将成为国家战略科技力量建设的关键所在，发挥着重要的作用。与此同时，社会力量中科技服务组织也将发挥桥梁纽带作用，通过有序组织战略科技力量，使不同机构功能定位清晰衔接、协同紧密，这种合作模式将有助于推进科技创新的全面发展，提高我国的科技创新竞争力，为国家的发展做出更大的贡献。

第三，促进军民科技相互支撑和转化，建立国防科技协同创新体系。在这一过程中，政府、企业、学术界和应用领域之间的协同创新机制至关重要。建立长效的合作机制，促进各方资源共享、技术交流和人才培养，可以实现军民科技的相互支撑和转化。此外，在国防工业产业链上部署国防科技创新链，可以打造国家创新高地，推动军民科技融合与创新的深入发展。国企科研院所改制型新型研发机构中的国有企业单位，尤其是军工领域企业，通常会面临着繁重的军工任务，在当前的情况下，许多军工企业面临着产能过剩和处置军工存量资产的问题。为了解决这些问题，军工企业积极寻求、吸引民用渠道资源进入军工业。通过与民营企业合作，军工企业可以共享资源和技术，通过改革和优化军工企业的生产结构和管理机制，提高生产效率和降低成本，促进军工过剩产能的释放和存量资产的盘活，同时推动军工装备的升级换代，提高军工企业的竞争力和市场适应性。军工企业具有先进的技术和生产能力，可以将其在军事领域积累的技术和经验应用到民用领域，为民用生产提供先进的技术支持和产品。这种转化不仅可以促进军民融合，还可以为军工企业拓展新的市场空间和增加收入来源，还能够推动军事科技向民用领域转移，促进经济的发展和创新。

通过充分发挥自身优势，军工企业可以提升自身的持续盈利能力，并为民用企业提供核心竞争力，其发展路径如下。①把握行业发展态势，挖掘高价值科研成果。军工企业应该密切关注行业的发展态势，了解市场需求和技术趋势。通过深入分析市场情况和竞争格局，军工企业可以更准确地判断哪些科研成果具有较高的市场转化潜能，并制定相应的科研发展规划。在挖掘科研成果时，军工企业应该关注具有应用前景和市场价值的成果，即那些可以解决现实问题、满足市场需求的成果；注重成果在技术上的操作性，即成果是否能够转化为实际产品或技术解决方案。这样的成果更容易在市场上获得认可并实现商业化。军工企业可以充分利用自身雄厚的科研实力、丰富的人才资源和良好的科技环境等条件，积极开展科研成果的转化管理工作，这包括建立科研成果转化的机制和流程，加强知识产权保护，提供技术咨询和支持，推动科研成果向市场转化。军工企业在科技转化过程中也面临一些挑战，其中一个问题是科技体制与市场经济不相匹配，科研成果在转化过程中可能会受到行政管理体制、政策法规等方面的限制。另一个问题是技术需求和创新供给之间存在错位，即科研成果可能无法满足市场的实际需求，或者缺乏与市场需求对接的机制。军工企业需要着力解决这些问题，通过改革创新和制度建设，促进科技体制和市场经济的有效衔接，推动科研成果的转化和应用。②依托政策环境，培养技术转移的复合型人才。贯彻落实军民融合发展规划及其他专项规划，充分利用政策导向推进国企科研院所改制型新型研发机构研发成果的转化工作，要有效地解决我国科技成果转化中存在的供求信息不对称问题，积极寻求市场需求。同时，要强调研究人员的科研成果为社会经济发展所做出的贡献，提高广大科研人员申报和转化科技成果的积极性，培养技术转移的复合型人才。③加强主体业务协同，抵御外部挑战。在面对国企改革以及军工涉密等带来的外部挑战时，国企科研院所改制型新型研发机构在充分利用自身雄厚的科研实力等内部资源的基础上，重视研究成果数据库的建设与分类管理，按照研究成果不同的属性实施分类。例如，政府在初期就按研究成果是否涉及国家安全、军事等领域，将其划分为涉密科技成果和非涉密科技成果。对于涉密科技成果，保密工作被视为至关重要的任务，需要严格控制保密审查流程，以确保其不被非法获取或滥用。在处理非涉密科技成果时，可以降低保密审查的标准和流程，以加速将这些成果转化为实际应用。这样做可以提高创新成果的转化效率，使其更快地进入市场并产生经济价值，减少保密流程审查所需的时间和资源。④拓展服务功能，分散外部风险。为了有效应对外部威胁并分散风险，国家科研院所改制型新型研发机构需要采取防御性战略。在这一战略路径下，机构应积极补齐短板，战略性规避来自外部环境的潜在风险。为此，需要建立一个完备的支撑体系，实现全链条和全覆盖的服务。这一支撑体系的目标是增强国家科研院所改制型新型研发机构对外部不确定性挑战的抵御能力。为了实现这一目标，需要通过体系化的服务来提供全方位的支持。首先，应该着重解决劣势因素，积极减少其对机构发展的影响。其次，需要回避外部威胁，以确保机构的稳定运作和持续发展。在构建支撑体系的过程中，需要充分利用多个参与主体的优势资源，通过各主体之间的密切合作和协同努力，实现全链条和全覆盖的服务，确保机构在面对国企改革等外部不确定性挑战时能够做出及时、有效的应对。

3. 以国有企业和央企为主导的创新模式

在以国内大循环为主体、国内国际双循环相互促进的新发展格局下，国有企业和央企在新型举国体制下需要提升自主创新能力，成为新型举国体制下有为政府路径模式中的技术创新主导者以及战略性科技创新力量，并且在实现国家战略目标、推进经济转型升级方面发挥重要作用，通过自主创新来推动产业升级，实现经济高质量发展和科技强国目标。在新发展阶段中，国有企业和央企应制定相应政策，使得在理顺自身业务结构的基础上，聚焦于自身的核心业务，加强核心竞争力的培育和提升，并积极构建和发展产业平台，在平台上整合资源、协同创新，促进产业链的协同发展。同时，还应该加快数字化转型，运用先进的信息技术手段，提高生产、管理和服务的效率和质量，推动行业的数字化升级和创新发展。另外，应将符合发展战略、发展潜力很大的业务作为核心业务，把有限的资源和精力集中在核心业务上，通过持续投入和创新，不断拓展业务规模，提升自身的竞争力。对于面临升级瓶颈的业务，根据市场变化和行业发展趋势，及时进行转型升级，调整业务结构和产品组合，以适应市场需求的变化。通过合理布局和优化资源配置，按照国家"十四五"规划的部署导向，那些对国家的经济增长、国家安全和社会进步有重要意义的科技创新业务，既要追求经济效益和市场竞争力，也要承担起推动国家科技进步和发展的使命，集中主要力量打好关键核心技术攻坚战，注重产业链和供应链的全面发展，通过加强各个环节之间的协同配合和整合，提高整个产业链的质量和效率。同时，还需要关注产业链和供应链中的短板问题，积极补齐不足之处，以确保产业链的完整性和竞争力，并充分利用我国庞大的市场需求和消费潜力，推动新技术在市场中的广泛应用和商业化发展。此外，国有企业和央企还应该致力于技术的持续改进和升级，将技术从仅仅可用的状态发展为更加优秀和实用的状态，通过不断提升技术的品质和性能，满足市场需求，增强企业的竞争力。国有企业和央企应该在创新中发挥主导作用，通过加强科研创新、技术攻关等方面的投入和支持，提高自身的创新能力和核心竞争力，从而在产业发展中扮演更重要的角色。具体来说，以国有企业和央企为主导的整合式创新的实现路径可以划分为以下三种。

（1）创新平台主导的政府与经济发展驱动型路径。在创新平台主导的政府与经济发展驱动型路径下的企业，应当充分发挥出创新平台的积极作用，打造出良好的创新生态系统，构建制造业协同创新平台，统筹兼顾创新资源。协同创新平台为了服务重大科学研究和产业发展需求，加快推进科技基础设施建设，将充分利用现有科研资源边建设边研究边出成果。除此之外，该区域内的企业都应充分依托政府颁布的各项政策措施，全方位提高企业的技术服务和技术创新水平，并且提升工程技术研发成果的变现水平，促进高科技产业的集聚发展，在区域内建立创新示范区，充分展示创新平台主导的政府与经济发展驱动下的企业创新主体地位提升路径。在构建协同创新平台时，这些区域应当结合自身的发展条件，处在不同的站位上，依托自身的所具备的资源优势，在建设产业链创新链的过程中起到引领作用，并在产业集聚过程中制定技术标准与行业规范，充分利用创新平台的优势，吸收各类的创新资源，提升自身的创新能力。不仅如此，在构建创新平台时应充分让企业发挥技术资源信息桥梁的作用，促进技术创新成果的转化，同时在创新平台中加大政府政策在技术支持、技术转化、技术服务等方面的金融、财政支持，助力企业走向海外市场。创新平台的构建也需要鼓励众多具有创新活力的小微企业加入，实现创新资源的集聚，达到"1+1＞2"的效果。

（2）数字经济和营商环境助力下的创新驱动型路径。数字经济和营商环境助力下的创新驱动型路径下的企业大多位于经济文化水平较高的地区。这些地区的数字经济水平较高，营商环境较好，在创新基础设施的建设方面成立了一系列高等院校和研发机构，具有雄厚的研发资源和人才基础，良好的营商环境吸引了大批创业团队入驻。企业作为创新的主体，作为市场的主体，有责任随着数字化技术的快速发展，通过数字化转型和创新，获得更多的商业机会和市场份额，在融入提高企业创新主体地位的发展格局方面发挥表率作用。这些地区应通过开展工业互联网推动城市数字经济优质发展的战略，以开放和共享的方式推进工业互联网的发展，促进各方面的合作和协同创新，为工业互联网生态系统的建立和健全提供支持，从而支撑其长期发展，并以工业互联网为驱动力，凸显数字经济的竞争优势。不仅如此，这些地区还可以依托数字经济信息服务平台，实现海量数据存储、大数据分析计算以及数据共享等功能，促进各类要素向企业聚集，不断提高企业的技术创新能力，进而提高企业创新主体地位。同时，政府应当在推动建设良好的营商环境中发挥主导作用，主导建设创新示范区，并促进企业与高校、科研院所深度交流、长期合作，重点打造数字经济水平，推动信息服务平台的构建。省内各部门当发挥信息资源和技术资源优势，在打造工业互联网中起到主导作用，鼓励小微企业积极主动地加入其中，汇聚企业力量，推动建设更好的营商环境，同时也能够享受工业互联网带来的便利，从而推动企业的发展进程。

（3）环境和工业水平驱动下的创新驱动型路径。环境和工业驱动型地区可继续搭建高水平创新平台，营造一个优质的投资土壤，建设高质量外资集群，引导和鼓励外资公司通过建立研发中心等形式提高企业技术创新水平，鼓励国有企业、大型央企以及中小企业参与基础研究和重大创新平台建设，构建新型实验室体系。推行清单制、联合制、协同制，迭代梳理产业链断供和进口替代清单。实行"揭榜挂帅"等做法，龙头企业可以通过牵头组建创新联合体，将自身的技术和资源与其他企业、高校院所的技术和资源进行整合和优化，形成协同创新的合力，这样做可以促进知识、技术和人才的交流和共享，提高产业效率，推动整个产业的升级和转型。其中，国企、央企作为老牌工业龙头企业，更应当鼓励这些龙头企业承担起构建创新平台的重任，并且让上市公司关注海外的高新技术引进以及与外资企业合作的机会，提高企业自身的创新水平，各类型企业共同努力，实现传统工业的转型。

第7章 新兴产业创新网络治理的对策研究

本章研究新兴产业创新网络治理的对策。首先，分析我国推进新型工业化对新兴产业发展的目标要求以及政府在新兴产业创新网络治理中的角色定位；其次，提出新兴产业创新网络治理的基本思路；最后，提出新兴产业创新网络治理的关键举措。

7.1 新兴产业创新网络治理的目标定位

7.1.1 推进新型工业化对新兴产业发展的目标要求

首先，在产业结构方面，新型工业化要求传统产业向高附加值、高技术含量的新兴产业转型。新兴产业的快速发展可能会引起产业结构的变化和重组。例如，在数字经济领域，推动云计算、大数据、人工智能等技术的应用，可以促进传统行业加快数字化转型和升级，从而提高产品和服务质量，并开拓新的市场机会。同时，新兴产业的发展也有助于打破一些旧产业链的瓶颈，促进传统产业向高附加值、高技术含量的新兴产业转型。另外，新型工业化有助于促进产业升级和结构调整，为产业结构调整提供了新的机遇和挑战。通过技术创新和市场需求的变化，原有产业链条中的环节可能会发生变化，从而推动新产业和新业态的兴起和发展。例如，在智能制造领域，推动自动化、信息化等技术的应用，可以提高生产效率和质量，缩短交货周期，降低生产成本和环境污染。这些因素将推动传统制造业向智能制造、高端制造转型，实现产业升级和结构调整。

其次，在技术创新方面，新型工业化将刺激技术创新的加速和转型。随着新兴产业和数字经济的快速发展，越来越多的企业和研究机构开始重视科研投入和技术创新，以应对市场竞争和需求变化。新型工业化的影响将促进技术创新的加速和转型。例如，在新一代通信技术（5G）领域，推动网络架构、设备和应用的创新，可以满足人们对高速、低时延、全连接的需求，从而创造新的商业价值和社会效益。另外，新型工业化有望培育和壮大自主创新能力。新型工业化的发展需要依靠自主创新，而技术创新和自主创新是相互促进、相互支撑的。提高研发投入、加强知识产权保护和知识分享，以及加强国际合作等措施，可以推动技术创新的跨界融合和交流，促进自主创新能力的培育和壮大。

最后，在可持续发展方面，新型工业化将促进可持续发展理念的普及和实践。现代工业化对资源和环境的消耗和污染给可持续发展带来了巨大挑战，而新型工业化的出现可能有助于解决这些问题。例如，通过引入清洁能源、低碳技术和绿色生产方式，新型工业化的推进有望减少对环境的负面影响，提高资源利用效率，实现经济、社会和环境的协调发展。另外，新型工业化有助于构建循环经济模式。循环经济是可持续发展的重要路径之一，具有重要的环保和节约能源的效果。资源回收利用、废弃物处理和产品寿命周期管理等措施，可以减少资源消耗和环境污染，促进可持续发展的路径转变。例如，在新型能源领域，开发可再生能源，实现能源的循环和利用，可以缓解能源短缺和环境污染的问题，促进可持续发展。

因此，为了实现产业结构的优化升级，首先应该加强新兴产业的技术创新，鼓励企业增加研发投入，推动科学研究与产业应用的深度融合，提高自主创新能力。其次，推动传统产业转型，通过引进智能制造、自动化装备等技术，改造提升传统产业的生产效率和产品质量。同时，要培育新兴产业，重点发展高端装备制造、新材料、新能源、生物医药等领域的产业，壮大新的经济增长点。

为了实现绿色可持续发展，首先需要促进节能减排，推动煤炭清洁高效利用，发展清洁能源替代传统能源，其中提高能源利用效率是首要任务。其次，应当强化环境保护，加强污染治理，推动实施工业生产过程中的环保措施，降低环境污染和生态破坏。同时，倡导循环经济，推动资源的循环利用，加强废物处理和再利用，降低资源的消耗和浪费也是必不可少的。

为了实现数字化和智能化建设，首先应当推进工业互联网，建设工业互联网平台，实现生产过程的数字化、网络化和智能化。其次，应当发展新一代信息技术，加强人工智能、大数据、物联网等领域的研发和应用，推动数字经济的发展。最后，推动智能制造，引进智能设备和机器人技术，实现生产线的智能化和自动化。

为了培育新动能和新支柱产业，首先应该推动创新创业，鼓励大众创业、万众创新，培育创新型企业和科技型中小企业。其次，应该壮大战略性新兴产业，重点发展新能源汽车、新材料、高端装备制造、生物医药等领域的战略性新兴产业。

为了实现提升工业化水平和核心竞争力这一长期目标，需要加强技术创新能力和提升产业链水平，培育具有国际竞争力的核心技术和关键产品，并加强产业链各环节的协同发展，以提高产业的附加值和市场竞争力。另外，还要实现经济结构优化和转型升级，推动农业现代化，加快推进农村产业革命，提高农业的现代化水平；还要促进城乡融合发展，加强城乡经济一体化，推动城市化和农业现代化相互促进。此外，也要加快乡村振兴和区域发展，通过支持乡村产业发展和加强区域协调发展来推动乡村产业多元化发展，减少地区发展差距。

未来产业发展的要求包括技术创新能力、绿色可持续发展、产业协同和融合发展、引导消费升级以及人才培养和人力资源开发。为实现这些目标,需要增加研发投入,提高自主创新能力,引进和培养高端人才,推动清洁能源利用,加强环境监管,促进产业链升级,加强跨界融合创新,优化产品结构,加强品牌建设,培养高水平人才队伍,提高劳动者技能水平。实施这些措施,可以实现产业的持续发展和经济的良性循环。

7.1.2 政府在新兴产业创新网络治理中的角色定位

政府在新兴产业创新网络治理中有着多个角色定位,包括政策制定者、监管者和促进者等多种角色,具体如下。

(1)政策制定者:政府在新兴产业创新网络治理中扮演着重要的政策制定者角色。政府通过制定相应的政策、法规和计划,为新兴产业的发展提供指导和支持。政府可以制定新兴产业发展规划、明确发展目标和方向;出台税收优惠政策、研发补贴等,鼓励企业投资和创新;推动知识产权保护制度建设,提供法律保障等。政府的政策制定者角色是为了引导和规范新兴产业的发展,并保障社会的整体利益。

(2)监管者:政府在新兴产业创新网络治理中还扮演着监管者的角色。政府通过实施监管措施,确保新兴产业的健康发展和市场秩序。政府可以制定相应的行业准入标准和规定,保证市场竞争的公平性和秩序的稳定性。同时,政府可以加强对新兴产业的监测和监控,及时发现和解决可能存在的问题和风险。政府的监管者角色是为了维护市场的正常运行和公众的利益。

(3)促进者:政府在新兴产业创新网络治理中还扮演了促进者的角色。政府可以通过多种手段促进新兴产业的发展。例如,政府可以提供资金支持、科技创新平台建设、优惠政策等,为企业提供资源和环境。政府还可以加强产学研用协同,促进科技成果转化和应用。此外,政府可以搭建产业交流和合作的平台,推动不同企业间的合作与共赢。政府的促进者角色是为了推动新兴产业的创新和发展,提升国家的竞争力和促进经济增长。

政府在新兴产业创新网络治理过程中需要承担的职责有制定支持政策、加强监管手段、推动创新合作等方面,具体如下。

(1)制定支持政策:政府应根据新兴产业的特点和需求,制定相应的支持政策,包括资金支持、税收优惠、研发补贴等,以鼓励企业投资创新和技术升级。

(2)加强监管手段:政府应加强对新兴产业的监管,维持市场秩序和保障公共利益,包括建立行业准入标准和规范,加强对企业的监测和监控,打击侵权行为,维护市场公平竞争环境。

（3）推动创新合作：政府可以促进新兴产业的创新合作，搭建产学研用协同的平台，推动科技成果转化和应用。政府还可以鼓励企业间的合作与共赢，推动集群发展和生态建设。

（4）优化营商环境：政府应努力改善营商环境，简化行政审批程序，提高审批效率，降低企业成本。同时，加强知识产权保护，构建健全的法律体系，为企业提供法律保障。政府还应提供公正的仲裁机制，维护企业合法权益，鼓励诚信经营。

（5）促进国际交流与合作：政府可以推动新兴产业的国际交流与合作，促进技术、人才和资本的跨境流动。政府可以通过各种渠道搭建国际合作平台，加强与其他国家和地区的合作，推动新兴产业的全球发展。

7.2　新兴产业创新网络治理的基本思路

新兴产业是新一轮科技革命和产业变革的产物，代表着未来产业创新发展的方向，也是国家培育发展新动能、打造未来新优势、抢占未来制高点的关键领域。战略性新兴产业是以重大前沿技术突破和重大发展需求为基础，对经济社会全局和长远发展具有重大引领带动作用的产业，是推进新型工业化、打造新质生产力的关键领域。未来产业代表着科技革命和产业变革的方向，是科技含量高、绿色发展足、产业关联强、市场空间大的产业，具有高成长性、战略性和先导性等特点，是推进新型工业化、打造新质生产力的重要支撑。因此，需要整合科技创新资源，引领发展战略性新兴产业和未来产业，推动战略性新兴产业规模上新台阶、未来产业培育取得重大突破，打造现代化产业体系，以新型工业化为引擎加快形成新质生产力，推动高质量发展，实现中国式现代化。新兴产业创新网络治理的基本思路如下。

（1）优化新兴产业创新网络治理的顶层设计。在优化顶层设计方面，应注重跨越式发展，推动新兴产业的创新和发展，包括加快新技术、新模式、新业态的拓展和应用，促进传统产业向智能化、绿色化、高端化转型升级。加强科技创新，推动人工智能、大数据、云计算、物联网等前沿技术的研发和应用，培育新兴产业，推动数字经济的发展。在资金和资源管理方面，应采取多元化投资和资本市场化运作，支持产业发展和企业创新，这意味着要积极引导社会资本进入实体经济领域，鼓励企业通过资本市场融资，提高资源配置的效率和灵活性。同时，还需要完善金融体系，加强对中小微企业的金融支持，解决它们融资难、融资贵的问题，为其提供更多的发展机会。此外，还应加强各地区之间的合作和协调，推动区域协同发展。建立健全的合作机制和平台，加强产业链的整合和优化，避免重复建设和资源浪费，实现资源共享和互惠互利，这将有助于形成良好的区域经济布局，提高整体经济效益。同时，要注重构建以产业为核心的协作体系，促进各个环节的协同合作和共同发展，加强产业链上下游之间的合作，推动企业间的合作创新，打破垄断和壁垒，促进资源共享和优势互补。此外，还应加强产学研用一体化，推动科研成果向产业转化，加速推广应用，提高产业的整体竞争力。

（2）发挥政府对新兴产业创新网络的治理职能。加强新兴产业创新网络的治理需要采取积极转变政府职能的措施，发挥市场主导作用，并整合政府引导、市场资源配置及科学共同体的自治机制。这样的多元化治理模式将有助于提高科技创新的质量和效率。首先，地方政府应该运用宏观调控手段，制定科技战略，引导科技产业的发展。传统的支持科技创新和产业发展的方式需要改变，需要引导全社会参与科技创新和产业转型发展，明确各创新主体在国家创新体系中的功能定位，并加强创新主体之间的沟通与衔接。其次，政府应对高新技术企业予以政策扶持，并加强产学研的联动。构建以企业为核心的区域创新网络，可以促进高科技企业之间的合作与交流，推动技术创新和产业升级。此外，为了发挥重大科研基础设施在区域创新网络中的作用，需要建设互补、合作、共赢的区域创新网络，促进不同地区之间的合作与协调，实现资源的优化配置和互补发展，从而推动整个新兴产业创新网络的发展和壮大。

（3）整合新兴产业创新要素。新兴产业创新网络治理需要优化创新资源配置，构建符合科技创新和产业未来发展需求的基础设施和基础制度体系。为了实现创新要素的整合，需要建立可信、包容的科研管理机制，激发所有创新主体的创新创业创造活力。政府应当引导和鼓励各类主体之间的协同合作，形成创新联盟和产学研合作等多种形式的合作模式，促进知识和技术的交流和传递。此外，新兴产业集聚为信息交流提供了有利条件，政府应该进一步优化创新空间布局，促进知识的溢出。在建设科创中心时，要以国家制度创新为保障，打破体制束缚，建立开放、包容、竞争的创新环境，吸引和集聚高端人才与产业要素，促进知识和技术的创新与转化。

（4）确保新兴产业的新技术的合规发展。新兴产业技术的创新也需要遵循法律法规和道德准则的约束，以确保其可持续性和社会受益性。政府应当建立一个有效的治理框架，这个框架应该能够激励并支持技术创新，同时确保企业和个人在创新过程中遵守法律法规。政府、业界和学术界可以积极参与制定和完善这样的治理框架，以确保创新与合规之间的平衡。政府和监管机构应密切跟踪技术创新的发展，并相应地制定适用的法规、标准和行业规范，以确保创新符合社会和经济的需要。同时引导企业和个人在技术创新中注重自律和承担道德责任，积极主动地关注合规要求，并在创新过程中遵循道德准则。

7.3　新兴产业创新网络治理的关键举措

7.3.1　加大政府支持力度，培育壮大新兴产业创新治理网络

1. 明确新兴产业创新网络治理目标

应确认新兴产业创新网络治理的总体目标，帮助政府引导各方在网络治理中的行动和决策。新兴产业创新网络治理目标应该包括以下几个方面：①通过鼓励研发投资、提供知识产权保护、建立创新创业生态系统等方式促进技术创新；②通过制定公平竞争准则、优化市场机制、推动企业合作与整合等措施提升行业竞争力；③通过制定环境标准、推广绿色技术和清洁能源应用、促进资源高效利用等方式平衡经济增长与环境保护之间的关系，推动新兴产业的可持续发展；④通过建立数据保护法律法规、加强网络安全防护、提供消费者教育和投诉解决机制等确保用户在新兴产业中的信息安全和个人隐私得到有效保护；⑤通过加强国际合作、设立跨界合作机制、分享经验和最佳实践等方式促进跨界合作。鼓励不同国家、组织和利益相关方之间的跨界合作，共同应对新兴产业治理中的挑战和问题。总体来看，确立新兴产业创新网络治理的总体目标需要综合考虑各方利益，并根据具体情况和发展需求进行调整。同时，目标的实现也需要依靠各方的共同努力和合作。

2. 建立健全新兴产业创新网络治理的政策、法规和标准体系

在新兴产业创新网络治理的过程中，制定相应的政策法规是非常有必要的。建立新兴产业创新网络治理的法律框架、明确监管职责和权限、规范相关行为等应注重以下几个方面。①通过出台信息安全法、网络安全法等相关法律建立新兴产业创新网络治理的法律框架，明确网络治理的基本原则、目标和行为规范。②通过出台规章制度、明确部门协同等方式明确网络治理的监管职责和权限，确保监管机构的作用和职责不重复和不缺失。③通过出台行业标准、规范性文件等方式规范网络治理相关行为，如规范数据采集、使用和共享，规范网络广告、电子商务行为等。④制定鼓励技术创新的政策，如提供研发和创新投资支持、设立科技示范区等。同时，政府也应该加强知识产权保护，建立和完善专利、商标、著作权等知识产权保护体系。⑤加强网络信息安全保障，加强网络安全防护能力，加强敏感信息的保护，建立和完善个人信息保护机制等。⑥推动创新网络治理中的跨界合作。政府应该发挥国际组织和双边机制的作用，促进各国之间的跨界合作，共同推进新兴产业创新网络治理。总之，政策法规

建设对于新兴产业创新网络治理至关重要。政府需要出台相关政策和法规，明确监管职责和权限，规范相关行为，加强信息安全保障，促进各方之间的跨界合作，为新兴产业的可持续发展和创新提供良好的制度环境和保障。

3. 深入实施新兴产业科技创新的财政补贴和税收优惠等政策

政府应该积极促进新兴产业的发展，通过制定政策、提供经济支持、支持创新等方式使新兴产业获得更多的机会和资源并快速成长起来。具体包括：①建立完善的创新生态系统和交流合作平台，吸引更多人才和企业参与到战略性新兴产业创新中来。②建立健全创新创业环境有利于确保新兴产业长远发展和良性竞争。对新兴技术企业和中小型企业实施更为优惠的税收政策、给予一定的财政补助等，以降低其运营成本。推动各级政府打通产业融资渠道，引入政策性担保公司等机制，以解决中小企业融资难问题。同时，建立相应的管理规范和审批流程，以确保支持政策的有效执行和监督。③加强经济支持和降低创新成本，助推新兴产业发展。通过直接提供经济支持、降低企业的创新成本等方式，进一步加大对新兴产业的扶持力度，以促进国家产业发展的良性循环。此外，政府在提供经济支持时需要注意透明度和公正性，确保资金的合理分配和有效使用，以防止资金滥用和浪费，促进新兴产业的可持续发展。

4. 持续优化资源配置和新兴产业布局

结合地域发展差异优化新兴产业发展布局和资源配置。①发掘地域优势，整合相关资源。应利用当地的地域特色和优势，制定针对性强的产业发展战略。以华北、华东地区健全的文化产业环境为例，该地区可积极探索数字创意产业的发展模式。政府可通过政策支持、资金引导和人才培养等手段，吸引并支持相关企业和创作者在当地发展，进而充分发挥本地文化资源和创意人才优势，促进数字创意产业的快速发展。②加强关键要素供给。在资源较贫乏的地区，要特别注重资金、人才和技术等关键要素的供给。要推动新兴产业创新网络治理，需要优秀的人才、足够的资金和先进的技术支持。通过培训和教育计划、建立专项基金、引进优秀人才、加强技术支持等方式，提供资金和资源支持，吸引和培养相关领域的人才，并推进产业发展。此外，通过与发达地区建立合作关系，建立协同创新数据库，争取技术和经验的引进，并整合各地区的创新资源和项目信息，促进不同地区之间的合作与交流。③保证资源定向供给，推动欠发达地区产业创新与发展。为了保证资源的有针对性供给，应采取定向策略，率先发展某一特定产业，以推动欠发达地区的产业发展。例如，在西北地区重点推进清洁能源产业的发展，充分利用当地丰富的太阳能、风能等自然资源。通过政策支持和技术引进，吸引投资和人才，推动清洁能源产业的成长和成熟。此外，需要建设相应的网络基础设施，包括通信网络、数据中心、云计算平台等，以支持新兴产业创新网络治理的运行和发展。提供基础设施建设支持，鼓励企业投资建设相关设施，并提供运营管理的指导和规范。在知识资源共享方面，建立知识资源共享平台，促进各方之间的知识共享和合作。鼓励企业将技术和经验进行公开分享，建立专门的知识库和数据库，为网络治理提供参考和支持。通过多种方式，发掘和利用各类人才资源，全面实施人才创新培养计划，鼓励年轻人在新兴产业领域进行创新和创业。设置相应的奖励支持，促进顶尖人才创办新兴企业，并在租房创业及购买首套住房等方面给予适当帮助。这些举措可以加强欠发达地区的产业发展和创新能力，实现全国区域的均衡发展。

7.3.2　加强数据信息互通，优化新兴产业创新网络的要素配置

1. 培育和支持新兴产业市场调研机构，提供全面、及时的信息服务

①提供政策支持和引导。制定相关政策和法规，为市场调研机构的发展提供适宜的环境和强大的支持。同时，积极培育并支持市场调研机构，为各企业提供详尽且深入的市场调研和分析报告，助其洞悉消费者需求、竞争态势和市场趋势，为企业制定决策提供精准的信息支持。②提升中小企业信息化水平。为了实现长远的成功，企业需要政府为其提供全面、及时的信息服务，在投资重点、组织结构、管理方法等方面进行精准把控，并通过规划来推动企业发展，确保中小企业能够紧跟信息化发展的步伐。

2. 构建跨产业、跨领域合作与共享机制

①推动跨界合作。鼓励不同产业、不同领域之间的合作与融合，推动创新资源的跨界共享。例如，技术公司与传统行业的合作，可以将技术应用于传统行业的转型升级中，实现互利共赢。②建设创新平台。建设开放的创新平台，为各方提供共享的创新资源和基础设施，这样可以促进技术、数据、人才等要素的流动和共享，提升创新的效率。③加强数据共享。加强跨企业、跨领域的数据共享，促进数据资源的有效利用。通过合理的数据安全保护机制，鼓励企业将非敏感数据开放共享，促进数据融通和跨界创新。④促进人才培养。建立人才培养和流动机制，促进不同领域的专业人员相互学习和交流。这可以通过行业联盟、技术交流会议、人才培训计划等方式实现，提高跨领域创新的能力。⑤加强知识产权保护。鼓励创新要素的共享和交流。确保知识产权的合法权益，使各方在合作与共享中得到应有的回报和激励。

7.3.3　培育创新生态系统，加快新兴产业关键核心技术攻关

1. 构建优良的新兴产业创新生态环境

①促进创新文化的培育。营造积极的创新氛围和文化，激发企业和个人的创造力和创新意识，具体措施包括鼓励广泛采纳创新思维、支持创新实践、推广知识分享和学习等方式。同时，也应重视知识产权保护的重要性，建立完善的知识产权法律制度和管理体系。②建立产业合作机制。积极构建多元化的产业合作机制，旨在促进产业链上下游之间的协同合作和创新。具体而言，可通过建立专业化平台、组织行业联盟、策划相关活动等手段实现。其中，联合研发、技术转移、资源共享等是产业合作的关键内容，可以依托上述机制实施。通过这样的综合性措施，加强各方的交流互动，增进信任和合作，促进产业的健康发展。③促进创新要素流动。积极推动创新要素的流动和共享，以促进创新资源的整合和优化配置，这包括在人才流动、技术转移、资本投资、市场拓展等方面开展合作与交流。同时，应关注并突破信息壁垒，促进创新要素在全球范围内的自由流动和开放共享。建立协同机制和加强国际的合作与交流，可以实现创新要素的高效配置和互利共赢。④加强技术创新和研发。这不仅包含对固有技术进行改进和更新，还包括推出全新技术创新，如物联网、人工智能、区块链等领域的创新。此外，需要倡导创新驱动发展的理念，不断推进科技进步和产业升级。通过加强技术研发投入，提高创新效率和质量，提高企业的自主创新能力和核心竞争力。同时，应该注重技术转化和落地，将科技成果转化为实际的生产力，推动技术与产业的融合创新。

2. 构建新兴产业企业间交流合作机制

①提供开放、透明、互惠的合作机制。作为招商引资的有效载体，企业的开放合作有助于促进新兴产业的建设和发展。互惠关系是实现共同发展和长期稳定合作的基础。首先，企业应努力提高技术透明度，加强交流与合作，推动共同进步和发展。其次，企业之间应建立长期合作关系，建立信任。通过深入合作，实现共同发展，实现共赢。最后，面对新兴产业发展过程中的问题和阻碍，企业应加强协调与合作，共同解决难题。在政策允许范围内进行必要的改革，以实现共同发展的目标。②实施"引进来、走出去"战略。通过引进国外先进技术和经验，提高自身的技术水平和竞争力；同时，积极开展对外合作，让自身的技术和产品"走出去"，参与国际合作和竞争，从而提高自身的发展水平和国际影响力。③以建立契约的方式去规束企业行为。企业之间应该建立合同和契约，明确各自的权

利和义务，规范企业行为，加强诚信意识和责任意识，确保合作的顺利进行和长期稳定。

3. 促进社会多元主体协同创新

首先，构建协同创新平台，包括面向科技重大专项和产业技术创新的发展。针对科技重大专项或重大工程的组织实施，可建立一批实现科技重点突破的协同创新平台。这些平台应以产业为导向，结合产业链各环节的需求，聚焦科技重点，整合各方科技资源，实现产学研用结合，促进各类主体的联合合作，支撑科技重大专项和重大工程的组织实施。其次，构建协同创新平台政策环境和保障措施。建立中央财政投入渠道，稳定支持具有产业技术综合竞争实力、较大产业化价值的研发组织。在国家重大项目安排上，优先向协同创新平台倾斜，为平台科技创新提供稳定政策支持。除政府财政资金支持外，还需吸收社会资金参与协同创新平台的建设与发展，形成国家与地方、企业联合共建机制。同时，探索多种支持方式和渠道，如稳定支持与项目支持相结合、中央支持与地方支持相结合、财政资金投入与企业和社会资金投入相结合等。此外，加强与现有人才发展规划、计划和工程的衔接，吸引和聚集优秀创新人才。通过多种形式的国际国内交流与合作，吸引来自世界各国的优秀人才共同参与我国科技创新，提高基础研究、高技术前沿研究领域与产业创新的国际竞争力。在此过程中，应注意在不危害国家安全、不泄密的前提下开展工作，同时避免单纯追求人才数量带来的浪费和资源消耗。

7.3.4　构建数据驱动新范式，提升新兴产业创新网络治理效率

1. 利用数字技术为企业提供管理决策依据

①利用互联网技术和大数据分析定位新兴产业技术领域。针对新兴产业，互联网技术和大数据分析可以帮助政府快速定位具有发展潜力的领域。政府可以与相关部门合作建立数据中心或平台，通过收集、处理和分析大量数据，更精准地了解新兴产业的市场规模、增长趋势和竞争格局等信息。同时，政府还可以利用这些数据为企业提供数据查询、分析和预测等服务，帮助企业进行市场定位、产品研发和营销决策等方面的工作。②利用互联网和大数据助力企业差异化竞争和科学决策。大数据分析可以帮助企业了解各类人群的消费行为，从而更好地理解目标群体的需求和偏好。通过随机应变和差异化服务，企业可以在竞争激烈的市场中脱颖而出。互联网技术的支持使得企业能够更加高效地进行产品推销和营销活动。在线平台提供的详细的商品信息、用户评价和物流信息等，使消费者能够

更全面地了解和比较不同产品，从而做出更准确的购买决策。推荐算法等技术手段则可以根据用户的兴趣和历史行为，向其提供个性化的推荐，促进市场经济的流动，即促进买卖的进行。

2. 构建数据驱动的现代政府创新网络治理模式

①构建开放共享的数据资源体系。加强数据开放和共享，建立一个跨部门、跨领域、跨行业的数据资源库。通过与企业、学术机构和社会组织合作，收集各种数据，包括用户需求、市场趋势、技术创新等，提高政策制定的科学性、精准性和及时性。②构建智能高效的应用支撑体系。建立一个具有智能分析和处理能力的应用支撑平台，以帮助政府部门更好地管理和利用数据资源。政府可以采用大数据、人工智能等技术，进行数据挖掘、分析和建模，提高政府决策的质量和效率，促进政府治理模式的转变。③构建集约可靠的新型基础设施体系。建立可靠、灵活、高效的网络基础设施，以支持政府部门的数据共享和应用。采用云计算、物联网等技术，建立一个安全、高效、灵活的网络基础设施，为政府部门提供便捷、可靠的服务。

7.3.5　推进创新平台建设，提升新兴产业创新网络治理能力

1. 打造战略性新兴产业创新孵化平台

①加快重大科技计划项目和工程的部署，推动颠覆性技术的研发和产业化，特别是需要重视以产业创新实验室为核心的新型科技成果转化平台建设，加速新技术的示范应用和产业化过程。这样的平台将提供相应的研发支持、资金支持和市场推广等方面的资源，帮助科技创新成果更好地转化为实际生产力。同时，产业孵化平台也应该作为一种创新载体，吸引并扶持更多的初创企业，为其提供必要的孵化环境和资源支持，促进新兴产业的蓬勃发展。②引导和培育新兴技术的跨领域协作。新兴技术的发展往往涉及多个领域的专业知识和技术要求，需要不同领域的专家和企业之间的合作与协同。因此，政府可以通过组织跨部门、跨行业的合作机制，促进相关领域的交流和合作，推动新兴技术的交叉创新和应用。这样的协作机制可以提供资源整合和信息共享的平台，有助于优化研发过程、降低研发成本，从而加快新兴产业的创新发展步伐。

2. 健全新兴产业技术交流、投融资、市场开拓等服务平台

为了促进产业技术创新，可以建立创新孵化中心和学术交流平台并鼓励产学

研合作与交流，为创新者提供办公场地、设备设施等资源，帮助他们开展项目研究和实践。该平台将发布专家讲座信息、重要学术通知通告以及专题研讨论坛信息等内容，以满足产业技术创新人才的需求，并推动创新成果的整合与升级。此外，定期举办交流会议，鼓励各单位的产业技术创新人才进行专项讨论，促进合作创新，加速科技成果的转化和应用。学术交流将提升产业技术人才的水平和能力，激发创新思维与创业意识，推动创新成果不断涌现，助力经济社会发展。同时，为创新者提供投融资和市场开拓方面的支持也是很重要的。可以建立专门的投融资平台，为优秀的科技初创企业提供投融资渠道和咨询服务。同时，可以引入风险投资、天使投资等机构，帮助科技初创企业获得更多的资金支持。在市场开拓方面，可以为创新者提供市场调研、营销策划、产品推广等服务，促进科技成果转化。

3. 利用互联网技术打造创新网络平台

①要加强对资源库的建设和优化。建立信息资源服务平台，通过大数据、互联网、云计算等新技术，实现科技资源的高效转化。构建国家科技资源查询体系和网络管理平台，连接各类平台、高校院所、企业和金融机构的资源，提供一站式的科研成果和数据信息，降低检索资料的时间和成本，提高科技创新效率。利用大数据分析和人工智能等技术，对科技资源进行深度挖掘和增值利用。通过对海量的科研文献和数据进行分析和挖掘，可以发现一些潜在的科技研究方向和创新点，为科研人员提供新的思路和启示。同时，还可以利用人工智能技术，开发出一些辅助科研工具和平台，帮助科研人员更好地进行科研工作，提高研究的质量和效率。②推动平台建设，健全中介服务支持体系，促进新兴行业经济发展。应该整合国家、相关部门、情报机构和新兴产业领军企业等资源，建立多个服务平台，涵盖研发、培训、咨询和知识产权保护等方面。同时，鼓励具备产业链和供应链带动能力的核心企业，打造一个聚集需求的网络综合服务平台，总结各行业在数字化转型、新技术应用、新业态培育以及新模式培育方面的共性问题。支持有关部委、行业联盟和网络公司等机构，建立一个综合信息匹配、交易和物流配送的平台生态系统。另外，鼓励各类平台和机构向中小企业提供优惠的服务费用。③提倡依托关键核心技术研发新型平台。构建具有以企业为主体的技术创新体系和关键核心技术攻关的新型举国体制，加强工业互联网发展和建立产业技术创新联盟，促进各类创新主体融通发展，同时不断完善科技成果转化机制以积极发展产业和经济的新动能。通过建立这样的信息资源服务平台和查询体系以及发挥新型举国体制优势，不同主体可以相互融合，科研人员可以快速获取到最新的科研成果和数据信息，有助于促进不同领域之间的交流和合作，推动科技成果的跨界应用和推广。

4. 加强平台互联互通互享与高效运营

①构建先进技术平台以支持新兴产业创新网络治理的技术需求。建设先进的技术平台是关键，其中包括数据分析、人工智能、云计算等技术，以支持新兴产业创新网络治理的技术需求。这些技术平台应提供数据处理、模型训练、智能决策等功能，并保障数据安全和隐私保护。同时，技术平台应具备开放性，能够与其他系统和平台实现互联互通。②建立信息共享平台和运营管理机制。该平台可集成行业数据库、科研成果库、政策法规库等信息资源，为网络治理提供参考和支持。重要的是走出信息孤岛和打破壁垒，促进信息共享和交流。在平台建设和运营过程中，需要建立有效的运营管理机制，这包括制定明确的平台使用规则和准则，确保平台的正常运行和秩序。此外，还需要加强用户管理和服务，提供技术支持并解决问题，以保障用户权益。另外，平台建设应具备开放性和融合性，与其他平台和系统实现互联互通，形成良好的生态环境，采用开放 API 接口、标准化数据格式等方式，与其他平台进行数据共享和业务对接，促进资源共享和协同创新。为推动平台的协同发展和可持续运营，需要充分考虑不同利益相关者的需求，并建立有效的治理机制。同时，加强平台的监管和评估，及时调整和改进平台功能，以适应新兴产业创新网络治理的需求变化。在平台建设和运营过程中，需要充分考虑不同利益相关者的需求，并建立有效的治理机制，推动平台的协同发展和可持续运营。

7.3.6 加强法治建设，保障新兴产业的健康可持续发展

1. 筑牢风险防控与安全保障措施

①加强隐私保护。加强用户隐私保护，确保用户个人信息的安全和合法使用。企业在收集、存储和处理用户数据时，应遵循相关法律法规，遵循数据最小化原则，只收集必要的信息，明确告知用户数据使用的目的和范围，并采取必要的技术和组织措施进行保护。②加强数据安全。这包括建立完善的数据安全制度和管理机制，建立专门的数据安全团队负责监督和管理数据安全事务，包括数据分类、访问权限管理、数据存储和传输等。此外，定期备份数据是防止数据丢失的重要措施。备份数据应存储在安全的地点，并进行定期测试以确保恢复的可行性。同时应建立灾难恢复计划，以便在发生数据灾难时能够迅速恢复数据和系统功能，防止数据泄露、滥用和损毁。③采取措施防范网络攻击。包括建立网络安全防护体系，监测和识别潜在的网络威胁，及时应对和处置安全事件。同时，应加强网络安全意识教育，提高员

工和用户对网络安全的认知和防范能力。④加强信息共享与合作。加强行业内部和企业之间的信息共享与协作，共同应对网络安全风险。通过建立合作机制、共享安全情报、开展联合演练等方式，提高整个生态系统的安全水平。⑤促进国际合作与标准制定。加强国际合作，参与国际标准制定，推动全球范围内的信息安全合作与交流，这有助于提高全球网络安全的水平，并减少跨国网络犯罪活动的风险。

2. 完善新兴产业评估与监督机制

①建立评估指标体系。建立可量化和可衡量的评估指标，包括技术创新、市场竞争力、用户满意度、政策法规遵从、社会责任等方面的指标。同时也需要考虑到行业特点和发展阶段的差异，采用多种评估方法，如问卷调查、统计分析、案例研究、专家评审等，制定相应的指标分类和权重，以获取全面、准确、客观的评估结果。此外，需要注重时间性和连续性，定期进行评估并反馈结果，促进治理工作的持续改进。②建立相应的监督机制，包括政府监管、第三方评估、自我监督等多种方式。通过加强内部管理、开展外部合作、建立信息公开制度等措施，加强治理工作的监控和实施效果的监测。③建立安全储备和应急处置机制。建立安全储备和应急处置机制是保障网络安全的重要手段，相关主体应确保处理紧急情况的能力和及时性，通过建立灾难恢复和应急预案、加强技术创新与防御能力等方式，提高安全风险管理的水平。

3. 优化新兴产业国际化发展的法治环境

①积极对标国际规则，加强与主要贸易伙伴的标准信息交流和合作。积极开展与主要贸易伙伴的标准信息交流和合作，加强国际标准化工作的协调一致。建立健全合作机制，包括双边合作、多边对话和共同参与国际标准制定等方式。同时，鼓励并支持企业、高校、科研院所参与国际标准的制定，提升我国在国际市场上的话语权和引导新兴产业发展。通过这些合作和交流，中小企业将能够更好地适应国际市场的标准要求，提高产品质量和竞争力，实现更加顺利的国际化发展。②广泛开展国际标准跟踪研究。国际标准的制定对于中小企业来说至关重要，它们可以为企业提供参考，帮助他们了解国际市场的要求和趋势，从而更好地定位和调整自身的产品和服务。此外，还需要加强技术性贸易措施的研究和体系建设。技术性贸易措施是国际贸易中的重要环节，涉及产品质量、安全、认证等方面的要求。中小企业如果能够了解并满足这些技术性贸易措施的要求，将更有利于他们拓展国际市场，提高产品的竞争力，从而加快推广国家优势产业标准，提升国家在产业标准领域的领先地位。③推进综合性司法改革，打造国际化的法治

环境。依托自贸区等推进综合性司法改革，打造具有国际公信力的司法体系，促进国家标准互认，为战略性新兴产业的国际化发展创造更加开放、国际化的法治环境。

4. 加强新兴产业知识产权法律法规建设

①修订完善知识产权法律法规。制定面向 2035 年的知识产权强国战略，确认创新者的合法权益，明确创新成果的财产权，确保创新主体对其成果拥有合法的支配权和使用权，以及获得收益的权利，这将激发创新热情和活力，推动知识产权创造从数量到质量、从广度到深度的转变。针对互联网、电子商务、大数据等新兴领域，完善相应的知识产权保护规则，确保这些领域的创新得到充分保护。②加强知识产权保护，建立高效快速维权机制。完善保护商业模式、商业秘密、实用艺术品外观设计专利等方面的法规，不断加大知识产权保护的力度，实现知识产权保护全面从严。建立高效率快速维权机制，实现快速授权、快速确权、快速维权的协调联动。严厉打击侵犯知识产权的行为，推动知识产权管理从多头分散的模式向更高效能的方向转变。

5. 建立完善的知识产权创新保护机制

①完善保护制度与促进创新发展的良性循环。根据新兴产业的特点和需求，进一步完善新技术、新业态及新领域的保护制度，并加强专利、商标等知识产权的保护，提供详细的操作指引和风险防范支持。同时，引入侵权惩罚性赔偿制度，推动知识产权金融创新，建立知识产权评估和交易平台等措施，以增加企业的融资渠道，并促进创新实践和产业发展的良性循环。这些措施不仅可以有效维护各类知识产权的权益，还可以通过技术手段建设知识产权保护系统，提高知识产权保护的效能。②推动知识产权国际合作与维护国内企业权益。在对外关系上，推动重大行业间知识产权联盟建设，支持自主知识产权技术与设备的开发，并积极开展 PCT 国际申请工作[①]。构建核心技术的遴选机制，保证高价值专利在国外得到充分的分布；为了解决"走出去"过程中可能遇到的知识产权问题，积极探索完善与国内产业和行业协会的信息沟通交流机制，利用多种信息渠道及时获知问题，并鼓励知识产权联盟成立联合专利诉讼应对基金，以更好地维护国内企业的合法权益。③注重知识产权的教育和宣传。提升知识产权保护意识，加强法律保护，完善与国内产业和行业协会的信息沟通机制，鼓励成立联合专利诉讼应对基金。加强相关法律制度的建设，完善与国内产业和行业协会之间的信息沟通机制。通过鼓励成立联合专利诉讼应对基金，增强企业和行业在面对专利诉讼时的应对

---

① 专利合作条约(Patent Cooperation Treaty)，简称 PCT，按照 PCT 提出的申请称为 PCT 国际申请。

能力，降低诉讼风险。重视知识产权利用，建立符合新兴产业特点的知识产权交易平台，加强培训和宣传工作，共同维护知识产权生态环境，支持企业创新发展。高度重视知识产权的利用，建立符合新兴产业特点的知识产权交易平台，为知识产权的转化和运用提供更加便捷的渠道。同时，加强相关培训和宣传工作，提高公众对知识产权的认识和了解。只有共同维护良好的知识产权生态环境，才能更好地支持企业创新发展，推动我国科技进步和经济发展。

参 考 文 献

毕颖. 2017. 战略性新兴产业中大学跨学科研究组织协同创新模式研究：以纽约州立大学奥尔巴尼分校纳米科学与工程学院为例. 新疆大学学报（哲学·人文社会科学版），45（2）：33-39.

布朗温 H，内森 R. 2017. 创新经济学手册（第二卷）. 上海市科学学研究所，译. 上海：上海交通大学出版社：35-37.

蔡猷花，陈国宏，刘虹，等. 2013. 产业集群创新网络与知识整合交互影响模型及仿真分析. 中国管理科学，21（S2）：771-776.

曹梅英，唐红祥，王立新，等. 2021. 基于修正钻石模型的未来产业选择研究. 广西财经学院学报，34（5）：80-91.

曹兴，马慧. 2019. 新兴技术"多核心"创新网络形成及仿真研究. 科学学研究，37（1）：165-174.

陈芳，万劲波，周城雄. 2020. 国家创新体系：转型、建设与治理思路. 科技导报，38（5）：13-19.

陈航，王雪峰，李京文. 2014. 城市综合医院与社区卫生服务中心合作研究：基于非对称合作理论的合作模型构建及理论分析. 求索，（8）：96-102.

陈劲，阳银娟. 2012. 协同创新的理论基础与内涵. 科学学研究，30（2）：161-164.

陈劲，阳镇，朱子钦. 2021. 新型举国体制的理论逻辑、落地模式与应用场景. 改革，（5）：1-17.

陈劲，朱子钦. 2021. 全球未来产业的发展态势及对中国的启示. 新经济导刊，（3）：4-9.

陈劲，朱子钦，杨硕. 2023. "揭榜挂帅"机制：内涵、落地模式与实践探索. 软科学，37（11）：1-7，15.

陈强. 2018. 长三角区域创新网络协同治理的思路与对策. 科学发展，（6）：43-53.

陈少强. 2017. 政府和社会资本合作的概念辨析. 经济研究参考，（49）：6-11.

陈套. 2015. 从科技管理到创新治理的嬗变：内涵、模式和路径选择. 西北工业大学学报（社会科学版），35（3）：1-6.

陈套，王英俭，程艳. 2018. 我国区域政府创新治理能力与创新驱动发展关系研究. 软科学，32（2）：1-5.

程跃，唐敏. 2020. 跨区域合作创新网络协同绩效影响因素及治理模式研究. 创新科技，20（11）：63-70.

党兴华，查博. 2011. 知识权力对技术创新网络治理绩效的影响研究. 管理学报，8（8）：1183-1189.

党兴华，孙永磊，宋晶. 2013. 不同信任情景下双元创新对网络惯例的影响. 管理科学，26（4）：25-34.

邓渝，邵云飞. 2015. 多层次创新网络协同治理研究：结构、机制与知识收益. 科技进步与对策，32（20）：18-22.

丁冬汉. 2010. 从"元治理"理论视角构建服务型政府. 海南大学学报（人文社会科学版），28（5）：18-24.

高霞，陈凯华. 2015. 合作创新网络结构演化特征的复杂网络分析. 科研管理，36（6）：28-36.

高运. 2022. 我国新冠肺炎疫情防控中的群众动员研究. 延安：延安大学.

葛慧林. 2023. 区域产业集群的科技创新机制研究. 中国高校科技，（9）：8-14.

顾裕玲，吴和成，高月姣. 2020. 跨区域主体协同创新的界面管理研究：以战略性新兴产业为例. 科技管理研究，40（13）：8-15.

关成华. 2020. 中国创新能力的现状研判与前景展望. 人民论坛，（36）：76-79.

郭天娇，邹国庆. 2020. 战略性新兴产业开放式创新模式与对策研究. 经济纵横，（3）：102-107.

国务院发展研究中心国际技术经济研究所. 2020. 世界前沿技术发展报告 2020. 北京：电子工业出版社：32-49.

韩雨，韩丛英. 2022. 2021 年人工智能领域科技发展综述. 战术导弹技术，（2）：42-51.

韩周，秦远建，王苕祥. 2016. 中国企业协同创新网络治理研究. 科学管理研究，34（1）：75-78.

胡吉亚. 2020. 战略性新兴产业异质性与融资模式匹配度研究：基于 120 家上市公司数据. 社会科学，（4）：44-57.

胡剑，戚湧. 2023. 基于区块链跨链机制的政务数据安全治理体系研究. 现代情报，43（9）：85-97，164.

胡俊，胡飞. 2021. 共享服务系统体验价值共创行为的影响因素. 中国流通经济，35（3）：77-89.

胡拥军. 2023. 前瞻布局未来产业：优势条件、实践探索与政策取向. 改革，（9）：1-10.

胡祖光，章丹. 2010. 网络嵌入性对技术创新网络形成结构的影响：基于中国企业的分析. 科学学研究，28（8）：1254-1258.

黄庆华. 2011. 战略性新兴产业的背景、政策演进与个案例证. 改革，（9）：39-47.

黄永宝. 2016. 基于社会网络分析的技术创新网络演化研究：以我国手机产业为例. 徐州：中国矿业大学.

霍国庆. 2012. 战略性新兴产业的研究现状与理论问题分析. 山西大学学报（哲学社会科学版），35（3）：229-239.

霍国庆，李捷，张古鹏. 2017. 我国战略性新兴产业技术创新理论模型与经典模式. 科学学研究，35（11）：1623-1630.

蒋军成，陈显友. 2021. 乡村振兴战略下创新人才成长的"五链"融合路径研究. 广西社会科学，（3）：45-51.

金世斌，肖瑶，庞涛. 2023. 江苏生物医药产业开放创新发展研究. 江苏商论，（6）：8-11.

金永生，张昕，师胜男. 2022. 人工智能开发应用的伦理与法律协同治理研究. 科学管理研究，40（2）：31-39.

李丹. 2022. 技术创新元治理研究. 西南民族大学学报（人文社会科学版），43（7）：195-199.

李登杰，翟东升，冯秀珍，等. 2015. 基于动态网络的中药制剂技术创新网络演化研究. 情报学报，34（11）：1164-1172.

李建军，余伟，高国武. 2014. 提升上海科技创新治理能力对策研究. 科学发展，（11）：93-96.

李捷，霍国庆. 2017. 我国战略性新兴产业技术创新模式初探. 科技管理研究，37（23）：31-39.

李静，焦文敬. 2019. 黑龙江国有林区社会救助多元主体协作问题研究：基于网络治理理论. 林业经济，41（5）：26-31.

李睿. 2016. 战略性新兴产业全球价值链治理模式研究. 长沙：湖南师范大学.

李维安，林润辉，范建红. 2014. 网络治理研究前沿与述评. 南开管理评论，17（5）：42-53.

李文军，郭佳. 2022. 我国战略性新兴产业发展：成效、挑战与应对. 经济纵横，（8）：65-75.

李晓锋. 2018. "四链"融合提升创新生态系统能级的理论研究. 科研管理，39（9）：113-120.

李晓华, 王怡帆. 2021. 未来产业的演化机制与产业政策选择. 改革, (2): 54-68.

李雪. 2022. 苏州工业园区生物医药产业集群的演化机理研究. 苏州: 苏州大学.

李研. 2021. 落实"十四五"规划加快推进我国未来产业发展. 科技中国, (12): 1-5.

李艳. 2023. 数字化情境下战略性新兴产业创新网络价值共创机制研究. 哈尔滨: 哈尔滨理工大学.

李一卿. 2019. 战略性新兴产业集群创新网络协同创新绩效实证研究. 南昌: 江西师范大学.

梁正, 吴培熠. 2021. 数据治理的研究现状及未来展望. 陕西师范大学学报(哲学社会科学版), 50 (2): 65-71.

林春香, 刘钰. 2023. 社交媒体中的学术知识传播与主体互动: 以新闻传播学科为例. 福建师范大学学报(哲学社会科学版), (6): 118-128.

林明, 熊庆云, 任浩. 2015. 创新网络内企业间关系能力的形成路径: 一个内外来源的整合观. 科技管理研究, 35 (1): 12-18.

林润辉, 张红娟, 范建红. 2013. 基于网络组织的协作创新研究综述. 管理评论, 25 (6): 31-46.

刘国巍. 2014. 产学研合作创新网络演化研究. 哈尔滨: 哈尔滨工程大学.

刘洪昌, 刘洪. 2018. 创新双螺旋视角下战略性海洋新兴产业培育模式与发展路径研究: 以江苏省为例. 科技管理研究, 38 (14): 131-139.

刘慧, 杨乃定, 张延禄. 2017. 竞合视角下研发网络关系风险相继传播模型构建与仿真. 系统工程理论与实践, 37 (5): 1313-1321.

刘彤, 郭鲁钢, 杨冠灿. 2014. 基于动态网络分析的专利合作网络演化分析: 以纳米技术为例. 情报杂志, 33 (11): 88-93, 66.

刘晓燕, 单晓红. 2015. 知识视角下技术创新网络伙伴选择方式仿真. 科技管理研究, 35 (1): 156-159, 166.

刘笑, 揭永琴, 刘琰. 2022. 德国量子计划对我国超前布局未来产业的启示. 科技管理研究, 42 (18): 8-13.

刘永彪, 李忠海. 2020. 加快南京市区块链产业发展的思路与对策研究. 金陵科技学院学报(社会科学版), 34 (4): 9-14.

刘玉敏, 郑敏娜, 任广乾. 2016. 航空产业集群创新网络及其治理机制研究. 河南工业大学学报(社会科学版), 12 (1): 35-41.

刘媛媛, 孙鑫, 赵新泉. 2023. 全球数字领域未来产业战略布局及路径选择. 开发研究, (4): 52-61.

刘志彪. 2023. "四链融合": 一个关于现代产业增长方程的系统分析. 学术界, (3): 64-71.

罗茜, 皮宗平, 白明皓. 2018. 创新网络治理机制与绩效: 基于灰格序方法的创新联盟实证分析. 科技进步与对策, 35 (4): 25-31.

吕国庆, 曾刚, 马双, 等. 2014. 产业集群创新网络的演化分析: 以东营市石油装备制造业为例. 科学学研究, 32 (9): 1423-1430.

马文君, 蔡跃洲. 2020. 新一代信息技术能否成为动力变革的重要支撑?基于新兴产业分类与企业数据挖掘的实证分析. 改革, (2): 40-56.

毛昊, 柏杨. 2024. 技术标准竞争、未来产业发展与国家战略博弈. 科学学研究, 42 (4): 713-720.

毛炜圣, 钟业喜, 吴思雨. 2020. 长江经济带战略性新兴产业创新能力时空演化及空间溢出效应. 长江流域资源与环境, 29 (6): 1268-1279.

梅红建. 2010. 基于产业集群理论的天津开发区生物医药产业发展研究. 天津: 天津大学.

梅亮, 陈劲, 刘洋. 2014. 创新生态系统: 源起、知识演进和理论框架. 科学学研究, 32 (12):

1771-1780.

牟绍波. 2014. 战略性新兴产业集群式创新网络及其治理机制研究. 科技进步与对策, 31（1）：55-59.

倪鹏飞, 白晶, 杨旭. 2011. 城市创新系统的关键因素及其影响机制：基于全球 436 个城市数据的结构化方程模型. 中国工业经济,（2）：16-25.

欧坚强, 牟绍波. 2013. 核心企业主导下战略性新兴产业集群创新网络研究. 商业时代,（25）：123-124.

潘冬. 2022. 数字经济赋能战略性新兴产业创新发展研究. 理论探讨,（5）：168-172.

潘玉辰. 2016. 基于大数据下战略性新兴产业个性化信息资源服务模式研究. 开发研究,（3）：20-25.

潘忠志, Falta M. 2012. 高技术集群企业创新网络治理模式分析. 商业研究,（9）：174-179.

彭华涛, Sadowski B. 2014. 开放式创新网络形成及演化的探索性案例研究. 科研管理, 35（8）：51-58.

戚学祥. 2020. 超越风险：区块链技术的应用风险及其治理. 南京社会科学,（1）：87-92.

戚湧, 周星, 王嘉雯. 2019. 基于多 Agent 模型的区域科技创新创业系统研究. 工业技术经济, 38（10）：74-82.

戚湧. 2023. 打赢关键核心技术攻坚战 实现高水平科技自立自强. 中国科技论坛,（9）：3.

人民网. 2021-09-09. "五位一体"谱华章. 人民日报,（5）.

沈华, 王晓明, 潘教峰. 2021. 我国发展未来产业的机遇、挑战与对策建议. 中国科学院院刊, 36（5）：565-572.

沈家文. 2023. 新形势下加快构建双循环新发展格局的创新发展路径. 中国国情国力,（6）：11-14.

史萍萍. 2023. 基于区块链技术的企业网络治理研究. 太原：山西财经大学.

宋潇. 2021. 成渝双城经济圈区域合作创新特征与网络结构演化. 软科学, 35（4）：61-67.

苏伟东, 杨晔. 2015. 基于校企合作技术创新网络的知识转移绩效研究. 情报科学, 33（2）：91-94, 99.

孙冰, 田胜男, 姚洪涛. 2018. 创新网络的小世界效应如何影响突围性技术扩散：基于转换成本的调节作用. 管理评论, 30（3）：72-81, 127.

孙冰洁. 2019. 网络化治理公共管理现代发展新趋势. 管理观察,（30）：59-60.

孙国强, 邱玉霞. 2016. 网络组织的风险及其治理：风险悖论的视角. 经济问题,（1）：90-95.

孙丽文, 李少帅. 2021. 基于伦理嵌入的人工智能新型风险治理体系建构及治理路径解析. 当代经济管理, 43（7）：22-28.

孙姝羽, 薛伟贤, 党兴华. 2017. 网络惯例情境下技术创新网络治理方式选择研究. 科学学与科学技术管理, 38（8）：62-73.

孙天杨. 2022. 基于大数据的涉毒人员全息画像方法. 北京：中国人民公安大学.

田青. 2015. 以产学研协同创新促进区域经济快速发展研究：以山东省为例. 内蒙古科技与经济,（11）：3-6.

万钢. 2010. 把握全球产业调整机遇 培育和发展战略性新兴产业. 求是,（1）：28-30.

汪良兵. 2014. 区域创新网络结构与协同演化研究. 合肥：中国科学技术大学.

王虹莉. 2019. 以 JDM 为核心的新型客户合作模式探究. 现代商贸工业, 40（26）：70-72.

王嘉馨. 2021. 产业集群网络的治理机制及其绩效研究. 成都：西南财经大学.

王碗, 陶宇红, 陈春霞. 2021. 基于人力资本提升的新兴产业人才职业教育培训模式研究. 中国职业技术教育, (34): 82-86.

王晓鸿, 吕璇. 2018. 经济新常态下甘肃省战略性新兴产业创新发展模式探索. 科学管理研究, 36 (4): 35-39.

王鑫, 孙娟, 苏群兴. 2011. 企业标准化创新与发展. 科技创新导报, (36): 212.

王雪. 2022. 战略性新兴产业间协同创新网络研究. 哈尔滨: 哈尔滨工程大学.

王雪冰. 2022. 复杂网络视角下颠覆性技术创新扩散机制研究. 长春: 吉林大学.

王玉, 张磊. 2018. 企业网络研究的知识结构与发展趋势: 基于知识图谱的分析. 科技进步与对策, 35 (16): 151-160.

向阳. 2013. 开放式创新视角下战略性新兴产业企业知识治理机制及其效用研究. 武汉: 华中科技大学.

肖瑶, 党兴华. 2016. 基于冗余异质性的创新网络治理研究. 科学学与科学技术管理, 37 (8): 149-158.

谢科范, 陈云, 江婷. 2022. 未来产业: 内涵特征、成长模式与发展策略. 新经济导刊, (3): 26-30.

谢永平, 孙永磊, 张浩淼. 2014. 资源依赖、关系治理与技术创新网络企业核心影响力形成. 管理评论, 26 (8): 117-126.

解学梅, 孙科杰. 2018. 产业技术创新战略联盟长效合作机制: 基于 144 家联盟的实证研究. 系统管理学报, 27 (3): 401-413.

解学梅, 左蕾蕾. 2013. 企业协同创新网络特征与创新绩效: 基于知识吸收能力的中介效应研究. 南开管理评论, 16 (3): 47-56.

辛杰, 张欣, 江舰. 2023. 数字化转型背景下平台企业社会责任的共生价值创造机制研究: 基于山东农担的探索性案例. 财经论丛, (10): 92-102.

熊泽泉. 2021. 数字经济与制造业产业融合的机制及影响研究. 上海: 华东师范大学.

徐建中, 孙颖. 2020. 市场机制和政府监管下新能源汽车产业合作创新演化博弈研究. 运筹与管理, 29 (5): 143-151.

徐敬宏, 胡世明. 2022. 5G 时代互联网平台治理的现状、热点与体系构建. 西南民族大学学报 (人文社会科学版), 43 (3): 144-150.

徐维祥, 刘程军, 江为赛, 等. 2016. 产业集群创新的时空分异特征及其动力演化: 以浙江省为例. 经济地理, 36 (9): 103-110.

杨丹辉. 2022. 未来产业发展与政策体系构建. 经济纵横, (11): 33-44.

杨明, 林正静. 2021. 用创新生态理论和"四链"融合研究建设粤港澳大湾区国际科技创新中心. 科技管理研究, 41 (13): 87-93.

杨艳平. 2015. 集群创新网络与区域文化嵌入机理研究: 基于传播动力学理论. 科学学研究, 33 (1): 146-153.

叶琴, 曾刚. 2018. 解析型与合成型产业创新网络特征比较: 以中国生物医药、节能环保产业为例. 经济地理, 38 (10): 142-154.

於流芳. 2017. 产业协同创新联盟的关系风险管理研究. 南昌: 南昌大学.

余东华. 2020. "十四五"期间我国未来产业的培育与发展研究. 天津社会科学, (3): 12-22.

袁勇, 王飞跃. 2020. 可编辑区块链: 模型、技术与方法. 自动化学报, 46 (5): 831-846.

曾鹏婷. 2018. 企业内部网络与创新绩效的关系研究: 基于中层管理者视角. 衡阳: 南华大学.

张谨帆，陈赟，张营慧. 2022. 大型建设工程项目团队内部个人知识学习策略研究. 铁道科学与工程学报，19（1）：282-290.

张凌寒，于琳. 2023. 从传统治理到敏捷治理：生成式人工智能的治理范式革新. 电子政务，（9）：2-13.

张路蓬，薛澜，周源，等. 2018. 战略性新兴产业创新网络的演化机理分析：基于中国 2000—2015 年新能源汽车产业的实证. 科学学研究，36（6）：1027-1035.

张庆民，顾玉萍. 2021. 链接与协同：产教融合"四链"有机衔接的内在逻辑. 国家教育行政学院学报，（4）：48-56.

张晓. 2019. 数字内容产业的风险源头管理. 探求，（2）：116-120.

张志华，徐昳，赵波. 2015. 战略性新兴产业协同创新发展的模式与实施路径：以江苏省物联网产业为例. 学海，（6）：72-78.

赵文慧，聂爱轩. 2016. 美国应对战略新兴产业的标准化战略与组织转型方法. 中国标准化，（4）：60-67.

郑刚，邓宛如，王颂，等. 2022. 企业创新网络构建、演化与关键核心技术突破. 科研管理，43（7）：85-95.

郑江淮，章激扬，陈俊杰. 2020. 发达国家创新治理体系的历史演变、新趋势及对我国的启示. 国外社会科学，（5）：112-124.

郑敏娜. 2017. 航空产业集群创新网络治理机制研究. 郑州：郑州大学.

郑少芳，唐方成. 2018. 高科技企业创新生态系统的知识治理机制. 中国科技论坛，（1）：47-57.

中国工程科技发展战略研究院. 2022. 2023 中国战略性新兴产业发展报告. 北京：科学出版社.

周波，冷伏海，李宏，等. 2021. 世界主要国家未来产业发展部署与启示. 中国科学院院刊，36（11）：1337-1347.

周星. 2019. 区域科技创新创业对经济增长的影响研究. 南京：南京理工大学.

Alita，Liu X T，Zhang B，et al. 2014. Development of innovation network in China and USA pharmaceutical industries based on patent bibliometric analysis. Chinese Journal of New Drugs，23（11）：1237-1247.

Baker G，Gibbons R，Murphy K J . 2002. Relational contracts and the theory of the firm. The Quarterly Journal of Economics，117（1）：39-84.

Barabasi A L，Albert R. 1999. Emergence of scaling in random networks. Science，286（5439）：509-512.

Bekhet H A，Latif N W A. 2018. The impact of technological innovation and governance institution quality on Malaysia's sustainable growth：evidence from a dynamic relationship. Technology in Society，54：27-40.

Biggiero L，Sammarra A. 2010. Does geographical proximity enhance knowledge exchange? The case of the aerospace industrial cluster of Centre Italy . International Journal of Technology Transfer and Commercialisation，9（4）：283-305.

Chandrashekar D，Bala Subrahmanya M H. 2019. Exploring the factors of cluster linkages that influence innovation performance of firms in a cluster. Economics of Innovation and New Technology，28（1）：1-22.

Chen Z, vom Lehn F, Pitsch H, et al. 2023. Prediction of sooting index of fuel compounds for spark-ignition engine applications based on a machine learning approach. Journal of Thermal

Science，32（2）：521-530.

Choi J，Hyun A S，Cha M S. 2013. The effects of network characteristics on performance of innovation clusters. Expert Systems with Applications，40（11）：4511-4518.

de Reuver M，Bouwman H. 2012. Governance mechanisms for mobile service innovation in value networks. Journal of Business Research，65（3）：347-354.

Dodescu A，Chirilă L F. 2012. Regional innovation governance in the context of European integration and multi-level governance challenges. A case study of north-west region of Romania. Procedia Economics and Finance，3：1177-1184.

Dosi G，Freeman C R，Nelson R R，et al. 1988. Technical Change and Economic Theory. London：Continuum International Publishing.

Fernández-Gámez M A，Gil-Corral A M，Galán-Valdivieso F. 2016. Corporate reputation and market value：evidence with generalized regression neural networks. Expert Systems with Applications，46：69-76.

Freeman C. 1987. Technology Policy and Economic Performance：Lessons from Japan. London：Pinter Publishers.

Freeman C. 1991. Networks of innovators：a synthesis of research issues. Research Policy，20（5）：499-514.

Freeman L C. 1977. A set of measures of centrality based on betweenness. Sociometry，40（1）：35-41.

Gao X D. 2019. Approaching the technological innovation frontier：evidence from Chinese SOEs. Industry and Innovation，26（1）：100-120.

Gay B，Dousset B. 2005. Innovation and network structural dynamics：study of the alliance network of a major sector of the biotechnology industry. Research Policy，34（10）：1457-1475.

Gozubuyuk R. 2007. The position of the firm in scientific and alliance networks：social structural deteminants of innovation in the United States biotechnology industry. Twin Cities：University of Minnesota.

Gretschmann K，Schepers S. 2016. Revisiting innovation：revolutionising European innovation policy by means of an innovation ecosystem//Gretschmann K，Schepers S. Revolutionising EU Innovation Policy. London：Palgrave Macmillan UK：1-25.

Gu W，Saaty T L，Wei L R. 2018. Evaluating and optimizing technological innovation efficiency of industrial enterprises based on both data and judgments. International Journal of Information Technology & Decision Making，17（1）：9-43.

Gulati R，Nohria N，Zaheer A. 2006. Strategic networks//Hahn D，Taylor B. Strategische Unternehmungsplanung—Strategische Unternehmungsführung. Berlin：Springer：293-309.

Hoffmann M G，Murad E P，Da Cunha Lemos D，et al. 2022. Characteristics of innovation ecosystems'governance：an integrative literature review. International Journal of Innovation Management，26（8）：2250062.

Huggins R，Johnston A，Stride C. 2012. Knowledge networks and universities：locational and organisational aspects of knowledge transfer interactions. Entrepreneurship & Regional Development，24（7/8）：475-502.

Iammarino S，McCann P. 2006. The structure and evolution of industrial clusters：transactions，technology and knowledge spillovers. Research Policy，35（7）：1018-1036.

Imai K, Baba Y. 1991. Systemic innovation and cross-border networks: transcending markets and hierarchies to create a new techno-economic system. Paris: Organisation for Economic Co-operation and Development: 389-407.

Kang J N, Rhee M, Kang K H. 2010. Revisiting knowledge transfer: effects of knowledge characteristics on organizational effort for knowledge transfer. Expert Systems with Applications, 37 (12): 8155-8160.

Kim S E, Lee J W. 2009. The impact of management capacity on government innovation in Korea: an empirical study. International Public Management Journal, 12 (3): 345-369.

Koka B R, Madhavan R, Prescott J E. 2006. The evolution of interfirm networks: environmental effects on patterns of network change. Academy of Management Review, 31 (3): 721-737.

Lavie D. 2004. The evolution and strategy of interconnected firms: a study of the unisys alliance network. Academy of Management Proceedings, 2004 (1): E1-E6.

Lin M, Li N. 2010. Scale-free network provides an optimal pattern for knowledge transfer. Physica A: Statistical Mechanics and Its Applications, 389 (3): 473-480.

Liu Z X, Ding R G. 2023. Dynamic evaluation of project governance in collaborative innovation projects: a case of industry technology research institute. Sustainability, 15 (16): 12493.

Lundvall B A. 1992. National Systems of Innovation: Towards a Theory of Innovation and Interactive Learning. London: Pinter Publishers.

Luoma-Aho V, Halonen S. 2010. Intangibles and innova-tion: the role of communication in the innovation ecosystem. Innovation Journalism, 7 (2): 1-20.

Moldoveanu M C, Baum J A C, Rowley T J. 2003. Information regimes, information strategies and the evolution of interfirm network topologies//Yammarino F, Dansereau F. Research in Multi Level Issues. Bingley: Emerald Publishing Limited: 221-264.

Mukherjee P. 2014. How chilling are network externalities? The role of network structure. International Journal of Research in Marketing, 31 (4): 452-456.

Nelson R R. 1993. National Systems of Innovations: A Comparative Analysis. Oxford: Oxford University Press.

Park C, Wilding M. 2014. An exploratory study on the potential of social enterprise to act as the institutional glue of network governance. The Social Science Journal, 51 (1): 120-129.

Pirson M, Turnbull S. 2011. Toward a more humanistic governance model: network governance structures. Journal of Business Ethics, 99 (1): 101-114.

Porter M E. 2000. Location, competition, and economic development: local clusters in a global economy. Economic Development Quarterly, 14 (1): 15-34.

Rosenkopf L, Padula G. 2008. Investigating the microstructure of network evolution: alliance formation in the mobile communications industry. Organization Science, 19 (5): 669-687.

Rubinstein R Y. 2001. Combinatorial optimization, cross-entropy, ants and rare events//Uryasev S, Pardalos P M. Stochastic Optimization: Algorithms and Applications. Boston: Springer: 303-363.

Russell M G, Still K, Huhtamäki J, et al. 2011. Transforming innovation ecosystems through shared vision and network orchestration. Stanford: Triple Helix IX International Conference.

Sampson R C. 2007. R&D alliances and firm performance: the impact of technological diversity and alliance organization on innovation. Academy of Management Journal, 50 (2): 364-386.

Schilling M A，Phelps C C. 2007. Interfirm collaboration networks: the impact of large-scale network structure on firm innovation. Management Science，53（7）：1113-1126.

Sharif M N. 2012. Technological innovation governance for winning the future. Technological Forecasting and Social Change，79（3）：595-604.

Stummer C, Kiesling E，Günther M, et al. 2015. Innovation diffusion of repeat purchase products in a competitive market: an agent-based simulation approach. European Journal of Operational Research，245（1）：157-167.

Su Y S，Tsang E W K，Peng M W. 2009. How do internal capabilities and external partnerships affect innovativeness?. Asia Pacific Journal of Management，26（2）：309-331.

Tsugawa S，Kato S. 2010. Energy ITS: another application of vehicular communications. IEEE Communications Magazine，48（11）：120-126.

Vaaland T I, Håkansson H. 2003. Exploring interorganizational conflict in complex projects. Industrial Marketing Management，32（2）：127-138.

van Rijnsoever F J，van den Berg J，Koch J，et al. 2015. Smart innovation policy: how network position and project composition affect the diversity of an emerging technology. Research Policy，44（5）：1094-1107.

Venkatraman N, Tanriverdi H. 2004. Reflecting "knowledge" in strategy research: conceptual issues and methodological challenges. Research Methodology in Strategy and Management,1（4）：33-65.

Watts D J,Strogatz S H. 1998. Collective dynamics of "small-world" networks. Nature,393:440-442.

Xie Y P，Mao Y Z，Zhang H M. 2011. Analysis of influence of network structure，knowledge stock and absorptive capacity on network innovation achievements. Energy Procedia，5：2015-2019.

Young S D，Mallory B，McCarthy G. 2021. Memorandum for the heads of executive departments and agencies. https://www.whitehouse.gov/wp-content/uploads/ 2021/12/M-22-06. pdf [2023-02-22].

Zaheer A, Venkatraman N. 1995. Relational governance as an interorganizational strategy: an empirical test of the role of trust in economic exchange. Strategic Management Journal，16（5）：373-392.

Zaring O，Szücs S，McKelvey M. 2021. Building regional innovation capacity: linking knowledge-intensive innovative entrepreneurship and innovation governance. International Journal of Entrepreneurship and Small Business，42（1/2）：27.

Zhang X M，Bartol K M. 2010. Linking empowering leadership and employee creativity: the influence of psychological empowerment，intrinsic motivation，and creative process engagement. Academy of Management Journal，53（1）：107-128.

Zhu Q Y，Kouhizadeh M，Sarkis J. 2022. Formalising product deletion across the supply chain: blockchain technology as a relational governance mechanism. International Journal of Production Research，60（1）：92-110.

后　记

　　从全球经济发展来看，战略性新兴产业承担着抢占全球产业制高点和提升国际竞争力的使命。未来产业代表着科技革命和产业变革的方向，是一道共答题。世界主要国家和地区都在积极布局下一个 5 年乃至 10 年、20 年可能迸发的未来产业，密集出台战略规划和法案法规，围绕更持续的资金投入、更贯通的成果转化、更多元的孵化服务强化对未来产业的支持，旨在抢夺未来产业全球领导权。

　　当前，我国正处于优化经济结构、升级经济模式的重要时期，推动经济高质量发展与可持续发展是现阶段的核心任务与战略目标。新兴产业是现代产业体系的核心组成部分，其发展以重大技术突破和市场需求为基础，以创新为主要动力，并与国家经济战略和产业发展密切融合，对于我国产业转型升级和实现创新驱动发展至关重要。为了加强新兴产业的发展和布局，需要统筹考虑战略性新兴产业与未来产业之间的关系、结构、时序和联动，逐步形成高质量的新兴产业创新治理网络。从全局和战略高度规划新兴产业创新网络的治理模式和机制，通过构建梯度发展、有序承接和动态优化的新兴产业发展体系，打造具有全球竞争力的新兴产业集群，提升现代产业体系的竞争力，为中国式现代化高质量发展提供强大的动力支持。

　　2024 年是实施"十四五"规划的关键一年，也是新兴产业高质量发展的关键之年，要以加快形成新质生产力和推进新型工业化为目标加强新兴产业创新网络治理，充分发挥有效市场和有为政府作用，通过对新兴产业技术创新网络、产业链创新网络以及跨区域创新网络的有效治理，建立健全新兴产业集群创新网络治理机制、跨区域创新网络治理机制以及未来产业创新网络治理机制，实现新兴产业的创新链、产业链、人才链、资金链和政策链深度融合发展，为中国式现代化构筑强大的产业基础。